“十二五”普通高等教育本科国家级规划教材

江苏“十四五”普通高等教育本科省级规划教材

本教材第二版获首届全国教材建设奖全国优秀教材二等奖

线性代数

（第三版）

陈建龙 周建华 张小向 韩瑞珠 周后型／编

AI赋能
数字教材版
扫码学习

科学出版社

北京

内 容 简 介

本教材为“十二五”普通高等教育本科国家级规划教材和江苏“十四五”普通高等教育本科省级规划教材，本教材第二版获首届全国教材建设奖全国优秀教材二等奖. 内容包括矩阵、n 维向量、线性方程组、矩阵的特征值和特征向量、二次型. 本教材不仅力求内容的科学性与系统性，而且注重代数概念的几何背景以及实际应用背景的介绍，以利于读者更好地理解和掌握线性代数理论，提高运用线性代数方法解决实际问题的能力. 每章均配备适量的练习题，适合不同类别的读者用于平时练习、期末复习或考研复习，章末还配有本章自我测试，扫码激活题库，可直接测试所学成果. 读者扫描书中的二维码可以浏览丰富的配套资源，内容包括有关知识的历史简介和一些难点的讲解视频、二十个典型的实际应用案例以及六套综合模拟试卷. 另外本书特别附赠数字教材，您只需扫描封底二维码完成激活，即可解锁 AI 赋能的学习体验，开启一段全新学习旅程.

本书可供高等院校非数学专业(理工科、经济、管理类等)的学生使用，也可以供自学者和科技工作者阅读.

图书在版编目(CIP)数据

线性代数/陈建龙等编. —3 版. —北京：科学出版社，2023.12

“十二五”普通高等教育本科国家级规划教材·江苏“十四五”普通高等教育本科省级规划教材

ISBN 978-7-03-077238-1

I. ①线… II. ①陈… III. ①线性代数-高等学校-教材 IV. ①O151.2

中国国家版本馆 CIP 数据核字（2023）第 244253 号

责任编辑：张中兴 梁 清 孙翠勤／责任校对：杨聪敏

责任印制：师艳茹／封面设计：有道设计

科学出版社 出版

北京东黄城根北街 16 号

邮政编码：100717

http://www.sciencep.com

天津市新科印刷有限公司印刷

科学出版社发行 各地新华书店经销

*

2007 年 2 月第 一 版 开本：720×1000 1/16

2016 年 6 月第 二 版 印张：16 1/4

2023 年 12 月第 三 版 字数：323 000

2025 年 12 月第三十九次印刷

定价：59.00 元

(如有印装质量问题，我社负责调换)

重印说明

2024 年底, 东南大学线性代数教学团队精心打造了《线性代数 (数字教材)》. 该教材资源丰富、形式新颖, 是团队立足教学创新, 为推进课程教材一体化建设、满足学生学习需求而研发的新形态教材, 旨在实现培根铸魂、启智增慧的教学目标.

为提升学生学习体验, 本次重印团队在原有纸质教材基础上, 通过优化教学设计, 构建了这本 AI 赋能、纸数融合的新形态教材. 教材包含纸质与数字两部分, 除常规纸质阅读外, 读者可登录数字教材平台拓展学习.

数字教材登录步骤

1. 访问网址：https://book.coursegate.cn 或扫描下方对应二维码.

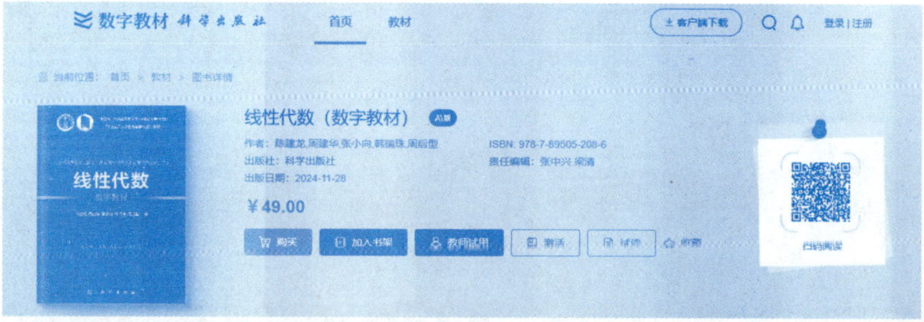

2. 注册新用户并登录, 刮开封底激活码涂层完成教材激活后, 即可阅读全书.

数字教材特点

1. AI 深度赋能： 内置 AI 伴学助手“小科”, 可实时解答教材相关问题, 助力深度学习.
2. 资源体系完善： 整合了教学团队近三十年积累的优质资源, 涵盖电子文档、思维导图、音视频、程序、应用案例等多模态资源, 按章节精准部署.
3. 设计贴合学习： 遵循学生学习规律, 设置先修课铺垫、课前导读、关键问题思考、知识要点、拓展阅读、学习小结、数学妙用、互动自测等环节, 全方位辅助学习.

4. 交互功能丰富：学习者可借助 AI 工具完成文本复制、笔记添加、高亮标记、讨论发起、纠错、翻译、文内搜索等操作, 提升学习效率；教师可在线建班, 开展预习、总结、拓展、讨论、检测、作业部署、教学评价等活动, 实现教学效果的动态把控.

编　者

2025 年 8 月

第三版前言

自出版以来，本教材得到了许多同行专家的热切关注和大力支持，在实践中收到了积极的使用效果，第二版荣获首届全国教材建设奖全国优秀教材二等奖.

党的二十大报告明确指出，要"加强基础学科、新兴学科、交叉学科建设"，要"加强教材建设"，"推进教育数字化". 这对线性代数教材提出了新的要求. 我们希望本次修订能实现如下目的:

1. 更好地落实"为党育人、为国育才"的精神，在教材内容中融入课程思政内涵.

2. 应新工科的需求，更好体现一流课程的"两性一度"，满足学生自主学习和探究式学习的需要.

3. 强化数学思维 (例如等价分类) 在线性代数教学中的作用.

4. 更好地发挥纸质教材和电子资源 (包括慕课 (MOOC))[①] 配套使用的优势.

在综合各方的意见和建议的基础上，本次修订做了如下修改:

1. 增加了哈密顿–凯莱 (Hamilton-Caylay) 定理、最小多项式、若尔当 (Jordan) 标准形、奇异值分解等内容. 这部分内容供多学时线性代数课程选用.

2. 增加了中国数学家的研究工作中有关线性代数的内容，如华罗庚等式、华罗庚不等式，以及万哲先对 Witt 定理的推广等.

3. 增加了一些例题，部分例题给出了多种解法. 同时，对原来的习题做了较大规模的调整，增加了新的自测题、练习题和补充题，其中补充题可用于教师开展翻转课堂教学或学生自主探索. 此外，在书的最后增加了 6 套综合模拟试题.

4. 教材更加突出矩阵的等价标准形、相似标准形、合同标准形及不变量的作用，增加了满秩分解、LU 分解、QR 分解、SVD 分解、谱分解等内容，以利于后续课程的学习.

5. 重视纸质教材与电子资源的结合. 读者通过本页下方的网址可以浏览配套的线性代数先修课和慕课，其中线性代数先修课旨在帮助学生实现从中学数学到大学线性代数的跨越，线性代数慕课为国家精品在线开放课程 (国家级线上一流课程)，可用于开展线上线下混合式教学. 扫描正文中的二维码可以浏览有关知识点或习题的讲解视频. 此外，通过每章末尾的二维码可以浏览知识汇总表和习题

① 线性代数先修课网址: https://www.bilibili.com/video/BV1Gr4y187aS/; 线性代数慕课网址: https://www.icourse163.org/course/SEU-1001752361.

的参考答案与提示, 还可以扫描二维码进入 “中科助学通” 平台, 激活配套试题资源, 进行本章自我测试, 测完即可得知成绩、查看答案解析; 通过附录中的二维码可以浏览数学实验室 MATLAB 简介、数学实验、综合实践、建模案例以及综合模拟试题. 另外本书特别附赠数字教材, 您只需扫描封底二维码完成激活, 即可解锁 AI 赋能的学习体验, 开启一段全新学习旅程.

考虑到各高校线性代数课程不同学时的实际情况, 我们给部分章节内容加了星号, 例如 3.4 节线性方程组的最佳近似解、4.4 节化零多项式、4.5 节若尔当标准形、5.5 节二次曲面. 少学时的线性代数课程不必讲授带星号的内容, 多学时的可以酌情选择带星号的内容.

本书修订得到了国家级一流课程项目、江苏高校 “青蓝工程” 优秀教学团队、江苏高校省级优秀基层教学组织、江苏高校重点教材建设项目、高等学校大学数学教学研究与发展中心教改项目 (CMC20230201)、中国高等教育学会高等教育科学研究规划课题 (23SX0201)、东南大学校级教学改革研究与实践项目 (重中之重, 2023-033)、东南大学校级规划教材等项目的支持. 感谢东南大学教务处和东南大学数学学院的大力支持.

编　者

2023 年 9 月 26 日

2025 年 8 月 20 日修改

第二版前言

本教材第一版于 2007 年 2 月由科学出版社出版, 其丰富的内容、新颖的体系和简洁的风格受到了广大读者的好评. 随着时代的发展和科技的进步, 特别是信息化时代的到来为本教材的再版升级提供了新的机遇. 结合当前国内外教材改革的形势以及广大读者向我们提出的宝贵的意见和建议, 此次修订在第一版的基础上, 充分利用现代的信息化手段, 进行了大幅修改和补充, 使之更加符合教育部大学数学教学指导委员会制定的教学基本要求, 主要体现在以下几个方面.

1. 对教学内容体系进一步优化, 更加突出矩阵为主线的教材体系. 这非常有利于学生适应从 "数" 到 "矩阵" 的跨越, 从而掌握矩阵这个十分基本而又非常重要的数学工具.

2. 充分利用信息化手段使教材更加立体化、生动化. 一方面通过手机应用介绍有关知识点的历史背景、建模案例和 MATLAB 基础, 另一方面增加多个有针对性的难点解析、典型问题讲解等. 这些内容突破了传统纸质教材的限制, 把原来难以用静止的图文讲解清楚的理论以简洁明了的动态图片或视频形式展现给读者. 这种形式更适合现代人的阅读需求, 更容易被读者接受, 而且会大大提高学生的学习效率和效果. 读者扫一扫二维码标识后可立即观看, 也可以扫描封底 "本书资源" 二维码观看全书视频.

3. 增加了一些例题, 并对习题进行了重新编排, 删去了部分偏难的题目, 使之与教学内容衔接匹配得更好. 为了方便学生校验作业, 增加了习题 A, B 的参考答案或提示.

4. 每章结尾增加了一个小结, 对有关内容加以梳理, 把零散的知识点有机地联系起来, 有助于学生复习总结、融会贯通. 同时, 为了方便读者查阅线性代数的有关概念, 增加了名词索引.

第二版中各章的小结以及配套的视频和附录 D 中的应用案例由张小向编写制作, 其余内容仍按第一版的编写分工由原编写者负责修订.

编　者

2016 年 3 月

第一版前言

线性代数是理工、经济管理等学科大学生的一门重要的数学基础课程, 是学习后续课程的工具, 对于培养大学生的计算和抽象思维能力十分必要. 近些年来, 随着科学技术突飞猛进的发展, 线性代数已渗透到包括经济、金融、信息、社会等各个领域, 人们已越来越深刻地感到线性代数教材应该在充分考虑大学生的特点, 帮助大学生掌握相关的代数知识的同时, 提高其用代数的方法思考、解决实际问题的能力. 另外, 教材还应该充分发挥数学软件的优势, 反映线性代数的理论在现代科学技术中的应用. 为此, 结合教育部课程指导委员会所制定的新的基本要求, 在编写本教材时, 我们做了以下几方面的努力.

1. 加强应用背景的引入 在教材内容的处理方法上, 注意理论联系实际, 加强概念与理论的背景和应用介绍, 利用对实际问题的讨论, 帮助学生理解抽象的代数概念; 在习题中, 安排了一些简单的应用题, 力求拓宽学生的视野和培养学生应用代数知识解决实际问题的能力.

2. 加强数学软件在课程教学中的作用 结合课程内容, 介绍 MATLAB 在代数计算中的用法. 让学生学会在应用线性代数知识解决实际问题时, 如何应用数学软件, 同时通过对一些具体问题的计算, 帮助学生对一些抽象的代数概念进行理解, 加深对代数理论知识的认识, 向学生展示如何将代数理论和数学软件相结合应用于实际问题之中.

3. 引入数学建模和数学实验的方法 在本教材最后, 安排了数学建模实例, 力求引入数学建模和数学实验的方法, 将本教材中介绍的数学软件、线性代数理论有机地结合起来, 并应用到实际问题之中.

4. 注重课程自身的系统性和科学性 内容的处理更突出主题, 更适合学生的思维特点. 例如我们利用归纳法定义行列式, 将行列式看为刻画方阵是否可逆的一个数量指标, 从而更突出了本课程的主旨. 再如, 向量组的线性相关性历来是学生学习本课程的难点. 有别于传统的处理方式, 本书先讨论矩阵的秩, 然后再利用矩阵的秩建立向量组的线性相关性的概念. 这样, 内容便可以由易而难地展开, 有利于学生的理解.

5. 留有思考余地, 激发进一步学习的兴趣 课程中将利用 MATLAB 揭示、发现一些代数现象, 提示学生如要真正解决相关的问题, 则有待学习进一步的代数理论, 掌握相关的代数规律.

6. 根据不同的理解层次配备习题　每章之后均安排有 A 、B 、C 三套习题. A 套安排了填空题和选择题, 主要用于检查学生对于基本概念、基本理论的了解程度; B 套安排了计算题和证明题, 主要用于检查学生对这部分内容的掌握程度; C 套是一些提高题和应用题. 这样安排可供不同层次的学生选择.

参加本教材编写的是东南大学陈建龙教授、周建华教授、韩瑞珠教授以及周后型教授, 主编是陈建龙教授. 其中, 第 1 章由韩瑞珠教授编写, 第 2 章和第 3 章由周建华教授编写, 第 4 章和第 5 章由陈建龙教授编写, 数学实验室 MATLAB 简介部分由周后型教授编写, 综合实践 1, 2, 分别由韩瑞珠教授和周后型教授编写.

本教材作为普通高等教育 “十一五” 国家级规划教材正式出版, 得到了教育部高校优秀青年教师教学科研奖励计划的资助. 该教材被评为江苏省高等学校精品教材建设项目, 并列入东南大学规划教材. 在此对教育部、江苏省教育厅、东南大学教务处、东南大学数学系和科学出版社的领导给予的大力支持表示感谢, 尤其是对东南大学郑家茂副校长给予的关心和帮助表示由衷的感谢! 同时, 我们还要感谢张小向和沈亮两位老师以及多位博士生在本书编写过程中所做的大量工作.

限于编者水平, 本教材肯定有许多不足和缺点, 恳请读者批评指正.

编　者

2006 年 10 月

写在前面的话

亲爱的读者：

您好！很高兴您打开这本教材，和我们一起开启学习线性代数的旅程.《线性代数（第三版）》是一本新形态教材，为您提供线性代数教学的一整套解决方案！

下面请您查收这份解决方案吧.

如果您刚开始大学学习生活，第一次接触线性代数课程，您可以扫描下面的二维码，进行线性代数先修课程的学习，实现从中学数学到大学线性代数的跨越.

00线性代数先修课简介

01线性方程组

02《九章算术》中的初等变换法

03矩阵及其线性运算

04矩阵的乘法

05微信群中的邻接矩阵

06用积分和奖券兑换商品

07向量

08化平面二次曲线的一般方程为标准方程

09观察二次曲线与二次曲面

10行列式与克拉默法则

11数学归纳法

12充分必要条件

13反证法

14连加号Sigma

15从倒数到逆矩阵

16初等矩阵

17线性递推数列

18排列的逆序数与奇偶性

19等价关系与等价类

20多项式的根

接下来您就可以正式进入线性代数的学习了.当您遇到重难点时，可以直接扫描本书中对应位置的二维码，观看讲解视频，加深理解，巩固提高；也可以参加东南大学线性代数国家级一流课程进行同步在线学习.

线性代数慕课

(https://www.icourse163.org/course/SEU-1001752361)

随着线性代数知识的不断积累，您需要适时地进行凝练总结. 您可以品味一下章末小结中的诗句，感受文学与数学的完美结合；也可以浏览每章后面的知识汇总表，建立知识点之间的关联，形成系统的知识结构. 您在进行课堂学习之余，还可以进行适当练习，本书每章均配备适量的练习题，适合您平时练习、期末复习或考研复习；在全书最后还配有六套自测试卷及参考答案，可以用来检验自己学习的成效；如果您对数学建模感兴趣，可以扫描书中二维码，学习MATLAB数学实验以及线性代数应用案例.

这是不是一份很贴心的线性代数学习指南呢？送给爱学习的您.

我们一起来开始愉快的线性代数旅程吧.

编者

2023年12月

目　录

第 1 章 矩　　阵

线性代数主要处理与数量的线性关系相关的问题, 和其他数学课程一样, 线性代数有两类基本的数学构件: 一类是对象、数据; 一类是这些对象的运算. 本章讨论最简单的由数形成的矩形数表 —— 矩阵及其运算. 矩阵是线性代数的一个最基本的概念. 矩阵的运算是线性代数的基本内容. 在数学、自然科学、工程技术与生产实践中, 有许多问题都可以归结为矩阵的运算, 进而用矩阵的理论来处理.

本章首先介绍矩阵的概念, 然后介绍矩阵的线性运算、乘法、转置以及可逆矩阵、矩阵的初等变换、分块矩阵、方阵的行列式和矩阵的秩.

1.1 矩阵的基本概念

1.1.1 矩阵的概念

在现实生活中, 人们往往不仅需要使用单个的数, 而且还要处理成批的数. 这就需要把数的概念推广到矩阵.

矩阵的历史简介

矩阵的实际应用举例

定义 1.1 由 $m \times n$ 个数 a_{ij} $(i = 1, 2, \cdots, m;\ j = 1, 2, \cdots, n)$ 按一定的次序排成 m 行 n 列的表

$$\boldsymbol{A} = \begin{pmatrix} a_{11} & a_{12} & \cdots & a_{1n} \\ a_{21} & a_{22} & \cdots & a_{2n} \\ \vdots & \vdots & & \vdots \\ a_{m1} & a_{m2} & \cdots & a_{mn} \end{pmatrix}$$

称为一个 m 行 n 列的矩阵. 横向的每排叫做矩阵的行, 纵向的每排叫做矩阵的列. a_{ij} 叫做矩阵 $\boldsymbol{A}$ 的第 i 行, 第 j 列的元素. i 和 j 分别叫做 a_{ij} 的行指标和列指标. 矩阵 $\boldsymbol{A}$ 又可记作 (a_{ij}), $(a_{ij})_{m\times n}$ 或 $\boldsymbol{A}_{m\times n}$. 通常用大写的英文字母 $\boldsymbol{A}$, $\boldsymbol{B}$, $\boldsymbol{C}$, $\cdots$ 来表示矩阵.

例如变量 x_1, x_2 与 y_1, y_2, y_3 的关系式

$$\begin{cases} x_1 = a_{11}y_1 + a_{12}y_2 + a_{13}y_3, \\ x_2 = a_{21}y_1 + a_{22}y_2 + a_{23}y_3 \end{cases}$$

中的系数就构成一个矩阵

$$\boldsymbol{A} = \begin{pmatrix} a_{11} & a_{12} & a_{13} \\ a_{21} & a_{22} & a_{23} \end{pmatrix}.$$

元素都是实数的矩阵称为实矩阵, 元素是复数的矩阵称为复矩阵. 本书中的矩阵除特别说明外, 都是实矩阵.

当一个矩阵的行数与列数都是 n 时, 称该矩阵为 n 阶方阵或 n 阶矩阵. 在 n 阶矩阵 $\boldsymbol{A}$ 中, 元素 $a_{ii}\ (i = 1, 2, \cdots, n)$ 排成的对角线称为方阵的主对角线.

一个 m 行 1 列的矩阵

$$\boldsymbol{A}_{m\times 1} = \begin{pmatrix} a_{11} \\ \vdots \\ a_{m1} \end{pmatrix}$$

称为一个列矩阵或列向量. 我们常用希腊字母 $\boldsymbol{\alpha}, \boldsymbol{\beta}, \boldsymbol{\gamma}, \cdots$ 表示列向量.

类似地, 一个 1 行 n 列的矩阵

$$\boldsymbol{A}_{1\times n} = \begin{pmatrix} a_{11} & \cdots & a_{1n} \end{pmatrix}$$

称为一个行矩阵或行向量. 为了醒目起见, 我们通常在行向量的元素之间加上逗号, 即 $\boldsymbol{A}_{1\times n} = (a_{11}, \cdots, a_{1n})$.

特别地, 一个 1×1 的矩阵 (a_{11}) 就是一个数, 此时可以将括号省略, 直接记成 a_{11}. 这就是说, 数可看成矩阵的特例.

1.1.2　几种特殊矩阵

在利用矩阵解决问题时, 经常遇到下面几种特殊矩阵.

零矩阵: 若一个 $m \times n$ 矩阵的所有元素均为零, 则这个矩阵称为零矩阵, 记为 $\boldsymbol{O}_{m\times n}$, 简记为 $\boldsymbol{O}$.

对角矩阵: 若矩阵 $(a_{ij})_{n\times n}$ 中主对角线之外的元素全部为零, 则称此矩阵为对角矩阵, 通常用 $\boldsymbol{\Lambda}$ 表示, 即

$$\boldsymbol{\Lambda} = \begin{pmatrix} a_{11} & & & \\ & a_{22} & & \\ & & \ddots & \\ & & & a_{nn} \end{pmatrix},$$

这里省略的元素全为0. 上述对角矩阵也常简记为 $\boldsymbol{\Lambda}=\operatorname{diag}(a_{11},\ a_{22},\ \cdots,\ a_{nn})$.

数量矩阵: 若对角矩阵 $\boldsymbol{\Lambda}$ 的主对角线上的元素为同一个数 a, 即 $a_{11}=a_{22}=\cdots=a_{nn}=a$, 则称此矩阵为数量矩阵.

单位矩阵: 若 n 阶数量矩阵的主对角线上的元素为1, 则此矩阵称为单位矩阵, 记为 $\boldsymbol{E}_n$ 或 $\boldsymbol{E}$, 即

$$\boldsymbol{E}=\begin{pmatrix}1&&&\\&1&&\\&&\ddots&\\&&&1\end{pmatrix}.$$

三角矩阵: 若一个方阵的主对角线下 (上) 面的元素全为零, 则此矩阵称为上 (下) 三角矩阵. 上、下三角矩阵统称为三角矩阵.

行阶梯形矩阵: 若矩阵 $\boldsymbol{A}=(a_{ij})_{m\times n}$ 中的某一行元素全为零, 则称这一行为一个零行, 否则称之为一个非零行. 非零行的第一个非零元素称为非零首元. 若 $\boldsymbol{A}$ 的各非零行的非零首元的列指标随着行指标的增大而严格增大, 并且零行 (如果有的话) 均在所有非零行的下方, 则此矩阵称为行阶梯形矩阵. 例如

$$\begin{pmatrix}1&2&3\\0&4&5\\0&0&6\end{pmatrix},\quad\begin{pmatrix}1&2&0&1\\0&0&3&5\\0&0&0&0\end{pmatrix}.$$

行最简形矩阵: 若一个行阶梯形矩阵的每个非零行的非零首元均为1, 并且此非零首元所在列的其余元素均为零, 则此矩阵称为行最简形矩阵. 例如

$$\begin{pmatrix}1&-1&0&1\\0&0&1&3\\0&0&0&0\end{pmatrix}.$$

1.2 矩阵的基本运算

我们知道, 数有加、减、乘、除四则运算. 那么矩阵有相应的运算吗? 本节首先把数的加法、减法和乘法推广到矩阵, 得到矩阵的加法、减法、数乘和乘法, 然后再介绍矩阵的转置.

1.2.1 矩阵的线性运算

两个矩阵的行数和列数都相等时, 称它们是同型矩阵. 如果两个同型矩阵 $\boldsymbol{A}=(a_{ij})_{m\times n}$ 与 $\boldsymbol{B}=(b_{ij})_{m\times n}$ 的对应元素相等, 即

$$a_{ij}=b_{ij}\quad(i=1,\ 2,\ \cdots,\ m;\ j=1,\ 2,\ \cdots,\ n),$$

则称矩阵 $\boldsymbol{A}$ 与矩阵 $\boldsymbol{B}$ 相等, 记作 $\boldsymbol{A}=\boldsymbol{B}$.

定义 1.2　设 $\boldsymbol{A}=(a_{ij})_{m\times n}$ 与 $\boldsymbol{B}=(b_{ij})_{m\times n}$ 为同型矩阵, 则称矩阵 $\boldsymbol{C}=(a_{ij}+b_{ij})_{m\times n}$ 为矩阵 $\boldsymbol{A}$ 与 $\boldsymbol{B}$ 的和, 记作 $\boldsymbol{C}=\boldsymbol{A}+\boldsymbol{B}$.

矩阵 $(-a_{ij})_{m\times n}$ 称为矩阵 $\boldsymbol{A}=(a_{ij})_{m\times n}$ 的负矩阵, 记作 $-\boldsymbol{A}$.

根据上述定义容易证明, 矩阵的加法具有下列运算性质.

性质 1.1　设 $\boldsymbol{A}, \boldsymbol{B}, \boldsymbol{C}, \boldsymbol{O}$ 都是 $m\times n$ 矩阵, 则

(1) $\boldsymbol{A}+\boldsymbol{B}=\boldsymbol{B}+\boldsymbol{A}$;

(2) $(\boldsymbol{A}+\boldsymbol{B})+\boldsymbol{C}=\boldsymbol{A}+(\boldsymbol{B}+\boldsymbol{C})$;

(3) $\boldsymbol{A}+\boldsymbol{O}=\boldsymbol{A}$;

(4) $\boldsymbol{A}+(-\boldsymbol{A})=\boldsymbol{O}$.

利用负矩阵, 可以定义矩阵的减法. 两个同型矩阵 $\boldsymbol{A}$ 与 $\boldsymbol{B}$ 的差 $\boldsymbol{A}-\boldsymbol{B}=\boldsymbol{A}+(-\boldsymbol{B})$.

显然, 矩阵的加法和减法推广了数的加法和减法. 下面定义一个数与一个矩阵的数乘运算. 该运算可以视为数的乘法的一种推广.

定义 1.3　设 k 为一个数, $\boldsymbol{A}=(a_{ij})_{m\times n}$ 为一个矩阵, 则矩阵 $(ka_{ij})_{m\times n}$ 称为数 k 与矩阵 $\boldsymbol{A}=(a_{ij})_{m\times n}$ 的数量乘积, 简称为数乘, 记作 $k\boldsymbol{A}$.

根据这个定义, 容易验证数乘运算具有下列运算性质.

性质 1.2　设 $\boldsymbol{A}, \boldsymbol{B}$ 都是 $m\times n$ 矩阵, k, l 为任意数, 则

(1) $(k+l)\boldsymbol{A}=k\boldsymbol{A}+l\boldsymbol{A}$;

(2) $k(\boldsymbol{A}+\boldsymbol{B})=k\boldsymbol{A}+k\boldsymbol{B}$;

(3) $k(l\boldsymbol{A})=(kl)\boldsymbol{A}$;

(4) $1\boldsymbol{A}=\boldsymbol{A}$.

矩阵的加法与数乘运算统称为矩阵的线性运算.

例 1.1　设 $\boldsymbol{A}=\begin{pmatrix}1 & 2\\ -1 & 1\end{pmatrix}$, $\boldsymbol{B}=\begin{pmatrix}-2 & 1\\ 1 & 2\end{pmatrix}$, 求 $\boldsymbol{A}+2\boldsymbol{B}$.

解
$$\boldsymbol{A}+2\boldsymbol{B}=\begin{pmatrix}1 & 2\\ -1 & 1\end{pmatrix}+\begin{pmatrix}-4 & 2\\ 2 & 4\end{pmatrix}=\begin{pmatrix}-3 & 4\\ 1 & 5\end{pmatrix}.$$
□

注 1.1　设 $\boldsymbol{A}=(a_{ij})_{m\times n}$. 对于任意的 $i=1,2,\cdots,m$; $j=1,2,\cdots,n$, 用 $\boldsymbol{E}_{ij}$ 表示一个 $m\times n$ 矩阵, 其第 i 行第 j 列交叉处元素为 1 而其余元素全为零.

例如

$$\boldsymbol{E}_{11}=\begin{pmatrix}1&0&\cdots&0\\0&0&\cdots&0\\\vdots&\vdots&&\vdots\\0&0&\cdots&0\end{pmatrix},\quad \boldsymbol{E}_{12}=\begin{pmatrix}0&1&\cdots&0\\0&0&\cdots&0\\\vdots&\vdots&&\vdots\\0&0&\cdots&0\end{pmatrix}.$$

于是有 $\boldsymbol{A}=\sum\limits_{i=1}^{m}\sum\limits_{j=1}^{n}a_{ij}\boldsymbol{E}_{ij}$, 其中 $\boldsymbol{E}_{ij}\,(i=1,\cdots,m;j=1,\cdots,n)$ 称为矩阵单位.

把一个矩阵表示成矩阵单位的线性组合

两张图片的线性组合

1.2.2 矩阵的乘法

假设变量 x_1, x_2 与 y_1, y_2, y_3 之间有如下线性关系:

$$\begin{cases}x_1=a_{11}y_1+a_{12}y_2+a_{13}y_3,\\x_2=a_{21}y_1+a_{22}y_2+a_{23}y_3,\end{cases}\tag{1.2.1}$$

变量 y_1, y_2, y_3 与 z_1, z_2 有如下线性关系:

$$\begin{cases}y_1=b_{11}z_1+b_{12}z_2,\\y_2=b_{21}z_1+b_{22}z_2,\\y_3=b_{31}z_1+b_{32}z_2,\end{cases}\tag{1.2.2}$$

那么变量 x_1, x_2 与 z_1, z_2 的关系是什么呢?

将上述 (1.2.2) 式代入 (1.2.1) 式得

$$\begin{cases}x_1=(a_{11}b_{11}+a_{12}b_{21}+a_{13}b_{31})z_1+(a_{11}b_{12}+a_{12}b_{22}+a_{13}b_{32})z_2,\\x_2=(a_{21}b_{11}+a_{22}b_{21}+a_{23}b_{31})z_1+(a_{21}b_{12}+a_{22}b_{22}+a_{23}b_{32})z_2.\end{cases}\tag{1.2.3}$$

将 (1.2.1)、(1.2.2) 和 (1.2.3) 这三个式子对应的矩阵分别记为

$$\boldsymbol{A}=\begin{pmatrix}a_{11}&a_{12}&a_{13}\\a_{21}&a_{22}&a_{23}\end{pmatrix},\quad \boldsymbol{B}=\begin{pmatrix}b_{11}&b_{12}\\b_{21}&b_{22}\\b_{31}&b_{32}\end{pmatrix}\quad 和\quad \boldsymbol{C}=\begin{pmatrix}c_{11}&c_{12}\\c_{21}&c_{22}\end{pmatrix},$$

则 $\boldsymbol{C}$ 的第 i 行第 j 列交叉处元素为 $\boldsymbol{A}$ 的第 i 行的每一个元素与 $\boldsymbol{B}$ 的第 j 列对应元素乘积之和, 即 $c_{ij}=\sum\limits_{k=1}^{3}a_{ik}b_{kj}$, 其中 $i,j=1,2$, 此时 $\boldsymbol{C}$ 称为 $\boldsymbol{A}$ 与 $\boldsymbol{B}$ 的积. 一般地, 有如下定义.

定义 1.4　设矩阵 $\boldsymbol{A}=(a_{ik})_{m\times s}$, $\boldsymbol{B}=(b_{kj})_{s\times n}$. 作矩阵 $\boldsymbol{C}=(c_{ij})_{m\times n}$, 其中

$$c_{ij}=a_{i1}b_{1j}+a_{i2}b_{2j}+\cdots+a_{is}b_{sj}=\sum_{k=1}^{s}a_{ik}b_{kj}.$$

称矩阵 $\boldsymbol{C}$ 为矩阵 $\boldsymbol{A}$ 与矩阵 $\boldsymbol{B}$ 的乘积, 记作 $\boldsymbol{C}=\boldsymbol{AB}$, 即

$$\begin{pmatrix} a_{11} & a_{12} & \cdots & a_{1s} \\ a_{21} & a_{22} & \cdots & a_{2s} \\ \vdots & \vdots & & \vdots \\ a_{m1} & a_{m2} & \cdots & a_{ms} \end{pmatrix}\begin{pmatrix} b_{11} & b_{12} & \cdots & b_{1n} \\ b_{21} & b_{22} & \cdots & b_{2n} \\ \vdots & \vdots & & \vdots \\ b_{s1} & b_{s2} & \cdots & b_{sn} \end{pmatrix}$$

$$=\begin{pmatrix} a_{11}b_{11}+\cdots+a_{1s}b_{s1} & a_{11}b_{12}+\cdots+a_{1s}b_{s2} & \cdots & a_{11}b_{1n}+\cdots+a_{1s}b_{sn} \\ a_{21}b_{11}+\cdots+a_{2s}b_{s1} & a_{21}b_{12}+\cdots+a_{2s}b_{s2} & \cdots & a_{21}b_{1n}+\cdots+a_{2s}b_{sn} \\ \vdots & \vdots & & \vdots \\ a_{m1}b_{11}+\cdots+a_{ms}b_{s1} & a_{m1}b_{12}+\cdots+a_{ms}b_{s2} & \cdots & a_{m1}b_{1n}+\cdots+a_{ms}b_{sn} \end{pmatrix}.$$

矩阵乘积的实例

微信群中的邻接矩阵

数学中许多关系用矩阵乘积来表达就非常简洁. 例如, n 个变量 $x_1,x_2,\cdots,x_n$ 与 m 个变量 $y_1,y_2,\cdots,y_m$ 之间的关系式

$$\begin{cases} y_1=a_{11}x_1+a_{12}x_2+\cdots+a_{1n}x_n, \\ y_2=a_{21}x_1+a_{22}x_2+\cdots+a_{2n}x_n, \\ \qquad\cdots\cdots \\ y_m=a_{m1}x_1+a_{m2}x_2+\cdots+a_{mn}x_n \end{cases}$$

(其中 a_{ij} 为常数) 称为从变量 $x_1,x_2,\cdots,x_n$ 到变量 $y_1,y_2,\cdots,y_m$ 的线性变换. 利用矩阵乘法, 上述线性变换可记为

$$y = Ax,$$

其中

$$A = \begin{pmatrix} a_{11} & a_{12} & \cdots & a_{1n} \\ a_{21} & a_{22} & \cdots & a_{2n} \\ \vdots & \vdots & & \vdots \\ a_{m1} & a_{m2} & \cdots & a_{mn} \end{pmatrix}, \quad x = \begin{pmatrix} x_1 \\ x_2 \\ \vdots \\ x_n \end{pmatrix}, \quad y = \begin{pmatrix} y_1 \\ y_2 \\ \vdots \\ y_m \end{pmatrix}.$$

由此可见, 一个从变量 $x_1, x_2, \cdots, x_n$ 到变量 $y_1, y_2, \cdots, y_m$ 的线性变换可以和一个 $m \times n$ 矩阵 A 相互确定.

平面直角坐标变换

给图片加特效

再例如线性方程组

$$\begin{cases} a_{11}x_1 + a_{12}x_2 + \cdots + a_{1n}x_n = b_1, \\ a_{21}x_1 + a_{22}x_2 + \cdots + a_{2n}x_n = b_2, \\ \cdots\cdots \\ a_{m1}x_1 + a_{m2}x_2 + \cdots + a_{mn}x_n = b_m \end{cases}$$

可以简洁地表示为

$$Ax = b,$$

其中 $A = \begin{pmatrix} a_{11} & a_{12} & \cdots & a_{1n} \\ a_{21} & a_{22} & \cdots & a_{2n} \\ \vdots & \vdots & & \vdots \\ a_{m1} & a_{m2} & \cdots & a_{mn} \end{pmatrix}$, $x = \begin{pmatrix} x_1 \\ x_2 \\ \vdots \\ x_n \end{pmatrix}$, $b = \begin{pmatrix} b_1 \\ b_2 \\ \vdots \\ b_m \end{pmatrix}$ 分别叫做该线性方程组的系数矩阵, 未知向量和常数向量.

注 1.2 (1) 从矩阵乘积的定义可以看出, 只有当左边矩阵 A 的列数等于右边矩阵 B 的行数时, 乘积 AB 才有意义.

(2) 当 AB 有意义时, AB 的行数与 A 的行数相等, AB 的列数与 B 的列数相等.

(3) 当 AB 有意义时, BA 未必有意义. 例如, 矩阵 $A_{2\times 3}$ 和 $B_{3\times 4}$ 的乘积 AB 为 2×4 矩阵, 但 BA 没有意义.

(4) 当 AB 与 BA 均有意义时, AB 与 BA 也未必相等, 甚至都不是同型矩阵, 见下面的例子.

例 1.2 设 $\boldsymbol{A}=(1,\ 2,\ -3)$, $\boldsymbol{B}=\begin{pmatrix}2\\1\\1\end{pmatrix}$, 求 $\boldsymbol{AB}$ 和 $\boldsymbol{BA}$.

解 $$\boldsymbol{AB}=(1,\ 2,\ -3)\begin{pmatrix}2\\1\\1\end{pmatrix}=1\times2+2\times1+(-3)\times1=1,$$

$$\boldsymbol{BA}=\begin{pmatrix}2\\1\\1\end{pmatrix}(1,\ 2,\ -3)=\begin{pmatrix}2&4&-6\\1&2&-3\\1&2&-3\end{pmatrix}.$$ □

例 1.3 设 $\boldsymbol{A}=\begin{pmatrix}1&1\\-1&-1\end{pmatrix}$, $\boldsymbol{B}=\begin{pmatrix}-1&1\\1&-1\end{pmatrix}$, 求 $\boldsymbol{AB}$ 与 $\boldsymbol{BA}$.

解 $$\boldsymbol{AB}=\begin{pmatrix}1&1\\-1&-1\end{pmatrix}\begin{pmatrix}-1&1\\1&-1\end{pmatrix}=\begin{pmatrix}0&0\\0&0\end{pmatrix},$$

$$\boldsymbol{BA}=\begin{pmatrix}-1&1\\1&-1\end{pmatrix}\begin{pmatrix}1&1\\-1&-1\end{pmatrix}=\begin{pmatrix}-2&-2\\2&2\end{pmatrix}.$$ □

注 1.3 从例 1.3 可以看出以下几点.

(1) 矩阵的乘法未必满足交换律.

(2) 两非零矩阵的乘积可能为零. 因而, 一般情况下, 由 $\boldsymbol{AB}=\boldsymbol{O}$ 推不出 $\boldsymbol{A}=\boldsymbol{O}$ 或 $\boldsymbol{B}=\boldsymbol{O}$.

(3) 消去律一般不成立, 也就是说, 当 $\boldsymbol{A}\neq\boldsymbol{O}$ 时, 由 $\boldsymbol{AB}=\boldsymbol{AC}$ 未必能够推出 $\boldsymbol{B}=\boldsymbol{C}$. 例如, 取例 1.3 中的矩阵 $\boldsymbol{A}$ 和 $\boldsymbol{B}$, 并且取 $\boldsymbol{C}=\boldsymbol{O}_{2\times2}$, 那么 $\boldsymbol{AB}=\boldsymbol{AC}$, 而且 $\boldsymbol{A}\neq\boldsymbol{O}$, 但 $\boldsymbol{B}\neq\boldsymbol{C}$.

可见, 矩阵乘法与数的乘法有不同之处. 这应该引起特别的注意. 但是矩阵乘法与数的乘法仍有一些相似之处. 根据定义 1.4 可以证明以下性质.

性质 1.3 矩阵的乘法满足下列运算规律 (假设其中的运算都是可行的).

(1) 结合律: $(\boldsymbol{AB})\boldsymbol{C}=\boldsymbol{A}(\boldsymbol{BC})$.

(2) 分配律: $\boldsymbol{A}(\boldsymbol{B}+\boldsymbol{C})=\boldsymbol{AB}+\boldsymbol{AC}$, $(\boldsymbol{B}+\boldsymbol{C})\boldsymbol{A}=\boldsymbol{BA}+\boldsymbol{CA}$.

(3) $k(\boldsymbol{AB})=(k\boldsymbol{A})\boldsymbol{B}=\boldsymbol{A}(k\boldsymbol{B})$, 其中 k 为任意数.

证明留给读者.

注 1.4 如果 $\boldsymbol{AB}=\boldsymbol{BA}$, 那么我们称 $\boldsymbol{A}$, $\boldsymbol{B}$ 可交换. 例如

(1) n 阶数量矩阵 $k\boldsymbol{E}$ 与任意 n 阶矩阵 $\boldsymbol{A}$ 可交换. 事实上, 不难验证

$$(k\boldsymbol{E})\boldsymbol{A}=\boldsymbol{A}(k\boldsymbol{E})=k\boldsymbol{A}.$$

特别地, $\boldsymbol{AE}=\boldsymbol{EA}=\boldsymbol{A}$. 由此可见, 单位矩阵 $\boldsymbol{E}$ 在矩阵乘法运算中起着与数 1 在数的乘法运算中同样的作用.

(2) 两个 n 阶对角矩阵总是可交换的. 事实上, 两个 n 阶对角矩阵 $\boldsymbol{A}$ 与 $\boldsymbol{B}$ 的乘积 $\boldsymbol{AB}$ 仍为对角矩阵, 而且 $\boldsymbol{AB}$ 的主对角线上的元素就是 $\boldsymbol{A}$ 与 $\boldsymbol{B}$ 的主对角线上的对应元素之积, 即

$$\begin{pmatrix} a_{11} & & \\ & \ddots & \\ & & a_{nn} \end{pmatrix}\begin{pmatrix} b_{11} & & \\ & \ddots & \\ & & b_{nn} \end{pmatrix}=\begin{pmatrix} a_{11}b_{11} & & \\ & \ddots & \\ & & a_{nn}b_{nn} \end{pmatrix}.$$

对 n 阶矩阵 $\boldsymbol{A}$, 规定 $\boldsymbol{A}^0=\boldsymbol{E}$, $\boldsymbol{A}^1=\boldsymbol{A}$. 一般地, 如果 k 是正整数, 利用 $\boldsymbol{A}^k=\boldsymbol{A}^{k-1}\boldsymbol{A}$ 及归纳法可以定义 $\boldsymbol{A}^k$, 并称之为 $\boldsymbol{A}$ 的 *k 次幂*.

若 $\boldsymbol{A}^2=\boldsymbol{A}$, 则称 $\boldsymbol{A}$ 为*幂等矩阵*; 若存在正整数 k, 使得 $\boldsymbol{A}^k=\boldsymbol{O}$, 则称 $\boldsymbol{A}$ 为*幂零矩阵*.

例如 $\begin{pmatrix} 1 & 2 \\ 0 & 0 \end{pmatrix}$, $\begin{pmatrix} 2 & 1 \\ -2 & -1 \end{pmatrix}$ 均是幂等矩阵; $\begin{pmatrix} 1 & -1 \\ 1 & -1 \end{pmatrix}$, $\begin{pmatrix} 0 & 1 & 0 \\ 0 & 0 & 1 \\ 0 & 0 & 0 \end{pmatrix}$ 均是幂零矩阵.

容易验证: 对于任意正整数 k, l, 下列等式成立

$$\boldsymbol{A}^k\boldsymbol{A}^l=\boldsymbol{A}^{k+l}, \quad (\boldsymbol{A}^k)^l=\boldsymbol{A}^{kl}.$$

因为矩阵乘法一般不满足交换律, 所以 $(\boldsymbol{AB})^k$ 与 $\boldsymbol{A}^k\boldsymbol{B}^k$ 未必相等, 而且与两个矩阵有关的因式分解与二项式定理一般也不成立. 但当 $\boldsymbol{AB}=\boldsymbol{BA}$ 时, 可验证

$$(\boldsymbol{A}+\boldsymbol{B})^n=\sum_{i=0}^{n}\mathrm{C}_n^i\boldsymbol{A}^i\boldsymbol{B}^{n-i}. \tag{1.2.4}$$

设 $f(x)=a_mx^m+a_{m-1}x^{m-1}+\cdots+a_1x+a_0$ 是 x 的 m 次多项式, $\boldsymbol{A}$ 是 n 阶矩阵, 则称

$$f(\boldsymbol{A})=a_m\boldsymbol{A}^m+a_{m-1}\boldsymbol{A}^{m-1}+\cdots+a_1\boldsymbol{A}+a_0\boldsymbol{E}$$

为 $\boldsymbol{A}$ 的 m 次*多项式*.

容易证明: 若 $f(x)$, $g(x)$ 为多项式, $\boldsymbol{A}$ 为 n 阶矩阵, 则

$$f(\boldsymbol{A})g(\boldsymbol{A})=g(\boldsymbol{A})f(\boldsymbol{A}).$$

例如: $(2\boldsymbol{A}+\boldsymbol{E})(\boldsymbol{A}-\boldsymbol{E})=2\boldsymbol{A}^2-\boldsymbol{A}-\boldsymbol{E}=(\boldsymbol{A}-\boldsymbol{E})(2\boldsymbol{A}+\boldsymbol{E})$.

例 1.4 设 $\boldsymbol{A}=(1,\ -1,\ 1)$, $\boldsymbol{B}=\begin{pmatrix}1\\1\\2\end{pmatrix}$, $f(x)=2x^3+x+3$, 求 $(\boldsymbol{BA})^n$, $f(\boldsymbol{BA})$.

解 $\boldsymbol{AB}=2$, $\boldsymbol{BA}=\begin{pmatrix}1&-1&1\\1&-1&1\\2&-2&2\end{pmatrix}$, 于是

$$\begin{aligned}(\boldsymbol{BA})^n&=(\boldsymbol{BA})(\boldsymbol{BA})\cdots(\boldsymbol{BA})=\boldsymbol{B}(\boldsymbol{AB})(\boldsymbol{AB})\cdots(\boldsymbol{AB})\boldsymbol{A}\\&=\boldsymbol{B}(\boldsymbol{AB})^{n-1}\boldsymbol{A}=\boldsymbol{B}\cdot 2^{n-1}\boldsymbol{A}=2^{n-1}\boldsymbol{BA}=\begin{pmatrix}2^{n-1}&-2^{n-1}&2^{n-1}\\2^{n-1}&-2^{n-1}&2^{n-1}\\2^n&-2^n&2^n\end{pmatrix},\end{aligned}$$

$$f(\boldsymbol{BA})=2(\boldsymbol{BA})^3+\boldsymbol{BA}+3\boldsymbol{E}=9\boldsymbol{BA}+3\boldsymbol{E}=\begin{pmatrix}12&-9&9\\9&-6&9\\18&-18&21\end{pmatrix}.\quad\square$$

例 1.5 设 $\boldsymbol{A}=\begin{pmatrix}\lambda&1&0\\0&\lambda&1\\0&0&\lambda\end{pmatrix}$, 求 $\boldsymbol{A}^n$.

解 记 $\boldsymbol{N}=\begin{pmatrix}0&1&0\\0&0&1\\0&0&0\end{pmatrix}$, 则 $\boldsymbol{N}^2=\begin{pmatrix}0&0&1\\0&0&0\\0&0&0\end{pmatrix}$, $\boldsymbol{N}^3=\begin{pmatrix}0&0&0\\0&0&0\\0&0&0\end{pmatrix}$, $\boldsymbol{A}=\lambda\boldsymbol{E}+\boldsymbol{N}$. 因为 $(\lambda\boldsymbol{E})\boldsymbol{N}=\boldsymbol{N}(\lambda\boldsymbol{E})$, 由公式 (1.2.4) 可得

$$\begin{aligned}\boldsymbol{A}^n&=\sum_{k=0}^{n}\mathrm{C}_n^k(\lambda\boldsymbol{E})^k\boldsymbol{N}^{n-k}=(\lambda\boldsymbol{E})^n+\mathrm{C}_n^1(\lambda\boldsymbol{E})^{n-1}\boldsymbol{N}+\mathrm{C}_n^2(\lambda\boldsymbol{E})^{n-2}\boldsymbol{N}^2\\&=\begin{pmatrix}\lambda^n&0&0\\0&\lambda^n&0\\0&0&\lambda^n\end{pmatrix}+\begin{pmatrix}0&n\lambda^{n-1}&0\\0&0&n\lambda^{n-1}\\0&0&0\end{pmatrix}+\begin{pmatrix}0&0&\dfrac{n(n-1)}{2}\lambda^{n-2}\\0&0&0\\0&0&0\end{pmatrix}\\&=\begin{pmatrix}\lambda^n&n\lambda^{n-1}&\dfrac{n(n-1)}{2}\lambda^{n-2}\\0&\lambda^n&n\lambda^{n-1}\\0&0&\lambda^n\end{pmatrix}.\end{aligned}$$

$\square$

例 1.6 设 $\boldsymbol{A}$ 为 n 阶矩阵. 若 $\boldsymbol{A}$ 与任何 n 阶矩阵可交换, 证明 $\boldsymbol{A}$ 为数量矩阵.

证明 (证法一) 由于 $\boldsymbol{A}$ 与任何 n 阶矩阵可交换, 当然 $\boldsymbol{A}$ 与矩阵单位 $\boldsymbol{E}_{ij}$ 可交换. 记

$$\boldsymbol{A}=\sum_{k=1}^{n}\sum_{l=1}^{n}a_{kl}\boldsymbol{E}_{kl}.$$

易证, 矩阵单位满足 $\boldsymbol{E}_{kl}\boldsymbol{E}_{ij}=\delta_{il}\boldsymbol{E}_{kj}$, 这里 $\delta_{il}=\begin{cases}1, & i=l,\\ 0, & i\neq l\end{cases}$ 为克罗内克 (Kronecker) 符号. 于是,

$$\boldsymbol{A}\boldsymbol{E}_{ij}=\sum_{k=1}^{n}\sum_{l=1}^{n}a_{kl}\boldsymbol{E}_{kl}\boldsymbol{E}_{ij}=\sum_{k=1}^{n}a_{ki}\boldsymbol{E}_{kj},$$

$$\boldsymbol{E}_{ij}\boldsymbol{A}=\sum_{k=1}^{n}\sum_{l=1}^{n}a_{kl}\boldsymbol{E}_{ij}\boldsymbol{E}_{kl}=\sum_{l=1}^{n}a_{jl}\boldsymbol{E}_{il}.$$

取 $i\neq j$, 比较 $\boldsymbol{A}\boldsymbol{E}_{ij}$, $\boldsymbol{E}_{ij}\boldsymbol{A}$ 的 $(i,\ j)$-元得 $a_{ii}=a_{jj}$, 再比较 $(i,\ i)$-元得 $0=a_{ji}$. 于是 $\boldsymbol{A}=a_{11}\boldsymbol{E}$ 为数量矩阵.

(证法二) 由假设知, $\boldsymbol{A}$ 与 $\boldsymbol{B}=\mathrm{diag}(1,\ 2,\cdots,n)$ 可交换. 取 $i\neq j$, 比较 $\boldsymbol{AB}$ 与 $\boldsymbol{BA}$ 的 $(i,\ j)$-元得 $ja_{ij}=ia_{ij}$, 可见 $a_{ij}=0$, 所以 $\boldsymbol{A}$ 为对角矩阵. 再取

$$\boldsymbol{C}=\begin{pmatrix}1 & 1 & \cdots & 1\\ 0 & 0 & \cdots & 0\\ \vdots & \vdots & & \vdots\\ 0 & 0 & \cdots & 0\end{pmatrix},$$

由 $\boldsymbol{AC}=\boldsymbol{CA}$ 得 $a_{11}=a_{jj}$, $j=2,\cdots,n$, 可见 $\boldsymbol{A}=a_{11}\boldsymbol{E}$ 为数量矩阵. □

1.2.3 矩阵的转置

定义 1.5 设矩阵 $\boldsymbol{A}=(a_{ij})_{m\times n}$. 令 $\boldsymbol{B}=(b_{ij})_{n\times m}$, 其中 $b_{ij}=a_{ji}$, $i=1,2,\cdots,m$; $j=1,2,\cdots,n$, 称 $\boldsymbol{B}$ 为 $\boldsymbol{A}$ 的转置矩阵, 记作 $\boldsymbol{B}=\boldsymbol{A}^{\mathrm{T}}$.

例如, 矩阵 $\boldsymbol{A}=\begin{pmatrix}1 & 2 & 3\\ 4 & 5 & 6\end{pmatrix}$ 的转置矩阵 $\boldsymbol{A}^{\mathrm{T}}=\begin{pmatrix}1 & 4\\ 2 & 5\\ 3 & 6\end{pmatrix}$.

性质 1.4 矩阵的转置运算满足下列运算规律 (假设其中的运算都是可行的):

(1) $(\boldsymbol{A}^{\mathrm{T}})^{\mathrm{T}}=\boldsymbol{A}$;

(2) $(\boldsymbol{A}+\boldsymbol{B})^{\mathrm{T}}=\boldsymbol{A}^{\mathrm{T}}+\boldsymbol{B}^{\mathrm{T}}$;

(3) $(k\boldsymbol{A})^{\mathrm{T}}=k\boldsymbol{A}^{\mathrm{T}}$, 其中 k 为任意数;

(4) $(\boldsymbol{AB})^{\mathrm{T}}=\boldsymbol{B}^{\mathrm{T}}\boldsymbol{A}^{\mathrm{T}}$.

证明 下面只验证 (4), 其余的留给读者自己验证.

设 $\boldsymbol{A}=(a_{ik})_{m\times s}$, $\boldsymbol{B}=(b_{kj})_{s\times n}$, 则 $\boldsymbol{AB}$ 是 $m\times n$ 矩阵, $\boldsymbol{B}^{\mathrm{T}}\boldsymbol{A}^{\mathrm{T}}$ 是 $n\times m$ 矩阵. 记

$$\boldsymbol{AB}=\boldsymbol{C}=(c_{ij})_{m\times n},\quad \boldsymbol{B}^{\mathrm{T}}\boldsymbol{A}^{\mathrm{T}}=\boldsymbol{D}=(d_{ij})_{n\times m}.$$

于是有 $c_{ji}=\sum\limits_{k=1}^{s}a_{jk}b_{ki}$.

又因为矩阵 $\boldsymbol{B}^{\mathrm{T}}$ 的第 i 行为 $(b_{1i},\ \cdots,\ b_{si})$, $\boldsymbol{A}^{\mathrm{T}}$ 的第 j 列为 $\begin{pmatrix}a_{j1}\\ \vdots\\ a_{js}\end{pmatrix}$, 因此

$$c_{ji}=\sum_{k=1}^{s}a_{jk}b_{ki}=\sum_{k=1}^{s}b_{ki}a_{jk}=d_{ij}.$$

由此可见 $\boldsymbol{C}^{\mathrm{T}}=\boldsymbol{D}$, 即 $(\boldsymbol{AB})^{\mathrm{T}}=\boldsymbol{B}^{\mathrm{T}}\boldsymbol{A}^{\mathrm{T}}$. □

对于多个矩阵的乘积的转置, 用数学归纳法容易证明

$$(\boldsymbol{A}_1\boldsymbol{A}_2\cdots\boldsymbol{A}_k)^{\mathrm{T}}=\boldsymbol{A}_k^{\mathrm{T}}\cdots\boldsymbol{A}_2^{\mathrm{T}}\boldsymbol{A}_1^{\mathrm{T}}.$$

若 $\boldsymbol{A}^{\mathrm{T}}=\boldsymbol{A}$, 则称 $\boldsymbol{A}$ 为对称矩阵; 若 $\boldsymbol{A}^{\mathrm{T}}=-\boldsymbol{A}$, 则称 $\boldsymbol{A}$ 为反对称矩阵. 对称矩阵与反对称矩阵是两种重要的特殊方阵. 易知, 对称矩阵关于主对角线对称, 反对称矩阵的主对角线上的元素全部为零. 例如, $\boldsymbol{A}=\begin{pmatrix}1&2&3\\2&1&-1\\3&-1&2\end{pmatrix}$ 为对称矩阵, $\boldsymbol{B}=\begin{pmatrix}0&1&2\\-1&0&1\\-2&-1&0\end{pmatrix}$ 为反对称矩阵.

例 1.7 证明任意一个 n 阶矩阵都可以唯一地表示成一个对称矩阵与一个反对称矩阵的和.

证明 任意一个 n 阶矩阵 $\boldsymbol{A}$ 都可以写成

$$\boldsymbol{A}=\frac{1}{2}(\boldsymbol{A}+\boldsymbol{A}^{\mathrm{T}})+\frac{1}{2}(\boldsymbol{A}-\boldsymbol{A}^{\mathrm{T}}).$$

由于

$$\left[\frac{1}{2}(\boldsymbol{A}+\boldsymbol{A}^{\mathrm{T}})\right]^{\mathrm{T}}=\frac{1}{2}[\boldsymbol{A}^{\mathrm{T}}+(\boldsymbol{A}^{\mathrm{T}})^{\mathrm{T}}]=\frac{1}{2}(\boldsymbol{A}+\boldsymbol{A}^{\mathrm{T}}),$$

$$\left[\frac{1}{2}(\boldsymbol{A}-\boldsymbol{A}^{\mathrm{T}})\right]^{\mathrm{T}}=\frac{1}{2}[\boldsymbol{A}^{\mathrm{T}}-(\boldsymbol{A}^{\mathrm{T}})^{\mathrm{T}}]=-\frac{1}{2}(\boldsymbol{A}-\boldsymbol{A}^{\mathrm{T}}),$$

可见 $\frac{1}{2}(\boldsymbol{A}+\boldsymbol{A}^{\mathrm{T}})$ 为对称矩阵, $\frac{1}{2}(\boldsymbol{A}-\boldsymbol{A}^{\mathrm{T}})$ 为反对称矩阵. 这就证明了 $\boldsymbol{A}$ 可以表示成一个对称矩阵与一个反对称矩阵的和.

下面证明唯一性. 如果 $\boldsymbol{A}=\boldsymbol{B}+\boldsymbol{C}$, 其中, $\boldsymbol{B}$ 是对称矩阵, $\boldsymbol{C}$ 是反对称矩阵, 在此式等号两边取转置, 得

$$\boldsymbol{A}^{\mathrm{T}}=\boldsymbol{B}^{\mathrm{T}}+\boldsymbol{C}^{\mathrm{T}}=\boldsymbol{B}-\boldsymbol{C}.$$

于是,

$$\boldsymbol{B}=\frac{1}{2}(\boldsymbol{A}+\boldsymbol{A}^{\mathrm{T}}),\quad \boldsymbol{C}=\frac{1}{2}(\boldsymbol{A}-\boldsymbol{A}^{\mathrm{T}}).$$

故分解是唯一的. □

把方阵分解为对称阵与反对称阵之和

1.3 分块矩阵

1.3.1 基本概念

在处理阶数比较高的矩阵的时候, 将其 “分割” 成一些低阶的矩阵往往能够起到化简计算的作用或者为推理提供新的思路. 例如

$$\boldsymbol{A}=\left(\begin{array}{ccc:cc}1&0&0&1&2\\0&1&0&4&5\\0&0&1&6&7\\ \hdashline 3&2&1&0&0\\6&5&4&0&0\end{array}\right)$$

可以表示为

$$A = \begin{pmatrix} A_{11} & A_{12} \\ A_{21} & A_{22} \end{pmatrix},$$

其中 $A_{11} = \begin{pmatrix} 1 & 0 & 0 \\ 0 & 1 & 0 \\ 0 & 0 & 1 \end{pmatrix}$, $A_{12} = \begin{pmatrix} 1 & 2 \\ 4 & 5 \\ 6 & 7 \end{pmatrix}$, $A_{21} = \begin{pmatrix} 3 & 2 & 1 \\ 6 & 5 & 4 \end{pmatrix}$, $A_{22} = \begin{pmatrix} 0 & 0 \\ 0 & 0 \end{pmatrix}$.

一般地, 我们把矩阵 A 用一些横线和纵线分成 $s \times t$ 个 "小矩阵"

$$A_{kl} \quad (k = 1,\ 2,\ \cdots,\ s;\ l = 1,\ 2,\ \cdots, t)$$

称为 A 的子块. 于是 A 可以表示为以这些子块为元素的形式上的矩阵, 即

$$A = \begin{pmatrix} A_{11} & \cdots & A_{1t} \\ \vdots & & \vdots \\ A_{s1} & \cdots & A_{st} \end{pmatrix},$$

上式中等号右边的形式上的矩阵称为分块矩阵.

1.3.2 常用的分块矩阵

给定一个矩阵, 究竟如何分块, 要视具体情况而定.

常用的分块方法主要有三种.

(1) 按列分块.

把矩阵 $A = (a_{ij})_{m\times n}$ 的每一列作为一个子块, 依次记为 $\alpha_1,\ \cdots,\ \alpha_n$, 可以得到如下分块矩阵:

$$A = (\alpha_1,\ \cdots,\ \alpha_n),$$

其中 $\alpha_j = \begin{pmatrix} a_{1j} \\ \vdots \\ a_{mj} \end{pmatrix}$ 称为 A 的列向量 ($j = 1,\ 2,\ \cdots,\ n$).

(2) 按行分块.

把矩阵 $B = (b_{ij})_{m\times n}$ 的每一行作为一个子块, 依次记为 $\beta_1,\ \cdots,\ \beta_m$, 可以得到如下分块矩阵:

$$B = \begin{pmatrix} \beta_1 \\ \vdots \\ \beta_m \end{pmatrix},$$

其中 $\boldsymbol{\beta}_i=(b_{i1},\ \cdots,\ b_{in})$ 称为 $\boldsymbol{B}$ 的行向量 $(i=1,\ 2,\ \cdots,\ m)$.

(3) 若分块矩阵 $\begin{pmatrix}\boldsymbol{A}_{11} & & \\ & \ddots & \\ & & \boldsymbol{A}_{ss}\end{pmatrix}$ 中 $\boldsymbol{A}_{ii}\ (i=1,\ 2,\ \cdots,\ s)$ 均为方阵, 其余子块均为零矩阵, 则称该分块矩阵为分块对角矩阵, 简记为 $\mathrm{diag}(\boldsymbol{A}_{11},\ \cdots,\ \boldsymbol{A}_{ss})$. 注意分块对角矩阵中主对角线上的各子块 $\boldsymbol{A}_{ii}$ 的阶数可以互不相同.

1.3.3 基本运算

下面介绍分块矩阵的基本运算.

(1) 分块矩阵的加法.

设分块矩阵 $\boldsymbol{A}=(\boldsymbol{A}_{kl})_{s\times t}$ 与 $\boldsymbol{B}=(\boldsymbol{B}_{kl})_{s\times t}$ 的对应子块 $\boldsymbol{A}_{kl}$ 和 $\boldsymbol{B}_{kl}$ 都是同型矩阵 $(k=1,\ 2,\ \cdots,s;\ l=1,\ 2,\ \cdots,t)$, 则 $\boldsymbol{A}+\boldsymbol{B}=(\boldsymbol{A}_{kl}+\boldsymbol{B}_{kl})_{s\times t}$.

(2) 分块矩阵的数乘.

设分块矩阵 $\boldsymbol{A}=(\boldsymbol{A}_{kl})_{s\times t}$, λ 是一个数, 则 $\lambda\boldsymbol{A}=(\lambda\boldsymbol{A}_{kl})_{s\times t}$.

(3) 分块矩阵的乘法.

设分块矩阵 $\boldsymbol{A}=(\boldsymbol{A}_{ij})_{r\times s}$, $\boldsymbol{B}=(\boldsymbol{B}_{jk})_{s\times t}$, 其中 $\boldsymbol{A}_{ij}$ 的列数等于 $\boldsymbol{B}_{jk}$ 的行数 $(i=1,2,\cdots,r;\ j=1,2,\cdots,s;\ k=1,2,\cdots,t)$, 则

$$\boldsymbol{AB}=\begin{pmatrix}\boldsymbol{A}_{11} & \boldsymbol{A}_{12} & \cdots & \boldsymbol{A}_{1s}\\ \boldsymbol{A}_{21} & \boldsymbol{A}_{22} & \cdots & \boldsymbol{A}_{2s}\\ \vdots & \vdots & & \vdots\\ \boldsymbol{A}_{r1} & \boldsymbol{A}_{r2} & \cdots & \boldsymbol{A}_{rs}\end{pmatrix}\begin{pmatrix}\boldsymbol{B}_{11} & \boldsymbol{B}_{12} & \cdots & \boldsymbol{B}_{1t}\\ \boldsymbol{B}_{21} & \boldsymbol{B}_{22} & \cdots & \boldsymbol{B}_{2t}\\ \vdots & \vdots & & \vdots\\ \boldsymbol{B}_{s1} & \boldsymbol{B}_{s2} & \cdots & \boldsymbol{B}_{st}\end{pmatrix}=(\boldsymbol{C}_{ik})_{r\times t},$$

其中 $\boldsymbol{C}_{ik}=\boldsymbol{A}_{i1}\boldsymbol{B}_{1k}+\boldsymbol{A}_{i2}\boldsymbol{B}_{2k}+\cdots+\boldsymbol{A}_{is}\boldsymbol{B}_{sk}\ (i=1,2,\cdots,r;\ k=1,2,\cdots,t)$.

例如, 设 $\boldsymbol{A}=(a_{ij})_{s\times n}$, $\boldsymbol{B}=(b_{jk})_{n\times t}$. 若对 $\boldsymbol{B}$ 按行分块, 即 $\boldsymbol{B}=\begin{pmatrix}\boldsymbol{\beta}_1\\ \vdots\\ \boldsymbol{\beta}_n\end{pmatrix}$, 则

$$\boldsymbol{AB}=\begin{pmatrix}a_{11} & \cdots & a_{1n}\\ \vdots & & \vdots\\ a_{s1} & \cdots & a_{sn}\end{pmatrix}\begin{pmatrix}\boldsymbol{\beta}_1\\ \vdots\\ \boldsymbol{\beta}_n\end{pmatrix}=\begin{pmatrix}a_{11}\boldsymbol{\beta}_1+\cdots+a_{1n}\boldsymbol{\beta}_n\\ \vdots\\ a_{s1}\boldsymbol{\beta}_1+\cdots+a_{sn}\boldsymbol{\beta}_n\end{pmatrix}.$$

特别地,

$$\boldsymbol{e}_i^{\mathrm{T}}\boldsymbol{B}=(0,\cdots,0,1,0,\cdots,0)\begin{pmatrix}\boldsymbol{\beta}_1\\ \vdots\\ \boldsymbol{\beta}_i\\ \vdots\\ \boldsymbol{\beta}_n\end{pmatrix}=\boldsymbol{\beta}_i,$$

其中 n 维行向量 $\boldsymbol{e}_i^{\mathrm{T}}=(0,\cdots,0,1,0,\cdots,0)$ 的第 i 个分量为 1, 其余分量全为 0. 可见 $\boldsymbol{e}_i^{\mathrm{T}}\boldsymbol{B}$ 正好等于 $\boldsymbol{B}$ 的第 i 行, $i=1,2,\cdots,n$. 若对 $\boldsymbol{B}$ 按列分块, 即 $\boldsymbol{B}=(\boldsymbol{B}_1,\cdots,\boldsymbol{B}_t)$, 则

$$\boldsymbol{AB}=\boldsymbol{A}(\boldsymbol{B}_1,\ \cdots,\ \boldsymbol{B}_t)=(\boldsymbol{AB}_1,\ \cdots,\ \boldsymbol{AB}_t).$$

若对 $\boldsymbol{A}$ 按列分块, 即 $\boldsymbol{A}=(\boldsymbol{\alpha}_1,\ \cdots,\ \boldsymbol{\alpha}_n)$, 则

$$\begin{aligned}\boldsymbol{AB}&=(\boldsymbol{\alpha}_1,\ \cdots,\ \boldsymbol{\alpha}_n)\begin{pmatrix}b_{11}&\cdots&b_{1t}\\ \vdots&&\vdots\\ b_{n1}&\cdots&b_{nt}\end{pmatrix}\\&=(b_{11}\boldsymbol{\alpha}_1+\cdots+b_{n1}\boldsymbol{\alpha}_n,\ \cdots,\ b_{1t}\boldsymbol{\alpha}_1+\cdots+b_{nt}\boldsymbol{\alpha}_n).\end{aligned}$$

特别地,

$$\boldsymbol{Ae}_j=(\boldsymbol{\alpha}_1,\ \cdots,\boldsymbol{\alpha}_j,\ \cdots,\ \boldsymbol{\alpha}_n)\begin{pmatrix}0\\ \vdots\\ 1\\ \vdots\\ 0\end{pmatrix}=\boldsymbol{\alpha}_j,$$

其中 n 维列向量 $\boldsymbol{e}_j=(0,\cdots,0,1,0,\cdots,0)^{\mathrm{T}}$ 的第 j 个分量为 1, 其余分量全为 0. 可见 $\boldsymbol{Ae}_j$ 正好等于 $\boldsymbol{A}$ 的第 j 列, $j=1,2,\cdots,n$. 若对 $\boldsymbol{A}$ 按行分块, 即 $\boldsymbol{A}=\begin{pmatrix}\boldsymbol{A}_1\\ \vdots\\ \boldsymbol{A}_s\end{pmatrix}$, 则 $\boldsymbol{AB}=\begin{pmatrix}\boldsymbol{A}_1\\ \vdots\\ \boldsymbol{A}_s\end{pmatrix}\boldsymbol{B}=\begin{pmatrix}\boldsymbol{A}_1\boldsymbol{B}\\ \vdots\\ \boldsymbol{A}_s\boldsymbol{B}\end{pmatrix}$.

对线性方程组 $\boldsymbol{Ax}=\boldsymbol{b}$ 而言, 如果对 $\boldsymbol{A}$ 按列分块, 即

$$\boldsymbol{A}=(\boldsymbol{\alpha}_1,\ \cdots,\ \boldsymbol{\alpha}_n),$$

那么 $\boldsymbol{Ax}=\boldsymbol{b}$ 等价于 $x_1\boldsymbol{\alpha}_1+\cdots+x_n\boldsymbol{\alpha}_n=\boldsymbol{b}$.

(4) 分块矩阵的转置.

设分块矩阵 $\boldsymbol{A}=\begin{pmatrix}\boldsymbol{A}_{11} & \boldsymbol{A}_{12} & \cdots & \boldsymbol{A}_{1t}\\ \boldsymbol{A}_{21} & \boldsymbol{A}_{22} & \cdots & \boldsymbol{A}_{2t}\\ \vdots & \vdots & & \vdots\\ \boldsymbol{A}_{s1} & \boldsymbol{A}_{s2} & \cdots & \boldsymbol{A}_{st}\end{pmatrix}$, 则 $\boldsymbol{A}$ 的转置矩阵为

$$\boldsymbol{A}^{\mathrm{T}}=\begin{pmatrix}\boldsymbol{A}_{11}^{\mathrm{T}} & \boldsymbol{A}_{21}^{\mathrm{T}} & \cdots & \boldsymbol{A}_{s1}^{\mathrm{T}}\\ \boldsymbol{A}_{12}^{\mathrm{T}} & \boldsymbol{A}_{22}^{\mathrm{T}} & \cdots & \boldsymbol{A}_{s2}^{\mathrm{T}}\\ \vdots & \vdots & & \vdots\\ \boldsymbol{A}_{1t}^{\mathrm{T}} & \boldsymbol{A}_{2t}^{\mathrm{T}} & \cdots & \boldsymbol{A}_{st}^{\mathrm{T}}\end{pmatrix}.$$

例 1.8 设 $\boldsymbol{A}=\begin{pmatrix}1 & 2 & 1 & 0\\ 0 & 1 & 0 & 1\\ 0 & 0 & 2 & 1\\ 0 & 0 & 0 & 3\end{pmatrix}$, $\boldsymbol{B}=\begin{pmatrix}1 & 0 & 3 & 1\\ 0 & 1 & 2 & -1\\ 0 & 0 & -2 & 3\\ 0 & 0 & 0 & -3\end{pmatrix}$, 求 $\boldsymbol{AB}$.

解 将矩阵 $\boldsymbol{A}, \boldsymbol{B}$ 进行分块如下:

$$\boldsymbol{A}=\begin{pmatrix}\boldsymbol{A}_{11} & \boldsymbol{E}_2\\ \boldsymbol{O}_2 & \boldsymbol{A}_{22}\end{pmatrix},\quad \boldsymbol{B}=\begin{pmatrix}\boldsymbol{E}_2 & \boldsymbol{B}_{12}\\ \boldsymbol{O}_2 & \boldsymbol{B}_{22}\end{pmatrix},$$

其中 $\boldsymbol{A}_{11}=\begin{pmatrix}1 & 2\\ 0 & 1\end{pmatrix}$, $\boldsymbol{E}_2=\begin{pmatrix}1 & 0\\ 0 & 1\end{pmatrix}$, $\boldsymbol{O}_2=\begin{pmatrix}0 & 0\\ 0 & 0\end{pmatrix}$, $\boldsymbol{A}_{22}=\begin{pmatrix}2 & 1\\ 0 & 3\end{pmatrix}$, $\boldsymbol{B}_{12}=\begin{pmatrix}3 & 1\\ 2 & -1\end{pmatrix}$, $\boldsymbol{B}_{22}=\begin{pmatrix}-2 & 3\\ 0 & -3\end{pmatrix}$, 则

$$\boldsymbol{AB}=\begin{pmatrix}\boldsymbol{A}_{11} & \boldsymbol{E}_2\\ \boldsymbol{O}_2 & \boldsymbol{A}_{22}\end{pmatrix}\begin{pmatrix}\boldsymbol{E}_2 & \boldsymbol{B}_{12}\\ \boldsymbol{O}_2 & \boldsymbol{B}_{22}\end{pmatrix}=\begin{pmatrix}\boldsymbol{A}_{11} & \boldsymbol{A}_{11}\boldsymbol{B}_{12}+\boldsymbol{B}_{22}\\ \boldsymbol{O}_2 & \boldsymbol{A}_{22}\boldsymbol{B}_{22}\end{pmatrix},$$

其中

$$\boldsymbol{A}_{11}\boldsymbol{B}_{12}+\boldsymbol{B}_{22}=\begin{pmatrix}1 & 2\\ 0 & 1\end{pmatrix}\begin{pmatrix}3 & 1\\ 2 & -1\end{pmatrix}+\begin{pmatrix}-2 & 3\\ 0 & -3\end{pmatrix}=\begin{pmatrix}5 & 2\\ 2 & -4\end{pmatrix},$$

$$\boldsymbol{A}_{22}\boldsymbol{B}_{22}=\begin{pmatrix}2 & 1\\ 0 & 3\end{pmatrix}\begin{pmatrix}-2 & 3\\ 0 & -3\end{pmatrix}=\begin{pmatrix}-4 & 3\\ 0 & -9\end{pmatrix},$$

于是可得 $\boldsymbol{AB}=\begin{pmatrix}1&2&5&2\\0&1&2&-4\\0&0&-4&3\\0&0&0&-9\end{pmatrix}$. □

注意上述例子中利用分块矩阵算出来的结果与直接根据矩阵乘法的定义算出来的结果是一致的, 但采用分块乘法运算更简便一些.

1.4 初等变换与初等矩阵

1.4.1 初等变换

线性代数的一个重要而基本的方面, 就是线性方程组的求解. 早在我国古代, 重要的数学著作《九章算术》就详细地讨论了线性方程组的解法, 为线性代数铺下了第一块基石.

例如求解线性方程组

$$(\mathrm{I})\quad \begin{cases}2x_1+x_2=1, & (1)\\ x_1+x_2=1, & (2)\end{cases}$$

首先交换 (1) 式和 (2) 式得

$$(\mathrm{II})\quad \begin{cases}x_1+x_2=1, & (3)\\ 2x_1+x_2=1, & (4)\end{cases}$$

其次将第 (4) 式减去第 (3) 式的 2 倍得

$$(\mathrm{III})\quad \begin{cases}x_1+x_2=1, & (5)\\ -x_2=-1, & (6)\end{cases}$$

此时, 可以从 (6) 式解出 $x_2=1$ 再代入 (5) 式进而得到 $x_1=0$. 这种求解线性方程组的方法通常称为高斯(Gauss)消元法. 我们也可以将 (6) 式加到 (5) 式, 再在 (6) 式两边乘以 -1, 得

$$(\mathrm{IV})\quad \begin{cases}x_1=0,\\ x_2=1.\end{cases}$$

上述求解线性方程组的方法通常称为高斯–若尔当(Gauss-Jordan)消元法. 注意方程组 (I) 对应一个矩阵

$$A=\begin{pmatrix}2&1&1\\1&1&1\end{pmatrix},$$

这里 $\boldsymbol{A}$ 的第 1 行对应 (1) 式, $\boldsymbol{A}$ 的第 2 行对应 (2) 式.

用 $\mathrm{r}_i \leftrightarrow \mathrm{r}_j$ 表示交换第 i 行和第 j 行; $k\mathrm{r}_i$ 表示第 i 行每个元素都乘以非零的数 k; $\mathrm{r}_i+k\mathrm{r}_j$ 表示将第 j 行的每个元素的 k 倍加到第 i 行对应的元素上. 于是, 上述消元法求解过程可用矩阵表示:

$$\begin{aligned}\boldsymbol{A}=\begin{pmatrix}2&1&1\\1&1&1\end{pmatrix}&\xrightarrow{\mathrm{r}_1\leftrightarrow\mathrm{r}_2}\begin{pmatrix}1&1&1\\2&1&1\end{pmatrix}\xrightarrow{\mathrm{r}_2-2\,\mathrm{r}_1}\begin{pmatrix}1&1&1\\0&-1&-1\end{pmatrix}\\&\xrightarrow{\mathrm{r}_1+\mathrm{r}_2}\begin{pmatrix}1&0&0\\0&-1&-1\end{pmatrix}\xrightarrow{(-1)\mathrm{r}_2}\begin{pmatrix}1&0&0\\0&1&1\end{pmatrix}=\boldsymbol{B},\end{aligned}$$

其中 $\boldsymbol{B}$ 为行最简形矩阵, 它对应于方程组 (IV).

今后我们还会对矩阵的列进行类似的操作.

定义 1.6 矩阵的下面三种变换统称为矩阵的初等行变换 (初等列变换).

(1) 对换变换: 交换矩阵的第 i 行 (列) 与第 j 行 (列), 记作 $\mathrm{r}_i \leftrightarrow \mathrm{r}_j$ $(\mathrm{c}_i \leftrightarrow \mathrm{c}_j)$;

(2) 倍乘变换: 用不为零的数 k 去乘矩阵的第 i 行 (列) 中的每个元素, 记作 $k\,\mathrm{r}_i$ $(k\,\mathrm{c}_i)$;

(3) 倍加变换: 把矩阵的第 j 行 (列) 的每个元素的 k 倍加到第 i 行 (列) 对应的元素上, 记作 $\mathrm{r}_i+k\,\mathrm{r}_j$ $(\mathrm{c}_i+k\,\mathrm{c}_j)$.

初等行变换和初等列变换统称为初等变换.

注 1.5 从下面的变换过程可以看出, 上述三种初等变换都是可逆的.

(1) $\boldsymbol{A}\xrightarrow{\mathrm{r}_i\leftrightarrow\mathrm{r}_j}\boldsymbol{B}\xrightarrow{\mathrm{r}_i\leftrightarrow\mathrm{r}_j}\boldsymbol{A}$. $\quad\boldsymbol{A}\xrightarrow{\mathrm{c}_i\leftrightarrow\mathrm{c}_j}\boldsymbol{B}\xrightarrow{\mathrm{c}_i\leftrightarrow\mathrm{c}_j}\boldsymbol{A}$.

(2) $\boldsymbol{A}\xrightarrow{k\,\mathrm{r}_i}\boldsymbol{B}\xrightarrow{\frac{1}{k}\,\mathrm{r}_i}\boldsymbol{A}$. $\quad\boldsymbol{A}\xrightarrow{k\,\mathrm{c}_i}\boldsymbol{B}\xrightarrow{\frac{1}{k}\,\mathrm{c}_i}\boldsymbol{A}$.

(3) $\boldsymbol{A}\xrightarrow{\mathrm{r}_i+k\,\mathrm{r}_j}\boldsymbol{B}\xrightarrow{\mathrm{r}_i-k\,\mathrm{r}_j}\boldsymbol{A}$. $\quad\boldsymbol{A}\xrightarrow{\mathrm{c}_i+k\,\mathrm{c}_j}\boldsymbol{B}\xrightarrow{\mathrm{c}_i-k\,\mathrm{c}_j}\boldsymbol{A}$.

定义 1.7 如果矩阵 $\boldsymbol{A}$ 可以经过有限次初等变换化为矩阵 $\boldsymbol{B}$, 就称矩阵 $\boldsymbol{A}$ 与矩阵 $\boldsymbol{B}$ 等价, 记作 $\boldsymbol{A}\cong\boldsymbol{B}$.

矩阵之间的等价有下面性质.

(1) 反身性: $\boldsymbol{A}\cong\boldsymbol{A}$.

(2) 对称性: 若 $\boldsymbol{A}\cong\boldsymbol{B}$, 则 $\boldsymbol{B}\cong\boldsymbol{A}$.

(3) 传递性: 若 $\boldsymbol{A}\cong\boldsymbol{B}$, $\boldsymbol{B}\cong\boldsymbol{C}$, 则 $\boldsymbol{A}\cong\boldsymbol{C}$.

数学中把具有上述三条性质的关系叫做等价关系.

若矩阵 $\boldsymbol{A}_{m\times n}$ 与矩阵

$$\boldsymbol{E}_{m\times n}^{(r)}=\begin{pmatrix}\boldsymbol{E}_{r\times r} & \boldsymbol{O}_{r\times(n-r)}\\ \boldsymbol{O}_{(m-r)\times r} & \boldsymbol{O}_{(m-r)\times(n-r)}\end{pmatrix}$$

等价, 则称 $\boldsymbol{E}_{m\times n}^{(r)}$ 为 $\boldsymbol{A}_{m\times n}$ 的等价标准形. 注意, 当 $r=0$ 时, $\boldsymbol{E}_{m\times n}^{(0)}$ 就是零矩阵 $\boldsymbol{O}_{m\times n}$.

例 1.9 用初等行变换将矩阵 $\boldsymbol{A}=\begin{pmatrix}1 & 1 & 1 & 2\\ -1 & 2 & 3 & 3\\ 1 & 4 & 5 & 7\end{pmatrix}$ 化为行最简形, 再利用列变换化为等价标准形.

解 对 $\boldsymbol{A}$ 作初等行变换得

$$\boldsymbol{A}\xrightarrow[r_3-r_1]{r_2+r_1}\begin{pmatrix}1 & 1 & 1 & 2\\ 0 & 3 & 4 & 5\\ 0 & 3 & 4 & 5\end{pmatrix}\xrightarrow{r_3-r_2}\begin{pmatrix}1 & 1 & 1 & 2\\ 0 & 3 & 4 & 5\\ 0 & 0 & 0 & 0\end{pmatrix}$$

$$\xrightarrow{\frac{1}{3}r_2}\begin{pmatrix}1 & 1 & 1 & 2\\ 0 & 1 & \dfrac{4}{3} & \dfrac{5}{3}\\ 0 & 0 & 0 & 0\end{pmatrix}\xrightarrow{r_1-r_2}\begin{pmatrix}1 & 0 & -\dfrac{1}{3} & \dfrac{1}{3}\\ 0 & 1 & \dfrac{4}{3} & \dfrac{5}{3}\\ 0 & 0 & 0 & 0\end{pmatrix}=\boldsymbol{B},$$

这里 $\boldsymbol{B}$ 为行最简形矩阵. 再对 $\boldsymbol{B}$ 作初等列变换得

$$\boldsymbol{B}\xrightarrow[c_4-\frac{1}{3}c_1]{c_3+\frac{1}{3}c_1}\begin{pmatrix}1 & 0 & 0 & 0\\ 0 & 1 & \dfrac{4}{3} & \dfrac{5}{3}\\ 0 & 0 & 0 & 0\end{pmatrix}\xrightarrow[c_4-\frac{5}{3}c_2]{c_3-\frac{4}{3}c_2}\begin{pmatrix}1 & 0 & 0 & 0\\ 0 & 1 & 0 & 0\\ 0 & 0 & 0 & 0\end{pmatrix}=\boldsymbol{E}_{3\times 4}^{(2)}.$$ □

一般地, 仿照上述做法, 对于任意 $m\times n$ 矩阵 $\boldsymbol{A}$, 可以经过有限次初等行变换把它化为行最简形矩阵; 进一步可以看出, $\boldsymbol{A}$ 总可以经过有限次初等变换 (行变换和列变换) 化为等价标准形. 在 1.7 节, 我们将会看到矩阵 $\boldsymbol{A}_{m\times n}$ 的等价标准形 $\boldsymbol{E}_{m\times n}^{(r)}$ 是由 $\boldsymbol{A}_{m\times n}$ 唯一确定的.

1.4.2 初等矩阵

在算术中, 大于等于 2 的整数可以分解为若干个素数的乘积. 自然地会想到矩阵是否也能进行类似的分解, 即能否把一个复杂的矩阵分解为若干个比较简单的矩阵的乘积.

最简单的矩阵是单位矩阵与零矩阵. 其次, 比较简单的矩阵是对单位矩阵进行一次初等变换所得到的方阵, 这样的矩阵称为初等矩阵. 与三种类型的初等变换相对应, 有以下三种类型的初等矩阵.

(1) 对换矩阵 —— 交换单位矩阵的第 i 行 (列) 与第 j 行 (列) 所得到的矩阵.

$$\boldsymbol{E}(i,j)=\begin{pmatrix}1 & & & & & & & & \\ & \ddots & & & & & & & \\ & & 1 & & & & & & \\ & & & 0 & \cdots & \cdots & \cdots & 1 & & & \\ & & & \vdots & 1 & & & \vdots & & & \\ & & & \vdots & & \ddots & & \vdots & & & \\ & & & \vdots & & & 1 & \vdots & & & \\ & & & 1 & \cdots & \cdots & \cdots & 0 & & & \\ & & & & & & & & 1 & & \\ & & & & & & & & & \ddots & \\ & & & & & & & & & & 1\end{pmatrix}\begin{matrix}\\ \\ \\ \leftarrow \text{第 } i \text{ 行} \\ \\ \\ \\ \leftarrow \text{第 } j \text{ 行} \\ \\ \\ \\ \end{matrix}$$

(2) 倍乘矩阵 —— 用不为零的数 k 去乘单位矩阵的第 i 行 (列) 所得到的矩阵.

$$\boldsymbol{E}(i(k))=\begin{pmatrix}1 & & & & & & \\ & \ddots & & & & & \\ & & 1 & & & & \\ & & & k & & & \\ & & & & 1 & & \\ & & & & & \ddots & \\ & & & & & & 1\end{pmatrix}\begin{matrix}\\ \\ \\ \leftarrow \text{第 } i \text{ 行} \\ \\ \\ \\ \end{matrix}$$

(3) 倍加矩阵 —— 将单位矩阵的第 j 行 (i 列) 的 k 倍加到第 i 行 (j 列) ($j \neq i$) 得到的矩阵.

$$\boldsymbol{E}(i,j(k))=\begin{pmatrix}1 & & & & & & \\ & \ddots & & & & & \\ & & 1 & \cdots & k & & \\ & & & \ddots & \vdots & & \\ & & & & 1 & & \\ & & & & & \ddots & \\ & & & & & & 1\end{pmatrix}\begin{matrix}\\ \\ \leftarrow \text{第 } i \text{ 行} \\ \\ \leftarrow \text{第 } j \text{ 行} \\ \\ \\ \end{matrix}$$

这样, 初等变换与初等矩阵就可以建立起对应关系. 事实上, 把 $\boldsymbol{A}_{m\times n}$ 按列分块得 $\boldsymbol{A}_{m\times n}=(\boldsymbol{\alpha}_1,\cdots,\boldsymbol{\alpha}_n)$, 则有

$$\begin{aligned}\boldsymbol{A}&=(\boldsymbol{\alpha}_1,\cdots,\boldsymbol{\alpha}_i,\cdots,\boldsymbol{\alpha}_j,\cdots,\boldsymbol{\alpha}_n)\xrightarrow{\mathrm{c}_i\leftrightarrow \mathrm{c}_j}(\boldsymbol{\alpha}_1,\cdots,\boldsymbol{\alpha}_j,\cdots,\boldsymbol{\alpha}_i,\cdots,\boldsymbol{\alpha}_n)\\&=\boldsymbol{A}\boldsymbol{E}(i,j);\end{aligned}$$

$$\boldsymbol{A}=(\boldsymbol{\alpha}_1,\cdots,\boldsymbol{\alpha}_i,\cdots,\boldsymbol{\alpha}_n)\xrightarrow{k\,\mathrm{c}_i}(\boldsymbol{\alpha}_1,\cdots,k\boldsymbol{\alpha}_i,\cdots,\boldsymbol{\alpha}_n)=\boldsymbol{A}\boldsymbol{E}(i(k));$$

$$\begin{aligned}\boldsymbol{A}&=(\boldsymbol{\alpha}_1,\cdots,\boldsymbol{\alpha}_i,\cdots,\boldsymbol{\alpha}_j,\cdots,\boldsymbol{\alpha}_n)\xrightarrow{\mathrm{c}_i+k\,\mathrm{c}_j}(\boldsymbol{\alpha}_1,\cdots,\boldsymbol{\alpha}_i+k\boldsymbol{\alpha}_j,\cdots,\boldsymbol{\alpha}_j,\cdots,\boldsymbol{\alpha}_n)\\&=\boldsymbol{A}\boldsymbol{E}(j,i(k)).\end{aligned}$$

类似地, 把 $\boldsymbol{A}_{m\times n}$ 按行分块并进行初等行变换则可以验证

$$\boldsymbol{A}\xrightarrow{\mathrm{r}_i\leftrightarrow \mathrm{r}_j}\boldsymbol{E}(i,j)\boldsymbol{A},\quad \boldsymbol{A}\xrightarrow{k\,\mathrm{r}_i}\boldsymbol{E}(i(k))\boldsymbol{A},\quad \boldsymbol{A}\xrightarrow{\mathrm{r}_i+k\,\mathrm{r}_j}\boldsymbol{E}(i,j(k))\boldsymbol{A}.$$

因此有下面的定理.

定理 1.1 设 $\boldsymbol{A}$ 为一个 $m\times n$ 矩阵, 对 $\boldsymbol{A}$ 施行一次初等列变换, 相当于在 $\boldsymbol{A}$ 的右边乘以相应的 n 阶初等矩阵; 对 $\boldsymbol{A}$ 施行一次初等行变换, 相当于在 $\boldsymbol{A}$ 的左边乘以相应的 m 阶初等矩阵.

初等矩阵与初等变换

例 1.10 设 $\boldsymbol{A}=\begin{pmatrix}a_{11}&a_{12}\\a_{21}&a_{22}\end{pmatrix}$, $\boldsymbol{B}=\begin{pmatrix}-a_{21}&-a_{22}\\a_{11}+2a_{21}&a_{12}+2a_{22}\end{pmatrix}$, 问 $\boldsymbol{A}$ 经过何种初等变换化成 $\boldsymbol{B}$? 写出相应的初等矩阵并将 $\boldsymbol{B}$ 表示成这些初等矩阵与 $\boldsymbol{A}$ 的乘积.

解

$$\begin{aligned}\boldsymbol{A}&\xrightarrow{\mathrm{r}_1+2\,\mathrm{r}_2}\begin{pmatrix}a_{11}+2a_{21}&a_{12}+2a_{22}\\a_{21}&a_{22}\end{pmatrix}\xrightarrow{\mathrm{r}_1\leftrightarrow \mathrm{r}_2}\begin{pmatrix}a_{21}&a_{22}\\a_{11}+2a_{21}&a_{12}+2a_{22}\end{pmatrix}\\&\xrightarrow{(-1)\mathrm{r}_1}\begin{pmatrix}-a_{21}&-a_{22}\\a_{11}+2a_{21}&a_{12}+2a_{22}\end{pmatrix}.\end{aligned}$$

而 $\mathrm{r}_1+2\,\mathrm{r}_2$, $\mathrm{r}_1\leftrightarrow \mathrm{r}_2$ 和 $(-1)\mathrm{r}_1$ 对应的初等矩阵分别为

$$\boldsymbol{P}_1=\begin{pmatrix}1&2\\0&1\end{pmatrix},\quad \boldsymbol{P}_2=\begin{pmatrix}0&1\\1&0\end{pmatrix}\quad 和\quad \boldsymbol{P}_3=\begin{pmatrix}-1&0\\0&1\end{pmatrix}.$$

由定理 1.1 得 $\boldsymbol{B}=\boldsymbol{P}_3\boldsymbol{P}_2\boldsymbol{P}_1\boldsymbol{A}$. □

例 1.11　设矩阵 $\boldsymbol{A}=\begin{pmatrix}1&-1&0\\0&1&1\\0&1&1\end{pmatrix}$.

(1) 用初等行变换将 $\boldsymbol{A}$ 化为行最简形矩阵 $\boldsymbol{U}$, 并将 $\boldsymbol{U}$ 表示成 $\boldsymbol{A}$ 与初等矩阵的乘积.

(2) 求 $\boldsymbol{A}$ 的等价标准形 $\boldsymbol{E}_{3\times3}^{(r)}$, 并将 $\boldsymbol{E}_{3\times3}^{(r)}$ 表示成 $\boldsymbol{A}$ 与初等矩阵的乘积.

解　(1) 对矩阵 $\boldsymbol{A}$ 施行如下初等行变换可得

$$\boldsymbol{A}=\begin{pmatrix}1&-1&0\\0&1&1\\0&1&1\end{pmatrix}\xrightarrow{r_3-r_2}\begin{pmatrix}1&-1&0\\0&1&1\\0&0&0\end{pmatrix}\xrightarrow{r_1+r_2}\begin{pmatrix}1&0&1\\0&1&1\\0&0&0\end{pmatrix}=\boldsymbol{U}.$$

由定理 1.1 得 $\boldsymbol{U}=\begin{pmatrix}1&1&0\\0&1&0\\0&0&1\end{pmatrix}\begin{pmatrix}1&0&0\\0&1&0\\0&-1&1\end{pmatrix}\boldsymbol{A}$.

(2) 对矩阵 $\boldsymbol{U}$ 施行如下初等列变换可得

$$\boldsymbol{U}=\begin{pmatrix}1&0&1\\0&1&1\\0&0&0\end{pmatrix}\xrightarrow{c_3-c_1}\begin{pmatrix}1&0&0\\0&1&1\\0&0&0\end{pmatrix}\xrightarrow{c_3-c_2}\begin{pmatrix}1&0&0\\0&1&0\\0&0&0\end{pmatrix}=\boldsymbol{E}_{3\times3}^{(2)}.$$

由定理 1.1 得

$$\boldsymbol{E}_{3\times3}^{(2)}=\begin{pmatrix}1&1&0\\0&1&0\\0&0&1\end{pmatrix}\begin{pmatrix}1&0&0\\0&1&0\\0&-1&1\end{pmatrix}\boldsymbol{A}\begin{pmatrix}1&0&-1\\0&1&0\\0&0&1\end{pmatrix}\begin{pmatrix}1&0&0\\0&1&-1\\0&0&1\end{pmatrix}.$$ □

例 1.11 可以推广到一般情形, 从而得到以下两个定理.

定理 1.2　设 $\boldsymbol{A}$ 为 $m\times n$ 矩阵, 则存在行最简形矩阵 $\boldsymbol{U}$ 和 m 阶初等矩阵 $\boldsymbol{P}_1$, $\boldsymbol{P}_2,\cdots,\boldsymbol{P}_s$, 使得 $\boldsymbol{P}_s\cdots\boldsymbol{P}_2\boldsymbol{P}_1\boldsymbol{A}=\boldsymbol{U}$.

定理 1.3　设 $\boldsymbol{A}$ 为 $m\times n$ 矩阵, 则存在 m 阶初等矩阵 $\boldsymbol{P}_1,\boldsymbol{P}_2,\cdots,\boldsymbol{P}_s$ 以及 n 阶初等矩阵 $\boldsymbol{Q}_1,\boldsymbol{Q}_2,\cdots,\boldsymbol{Q}_t$, 使得 $\boldsymbol{P}_s\cdots\boldsymbol{P}_2\boldsymbol{P}_1\boldsymbol{A}\boldsymbol{Q}_1\boldsymbol{Q}_2\cdots\boldsymbol{Q}_t=\boldsymbol{E}_{m\times n}^{(r)}$, 其中 r 是一个不超过 $\min(m,n)$ 的非负整数.

1.5　方阵的逆矩阵

到现在, 我们已经把数的加法与乘法运算“推广”到了矩阵运算, 那么自然要问, 如何把数的除法运算推广到矩阵运算? 在数的运算中, 对于每个不为零的

数 a, 都存在一个数 a^{-1}, 使得 $aa^{-1} = a^{-1}a = 1$, 对于除法运算 $b \div a$ 可以用乘法运算 ba^{-1} 或 $a^{-1}b$ 来表示. 那么, 是否对于每个非零矩阵 $\boldsymbol{A}$, 都存在一个矩阵 $\boldsymbol{B}$ 使得 $\boldsymbol{AB} = \boldsymbol{BA} = \boldsymbol{E}$ 呢? 回答是否定的. 因为, 当矩阵 $\boldsymbol{A}$ 的行数与列数不相等时, 显然就不行. 那么, 是否所有的 n 阶非零方阵 $\boldsymbol{A}$ 都有 $\boldsymbol{B}$ 满足上式? 回答也是否定的.

在彻底弄清上述问题之前, 我们先给出逆矩阵的定义与基本性质.

从倒数到逆矩阵

1.5.1 逆矩阵的概念

定义 1.8 设 $\boldsymbol{A}$ 为 n 阶矩阵, 如果存在 n 阶矩阵 $\boldsymbol{B}$, 使得 $\boldsymbol{AB} = \boldsymbol{BA} = \boldsymbol{E}_n$, 则称 $\boldsymbol{A}$ 为可逆矩阵, 并称 $\boldsymbol{B}$ 为 $\boldsymbol{A}$ 的逆矩阵.

如果 $\boldsymbol{B}$ 与 $\boldsymbol{C}$ 都是 $\boldsymbol{A}$ 的逆矩阵, 即 $\boldsymbol{AB} = \boldsymbol{BA} = \boldsymbol{E}$, $\boldsymbol{AC} = \boldsymbol{CA} = \boldsymbol{E}$, 则有

$$\boldsymbol{B} = \boldsymbol{BE} = \boldsymbol{B}(\boldsymbol{AC}) = (\boldsymbol{BA})\boldsymbol{C} = \boldsymbol{EC} = \boldsymbol{C}.$$

由此可得如下定理.

定理 1.4 若 $\boldsymbol{A}$ 是可逆矩阵, 则 $\boldsymbol{A}$ 的逆矩阵是唯一的, 记作 $\boldsymbol{A}^{-1}$.

例如, 单位矩阵 $\boldsymbol{E}$ 是可逆的, 而且 $\boldsymbol{E}^{-1} = \boldsymbol{E}$.

例 1.12 判断矩阵 $\boldsymbol{A} = \begin{pmatrix} 1 & 0 \\ 0 & 0 \end{pmatrix}$ 是否可逆.

解 对于任意的 $\boldsymbol{B} = \begin{pmatrix} b_{11} & b_{12} \\ b_{21} & b_{22} \end{pmatrix}$, 有

$$\boldsymbol{AB} = \begin{pmatrix} 1 & 0 \\ 0 & 0 \end{pmatrix}\begin{pmatrix} b_{11} & b_{12} \\ b_{21} & b_{22} \end{pmatrix} = \begin{pmatrix} b_{11} & b_{12} \\ 0 & 0 \end{pmatrix} \neq \begin{pmatrix} 1 & 0 \\ 0 & 1 \end{pmatrix}.$$

可见, 不存在方阵 $\boldsymbol{B}$ 使得 $\boldsymbol{AB} = \boldsymbol{E}$, 所以 $\boldsymbol{A}$ 不可逆. □

从上面的这个例子可以看出

(1) 并非所有非零方阵都是可逆的.

(2) 如果一个矩阵中有某一行元素全为零 (即这个矩阵有零行), 那么这个矩阵一定不可逆.

例 1.13 证明可逆的行最简形矩阵为单位矩阵.

证明 设 $\boldsymbol{A}$ 为 n 阶可逆的行最简形矩阵, 则 $\boldsymbol{A}$ 中无零行. 因而 $\boldsymbol{A}$ 中每一行都是非零行, 且非零首元为 1, 这些 1 所在的列的其余元素均为零. 而 $\boldsymbol{A}$ 一共只有 n 列, 故 $\boldsymbol{A}=\boldsymbol{E}$. □

利用定义 1.8 可以得到可逆矩阵的以下性质.

性质 1.5 设 $\boldsymbol{A}$ 与 $\boldsymbol{B}$ 都是 n 阶可逆矩阵, k 是不为零的数, 则 $\boldsymbol{A}^{-1}$, $\boldsymbol{A}^{\mathrm{T}}$, $k\boldsymbol{A}$ 以及 $\boldsymbol{AB}$ 都是可逆矩阵, 而且

(1) $(\boldsymbol{A}^{-1})^{-1}=\boldsymbol{A}$;

(2) $(\boldsymbol{A}^{\mathrm{T}})^{-1}=(\boldsymbol{A}^{-1})^{\mathrm{T}}$;

(3) $(k\boldsymbol{A})^{-1}=k^{-1}\boldsymbol{A}^{-1}$;

(4) $(\boldsymbol{AB})^{-1}=\boldsymbol{B}^{-1}\boldsymbol{A}^{-1}$.

证明 这里只证明性质 (4), 其余性质由读者自己完成.

事实上, 因为

$$(\boldsymbol{AB})(\boldsymbol{B}^{-1}\boldsymbol{A}^{-1})=\boldsymbol{A}(\boldsymbol{BB}^{-1})\boldsymbol{A}^{-1}=\boldsymbol{AEA}^{-1}=\boldsymbol{E},$$

$$(\boldsymbol{B}^{-1}\boldsymbol{A}^{-1})(\boldsymbol{AB})=\boldsymbol{B}^{-1}(\boldsymbol{A}^{-1}\boldsymbol{A})\boldsymbol{B}=\boldsymbol{B}^{-1}\boldsymbol{EB}=\boldsymbol{E},$$

所以 $(\boldsymbol{AB})^{-1}=\boldsymbol{B}^{-1}\boldsymbol{A}^{-1}$. □

进一步, 由归纳法可以证明: 若 $\boldsymbol{A}_1, \boldsymbol{A}_2, \cdots, \boldsymbol{A}_m$ 均为 n 阶可逆矩阵, 则它们的乘积 $\boldsymbol{A}_1\boldsymbol{A}_2\cdots\boldsymbol{A}_m$ 也为 n 阶可逆矩阵, 且

$$(\boldsymbol{A}_1\boldsymbol{A}_2\cdots\boldsymbol{A}_m)^{-1}=\boldsymbol{A}_m^{-1}\cdots\boldsymbol{A}_2^{-1}\boldsymbol{A}_1^{-1}.$$

例 1.14 设 $\boldsymbol{A}$, $\boldsymbol{B}$ 为 n 阶矩阵, $\boldsymbol{A}$, $\boldsymbol{B}$, $\boldsymbol{AB}-\boldsymbol{E}$ 均为可逆矩阵.

(1) 证明 $\boldsymbol{A}-\boldsymbol{B}^{-1}$ 为可逆矩阵, 并求其逆矩阵;

(2) 证明 $(\boldsymbol{A}-\boldsymbol{B}^{-1})^{-1}-\boldsymbol{A}^{-1}$ 也为可逆矩阵, 并求其逆矩阵.

证明 (1) $\boldsymbol{A}-\boldsymbol{B}^{-1}=\boldsymbol{ABB}^{-1}-\boldsymbol{B}^{-1}=(\boldsymbol{AB}-\boldsymbol{E})\boldsymbol{B}^{-1}$. 由于 $\boldsymbol{AB}-\boldsymbol{E}$, $\boldsymbol{B}^{-1}$ 均为可逆矩阵, 故 $\boldsymbol{A}-\boldsymbol{B}^{-1}$ 可逆, 且

$$(\boldsymbol{A}-\boldsymbol{B}^{-1})^{-1}=\left((\boldsymbol{AB}-\boldsymbol{E})\boldsymbol{B}^{-1}\right)^{-1}=\boldsymbol{B}(\boldsymbol{AB}-\boldsymbol{E})^{-1}.$$

(2) 由 (1) 知

$$\begin{aligned}(\boldsymbol{A}-\boldsymbol{B}^{-1})^{-1}-\boldsymbol{A}^{-1}&=\boldsymbol{B}(\boldsymbol{AB}-\boldsymbol{E})^{-1}-\boldsymbol{A}^{-1}\\&=\boldsymbol{B}(\boldsymbol{AB}-\boldsymbol{E})^{-1}-\boldsymbol{A}^{-1}(\boldsymbol{AB}-\boldsymbol{E})(\boldsymbol{AB}-\boldsymbol{E})^{-1}\\&=\left(\boldsymbol{B}-\boldsymbol{A}^{-1}(\boldsymbol{AB}-\boldsymbol{E})\right)(\boldsymbol{AB}-\boldsymbol{E})^{-1}\\&=\boldsymbol{A}^{-1}(\boldsymbol{AB}-\boldsymbol{E})^{-1},\end{aligned}$$

由于 $\boldsymbol{A}^{-1}$, $(\boldsymbol{AB}-\boldsymbol{E})^{-1}$ 均为可逆矩阵, 故 $(\boldsymbol{A}-\boldsymbol{B}^{-1})^{-1}-\boldsymbol{A}^{-1}$ 也可逆, 并且

$$\left((\boldsymbol{A}-\boldsymbol{B}^{-1})^{-1}-\boldsymbol{A}^{-1}\right)^{-1}=\left(\boldsymbol{A}^{-1}(\boldsymbol{AB}-\boldsymbol{E})^{-1}\right)^{-1}=(\boldsymbol{AB}-\boldsymbol{E})\boldsymbol{A}=\boldsymbol{ABA}-\boldsymbol{A}.$$

上面的等式称为华罗庚等式. □

关于逆矩阵的华罗庚等式

1.5.2 初等矩阵与可逆矩阵

上面给出了逆矩阵的定义, 那么除了定义之外如何判断一个矩阵是否可逆呢? 由定理 1.2 可知, 在把一个复杂的矩阵分解为若干个简单的矩阵的乘积时, 矩阵 $\boldsymbol{A}$ 与初等矩阵和行最简形矩阵有关. 因此, 这里把判断任一方阵是否可逆的问题转化为初等矩阵和行最简形矩阵是否可逆的问题来完成, 并由此得到用初等变换求逆矩阵的方法.

首先, 看一下初等矩阵的可逆性.

定理 1.5 *初等矩阵都可逆, 而且初等矩阵的逆矩阵仍是初等矩阵.*

证明 因为初等矩阵是单位矩阵经过一次初等变换得到. 例如

$$\boldsymbol{E}\xrightarrow{\mathrm{r}_i+k\,\mathrm{r}_j}\boldsymbol{E}(i,j(k)),$$

于是, $\boldsymbol{E}(i,j(k))\xrightarrow{\mathrm{r}_i-k\,\mathrm{r}_j}\boldsymbol{E}$. 由定理 1.1 知, $\boldsymbol{E}$ 为 $\boldsymbol{E}(i,j(k))$ 的左边乘相应的初等矩阵 $\boldsymbol{E}(i,j(-k))$, 即

$$\boldsymbol{E}(i,j(-k))\boldsymbol{E}(i,j(k))=\boldsymbol{E}.$$

将 k 换成 $-k$, 得

$$\boldsymbol{E}(i,j(k))\boldsymbol{E}(i,j(-k))=\boldsymbol{E}.$$

故 $\boldsymbol{E}(i,j(k))$ 为可逆矩阵且 $(\boldsymbol{E}(i,j(k)))^{-1}=\boldsymbol{E}(i,j(-k))$.

同理可证 $\boldsymbol{E}(i,j)^{-1}=\boldsymbol{E}(i,j)$, $\boldsymbol{E}(i(k))^{-1}=\boldsymbol{E}(i(k^{-1}))$. □

初等矩阵的可逆性

定理 1.6 *方阵 $\boldsymbol{A}$ 为可逆矩阵的充分必要条件是 $\boldsymbol{A}$ 可以写为初等矩阵的乘积.*

证明 (必要性) 由定理 1.2 知, 存在初等矩阵 $\boldsymbol{P}_1, \boldsymbol{P}_2, \cdots, \boldsymbol{P}_s$ 和行最简形矩阵 $\boldsymbol{U}$ 使得

$$\boldsymbol{P}_s \cdots \boldsymbol{P}_2 \boldsymbol{P}_1 \boldsymbol{A} = \boldsymbol{U}. \tag{1.5.1}$$

由于 $\boldsymbol{A}$ 和 $\boldsymbol{P}_i (i = 1, 2, \cdots, s)$ 均为可逆矩阵, 所以 $\boldsymbol{U}$ 为可逆的. 于是根据例 1.13 可知 $\boldsymbol{U} = \boldsymbol{E}$. 对 (1.5.1) 式左乘以 $\boldsymbol{P}_1^{-1}\boldsymbol{P}_2^{-1}\cdots\boldsymbol{P}_s^{-1}$ 可得

$$\begin{aligned} \boldsymbol{A} &= (\boldsymbol{P}_1^{-1}\boldsymbol{P}_2^{-1}\cdots\boldsymbol{P}_s^{-1})(\boldsymbol{P}_s \cdots \boldsymbol{P}_2 \boldsymbol{P}_1 \boldsymbol{A}) = (\boldsymbol{P}_1^{-1}\boldsymbol{P}_2^{-1}\cdots\boldsymbol{P}_s^{-1})\boldsymbol{U} \\ &= (\boldsymbol{P}_1^{-1}\boldsymbol{P}_2^{-1}\cdots\boldsymbol{P}_s^{-1})\boldsymbol{E} = \boldsymbol{P}_1^{-1}\boldsymbol{P}_2^{-1}\cdots\boldsymbol{P}_s^{-1}. \end{aligned}$$

由于 $\boldsymbol{P}_i^{-1}$ $(i = 1,\ 2,\ \cdots,\ s)$ 仍为初等矩阵, 因此 $\boldsymbol{A}$ 可写成初等矩阵的乘积.

(充分性) 若 $\boldsymbol{A}$ 可以写为初等矩阵的乘积, 由于初等矩阵可逆而且可逆矩阵的乘积仍可逆, 故 $\boldsymbol{A}$ 可逆. □

由定理 1.6 及其证明过程可得如下推论.

推论 1.1 方阵 $\boldsymbol{A}$ 为可逆矩阵的充分必要条件是 $\boldsymbol{A}$ 可以经过初等行变换化为单位矩阵, 即存在初等矩阵 $\boldsymbol{P}_1, \boldsymbol{P}_2, \cdots, \boldsymbol{P}_s$ 使得

$$\boldsymbol{P}_s \cdots \boldsymbol{P}_2 \boldsymbol{P}_1 \boldsymbol{A} = \boldsymbol{E}.$$

此时,

$$\boldsymbol{A} = \boldsymbol{P}_1^{-1}\boldsymbol{P}_2^{-1}\cdots\boldsymbol{P}_s^{-1}, \quad \boldsymbol{A}^{-1} = \boldsymbol{P}_s \cdots \boldsymbol{P}_2 \boldsymbol{P}_1. \tag{1.5.2}$$

定理 1.7 设 $\boldsymbol{A}$ 为 $m \times n$ 矩阵, 则存在 m 阶可逆矩阵 $\boldsymbol{P}$ 和 n 阶可逆矩阵 $\boldsymbol{Q}$ 使

$$\boldsymbol{A} = \boldsymbol{P}\begin{pmatrix} \boldsymbol{E}_r & \boldsymbol{O} \\ \boldsymbol{O} & \boldsymbol{O} \end{pmatrix}\boldsymbol{Q}. \tag{1.5.3}$$

证明 由定理 1.3, 存在 m 阶初等矩阵 $\boldsymbol{P}_1, \boldsymbol{P}_2, \cdots, \boldsymbol{P}_s$ 和 n 阶初等矩阵 $\boldsymbol{Q}_1, \boldsymbol{Q}_2, \cdots, \boldsymbol{Q}_t$ 使得 $\boldsymbol{P}_s \cdots \boldsymbol{P}_2 \boldsymbol{P}_1 \boldsymbol{A} \boldsymbol{Q}_1 \boldsymbol{Q}_2 \cdots \boldsymbol{Q}_t = \boldsymbol{E}_{m\times n}^{(r)}$, 因此

$$\boldsymbol{A} = \boldsymbol{P}_1^{-1}\boldsymbol{P}_2^{-1}\cdots\boldsymbol{P}_s^{-1}\boldsymbol{E}_{m\times n}^{(r)}\boldsymbol{Q}_t^{-1}\cdots\boldsymbol{Q}_2^{-1}\boldsymbol{Q}_1^{-1}.$$

令 $\boldsymbol{P} = \boldsymbol{P}_1^{-1}\boldsymbol{P}_2^{-1}\cdots\boldsymbol{P}_s^{-1}$, $\boldsymbol{Q} = \boldsymbol{Q}_t^{-1}\cdots\boldsymbol{Q}_2^{-1}\boldsymbol{Q}_1^{-1}$, 则 $\boldsymbol{P}, \boldsymbol{Q}$ 是可逆矩阵, 且

$$\boldsymbol{A} = \boldsymbol{P}\boldsymbol{E}_{m\times n}^{(r)}\boldsymbol{Q} = \boldsymbol{P}\begin{pmatrix} \boldsymbol{E}_r & \boldsymbol{O} \\ \boldsymbol{O} & \boldsymbol{O} \end{pmatrix}\boldsymbol{Q}.$$ □

定理 1.7 中的 (1.5.3) 式称为矩阵 $\boldsymbol{A}$ 的标准分解.

例 1.15 求矩阵 $\boldsymbol{A} = \begin{pmatrix} 1 & 2 & -1 \\ -2 & -4 & 2 \end{pmatrix}$ 的标准分解.

解　先对 $\boldsymbol{A}$ 作初等行变换化成行最简形, 再作初等列变换化成等价标准形:

$$\boldsymbol{A} \xrightarrow{r_2+2r_1} \begin{pmatrix} 1 & 2 & -1 \\ 0 & 0 & 0 \end{pmatrix} \xrightarrow{c_2-2c_1} \begin{pmatrix} 1 & 0 & -1 \\ 0 & 0 & 0 \end{pmatrix} \xrightarrow{c_3+c_1} \begin{pmatrix} 1 & 0 & 0 \\ 0 & 0 & 0 \end{pmatrix} = \boldsymbol{E}_{2\times 3}^{(1)}.$$

反过来,

$$\boldsymbol{E}_{2\times 3}^{(1)} = \begin{pmatrix} 1 & 0 & 0 \\ 0 & 0 & 0 \end{pmatrix} \xrightarrow{c_3-c_1} \begin{pmatrix} 1 & 0 & -1 \\ 0 & 0 & 0 \end{pmatrix} \xrightarrow{c_2+2c_1} \begin{pmatrix} 1 & 2 & -1 \\ 0 & 0 & 0 \end{pmatrix} \xrightarrow{r_2-2r_1} \boldsymbol{A}.$$

故

$$\boldsymbol{A} = \begin{pmatrix} 1 & 0 \\ -2 & 1 \end{pmatrix} \begin{pmatrix} 1 & 0 & 0 \\ 0 & 0 & 0 \end{pmatrix} \begin{pmatrix} 1 & 0 & -1 \\ 0 & 1 & 0 \\ 0 & 0 & 1 \end{pmatrix} \begin{pmatrix} 1 & 2 & 0 \\ 0 & 1 & 0 \\ 0 & 0 & 1 \end{pmatrix}.$$

令

$$\boldsymbol{P} = \begin{pmatrix} 1 & 0 \\ -2 & 1 \end{pmatrix}, \quad \boldsymbol{Q} = \begin{pmatrix} 1 & 0 & -1 \\ 0 & 1 & 0 \\ 0 & 0 & 1 \end{pmatrix} \begin{pmatrix} 1 & 2 & 0 \\ 0 & 1 & 0 \\ 0 & 0 & 1 \end{pmatrix} = \begin{pmatrix} 1 & 2 & -1 \\ 0 & 1 & 0 \\ 0 & 0 & 1 \end{pmatrix},$$

则 $\boldsymbol{A} = \boldsymbol{P}\boldsymbol{E}_{2\times 3}^{(1)}\boldsymbol{Q}$ 即为 $\boldsymbol{A}$ 的标准分解. □

1.5.3　用初等变换求逆矩阵

设 $\boldsymbol{A}$ 为可逆矩阵, 则 $\boldsymbol{A}^{-1}(\boldsymbol{A}, \boldsymbol{E}) = (\boldsymbol{E}, \boldsymbol{A}^{-1})$. 由 (1.5.2) 式可得

$$\boldsymbol{P}_s \cdots \boldsymbol{P}_2 \boldsymbol{P}_1 (\boldsymbol{A}, \boldsymbol{E}) = (\boldsymbol{E}, \boldsymbol{A}^{-1}).$$

根据定理 1.1, 上式意味着对分块矩阵 $(\boldsymbol{A}, \boldsymbol{E})$ 施行有限次初等行变换, 当左边的子块化为单位矩阵 $\boldsymbol{E}$ 的时候, 右边的子块就化为 $\boldsymbol{A}^{-1}$. 于是可得用初等行变换求逆矩阵的方法, 即

$$(\boldsymbol{A}, \boldsymbol{E}) \xrightarrow{\text{初等行变换}} (\boldsymbol{E}, \boldsymbol{A}^{-1}).$$

另一方面,

$$\begin{pmatrix} \boldsymbol{A} \\ \boldsymbol{E} \end{pmatrix} \boldsymbol{A}^{-1} = \begin{pmatrix} \boldsymbol{E} \\ \boldsymbol{A}^{-1} \end{pmatrix}, \text{即} \begin{pmatrix} \boldsymbol{A} \\ \boldsymbol{E} \end{pmatrix} \boldsymbol{P}_s \cdots \boldsymbol{P}_2 \boldsymbol{P}_1 = \begin{pmatrix} \boldsymbol{E} \\ \boldsymbol{A}^{-1} \end{pmatrix}.$$

由定理 1.1 也可以得到用初等列变换求逆矩阵的方法, 即

$$\begin{pmatrix} \boldsymbol{A} \\ \boldsymbol{E} \end{pmatrix} \xrightarrow{\text{初等列变换}} \begin{pmatrix} \boldsymbol{E} \\ \boldsymbol{A}^{-1} \end{pmatrix}.$$

这两种用初等变换求逆矩阵的方法, 便是我们求逆矩阵的常用方法. 但是必须注意, 当用初等行 (列) 变换求逆矩阵时, 必须始终施以行 (列) 变换.

用初等变换求逆矩阵

例 1.16 用初等行变换求矩阵 $\boldsymbol{A}=\begin{pmatrix}1&2&3\\2&2&1\\3&4&3\end{pmatrix}$ 的逆矩阵.

解 对分块矩阵 $(\boldsymbol{A},\boldsymbol{E})$ 施以初等行变换得

$$(\boldsymbol{A},\boldsymbol{E})=\begin{pmatrix}1&2&3&1&0&0\\2&2&1&0&1&0\\3&4&3&0&0&1\end{pmatrix}\xrightarrow[\mathrm{r}_3-3\,\mathrm{r}_1]{\mathrm{r}_2-2\,\mathrm{r}_1}\begin{pmatrix}1&2&3&1&0&0\\0&-2&-5&-2&1&0\\0&-2&-6&-3&0&1\end{pmatrix}$$

$$\xrightarrow[\mathrm{r}_3-\mathrm{r}_2]{\mathrm{r}_1+\mathrm{r}_2}\begin{pmatrix}1&0&-2&-1&1&0\\0&-2&-5&-2&1&0\\0&0&-1&-1&-1&1\end{pmatrix}$$

$$\xrightarrow[\mathrm{r}_2-5\,\mathrm{r}_3]{\mathrm{r}_1-2\,\mathrm{r}_3}\begin{pmatrix}1&0&0&1&3&-2\\0&-2&0&3&6&-5\\0&0&-1&-1&-1&1\end{pmatrix}$$

$$\xrightarrow[-\mathrm{r}_3]{-\frac{1}{2}\,\mathrm{r}_2}\begin{pmatrix}1&0&0&1&3&-2\\0&1&0&-\dfrac{3}{2}&-3&\dfrac{5}{2}\\0&0&1&1&1&-1\end{pmatrix}.$$

因此 $\boldsymbol{A}^{-1}=\begin{pmatrix}1&3&-2\\-\dfrac{3}{2}&-3&\dfrac{5}{2}\\1&1&-1\end{pmatrix}$. □

例 1.17 求解矩阵方程 $\boldsymbol{X}\boldsymbol{A}=2\boldsymbol{X}+\boldsymbol{B}$, 其中 $\boldsymbol{A}=\begin{pmatrix}3&2&3\\2&4&1\\3&4&5\end{pmatrix}$, $\boldsymbol{B}=\begin{pmatrix}1&2&0\\0&0&1\\1&0&0\end{pmatrix}$.

解 将 $\boldsymbol{XA}=2\boldsymbol{X}+\boldsymbol{B}$ 整理得, $\boldsymbol{X}(\boldsymbol{A}-2\boldsymbol{E})=\boldsymbol{B}$, 其中 $\boldsymbol{A}-2\boldsymbol{E}=\begin{pmatrix}1&2&3\\2&2&1\\3&4&3\end{pmatrix}$.

由例 1.16 知, $\boldsymbol{A}-2\boldsymbol{E}$ 为可逆矩阵且 $(\boldsymbol{A}-2\boldsymbol{E})^{-1}=\begin{pmatrix}1&3&-2\\-\dfrac{3}{2}&-3&\dfrac{5}{2}\\1&1&-1\end{pmatrix}$.

故 $\boldsymbol{X}=\boldsymbol{B}(\boldsymbol{A}-2\boldsymbol{E})^{-1}=\begin{pmatrix}1&2&0\\0&0&1\\1&0&0\end{pmatrix}\begin{pmatrix}1&3&-2\\-\dfrac{3}{2}&-3&\dfrac{5}{2}\\1&1&-1\end{pmatrix}=\begin{pmatrix}-2&-3&3\\1&1&-1\\1&3&-2\end{pmatrix}$.

□

注意, 例 1.17 中的 $\boldsymbol{X}$ 也可以用下面的方法来计算:

$$\begin{pmatrix}\boldsymbol{A}-2\boldsymbol{E}\\\boldsymbol{B}\end{pmatrix}\xrightarrow{\text{初等列变换}}\begin{pmatrix}\boldsymbol{E}\\\boldsymbol{B}(\boldsymbol{A}-2\boldsymbol{E})^{-1}\end{pmatrix}.$$

具体计算过程留给读者完成.

1.6 方阵的行列式

众所周知, 一个数 a 的倒数 a^{-1} 存在当且仅当 $a\neq0$. 然而由 1.5 节的讨论知, 即使是非零的方阵也不一定可逆. 那么我们能否找到一个刻画方阵特征的数, 用这个数来判别方阵在何时可逆? 回答是肯定的.

本节将采用归纳法来定义 n 阶行列式, 证明它的性质, 然后介绍它的计算方法及其应用. 我们将会看到上述要找的这个数就是行列式的值: 一个方阵可逆当且仅当它的行列式不等于零.

行列式的历史简介

例 1.18 设 $\boldsymbol{A}=\begin{pmatrix}a_{11}&a_{12}\\a_{21}&a_{22}\end{pmatrix}$, 证明 $\boldsymbol{A}$ 为可逆矩阵的充分必要条件是

$$d = a_{11}a_{22} - a_{12}a_{21} \neq 0,$$

而且当 $d \neq 0$ 时, $\boldsymbol{A}^{-1} = \dfrac{1}{d}\begin{pmatrix} a_{22} & -a_{12} \\ -a_{21} & a_{11} \end{pmatrix}$.

证明 (充分性) 若 $d \neq 0$, 记 $\boldsymbol{B} = \dfrac{1}{d}\begin{pmatrix} a_{22} & -a_{12} \\ -a_{21} & a_{11} \end{pmatrix}$, 经过验算可知

$$\boldsymbol{AB} = \boldsymbol{BA} = \boldsymbol{E}.$$

所以 $\boldsymbol{A}$ 为可逆矩阵且 $\boldsymbol{A}^{-1} = \dfrac{1}{d}\begin{pmatrix} a_{22} & -a_{12} \\ -a_{21} & a_{11} \end{pmatrix}$.

(必要性) 若 $\boldsymbol{A}$ 为可逆矩阵, 则存在 $\boldsymbol{B} = \begin{pmatrix} b_{11} & b_{12} \\ b_{21} & b_{22} \end{pmatrix}$ 使得 $\boldsymbol{AB} = \boldsymbol{E}$, 即

$$\begin{pmatrix} a_{11}b_{11} + a_{12}b_{21} & a_{11}b_{12} + a_{12}b_{22} \\ a_{21}b_{11} + a_{22}b_{21} & a_{21}b_{12} + a_{22}b_{22} \end{pmatrix} = \begin{pmatrix} 1 & 0 \\ 0 & 1 \end{pmatrix}.$$

据此式可验证

$$\begin{aligned} &(a_{11}a_{22} - a_{12}a_{21})(b_{11}b_{22} - b_{12}b_{21}) \\ =& (a_{11}b_{11} + a_{12}b_{21})(a_{21}b_{12} + a_{22}b_{22}) - (a_{11}b_{12} + a_{12}b_{22})(a_{21}b_{11} + a_{22}b_{21}) \\ =& 1. \end{aligned}$$

所以, $d = a_{11}a_{22} - a_{12}a_{21} \neq 0$. □

1.6.1 行列式的定义

例 1.18 中的 $d = a_{11}a_{22} - a_{12}a_{21}$ 决定了方阵 $\boldsymbol{A} = (a_{ij})_{2\times 2}$ 的可逆性. 可见它是对应于方阵 $\boldsymbol{A}$ 的一个重要的数值. 注意

$$a_{11}a_{22} - a_{12}a_{21}$$

是一个运算表达式. 为了便于描述和记忆其中的运算规则, 我们把它记为

$$\begin{vmatrix} a_{11} & a_{12} \\ a_{21} & a_{22} \end{vmatrix},$$

即

$$\begin{vmatrix} a_{11} & a_{12} \\ a_{21} & a_{22} \end{vmatrix} = a_{11}a_{22} - a_{12}a_{21}. \tag{1.6.1}$$

一般地, 设 n 阶矩阵

$$\boldsymbol{A}=\begin{pmatrix} a_{11} & a_{12} & \cdots & a_{1n} \\ a_{21} & a_{22} & \cdots & a_{2n} \\ \vdots & \vdots & & \vdots \\ a_{n1} & a_{n2} & \cdots & a_{nn} \end{pmatrix}.$$

我们要对 $\boldsymbol{A}$ 中的元素按适当的方式进行运算, 希望所得的值能够决定 $\boldsymbol{A}$ 的可逆性. 为了叙述方便, 我们先给即将定义的 “运算” 表达式准备一个记号和名称, 把

$$\begin{vmatrix} a_{11} & a_{12} & \cdots & a_{1n} \\ a_{21} & a_{22} & \cdots & a_{2n} \\ \vdots & \vdots & & \vdots \\ a_{n1} & a_{n2} & \cdots & a_{nn} \end{vmatrix}$$

称为一个 n 阶行列式或方阵 $\boldsymbol{A}=(a_{ij})_{n\times n}$ 的行列式, 记作 D, D_n, $\det \boldsymbol{A}$ 或 $|\boldsymbol{A}|$. 它本质上是一个运算表达式. 这个运算表达式的值是一个与 $\boldsymbol{A}$ 相联系的数.

我们规定 1 阶行列式 $|a_{11}|$ 的值等于 a_{11} 本身. 需要注意的是, 不能把 1 阶行列式的记号与绝对值的记号混淆. 为了避免混淆, 我们可以把 1 阶行列式 $|a_{11}|$ 直接写成 a_{11}.

对于 2 阶行列式, 根据 (1.6.1) 式, 它可以通过 1 阶行列式来计算. 说得更明确一点, 2 阶矩阵 $\boldsymbol{A}=(a_{ij})_{2\times 2}$ 的行列式

$$\begin{vmatrix} a_{11} & a_{12} \\ a_{21} & a_{22} \end{vmatrix}=a_{11}a_{22}-a_{12}a_{21}=a_{11}(-1)^{1+1}a_{22}+a_{12}(-1)^{1+2}a_{21}=a_{11}A_{11}+a_{12}A_{12}.$$

其中 a_{22} 是 $\boldsymbol{A}$ 中删去 a_{11} 所在的第 1 行和第 1 列之后, 余下的 1 阶行列式, 我们称之为 a_{11} 的 “余子式”, 记为 M_{11}; 类似地, a_{21} 是 $\boldsymbol{A}$ 中删去 a_{12} 所在的第 1 行和第 2 列之后, 余下的 1 阶行列式, 我们称之为 a_{12} 的 “余子式”, 记为 M_{12}; $A_{11}=(-1)^{1+1}M_{11}$ 称为 a_{11} 的 “代数余子式”, $A_{12}=(-1)^{1+2}M_{12}$ 称为 a_{12} 的 “代数余子式”. 于是 $|\boldsymbol{A}|$ 等于其第 1 行元素与它们的代数余子式的乘积之和.

按照上述用 1 阶行列式计算 2 阶行列式的思路, 可以进一步考虑用 2 阶行列式计算 3 阶行列式; 再用 3 阶行列式计算 4 阶行列式; 以此类推. 为此, 先定义 $\boldsymbol{A}=(a_{ij})_{n\times n}$ 中的元素 a_{ij} 的余子式与代数余子式 $(i,j=1,\ 2,\ \cdots,\ n)$.

定义 1.9　设矩阵 $\boldsymbol{A}=(a_{ij})_{n\times n}$, 其中 $n>1$. 把 $\boldsymbol{A}$ 中的元素 a_{ij} 所在的第 i 行与第 j 列删去后, 剩下的 $n-1$ 阶矩阵的行列式称为元素 a_{ij} 的余子式, 记作 M_{ij}, 即

$$M_{ij}=\begin{vmatrix} a_{11} & \cdots & a_{1,j-1} & a_{1,j+1} & \cdots & a_{1n} \\ \vdots & & \vdots & \vdots & & \vdots \\ a_{i-1,1} & \cdots & a_{i-1,j-1} & a_{i-1,j+1} & \cdots & a_{i-1,n} \\ a_{i+1,1} & \cdots & a_{i+1,j-1} & a_{i+1,j+1} & \cdots & a_{i+1,n} \\ \vdots & & \vdots & \vdots & & \vdots \\ a_{n,1} & \cdots & a_{n,j-1} & a_{n,j+1} & \cdots & a_{n,n} \end{vmatrix},$$

将 $(-1)^{i+j}M_{ij}$ 称为 a_{ij} 的代数余子式, 记作 A_{ij}.

下面按照数学归纳法的思想给出 n 阶行列式的定义.

定义 1.10 n 阶矩阵 $\boldsymbol{A}=(a_{ij})_{n\times n}$ 的行列式 $|\boldsymbol{A}|$ 的值是由 $\boldsymbol{A}$ 中的 n^2 个元素 a_{ij} $(i, j=1, 2, \cdots, n)$ 所决定的一个数. 当 $n=1$ 时, 定义 1 阶行列式 $|a_{11}|=a_{11}$. 当 $n>1$ 时, 假设 $n-1$ 阶行列式已经定义, 则定义 n 阶行列式

$$\begin{vmatrix} a_{11} & a_{12} & \cdots & a_{1n} \\ a_{21} & a_{22} & \cdots & a_{2n} \\ \vdots & \vdots & & \vdots \\ a_{n1} & a_{n2} & \cdots & a_{nn} \end{vmatrix}=a_{11}A_{11}+a_{12}A_{12}+\cdots+a_{1n}A_{1n}. \tag{1.6.2}$$

(1.6.2) 式称为 n 阶行列式 $|\boldsymbol{A}|$ 按第 1 行的展开式.

当 $n=3$ 时, $|\boldsymbol{A}|=\begin{vmatrix} a_{11} & a_{12} & a_{13} \\ a_{21} & a_{22} & a_{23} \\ a_{31} & a_{32} & a_{33} \end{vmatrix}$ 的第 1 行中每个元素的代数余子式为

$$A_{11}=(-1)^{1+1}\begin{vmatrix} a_{22} & a_{23} \\ a_{32} & a_{33} \end{vmatrix}=a_{22}a_{33}-a_{23}a_{32},$$

$$A_{12}=(-1)^{1+2}\begin{vmatrix} a_{21} & a_{23} \\ a_{31} & a_{33} \end{vmatrix}=a_{23}a_{31}-a_{21}a_{33},$$

$$A_{13}=(-1)^{1+3}\begin{vmatrix} a_{21} & a_{22} \\ a_{31} & a_{32} \end{vmatrix}=a_{21}a_{32}-a_{22}a_{31},$$

因而

$$\begin{aligned}|\boldsymbol{A}|&=a_{11}A_{11}+a_{12}A_{12}+a_{13}A_{13}\\&=a_{11}(a_{22}a_{33}-a_{23}a_{32})+a_{12}(a_{23}a_{31}-a_{21}a_{33})+a_{13}(a_{21}a_{32}-a_{22}a_{31})\\&=a_{11}a_{22}a_{33}+a_{12}a_{23}a_{31}+a_{13}a_{21}a_{32}-a_{11}a_{23}a_{32}-a_{12}a_{21}a_{33}-a_{13}a_{22}a_{31}.\end{aligned}$$

注意到上式中

$$a_{11}a_{22}a_{33}, \quad a_{12}a_{23}a_{31}, \quad a_{13}a_{21}a_{32}$$

这三项前面带正号,

$$a_{11}a_{23}a_{32}, \quad a_{12}a_{21}a_{33}, \quad a_{13}a_{22}a_{31}$$

这三项前面带负号. 为了便于记忆. 我们把每个带正号的项中三元素用实线连接起来; 把每个带负号的项中三元素用虚线连接起来, 如图 1.1 所示.

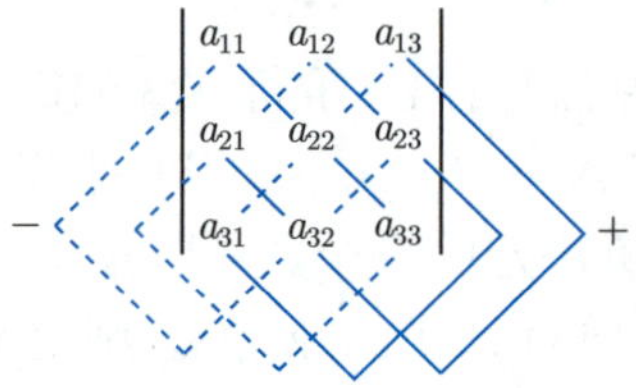

图 1.1

于是, 该行列式的值就等于三条实线相连的三元素乘积之和减去三条虚线相连的三元素乘积之和. 这种计算方法称为对角线法则. 2 阶行列式也可以用对角线法则来计算, 如图 1.2 所示.

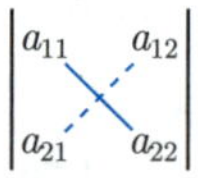

图 1.2

该行列式的值就等于实线相连的两元素之积减去虚线相连的两元素之积. 但需要特别注意的是, 4 阶以及 4 阶以上的行列式没有类似的对角线法则.

二阶行列式和三阶行列式的几何意义

由 n 阶行列式的定义, 通过逐次迭代, 可得到 n 阶行列式的展开式. 该展开式具有如下特点:

(1) n 阶行列式展开式中有 $n!$ 项.

(2) 每一项均是 $\boldsymbol{A}$ 中不同行不同列各元素之积, 即 $a_{1i_1}a_{2i_2}\cdots a_{ni_n}$, 其中 $i_1 i_2\cdots i_n$ 为 $1,\cdots,n$ 的一个 n 元排列, 且每一项前有正负号, 正负号取决于 $i_1i_2\cdots i_n$ 这个排列的逆序数. 有兴趣的读者可参考相关教材.

排列的逆序数

n阶行列式的另一种定义

例 1.19 计算3阶行列式 $D_3 = \begin{vmatrix} 3 & -1 & 2 \\ 1 & 2 & -1 \\ 2 & 1 & 4 \end{vmatrix}$.

解 (解法一) 利用对角线法则, 得

$$\begin{aligned} D_3 = & 3 \times 2 \times 4 + (-1) \times (-1) \times 2 + 2 \times 1 \times 1 \\ & -3 \times (-1) \times 1 - (-1) \times 1 \times 4 - 2 \times 2 \times 2 \\ = & 24 + 2 + 2 + 3 + 4 - 8 = 27. \end{aligned}$$

(解法二) 利用行列式的定义, 则有

$$D_3 = 3 \times (-1)^{1+1} \begin{vmatrix} 2 & -1 \\ 1 & 4 \end{vmatrix} + (-1) \times (-1)^{1+2} \begin{vmatrix} 1 & -1 \\ 2 & 4 \end{vmatrix} + 2 \times (-1)^{1+3} \begin{vmatrix} 1 & 2 \\ 2 & 1 \end{vmatrix}$$

$$= 3 \times 9 + 6 + 2 \times (-3) = 27.$$

这两种算法的结果是一致的. □

例 1.20 证明 n 阶行列式

$$D_n = \begin{vmatrix} a_{11} & 0 & \cdots & 0 \\ a_{21} & a_{22} & \cdots & 0 \\ \vdots & \vdots & \ddots & \vdots \\ a_{n1} & a_{n2} & \cdots & a_{nn} \end{vmatrix} = a_{11}a_{22}\cdots a_{nn}. \tag{1.6.3}$$

证明 (1) 当 $n = 1$ 时, (1.6.3) 显然成立.

(2) 当 $n > 1$ 时, 假设对一切形如 (1.6.3) 式的 $n = k - 1$ 阶行列式均等于主对角线元素乘积, 则

$$D_k = a_{11}A_{11} + 0A_{12} + \cdots + 0A_{1k} = a_{11}A_{11} = a_{11}(-1)^{1+1}M_{11} = a_{11}M_{11}.$$

由归纳假设知

$$M_{11} = \begin{vmatrix} a_{22} & 0 & \cdots & 0 \\ a_{32} & a_{33} & \cdots & 0 \\ \vdots & \vdots & \ddots & \vdots \\ a_{k2} & a_{k3} & \cdots & a_{kk} \end{vmatrix} = a_{22}a_{33}\cdots a_{kk}.$$

故 $D_k = a_{11}a_{22}\cdots a_{kk}$.

由数学归纳法原理可知, (1.6.3) 对于任意的正整数 n 都成立. □

(1.6.3) 式中的这个行列式叫做下三角行列式. 它的特点是: 当 $i < j$ 时, $a_{ij} = 0\ (i, j = 1,\ 2,\ \cdots,\ n)$. (1.6.3) 式表明, 下三角行列式等于其主对角线上诸元素的乘积. 类似地,

$$\begin{vmatrix} a_{11} & a_{12} & \cdots & a_{1n} \\ 0 & a_{22} & \cdots & a_{2n} \\ \vdots & \vdots & \ddots & \vdots \\ 0 & 0 & \cdots & a_{nn} \end{vmatrix}$$

叫做上三角行列式.

例 1.21　证明 n 阶上三角行列式的值等于其主对角线上诸元素的乘积, 即

$$D_n = \begin{vmatrix} a_{11} & a_{12} & \cdots & a_{1n} \\ 0 & a_{22} & \cdots & a_{2n} \\ \vdots & \vdots & \ddots & \vdots \\ 0 & 0 & \cdots & a_{nn} \end{vmatrix} = a_{11}a_{22}\cdots a_{nn}. \tag{1.6.4}$$

证明　(1) 当 $n = 1$ 时, (1.6.4) 显然成立.

(2) 当 $n > 1$ 时, 假设对一切形如 (1.6.4) 式的 $n = k-1$ 阶行列式均等于主对角线元素乘积, 则

$$D_k = a_{11}A_{11} + a_{12}A_{12} + \cdots + a_{1k}A_{1k}.$$

注意到, $M_{12},\ \cdots,\ M_{1k}$ 均为 $k-1$ 阶上三角行列式, 且主对角线上有元素为 0. 由归纳假设可知 $M_{12} = \cdots = M_{1k} = 0$, 因而 $A_{12} = \cdots = A_{1k} = 0$. 同时由归纳假设可知 $A_{11} = M_{11} = a_{22}\cdots a_{kk}$. 故 $D_k = a_{11}A_{11} = a_{11}a_{22}\cdots a_{kk}$.

由数学归纳法原理可知, (1.6.4) 对于任意的正整数 n 都成立. □

一般来说, 利用行列式的定义计算高阶行列式时, 计算量相当大. 为简化行列式的计算, 我们需要讨论行列式的性质.

1.6.2　行列式的性质

对于一个 n 阶矩阵 $\boldsymbol{A}$, 如果将其行列式记为 D, 即 $D = |\boldsymbol{A}|$, 则 $\boldsymbol{A}^{\mathrm{T}}$ 的行列式也称为 D 的转置, 记为 D^{T}, 即 $D^{\mathrm{T}} = |\boldsymbol{A}^{\mathrm{T}}|$.

性质 1.6　n 阶矩阵 $\boldsymbol{A}$ 与其转置矩阵 $\boldsymbol{A}^{\mathrm{T}}$ 的行列式相等, 即 $|\boldsymbol{A}| = |\boldsymbol{A}^{\mathrm{T}}|$.

这一性质说明, 行列式的行与列的地位是平等的. 对 “行” 有的性质, 对 “列” 也有对应的性质.

行列式的转置

对换变换改变行列式的符号

由 1.4.1 节知, 任一 n 阶矩阵可经过初等变换化成阶梯形矩阵. 再由 1.6.1 节的例 1.20 和例 1.21 知, 三角形矩阵的行列式等于其主对角线元素的乘积. 那么自然要问在矩阵的初等变换下, 行列式的值会发生怎样的变化.

性质 1.7 设 $\boldsymbol{A}$ 为 n 阶矩阵, $n \geqslant 2$. 若对 $\boldsymbol{A}$ 进行一次对换变换得到 $\boldsymbol{B}$, 则

$$|\boldsymbol{B}| = -|\boldsymbol{A}|.$$

推论 1.2 若行列式有两行 (列) 的元素相同, 则此行列式的值为零.

证明 若 $\boldsymbol{A}$ 的第 i 行 (列) 与第 j 行 (列) 相同, 则交换 $\boldsymbol{A}$ 的第 i 行 (列) 与第 j 行 (列), 所得结果仍为 $\boldsymbol{A}$. 由性质 1.7 可知 $|\boldsymbol{A}| = -|\boldsymbol{A}|$, 故 $|\boldsymbol{A}| = 0$. □

性质 1.8 (线性性质) (1) 行列式的某一行 (列) 中所有元素都乘以同一数 k, 等于用数 k 乘以此行列式, 即

$$\begin{vmatrix} a_{11} & a_{12} & \cdots & a_{1n} \\ \vdots & \vdots & & \vdots \\ ka_{i1} & ka_{i2} & \cdots & ka_{in} \\ \vdots & \vdots & & \vdots \\ a_{n1} & a_{n2} & \cdots & a_{nn} \end{vmatrix} = k \begin{vmatrix} a_{11} & a_{12} & \cdots & a_{1n} \\ \vdots & \vdots & & \vdots \\ a_{i1} & a_{i2} & \cdots & a_{in} \\ \vdots & \vdots & & \vdots \\ a_{n1} & a_{n2} & \cdots & a_{nn} \end{vmatrix}; \tag{1.6.5}$$

$$\begin{vmatrix} a_{11} & \cdots & ka_{1i} & \cdots & a_{1n} \\ a_{21} & \cdots & ka_{2i} & \cdots & a_{2n} \\ \vdots & & \vdots & & \vdots \\ a_{n1} & \cdots & ka_{ni} & \cdots & a_{nn} \end{vmatrix} = k \begin{vmatrix} a_{11} & \cdots & a_{1i} & \cdots & a_{1n} \\ a_{21} & \cdots & a_{2i} & \cdots & a_{2n} \\ \vdots & & \vdots & & \vdots \\ a_{n1} & \cdots & a_{ni} & \cdots & a_{nn} \end{vmatrix}. \tag{1.6.6}$$

(2) 行列式的某一行 (列) 中的元素都是两数之和, 则此行列式可以按该行 (列) 拆分为两个行列式之和, 即

$$\begin{vmatrix} a_{11} & \cdots & a_{1n} \\ \vdots & & \vdots \\ a_{i1}+b_{i1} & \cdots & a_{in}+b_{in} \\ \vdots & & \vdots \\ a_{n1} & \cdots & a_{nn} \end{vmatrix} = \begin{vmatrix} a_{11} & a_{12} & \cdots & a_{1n} \\ \vdots & \vdots & & \vdots \\ a_{i1} & a_{i2} & \cdots & a_{in} \\ \vdots & \vdots & & \vdots \\ a_{n1} & a_{n2} & \cdots & a_{nn} \end{vmatrix} + \begin{vmatrix} a_{11} & a_{12} & \cdots & a_{1n} \\ \vdots & \vdots & & \vdots \\ b_{i1} & b_{i2} & \cdots & b_{in} \\ \vdots & \vdots & & \vdots \\ a_{n1} & a_{n2} & \cdots & a_{nn} \end{vmatrix}; \tag{1.6.7}$$

$$\begin{vmatrix} a_{11} & \cdots & a_{1i}+b_{1i} & \cdots & a_{1n} \\ a_{21} & \cdots & a_{2i}+b_{2i} & \cdots & a_{2n} \\ \vdots & & \vdots & & \vdots \\ a_{n1} & \cdots & a_{ni}+b_{ni} & \cdots & a_{nn} \end{vmatrix} = \begin{vmatrix} a_{11} & \cdots & a_{1i} & \cdots & a_{1n} \\ a_{21} & \cdots & a_{2i} & \cdots & a_{2n} \\ \vdots & & \vdots & & \vdots \\ a_{n1} & \cdots & a_{ni} & \cdots & a_{nn} \end{vmatrix} + \begin{vmatrix} a_{11} & \cdots & b_{1i} & \cdots & a_{1n} \\ a_{21} & \cdots & b_{2i} & \cdots & a_{2n} \\ \vdots & & \vdots & & \vdots \\ a_{n1} & \cdots & b_{ni} & \cdots & a_{nn} \end{vmatrix}. \tag{1.6.8}$$

证明　(1) 首先, 根据行列式的定义可得

$$\begin{aligned} \begin{vmatrix} ka_{11} & ka_{12} & \cdots & ka_{1n} \\ a_{21} & a_{22} & \cdots & a_{2n} \\ \vdots & \vdots & & \vdots \\ a_{n1} & a_{n2} & \cdots & a_{nn} \end{vmatrix} &= ka_{11}A_{11} + ka_{12}A_{12} + \cdots + ka_{1n}A_{1n} \\ &= k(a_{11}A_{11} + a_{12}A_{12} + \cdots + a_{1n}A_{1n}) \\ &= k\begin{vmatrix} a_{11} & a_{12} & \cdots & a_{1n} \\ \vdots & \vdots & & \vdots \\ a_{i1} & a_{i2} & \cdots & a_{in} \\ \vdots & \vdots & & \vdots \\ a_{n1} & a_{n2} & \cdots & a_{nn} \end{vmatrix}. \end{aligned}$$

于是由性质 1.7 可得

$$\begin{vmatrix} a_{11} & a_{12} & \cdots & a_{1n} \\ \vdots & \vdots & & \vdots \\ ka_{i1} & ka_{i2} & \cdots & ka_{in} \\ \vdots & \vdots & & \vdots \\ a_{n1} & a_{n2} & \cdots & a_{nn} \end{vmatrix} \xlongequal{\mathrm{r}_1 \leftrightarrow \mathrm{r}_i} -\begin{vmatrix} ka_{i1} & ka_{i2} & \cdots & ka_{in} \\ \vdots & \vdots & & \vdots \\ a_{11} & a_{12} & \cdots & a_{1n} \\ \vdots & \vdots & & \vdots \\ a_{n1} & a_{n2} & \cdots & a_{nn} \end{vmatrix}$$

$$= -k\begin{vmatrix} a_{i1} & a_{i2} & \cdots & a_{in} \\ \vdots & \vdots & & \vdots \\ a_{11} & a_{12} & \cdots & a_{1n} \\ \vdots & \vdots & & \vdots \\ a_{n1} & a_{n2} & \cdots & a_{nn} \end{vmatrix} = k\begin{vmatrix} a_{11} & a_{12} & \cdots & a_{1n} \\ \vdots & \vdots & & \vdots \\ a_{i1} & a_{i2} & \cdots & a_{in} \\ \vdots & \vdots & & \vdots \\ a_{n1} & a_{n2} & \cdots & a_{nn} \end{vmatrix}.$$

再由 (1.6.5) 式和性质 1.6 即可得到

$$\begin{vmatrix} a_{11} & \cdots & ka_{1i} & \cdots & a_{1n} \\ a_{21} & \cdots & ka_{2i} & \cdots & a_{2n} \\ \vdots & & \vdots & & \vdots \\ a_{n1} & \cdots & ka_{ni} & \cdots & a_{nn} \end{vmatrix} = \begin{vmatrix} a_{11} & a_{21} & \cdots & a_{n1} \\ \vdots & \vdots & & \vdots \\ ka_{1i} & ka_{2i} & \cdots & ka_{ni} \\ \vdots & \vdots & & \vdots \\ a_{1n} & a_{2n} & \cdots & a_{nn} \end{vmatrix}$$

$$= k\begin{vmatrix} a_{11} & a_{21} & \cdots & a_{n1} \\ \vdots & \vdots & & \vdots \\ a_{1i} & a_{2i} & \cdots & a_{ni} \\ \vdots & \vdots & & \vdots \\ a_{1n} & a_{2n} & \cdots & a_{nn} \end{vmatrix} = k\begin{vmatrix} a_{11} & \cdots & a_{1i} & \cdots & a_{1n} \\ a_{21} & \cdots & a_{2i} & \cdots & a_{2n} \\ \vdots & & \vdots & & \vdots \\ a_{n1} & \cdots & a_{ni} & \cdots & a_{nn} \end{vmatrix}.$$

(2) 和 (1) 类似, 先根据行列式的定义可得

$$\begin{vmatrix} a_{11}+b_{11} & a_{12}+b_{12} & \cdots & a_{1n}+b_{1n} \\ a_{21} & a_{22} & \cdots & a_{2n} \\ \vdots & \vdots & & \vdots \\ a_{n1} & a_{n2} & \cdots & a_{nn} \end{vmatrix}$$

$$= (a_{11}+b_{11})A_{11} + (a_{12}+b_{12})A_{12} + \cdots + (a_{1n}+b_{1n})A_{1n}$$

$$= (a_{11}A_{11} + a_{12}A_{12} + \cdots + a_{1n}A_{1n}) + (b_{11}A_{11} + b_{12}A_{12} + \cdots + b_{1n}A_{1n})$$

$$= \begin{vmatrix} a_{11} & a_{12} & \cdots & a_{1n} \\ a_{21} & a_{22} & \cdots & a_{2n} \\ \vdots & \vdots & & \vdots \\ a_{n1} & a_{n2} & \cdots & a_{nn} \end{vmatrix} + \begin{vmatrix} b_{11} & b_{12} & \cdots & b_{1n} \\ a_{21} & a_{22} & \cdots & a_{2n} \\ \vdots & \vdots & & \vdots \\ a_{n1} & a_{n2} & \cdots & a_{nn} \end{vmatrix}.$$

然后分别仿照 (1.6.5) 式和 (1.6.6) 式的证明就可以得到 (1.6.7) 式和 (1.6.8) 式. □

公式 (1.6.5) 和 (1.6.6) 表明, 行列式中的某一行 (列) 元素的公因数可以提到行列式的外面. 因此, 对于 n 阶矩阵 $\boldsymbol{A}$ 有 $|k\boldsymbol{A}| = k^n|\boldsymbol{A}|$. 特别地, $|-\boldsymbol{A}| = (-1)^n|\boldsymbol{A}|$.

由性质 1.8 (1) 和推论 1.2 可得以下推论.

推论 1.3 若行列式有两行 (列) 对应元素成比例, 则此行列式的值等于零.

利用性质 1.8 (2) 和推论 1.3 可以证明以下性质.

性质 1.9　将行列式的某一行 (列) 的 k 倍加到另一行 (列) 上去, 行列式的值不变, 即

$$\begin{vmatrix} a_{11} & a_{12} & \cdots & a_{1n} \\ \vdots & \vdots & & \vdots \\ a_{i1}+ka_{j1} & a_{i2}+ka_{j2} & \cdots & a_{in}+ka_{jn} \\ \vdots & \vdots & & \vdots \\ a_{j1} & a_{j2} & \cdots & a_{jn} \\ \vdots & \vdots & & \vdots \\ a_{n1} & a_{n2} & \cdots & a_{nn} \end{vmatrix} = \begin{vmatrix} a_{11} & a_{12} & \cdots & a_{1n} \\ \vdots & \vdots & & \vdots \\ a_{i1} & a_{i2} & \cdots & a_{in} \\ \vdots & \vdots & & \vdots \\ a_{j1} & a_{j2} & \cdots & a_{jn} \\ \vdots & \vdots & & \vdots \\ a_{n1} & a_{n2} & \cdots & a_{nn} \end{vmatrix};$$

$$\begin{vmatrix} a_{11} & \cdots & a_{1i}+ka_{1j} & \cdots & a_{1j} & \cdots & a_{1n} \\ a_{21} & \cdots & a_{2i}+ka_{2j} & \cdots & a_{2j} & \cdots & a_{2n} \\ \vdots & & \vdots & & \vdots & & \vdots \\ a_{n1} & \cdots & a_{ni}+ka_{nj} & \cdots & a_{nj} & \cdots & a_{nn} \end{vmatrix} = \begin{vmatrix} a_{11} & \cdots & a_{1i} & \cdots & a_{1j} & \cdots & a_{1n} \\ a_{21} & \cdots & a_{2i} & \cdots & a_{2j} & \cdots & a_{2n} \\ \vdots & & \vdots & & \vdots & & \vdots \\ a_{n1} & \cdots & a_{ni} & \cdots & a_{nj} & \cdots & a_{nn} \end{vmatrix}.$$

利用性质 1.9, 可以把一个 n 阶行列式通过倍加变换转化为上 (下) 三角行列式, 然后利用例 1.20 或例 1.21 计算其值.

例 1.22　用适当的倍加变换 $\mathrm{r}_i + k\,\mathrm{r}_j$ 把 $\begin{vmatrix} 2 & 2 & 4 & 3 \\ 0 & 1 & -1 & 1 \\ 1 & 0 & 3 & 2 \\ 1 & 0 & 1 & 2 \end{vmatrix}$ 化为上三角行列式, 并计算其值.

解

$$\begin{vmatrix} 2 & 2 & 4 & 3 \\ 0 & 1 & -1 & 1 \\ 1 & 0 & 3 & 2 \\ 1 & 0 & 1 & 2 \end{vmatrix} \xlongequal{\mathrm{r}_1-\mathrm{r}_4} \begin{vmatrix} 1 & 2 & 3 & 1 \\ 0 & 1 & -1 & 1 \\ 1 & 0 & 3 & 2 \\ 1 & 0 & 1 & 2 \end{vmatrix} \xlongequal[\mathrm{r}_3-\mathrm{r}_1]{\mathrm{r}_4-\mathrm{r}_1} \begin{vmatrix} 1 & 2 & 3 & 1 \\ 0 & 1 & -1 & 1 \\ 0 & -2 & 0 & 1 \\ 0 & -2 & -2 & 1 \end{vmatrix}$$

$$\xlongequal[\mathrm{r}_3+2\,\mathrm{r}_2]{\mathrm{r}_4+2\,\mathrm{r}_2} \begin{vmatrix} 1 & 2 & 3 & 1 \\ 0 & 1 & -1 & 1 \\ 0 & 0 & -2 & 3 \\ 0 & 0 & -4 & 3 \end{vmatrix} \xlongequal{\mathrm{r}_4-2\mathrm{r}_3} \begin{vmatrix} 1 & 2 & 3 & 1 \\ 0 & 1 & -1 & 1 \\ 0 & 0 & -2 & 3 \\ 0 & 0 & 0 & -3 \end{vmatrix} = 6.\square$$

仿照例 1.22 中的做法, 可以用适当的倍加变换 $\mathrm{r}_i + k\,\mathrm{r}_j$ 把任意 n 阶行列式化成上三角行列式, 而且在此过程中每一步都不改变行列式的值.

用倍加行变换化方阵为上三角矩阵

例 1.23 设 $\boldsymbol{A}=(a_{ij})_{m\times m}$, $\boldsymbol{B}=(b_{ij})_{n\times n}$, $\boldsymbol{C}=(c_{ij})_{m\times n}$. 证明

$$\begin{vmatrix} \boldsymbol{A} & \boldsymbol{C} \\ \boldsymbol{O} & \boldsymbol{B} \end{vmatrix} = |\boldsymbol{A}|\,|\boldsymbol{B}|. \tag{1.6.9}$$

证明 先分别用适当的倍加变换 $\mathrm{r}_i+k\,\mathrm{r}_j$ 把 $|\boldsymbol{A}|$ 和 $|\boldsymbol{B}|$ 化成上三角行列式, 即

$$|\boldsymbol{A}|=\begin{vmatrix} a_{11} & a_{12} & \cdots & a_{1m} \\ a_{21} & a_{22} & \cdots & a_{2m} \\ \vdots & \vdots & & \vdots \\ a_{m1} & a_{m2} & \cdots & a_{mm} \end{vmatrix} = \begin{vmatrix} p_{11} & p_{12} & \cdots & p_{1m} \\ 0 & p_{22} & \cdots & p_{2m} \\ \vdots & \vdots & & \vdots \\ 0 & 0 & \cdots & p_{mm} \end{vmatrix} = p_{11}p_{22}\cdots p_{mm},$$

$$|\boldsymbol{B}|=\begin{vmatrix} b_{11} & b_{12} & \cdots & b_{1n} \\ b_{21} & b_{22} & \cdots & b_{2n} \\ \vdots & \vdots & & \vdots \\ b_{n1} & b_{n2} & \cdots & b_{nn} \end{vmatrix} = \begin{vmatrix} q_{11} & q_{12} & \cdots & q_{1n} \\ 0 & q_{22} & \cdots & q_{2n} \\ \vdots & \vdots & & \vdots \\ 0 & 0 & \cdots & q_{nn} \end{vmatrix} = q_{11}q_{22}\cdots q_{nn}.$$

再把上述对 $|\boldsymbol{A}|$ 和 $|\boldsymbol{B}|$ 施加的倍加变换分别施加到 $m+n$ 阶行列式 $\begin{vmatrix} \boldsymbol{A} & \boldsymbol{C} \\ \boldsymbol{O} & \boldsymbol{B} \end{vmatrix}$ 的前 m 行和后 n 行即得

$$\begin{vmatrix} \boldsymbol{A} & \boldsymbol{C} \\ \boldsymbol{O} & \boldsymbol{B} \end{vmatrix} = \begin{vmatrix} a_{11} & \cdots & a_{1m} & c_{11} & \cdots & c_{1n} \\ \vdots & & \vdots & \vdots & & \vdots \\ a_{m1} & \cdots & a_{mm} & c_{m1} & \cdots & c_{mn} \\ 0 & \cdots & 0 & b_{11} & \cdots & b_{1n} \\ \vdots & & \vdots & \vdots & & \vdots \\ 0 & \cdots & 0 & b_{n1} & \cdots & b_{nn} \end{vmatrix}$$

$$=\begin{vmatrix} p_{11} & \cdots & p_{1m} & c'_{11} & \cdots & c'_{1n} \\ \vdots & & \vdots & \vdots & & \vdots \\ 0 & \cdots & p_{mm} & c'_{m1} & \cdots & c'_{mn} \\ 0 & \cdots & 0 & q_{11} & \cdots & q_{1n} \\ \vdots & & \vdots & \vdots & & \vdots \\ 0 & \cdots & 0 & 0 & \cdots & q_{nn} \end{vmatrix}$$

$$=(p_{11}\cdots p_{mm})(q_{11}\cdots q_{nn}) = |\boldsymbol{A}|\,|\boldsymbol{B}|.$$ □

对于矩阵 $\boldsymbol{A}_{m\times m}$, $\boldsymbol{B}_{n\times n}$ 和 $\boldsymbol{C}_{n\times m}$, 用类似的方法可以证明

$$\begin{vmatrix} \boldsymbol{A} & \boldsymbol{O} \\ \boldsymbol{C} & \boldsymbol{B} \end{vmatrix} = |\boldsymbol{A}|\,|\boldsymbol{B}|. \tag{1.6.10}$$

性质 1.10 (行列式的乘法定理) 设 $\boldsymbol{A}$ 与 $\boldsymbol{B}$ 都是 n 阶矩阵, 则

$$|\boldsymbol{AB}| = |\boldsymbol{A}|\,|\boldsymbol{B}|. \tag{1.6.11}$$

证明 设 $\boldsymbol{A} = (a_{ij})_{n\times n}$, $\boldsymbol{B} = (b_{ij})_{n\times n}$, 构造 $2n$ 阶行列式 $D = \begin{vmatrix} \boldsymbol{B} & -\boldsymbol{E} \\ \boldsymbol{O} & \boldsymbol{A} \end{vmatrix}$. 由 (1.6.9) 式可知 $D = |\boldsymbol{A}|\,|\boldsymbol{B}|$.

令 $\boldsymbol{C} = (c_{ij})_{n\times n} = \boldsymbol{AB}$, 那么 $c_{ij} = \sum\limits_{k=1}^{n} a_{ik}b_{kj}$, 且

$$D = \begin{vmatrix} b_{11} & \cdots & b_{1n} & -1 & \cdots & 0 \\ \vdots & & \vdots & \vdots & & \vdots \\ b_{n1} & \cdots & b_{nn} & 0 & \cdots & -1 \\ 0 & \cdots & 0 & a_{11} & \cdots & a_{1n} \\ \vdots & & \vdots & \vdots & & \vdots \\ 0 & \cdots & 0 & a_{n1} & \cdots & a_{nn} \end{vmatrix} \xlongequal[i\,=\,1,2,\cdots,n]{\mathrm{r}_{n+i}\,+\,\sum_{j=1}^{n} a_{ij}\,\mathrm{r}_j} \begin{vmatrix} b_{11} & \cdots & b_{1n} & -1 & \cdots & 0 \\ \vdots & & \vdots & \vdots & & \vdots \\ b_{n1} & \cdots & b_{nn} & 0 & \cdots & -1 \\ c_{11} & \cdots & c_{1n} & 0 & \cdots & 0 \\ \vdots & & \vdots & \vdots & & \vdots \\ c_{n1} & \cdots & c_{nn} & 0 & \cdots & 0 \end{vmatrix}$$

$$\xlongequal[i=1,2,\cdots,n]{\mathrm{r}_i \leftrightarrow\ \mathrm{r}_{n+i}} (-1)^n \begin{vmatrix} c_{11} & \cdots & c_{1n} & 0 & \cdots & 0 \\ \vdots & & \vdots & \vdots & & \vdots \\ c_{n1} & \cdots & c_{nn} & 0 & \cdots & 0 \\ b_{11} & \cdots & b_{1n} & -1 & \cdots & 0 \\ \vdots & & \vdots & \vdots & & \vdots \\ b_{n1} & \cdots & b_{nn} & 0 & \cdots & -1 \end{vmatrix} \xlongequal{(1.6.10)} (-1)^n(-1)^n\ |\boldsymbol{C}| = |\boldsymbol{C}|.$$

于是可得 $|\boldsymbol{AB}|=|\boldsymbol{A}|\,|\boldsymbol{B}|$. □

行列式乘法定理

一般地, 用数学归纳法可以证明, 若 $\boldsymbol{A}_1,\cdots,\boldsymbol{A}_s$ 均为 n 阶矩阵, 则

$$|\boldsymbol{A}_1\cdots\boldsymbol{A}_s|=|\boldsymbol{A}_1|\cdots|\boldsymbol{A}_s|.$$

由性质 1.6 和定义 1.10 可得 n 阶行列式**按第 1 列的展开式**, 即

$$\begin{vmatrix} a_{11} & a_{12} & \cdots & a_{1n} \\ a_{21} & a_{22} & \cdots & a_{2n} \\ \vdots & \vdots & & \vdots \\ a_{n1} & a_{n2} & \cdots & a_{nn} \end{vmatrix}=a_{11}A_{11}+a_{21}A_{21}+\cdots+a_{n1}A_{n1}. \tag{1.6.12}$$

那么自然地问行列式能按第 i 行或第 j 列展开吗? 事实上我们有如下定理.

定理 1.8 设 $\boldsymbol{A}=(a_{ij})_{n\times n}$ 为 n 阶矩阵, 则

$$|\boldsymbol{A}|=a_{i1}A_{i1}+a_{i2}A_{i2}+\cdots+a_{in}A_{in}=\sum_{j=1}^{n}a_{ij}A_{ij}, \tag{1.6.13}$$

$$|\boldsymbol{A}|=a_{1j}A_{1j}+a_{2j}A_{2j}+\cdots+a_{nj}A_{nj}=\sum_{i=1}^{n}a_{ij}A_{ij}. \tag{1.6.14}$$

其中 (1.6.13) 式称为 n 阶行列式 $|\boldsymbol{A}|$ **按第 i 行的展开式**. (1.6.14) 式称为 n 阶行列式 $|\boldsymbol{A}|$ **按第 j 列的展开式**.

证明 下面证明 (1.6.13) 式.

当 $i=1$ 时, 根据定义无需再证.

当 $i>1$ 时, 把 $|\boldsymbol{A}|$ 的第 i 行依次和上边相邻各行交换 (共交换 $i-1$ 次) 得

$$|\boldsymbol{A}|=\begin{vmatrix} a_{11} & a_{12} & \cdots & a_{1n} \\ a_{21} & a_{22} & \cdots & a_{2n} \\ \vdots & \vdots & & \vdots \\ a_{i1} & a_{i2} & \cdots & a_{in} \\ a_{i+1,1} & a_{i+1,2} & \cdots & a_{i+1,n} \\ \vdots & \vdots & & \vdots \\ a_{n1} & a_{n2} & \cdots & a_{nn} \end{vmatrix}=(-1)^{i-1}\begin{vmatrix} a_{i1} & a_{i2} & \cdots & a_{in} \\ a_{11} & a_{12} & \cdots & a_{1n} \\ \vdots & \vdots & & \vdots \\ a_{i-1,1} & a_{i-1,2} & \cdots & a_{i-1,n} \\ a_{i+1,1} & a_{i+1,2} & \cdots & a_{i+1,n} \\ \vdots & \vdots & & \vdots \\ a_{n1} & a_{n2} & \cdots & a_{nn} \end{vmatrix}.$$

令

$$\begin{pmatrix} a_{i1} & a_{i2} & \cdots & a_{in} \\ a_{11} & a_{12} & \cdots & a_{1n} \\ \vdots & \vdots & & \vdots \\ a_{i-1,1} & a_{i-1,2} & \cdots & a_{i-1,n} \\ a_{i+1,1} & a_{i+1,2} & \cdots & a_{i+1,n} \\ \vdots & \vdots & & \vdots \\ a_{n1} & a_{n2} & \cdots & a_{nn} \end{pmatrix} = \begin{pmatrix} b_{11} & b_{12} & \cdots & b_{1n} \\ b_{21} & b_{22} & \cdots & b_{2n} \\ \vdots & \vdots & & \vdots \\ b_{i1} & b_{i2} & \cdots & b_{in} \\ b_{i+1,1} & b_{i+1,2} & \cdots & b_{i+1,n} \\ \vdots & \vdots & & \vdots \\ b_{n1} & b_{n2} & \cdots & b_{nn} \end{pmatrix} = \boldsymbol{B},$$

并且把 $\boldsymbol{B}$ 的第 1 行元素 b_{1j} 的余子式记为 N_{1j}, 则 N_{1j} 也就是 $\boldsymbol{A}$ 的第 i 行元素 a_{ij} 的余子式 M_{ij}, $j=1,\ 2,\ \cdots,\ n$.

把 $|\boldsymbol{B}|$ 按第 1 行展开得

$$|\boldsymbol{B}| = \sum_{j=1}^{n} b_{1j}(-1)^{1+j}N_{1j} = \sum_{j=1}^{n} a_{ij}(-1)^{1+j}M_{ij}.$$

于是可得

$$\begin{aligned} |\boldsymbol{A}| &= (-1)^{i-1}|\boldsymbol{B}| = (-1)^{i-1}\left(\sum_{j=1}^{n} a_{ij}(-1)^{1+j}M_{ij}\right) \\ &= \sum_{j=1}^{n} a_{ij}(-1)^{i+j}M_{ij} = \sum_{j=1}^{n} a_{ij}A_{ij}. \end{aligned}$$

利用性质 1.6 和 (1.6.13) 式可以证明 (1.6.14) 式, 请读者自行完成. □

对于 n 阶矩阵 $\boldsymbol{A}=(a_{ij})_{n\times n}$, 构造矩阵 $\boldsymbol{B}=(b_{ij})_{n\times n}$ 如下:

$$\boldsymbol{B} = \begin{pmatrix} b_{11} & b_{12} & \cdots & b_{1n} \\ \vdots & \vdots & & \vdots \\ b_{i1} & b_{i2} & \cdots & b_{in} \\ \vdots & \vdots & & \vdots \\ b_{j1} & b_{j2} & \cdots & b_{jn} \\ \vdots & \vdots & & \vdots \\ b_{n1} & b_{n2} & \cdots & b_{nn} \end{pmatrix} = \begin{pmatrix} a_{11} & a_{12} & \cdots & a_{1n} \\ \vdots & \vdots & & \vdots \\ a_{i1} & a_{i2} & \cdots & a_{in} \\ \vdots & \vdots & & \vdots \\ a_{i1} & a_{i2} & \cdots & a_{in} \\ \vdots & \vdots & & \vdots \\ a_{n1} & a_{n2} & \cdots & a_{nn} \end{pmatrix}.$$

由推论 1.2 可知 $|\boldsymbol{B}|=0$. 另一方面, $\boldsymbol{B}$ 的第 j 行元素 b_{jk} 的余子式 N_{jk} 就等于 $\boldsymbol{A}$ 的第 j 行元素 a_{jk} 的余子式 M_{jk}. 因而根据 (1.6.13) 式将 $|\boldsymbol{B}|$ 按第 j 行展开得

$$|\boldsymbol{B}|=\sum_{k=1}^{n} b_{jk}(-1)^{j+k}N_{jk}=\sum_{k=1}^{n} a_{ik}(-1)^{j+k}M_{jk}=\sum_{k=1}^{n} a_{ik}A_{jk}.$$

故 $\sum\limits_{k=1}^{n} a_{ik}A_{jk}=0$. 这就是说, 当 $i\neq j$ 时, 用 $|\boldsymbol{A}|$ 的第 i 行各元素与第 j 行对应元素的代数余子式乘积之和为零. 再根据性质 1.6 可以证明, 用 $|\boldsymbol{A}|$ 的第 i 列各元素与第 j 列对应元素的代数余子式乘积之和也为零.

于是有如下定理.

定理 1.9 设 $\boldsymbol{A}=(a_{ij})_{n\times n}$ 为 n 阶矩阵, $1\leqslant i\neq j\leqslant n$, 则行列式 $D=|\boldsymbol{A}|$ 的第 i 行 (列) 各元素与第 j 行 (列) 对应元素的代数余子式乘积之和为零, 即

$$a_{i1}A_{j1}+a_{i2}A_{j2}+\cdots+a_{in}A_{jn}=\sum_{k=1}^{n} a_{ik}A_{jk}=0, \tag{1.6.15}$$

$$a_{1i}A_{1j}+a_{2i}A_{2j}+\cdots+a_{ni}A_{nj}=\sum_{k=1}^{n} a_{ki}A_{kj}=0. \tag{1.6.16}$$

综合 (1.6.13) ~ (1.6.16) 四式, 可以得到关于行列式的代数余子式的如下重要结论:

$$\sum_{k=1}^{n} a_{ik}A_{jk}=\delta_{ij}D,\quad \sum_{k=1}^{n} a_{ki}A_{kj}=\delta_{ij}D. \tag{1.6.17}$$

行列式的性质串讲

1.6.3 行列式的计算

前文说过, 对于 2 阶行列式和 3 阶行列式, 可以用对角线法则. 对于 4 阶以及 4 阶以上的行列式就没有对角线法则了. 通常直接利用定义 1.10 计算行列式比较复杂. 下面通过一些具体的例子来介绍几种常用的计算行列式的方法.

计算数字型行列式最常用方法是把行列式化成三角形行列式.

例 1.24 计算 4 阶行列式 $\begin{vmatrix} -1 & 2 & 0 & 6 \\ 2 & -5 & 1 & 2 \\ 1 & 1 & 0 & 3 \\ 4 & -6 & 1 & 2 \end{vmatrix}$.

解 $\begin{vmatrix} -1 & 2 & 0 & 6 \\ 2 & -5 & 1 & 2 \\ 1 & 1 & 0 & 3 \\ 4 & -6 & 1 & 2 \end{vmatrix} \xlongequal[r_4+4r_1]{\substack{r_2+2r_1\\ r_3+r_1}} \begin{vmatrix} -1 & 2 & 0 & 6 \\ 0 & -1 & 1 & 14 \\ 0 & 3 & 0 & 9 \\ 0 & 2 & 1 & 26 \end{vmatrix} \xlongequal[r_3+3r_2]{r_4+2r_2} \begin{vmatrix} -1 & 2 & 0 & 6 \\ 0 & -1 & 1 & 14 \\ 0 & 0 & 3 & 51 \\ 0 & 0 & 3 & 54 \end{vmatrix}$

$$\xlongequal{r_4-r_3} \begin{vmatrix} -1 & 2 & 0 & 6 \\ 0 & -1 & 1 & 14 \\ 0 & 0 & 3 & 51 \\ 0 & 0 & 0 & 3 \end{vmatrix} = 9.$$ □

例 1.25　设 $D = \begin{vmatrix} 1 & 2 & 0 & 6 \\ -1 & -5 & 1 & 2 \\ 1 & 1 & 0 & 3 \\ -1 & -6 & 1 & 2 \end{vmatrix}$, 求 $-A_{11}+2A_{21}+A_{31}+4A_{41}$ 和 $M_{14}+M_{24}+M_{34}+M_{44}$.

解　由于 D 的第 1 列元素的代数余子式与第 1 列的元素无关, 而 $-A_{11}+2A_{21}+A_{31}+4A_{41}$ 可以看成某一行列式按第 1 列展开. 于是,

$$-A_{11}+2A_{21}+A_{31}+4A_{41} = \begin{vmatrix} -1 & 2 & 0 & 6 \\ 2 & -5 & 1 & 2 \\ 1 & 1 & 0 & 3 \\ 4 & -6 & 1 & 2 \end{vmatrix}.$$

由例 1.24 知, $-A_{11}+2A_{21}+A_{31}+4A_{41}=9$. 同理

$$\begin{aligned} & M_{14}+M_{24}+M_{34}+M_{44} \\ =& -A_{14}+A_{24}-A_{34}+A_{44} \\ =& \begin{vmatrix} 1 & 2 & 0 & -1 \\ -1 & -5 & 1 & 1 \\ 1 & 1 & 0 & -1 \\ -1 & -6 & 1 & 1 \end{vmatrix} = 0, \end{aligned}$$

其中最后一个等式是因为第 1 列与第 4 列成比例. □

计算字母型行列式通常用行列式的性质, 有时也用到按 1 行 (列) 展开, 再利用数学归纳法和递推法.

例 1.26 计算 n 阶行列式 $D_n = \begin{vmatrix} x & a & \cdots & a \\ a & x & \cdots & a \\ \vdots & \vdots & & \vdots \\ a & a & \cdots & x \end{vmatrix}$.

解 此行列式每行各元素之和均为 $x+(n-1)a$, 因此

$$D_n \xlongequal[j\,=\,2,\cdots,n]{c_1+c_j} \begin{vmatrix} x+(n-1)a & a & \cdots & a \\ x+(n-1)a & x & \cdots & a \\ \vdots & \vdots & & \vdots \\ x+(n-1)a & a & \cdots & x \end{vmatrix}$$

$$\xlongequal[i\,=\,2,\cdots,n]{r_i-r_1} \begin{vmatrix} x+(n-1)a & a & \cdots & a \\ 0 & x-a & \cdots & 0 \\ \vdots & \vdots & & \vdots \\ 0 & 0 & \cdots & x-a \end{vmatrix}$$

$$= [x+(n-1)a](x-a)^{n-1}.$$

□

例 1.27 证明 n 阶范德蒙德 (Vandermonde) 行列式

$$D_n = \begin{vmatrix} 1 & 1 & 1 & \cdots & 1 \\ x_1 & x_2 & x_3 & \cdots & x_n \\ x_1^2 & x_2^2 & x_3^2 & \cdots & x_n^2 \\ \vdots & \vdots & \vdots & & \vdots \\ x_1^{n-1} & x_2^{n-1} & x_3^{n-1} & \cdots & x_n^{n-1} \end{vmatrix} = \prod_{1\leqslant i<j\leqslant n}(x_j-x_i), \tag{1.6.18}$$

其中 $n \geqslant 2$, 连乘积 $\prod\limits_{1\leqslant i<j\leqslant n}(x_j-x_i)$ 中因式 (x_j-x_i) 共有

$$(n-1)+\cdots+2+1=\frac{n(n-1)}{2}$$

个, 即

$$D_n = [(x_2-x_1)(x_3-x_1)\cdots(x_n-x_1)][(x_3-x_2)\cdots(x_n-x_2)]\cdots(x_n-x_{n-1}).$$

证明 (1) 当 $n=2$ 时, $D_2 = \begin{vmatrix} 1 & 1 \\ x_1 & x_2 \end{vmatrix} = x_2-x_1 = \prod\limits_{1\leqslant i<j\leqslant 2}(x_j-x_i)$, 即 (1.6.18) 式对于 $n=2$ 成立.

(2) 当 $n>2$ 时, 假设 (1.6.18) 式对于 $n=k-1$ 成立, 下面证明 (1.6.18) 式对于 $n=k$ 成立. 事实上,

$$D_k \xlongequal[i=k,\cdots,2]{r_i - x_1 r_{i-1}} \begin{vmatrix} 1 & 1 & 1 & \cdots & 1 \\ 0 & x_2-x_1 & x_3-x_1 & \cdots & x_k-x_1 \\ 0 & x_2(x_2-x_1) & x_3(x_3-x_1) & \cdots & x_k(x_k-x_1) \\ \vdots & \vdots & \vdots & & \vdots \\ 0 & x_2^{k-2}(x_2-x_1) & x_3^{k-2}(x_3-x_1) & \cdots & x_k^{k-2}(x_k-x_1) \end{vmatrix}$$

$$= \begin{vmatrix} x_2-x_1 & x_3-x_1 & \cdots & x_k-x_1 \\ x_2(x_2-x_1) & x_3(x_3-x_1) & \cdots & x_k(x_k-x_1) \\ \vdots & \vdots & & \vdots \\ x_2^{k-2}(x_2-x_1) & x_3^{k-2}(x_3-x_1) & \cdots & x_k^{k-2}(x_k-x_1) \end{vmatrix}$$

$$= (x_2-x_1)(x_3-x_1)\cdots(x_k-x_1)\begin{vmatrix} 1 & 1 & \cdots & 1 \\ x_2 & x_3 & \cdots & x_k \\ \vdots & \vdots & & \vdots \\ x_2^{k-2} & x_3^{k-2} & \cdots & x_k^{k-2} \end{vmatrix}$$

$$= (x_2-x_1)(x_3-x_1)\cdots(x_k-x_1)\prod_{2\leqslant i<j\leqslant k}(x_j-x_i)$$

$$= \prod_{1\leqslant i<j\leqslant k}(x_j-x_i).$$

由数学归纳法原理可知 (1.6.18) 式对于任意的 $n \geqslant 2$ 均成立. □

例 1.28　计算 n 阶行列式 $D_n = \begin{vmatrix} 2 & 1 & & & \\ 1 & 2 & 1 & & \\ & \ddots & \ddots & \ddots & \\ & & 1 & 2 & 1 \\ & & & 1 & 2 \end{vmatrix}$.

解　(解法一) 用初等变换化成三角形行列式, 即

$$D_n \xlongequal{r_2 - \frac{1}{2}r_1} \begin{vmatrix} 2 & 1 & & & & \\ 0 & \frac{3}{2} & 1 & & & \\ 0 & 1 & 2 & 1 & & \\ & & \ddots & \ddots & \ddots & \\ & & & 1 & 2 & 1 \\ & & & & 1 & 2 \end{vmatrix} \xlongequal{r_3 - \frac{2}{3}r_2} \begin{vmatrix} 2 & 1 & & & & \\ 0 & \frac{3}{2} & 1 & & & \\ 0 & 0 & \frac{4}{3} & 1 & & \\ & & 1 & 2 & 1 & \\ & & & \ddots & \ddots & 1 \\ & & & & 1 & 2 \end{vmatrix}$$

$$=\cdots=\begin{vmatrix}2 & 1 & & & \\ & \frac{3}{2} & 1 & & \\ & & \frac{4}{3} & \ddots & \\ & & & \ddots & 1 \\ & & & & \frac{n+1}{n}\end{vmatrix}=2\times\frac{3}{2}\times\frac{4}{3}\times\cdots\times\frac{n+1}{n}=n+1.$$

(解法二) 按第1行展开, 得递推公式

$$D_n=2D_{n-1}-\begin{vmatrix}1 & 1 & & & \\ 0 & 2 & 1 & & \\ 0 & 1 & 2 & 1 & \\ & & \ddots & \ddots & 1 \\ & & & 1 & 2\end{vmatrix}=2D_{n-1}-D_{n-2}.$$

因为 $D_1=2$, $D_2=3$, $D_3=2D_2-D_1=4$, 所以猜测 $D_n=n+1$. 下面用数学归纳法证明 $D_n=n+1$ 对于一切正整数 n 均成立.

当 $n=1,\ 2,\ 3$ 时, $D_n=n+1$ 已经成立.

当 $n>3$ 时, 假设 $D_k=k+1$ 对于 $k<n$ 已经成立, 那么 $D_{n-1}=(n-1)+1=n$, $D_{n-2}=(n-2)+1=n-1$, 因而 $D_n=2D_{n-1}-D_{n-2}=2n-(n-1)=n+1$.

由数学归纳法原理可知 $D_n=n+1$ 对于一切正整数 n 均成立. □

例 1.29 证明

$$\begin{vmatrix}a_1+b_1 & b_1+c_1 & c_1+a_1 \\ a_2+b_2 & b_2+c_2 & c_2+a_2 \\ a_3+b_3 & b_3+c_3 & c_3+a_3\end{vmatrix}=2\begin{vmatrix}a_1 & b_1 & c_1 \\ a_2 & b_2 & c_2 \\ a_3 & b_3 & c_3\end{vmatrix}.$$

证明 (证法一) 记 $\boldsymbol{\alpha}=\begin{pmatrix}a_1\\a_2\\a_3\end{pmatrix}$, $\boldsymbol{\beta}=\begin{pmatrix}b_1\\b_2\\b_3\end{pmatrix}$, $\boldsymbol{\gamma}=\begin{pmatrix}c_1\\c_2\\c_3\end{pmatrix}$, 则

$$\begin{aligned}\text{左边}&=|\boldsymbol{\alpha}+\boldsymbol{\beta},\boldsymbol{\beta}+\boldsymbol{\gamma},\boldsymbol{\gamma}+\boldsymbol{\alpha}|\xlongequal{c_1+c_2+c_3}|2(\boldsymbol{\alpha}+\boldsymbol{\beta}+\boldsymbol{\gamma}),\boldsymbol{\beta}+\boldsymbol{\gamma},\boldsymbol{\gamma}+\boldsymbol{\alpha}|\\&=2\,|\boldsymbol{\alpha}+\boldsymbol{\beta}+\boldsymbol{\gamma},\boldsymbol{\beta}+\boldsymbol{\gamma},\boldsymbol{\gamma}+\boldsymbol{\alpha}|\xlongequal{c_1-c_2}2\,|\boldsymbol{\alpha},\boldsymbol{\beta}+\boldsymbol{\gamma},\boldsymbol{\gamma}+\boldsymbol{\alpha}|\\&\xlongequal{c_3-c_1}2|\boldsymbol{\alpha},\boldsymbol{\beta}+\boldsymbol{\gamma},\boldsymbol{\gamma}|\xlongequal{c_2-c_3}2\,|\boldsymbol{\alpha},\boldsymbol{\beta},\boldsymbol{\gamma}|.\end{aligned}$$

(证法二) 因为

$$\begin{pmatrix} a_1+b_1 & b_1+c_1 & c_1+a_1 \\ a_2+b_2 & b_2+c_2 & c_2+a_2 \\ a_3+b_3 & b_3+c_3 & c_3+a_3 \end{pmatrix} = \begin{pmatrix} a_1 & b_1 & c_1 \\ a_2 & b_2 & c_2 \\ a_3 & b_3 & c_3 \end{pmatrix} \begin{pmatrix} 1 & 0 & 1 \\ 1 & 1 & 0 \\ 0 & 1 & 1 \end{pmatrix},$$

所以, 两边取行列式得

$$\begin{vmatrix} a_1+b_1 & b_1+c_1 & c_1+a_1 \\ a_2+b_2 & b_2+c_2 & c_2+a_2 \\ a_3+b_3 & b_3+c_3 & c_3+a_3 \end{vmatrix} = \begin{vmatrix} a_1 & b_1 & c_1 \\ a_2 & b_2 & c_2 \\ a_3 & b_3 & c_3 \end{vmatrix} \begin{vmatrix} 1 & 0 & 1 \\ 1 & 1 & 0 \\ 0 & 1 & 1 \end{vmatrix} = 2 \begin{vmatrix} a_1 & b_1 & c_1 \\ a_2 & b_2 & c_2 \\ a_3 & b_3 & c_3 \end{vmatrix}. \qquad \square$$

例 1.30　已知矩阵 $\boldsymbol{A}=(\boldsymbol{\alpha}, \boldsymbol{\gamma}_1, \boldsymbol{\gamma}_2, \boldsymbol{\gamma}_3)$, $\boldsymbol{B}=(\boldsymbol{\beta}, \boldsymbol{\gamma}_1, \boldsymbol{\gamma}_2, \boldsymbol{\gamma}_3)$, 其中 $\boldsymbol{\alpha}$, $\boldsymbol{\beta}$, $\boldsymbol{\gamma}_1$, $\boldsymbol{\gamma}_2$, $\boldsymbol{\gamma}_3$ 都是 4×1 矩阵, 且 $|\boldsymbol{A}|=4$, $|\boldsymbol{B}|=1$, 求行列式 $|\boldsymbol{A}^{\mathrm{T}}+\boldsymbol{B}^{\mathrm{T}}|$ 的值.

解

$$\begin{aligned} |\boldsymbol{A}^{\mathrm{T}}+\boldsymbol{B}^{\mathrm{T}}| &= |(\boldsymbol{A}+\boldsymbol{B})^{\mathrm{T}}| = |\boldsymbol{A}+\boldsymbol{B}| = |\boldsymbol{\alpha}+\boldsymbol{\beta}, 2\boldsymbol{\gamma}_1, 2\boldsymbol{\gamma}_2, 2\boldsymbol{\gamma}_3| \\ &= |\boldsymbol{\alpha}, 2\boldsymbol{\gamma}_1, 2\boldsymbol{\gamma}_2, 2\boldsymbol{\gamma}_3| + |\boldsymbol{\beta}, 2\boldsymbol{\gamma}_1, 2\boldsymbol{\gamma}_2, 2\boldsymbol{\gamma}_3| \\ &= 2^3\ |\boldsymbol{\alpha}, \boldsymbol{\gamma}_1, \boldsymbol{\gamma}_2, \boldsymbol{\gamma}_3| + 2^3\ |\boldsymbol{\beta}, \boldsymbol{\gamma}_1, \boldsymbol{\gamma}_2, \boldsymbol{\gamma}_3| \\ &= 8\times 4 + 8\times 1 = 40. \end{aligned} \qquad \square$$

1.6.4　行列式的应用

1.6.4.1　行列式与逆矩阵

为了寻找刻画方阵可逆的方法, 首先引入伴随矩阵的概念.

定义 1.11　设 n 阶矩阵

$$\boldsymbol{A} = \begin{pmatrix} a_{11} & a_{12} & \cdots & a_{1n} \\ a_{21} & a_{22} & \cdots & a_{2n} \\ \vdots & \vdots & & \vdots \\ a_{n1} & a_{n2} & \cdots & a_{nn} \end{pmatrix},$$

其中 $n \geqslant 2$. 我们称 n 阶矩阵

$$\boldsymbol{A}^* = \begin{pmatrix} A_{11} & A_{21} & \cdots & A_{n1} \\ A_{12} & A_{22} & \cdots & A_{n2} \\ \vdots & \vdots & & \vdots \\ A_{1n} & A_{2n} & \cdots & A_{nn} \end{pmatrix}$$

为 $\boldsymbol{A}$ 的伴随矩阵, 这里 A_{ij} 是 a_{ij} 的代数余子式. 需要注意的是, $\boldsymbol{A}^*$ 的第 i 列各元素为 $\boldsymbol{A}$ 的第 i 行各元素的代数余子式.

例 1.31 求矩阵 $\boldsymbol{A}=\begin{pmatrix} a & b \\ c & d \end{pmatrix}$ 的伴随矩阵.

解 $\boldsymbol{A}$ 的各元素的代数余子式为

$$A_{11}=d,\quad A_{12}=-c,\quad A_{21}=-b,\quad A_{22}=a,$$

于是 $\boldsymbol{A}$ 的伴随矩阵

$$\boldsymbol{A}^*=\begin{pmatrix} d & -b \\ -c & a \end{pmatrix}.$$

□

这个例子告诉我们, 求 2 阶矩阵的伴随矩阵可以按如下法则进行: 主对角线元素交换, 次对角线元素变号.

利用定理 1.8 和定理 1.9 可以证明如下关于伴随矩阵的重要结论.

例 1.32 设 $\boldsymbol{A}$ 为 n 阶矩阵 $(n \geqslant 2)$, 证明 $\boldsymbol{A}\boldsymbol{A}^*=\boldsymbol{A}^*\boldsymbol{A}=|\boldsymbol{A}|\boldsymbol{E}$.

证明 根据 (1.6.17) 式可得

$$\boldsymbol{A}\boldsymbol{A}^*=\begin{pmatrix} a_{11} & \cdots & a_{1n} \\ \vdots & & \vdots \\ a_{n1} & \cdots & a_{nn} \end{pmatrix}\begin{pmatrix} A_{11} & \cdots & A_{n1} \\ \vdots & & \vdots \\ A_{1n} & \cdots & A_{nn} \end{pmatrix}$$

$$=\begin{pmatrix} \sum\limits_{k=1}^{n} a_{1k}A_{1k} & \cdots & \sum\limits_{k=1}^{n} a_{1k}A_{nk} \\ \vdots & & \vdots \\ \sum\limits_{k=1}^{n} a_{nk}A_{1k} & \cdots & \sum\limits_{k=1}^{n} a_{nk}A_{nk} \end{pmatrix}=\begin{pmatrix} |\boldsymbol{A}| & & \\ & \ddots & \\ & & |\boldsymbol{A}| \end{pmatrix}=|\boldsymbol{A}|\boldsymbol{E}.$$

同理可得 $\boldsymbol{A}^*\boldsymbol{A}=|\boldsymbol{A}|\boldsymbol{E}$. □

定理 1.10 n 阶矩阵 $\boldsymbol{A}$ 可逆的充分必要条件是 $|\boldsymbol{A}| \neq 0$. 当 $|\boldsymbol{A}| \neq 0$ 且 $n \geqslant 2$ 时,

$$\boldsymbol{A}^{-1}=\frac{1}{|\boldsymbol{A}|}\boldsymbol{A}^*. \tag{1.6.19}$$

证明 (充分性) 设 $|\boldsymbol{A}| \neq 0$. 若 $n=1$, 则 $\boldsymbol{A}$ 就是一个非零的数, 其倒数就是 $\boldsymbol{A}$ 的逆矩阵; 若 $n \geqslant 2$, 则由例 1.32 可得

$$\boldsymbol{A}\left(\frac{1}{|\boldsymbol{A}|}\boldsymbol{A}^*\right)=\left(\frac{1}{|\boldsymbol{A}|}\boldsymbol{A}^*\right)\boldsymbol{A}=\boldsymbol{E}.$$

因此 $\boldsymbol{A}$ 可逆, 且 $\boldsymbol{A}^{-1}=\dfrac{1}{|\boldsymbol{A}|}\boldsymbol{A}^*$.

(必要性) 设 n 阶矩阵 $\boldsymbol{A}$ 可逆, 则存在 n 阶矩阵 $\boldsymbol{B}$, 使得 $\boldsymbol{AB}=\boldsymbol{E}$. 由性质 1.10 可得

$$|\boldsymbol{A}|\,|\boldsymbol{B}|=|\boldsymbol{AB}|=|\boldsymbol{E}|=1.$$

因此, $|\boldsymbol{A}|\neq 0$. □

定理 1.10 告诉我们, 行列式是刻画方阵可逆的一个重要工具. 同时, 定理 1.10 还给出了求逆矩阵的一种方法. 值得注意的是, 定理 1.10 的证明过程告诉我们, 如果 $\boldsymbol{A}$ 是可逆的, 则 $|\boldsymbol{A}^{-1}|=\dfrac{1}{|\boldsymbol{A}|}$.

推论 1.4　*设 $\boldsymbol{A}$ 为 n 阶矩阵, 若存在 n 阶矩阵 $\boldsymbol{B}$ 使得 $\boldsymbol{AB}=\boldsymbol{E}$ (或 $\boldsymbol{BA}=\boldsymbol{E}$), 则 $\boldsymbol{A}$ 是可逆的, 并且 $\boldsymbol{B}=\boldsymbol{A}^{-1}$.*

证明　若存在 n 阶矩阵 $\boldsymbol{B}$ 使得 $\boldsymbol{AB}=\boldsymbol{E}$, 则由性质 1.10 可得

$$|\boldsymbol{A}|\,|\boldsymbol{B}|=|\boldsymbol{AB}|=|\boldsymbol{E}|=1,$$

故 $|\boldsymbol{A}|\neq 0$. 由定理 1.10 知 $\boldsymbol{A}$ 是可逆的, 所以

$$\boldsymbol{B}=\boldsymbol{EB}=(\boldsymbol{A}^{-1}\boldsymbol{A})\boldsymbol{B}=\boldsymbol{A}^{-1}(\boldsymbol{AB})=\boldsymbol{A}^{-1}\boldsymbol{E}=\boldsymbol{A}^{-1}.$$

当 $\boldsymbol{BA}=\boldsymbol{E}$ 时, 可以类似地证明 $\boldsymbol{B}=\boldsymbol{A}^{-1}$. □

例 1.33　判断 3 阶矩阵 $\boldsymbol{A}=\begin{pmatrix}1&2&3\\2&2&1\\3&4&3\end{pmatrix}$ 是否可逆, 若 $\boldsymbol{A}$ 可逆, 求其逆矩阵.

解　$|\boldsymbol{A}|=\begin{vmatrix}1&2&3\\2&2&1\\3&4&3\end{vmatrix}=2\neq 0$, 故矩阵 $\boldsymbol{A}$ 可逆. 容易算出矩阵 $\boldsymbol{A}$ 的各元素的代数余子式如下:

$$\begin{aligned}A_{11}&=2,& A_{21}&=6,& A_{31}&=-4,\\A_{12}&=-3,& A_{22}&=-6,& A_{32}&=5,\\A_{13}&=2,& A_{23}&=2,& A_{33}&=-2.\end{aligned}$$

于是 $\boldsymbol{A}$ 的伴随矩阵

$$\boldsymbol{A}^*=\begin{pmatrix}2&6&-4\\-3&-6&5\\2&2&-2\end{pmatrix},$$

因此 $\boldsymbol{A}^{-1}=\dfrac{1}{|\boldsymbol{A}|}\boldsymbol{A}^*=\begin{pmatrix}1 & 3 & -2\\ -\dfrac{3}{2} & -3 & \dfrac{5}{2}\\ 1 & 1 & -1\end{pmatrix}$. □

比较例 1.16 和例 1.33 可以看出, 对于行列式 $|\boldsymbol{A}|$ 和代数余子式 A_{ij} 都比较容易计算的情形 (例如 2 阶矩阵和 3 阶矩阵), 用 (1.6.19) 式求方阵 $\boldsymbol{A}$ 的逆矩阵比较方便, 但在一般情况下, 计算行列式 $|\boldsymbol{A}|$ 和代数余子式 A_{ij} 的计算量较大, 这时采用 1.4 节给出的初等变换求逆矩阵往往更加方便.

对于抽象的矩阵, 上述两种方法都不合适, 见下面的例子.

例 1.34 已知 n 阶矩阵 $\boldsymbol{A}$ 满足 $\boldsymbol{A}^2+2\boldsymbol{A}-9\boldsymbol{E}=\boldsymbol{O}$, 问 $\boldsymbol{A}$, $\boldsymbol{A}+4\boldsymbol{E}$ 是否可逆? 若可逆, 求出其逆矩阵.

解 由 $\boldsymbol{A}^2+2\boldsymbol{A}-9\boldsymbol{E}=\boldsymbol{O}$ 可得 $(\boldsymbol{A}+2\boldsymbol{E})\boldsymbol{A}=\boldsymbol{A}^2+2\boldsymbol{A}=9\boldsymbol{E}$, 因而

$$\frac{1}{9}(\boldsymbol{A}+2\boldsymbol{E})\boldsymbol{A}=\boldsymbol{E}.$$

于是由推论 1.4 可知 $\boldsymbol{A}$ 可逆, 并且 $\boldsymbol{A}^{-1}=\dfrac{1}{9}(\boldsymbol{A}+2\boldsymbol{E})$.

又因为 $(\boldsymbol{A}+4\boldsymbol{E})(\boldsymbol{A}-2\boldsymbol{E})-\boldsymbol{E}=\boldsymbol{A}^2+2\boldsymbol{A}-9\boldsymbol{E}=\boldsymbol{O}$, 所以

$$(\boldsymbol{A}+4\boldsymbol{E})(\boldsymbol{A}-2\boldsymbol{E})=\boldsymbol{E}.$$

由推论 1.4 可知 $\boldsymbol{A}+4\boldsymbol{E}$ 可逆, 并且 $(\boldsymbol{A}+4\boldsymbol{E})^{-1}=\boldsymbol{A}-2\boldsymbol{E}$. □

推论 1.4 表明, 对于 n 阶矩阵 $\boldsymbol{A}$ 和 $\boldsymbol{B}$, 如果 $\boldsymbol{AB}=\boldsymbol{E}$, 那么 $\boldsymbol{A}$ 和 $\boldsymbol{B}$ 可交换. 这个事实有一个巧妙的应用, 见下面的例子.

例 1.35 设 $\boldsymbol{A}$, $\boldsymbol{B}$ 为 n 阶矩阵, $\boldsymbol{AB}=\boldsymbol{A}+2\boldsymbol{B}$, 证明 $\boldsymbol{AB}=\boldsymbol{BA}$.

证明 由 $\boldsymbol{AB}=\boldsymbol{A}+2\boldsymbol{B}$ 可得 $\boldsymbol{AB}-\boldsymbol{A}-2\boldsymbol{B}=\boldsymbol{O}$, 因而

$$(\boldsymbol{A}-2\boldsymbol{E})(\boldsymbol{B}-\boldsymbol{E})=\boldsymbol{AB}-\boldsymbol{A}-2\boldsymbol{B}+2\boldsymbol{E}=2\boldsymbol{E}.$$

故 $\dfrac{1}{2}(\boldsymbol{A}-2\boldsymbol{E})(\boldsymbol{B}-\boldsymbol{E})=\boldsymbol{E}$. 由推论 1.4 可知 $\boldsymbol{B}-\boldsymbol{E}$ 可逆, 并且

$$(\boldsymbol{B}-\boldsymbol{E})^{-1}=\frac{1}{2}(\boldsymbol{A}-2\boldsymbol{E}).$$

故 $(\boldsymbol{B}-\boldsymbol{E})\left(\dfrac{1}{2}(\boldsymbol{A}-2\boldsymbol{E})\right)=\boldsymbol{E}$, 从而 $(\boldsymbol{B}-\boldsymbol{E})(\boldsymbol{A}-2\boldsymbol{E})=2\boldsymbol{E}$, 即 $\boldsymbol{BA}-2\boldsymbol{B}-\boldsymbol{A}+2\boldsymbol{E}=2\boldsymbol{E}$, 由此可得 $\boldsymbol{BA}=\boldsymbol{A}+2\boldsymbol{B}=\boldsymbol{AB}$. □

例 1.36 设 $\boldsymbol{A}, \boldsymbol{B}$ 为 n 阶矩阵, 且 $\boldsymbol{E}-\boldsymbol{AB}$ 为可逆矩阵, 证明 $\boldsymbol{E}-\boldsymbol{BA}$ 也为可逆矩阵, 并求 $\boldsymbol{E}-\boldsymbol{BA}$ 的逆矩阵.

证明 由 $\boldsymbol{E}=(\boldsymbol{E}-\boldsymbol{AB})(\boldsymbol{E}-\boldsymbol{AB})^{-1}$, 两边左乘 $\boldsymbol{B}$, 右乘 $\boldsymbol{A}$ 得

$$\begin{aligned}\boldsymbol{BA}=\boldsymbol{BEA}&=\boldsymbol{B}(\boldsymbol{E}-\boldsymbol{AB})(\boldsymbol{E}-\boldsymbol{AB})^{-1}\boldsymbol{A}\\&=(\boldsymbol{B}-\boldsymbol{BAB})(\boldsymbol{E}-\boldsymbol{AB})^{-1}\boldsymbol{A}\\&=(\boldsymbol{E}-\boldsymbol{BA})\boldsymbol{B}(\boldsymbol{E}-\boldsymbol{AB})^{-1}\boldsymbol{A}.\end{aligned}$$

即 $\boldsymbol{E}-\boldsymbol{BA}+(\boldsymbol{E}-\boldsymbol{BA})\boldsymbol{B}(\boldsymbol{E}-\boldsymbol{AB})^{-1}\boldsymbol{A}=\boldsymbol{E}$. 从而 $(\boldsymbol{E}-\boldsymbol{BA})(\boldsymbol{E}+\boldsymbol{B}(\boldsymbol{E}-\boldsymbol{AB})^{-1}\boldsymbol{A})=\boldsymbol{E}$. 故 $\boldsymbol{E}-\boldsymbol{BA}$ 可逆, 且

$$(\boldsymbol{E}-\boldsymbol{BA})^{-1}=\boldsymbol{E}+\boldsymbol{B}(\boldsymbol{E}-\boldsymbol{AB})^{-1}\boldsymbol{A}. \qquad \square$$

我们已经介绍了求逆矩阵的常用方法. 不过, 遇到阶数较高的矩阵时, 计算量会比较大, 有时用分块矩阵可以化简计算. 下面给出分块对角矩阵可逆的充分必要条件, 以及求其逆矩阵的方法, 利用分块矩阵的乘法, 容易得到如下定理 (证明作为习题).

定理 1.11 分块对角矩阵 $\boldsymbol{A}=\mathrm{diag}(\boldsymbol{A}_1,\ \boldsymbol{A}_2,\ \cdots,\ \boldsymbol{A}_s)$ 可逆的充分必要条件是 $\boldsymbol{A}_i\ (i=1,\ 2,\ \cdots,\ s)$ 均可逆, 在此条件下 $\boldsymbol{A}^{-1}$ 也是分块对角矩阵, 且

$$\boldsymbol{A}^{-1}=\mathrm{diag}(\boldsymbol{A}_1^{-1},\ \boldsymbol{A}_2^{-1},\ \cdots,\ \boldsymbol{A}_s^{-1}).$$

例 1.37 设 5 阶矩阵

$$\boldsymbol{A}=\begin{pmatrix}8&5&0&0&0\\3&2&0&0&0\\0&0&7&0&0\\0&0&0&2&3\\0&0&0&-3&-5\end{pmatrix},$$

求其逆矩阵 $\boldsymbol{A}^{-1}$.

解 将矩阵 $\boldsymbol{A}$ 划分成分块对角矩阵 $\boldsymbol{A}=\mathrm{diag}(\boldsymbol{A}_1,\ \boldsymbol{A}_2,\ \boldsymbol{A}_3)$, 其中

$$\boldsymbol{A}_1=\begin{pmatrix}8&5\\3&2\end{pmatrix},\quad \boldsymbol{A}_2=7,\quad \boldsymbol{A}_3=\begin{pmatrix}2&3\\-3&-5\end{pmatrix},$$

由 (1.6.19) 式计算出

$$\boldsymbol{A}_1^{-1}=\begin{pmatrix}2&-5\\-3&8\end{pmatrix},\quad \boldsymbol{A}_3^{-1}=\begin{pmatrix}5&3\\-3&-2\end{pmatrix},$$

而 $\boldsymbol{A}_2^{-1}=\dfrac{1}{7}$, 因此 $\boldsymbol{A}^{-1}=\begin{pmatrix}2&-5&0&0&0\\-3&8&0&0&0\\0&0&\frac{1}{7}&0&0\\0&0&0&5&3\\0&0&0&-3&-2\end{pmatrix}$. □

例 1.38 设 m 阶矩阵 $\boldsymbol{A}$ 和 n 阶矩阵 $\boldsymbol{B}$ 均可逆, $\boldsymbol{C}$ 为 $m\times n$ 矩阵, 证明 $\begin{pmatrix}\boldsymbol{A}&\boldsymbol{C}\\\boldsymbol{O}&\boldsymbol{B}\end{pmatrix}$ 为可逆矩阵, 并求其逆矩阵.

证明 由于 m 阶矩阵 $\boldsymbol{A}$ 和 n 阶矩阵 $\boldsymbol{B}$ 均可逆, 故

$$\begin{vmatrix}\boldsymbol{A}&\boldsymbol{C}\\\boldsymbol{O}&\boldsymbol{B}\end{vmatrix}=|\boldsymbol{A}|\,|\boldsymbol{B}|\neq 0,$$

因而 $\begin{pmatrix}\boldsymbol{A}&\boldsymbol{C}\\\boldsymbol{O}&\boldsymbol{B}\end{pmatrix}$ 可逆. 设 $\begin{pmatrix}\boldsymbol{A}&\boldsymbol{C}\\\boldsymbol{O}&\boldsymbol{B}\end{pmatrix}$ 的逆矩阵为 $\boldsymbol{X}=\begin{pmatrix}\boldsymbol{X}_1&\boldsymbol{X}_2\\\boldsymbol{X}_3&\boldsymbol{X}_4\end{pmatrix}$, 其中 $\boldsymbol{X}_1$, $\boldsymbol{X}_2$, $\boldsymbol{X}_3$, $\boldsymbol{X}_4$ 依次为 $m\times m$, $m\times n$, $n\times m$, $n\times n$ 矩阵, 则

$$\begin{pmatrix}\boldsymbol{A}&\boldsymbol{C}\\\boldsymbol{O}&\boldsymbol{B}\end{pmatrix}\begin{pmatrix}\boldsymbol{X}_1&\boldsymbol{X}_2\\\boldsymbol{X}_3&\boldsymbol{X}_4\end{pmatrix}=\begin{pmatrix}\boldsymbol{E}&\boldsymbol{O}\\\boldsymbol{O}&\boldsymbol{E}\end{pmatrix},$$

即 $\boldsymbol{AX}_1+\boldsymbol{CX}_3=\boldsymbol{E}$, $\boldsymbol{AX}_2+\boldsymbol{CX}_4=\boldsymbol{O}$, $\boldsymbol{BX}_3=\boldsymbol{O}$, $\boldsymbol{BX}_4=\boldsymbol{E}$, 由此可得 $\boldsymbol{X}_1=\boldsymbol{A}^{-1}$, $\boldsymbol{X}_4=\boldsymbol{B}^{-1}$, $\boldsymbol{X}_3=\boldsymbol{O}$, $\boldsymbol{X}_2=-\boldsymbol{A}^{-1}\boldsymbol{CB}^{-1}$. 故

$$\begin{pmatrix}\boldsymbol{A}&\boldsymbol{C}\\\boldsymbol{O}&\boldsymbol{B}\end{pmatrix}^{-1}=\begin{pmatrix}\boldsymbol{A}^{-1}&-\boldsymbol{A}^{-1}\boldsymbol{CB}^{-1}\\\boldsymbol{O}&\boldsymbol{B}^{-1}\end{pmatrix}.$$ □

1.6.4.2 克拉默 (Cramer) 法则

当 n 阶矩阵 $\boldsymbol{A}$ 可逆时, 利用定理 1.10 可以求出线性方程组 $\boldsymbol{Ax}=\boldsymbol{b}$ 的解, 并且其解可用行列式来表示.

定理 1.12 (Cramer 法则) 设线性方程组

$$\boldsymbol{Ax}=\boldsymbol{b} \tag{1.6.20}$$

中 $\boldsymbol{A}=(a_{ij})_{n\times n}=(\boldsymbol{\alpha}_1,\ \cdots,\ \boldsymbol{\alpha}_n)$, $\boldsymbol{x}=(x_1,\ \cdots,\ x_n)^{\mathrm{T}}$, $\boldsymbol{b}=(b_1,\cdots,b_n)^{\mathrm{T}}$. 若系数矩阵的行列式 $D=|\boldsymbol{A}|\neq 0$, 则此线性方程组有唯一解, 且

$$x_j = \frac{D_j}{D}, \tag{1.6.21}$$

其中 $D_j = \det(\boldsymbol{\alpha}_1, \cdots, \boldsymbol{\alpha}_{j-1}, \boldsymbol{b}, \boldsymbol{\alpha}_{j+1}, \cdots, \boldsymbol{\alpha}_n)$, $j = 1, \cdots, n$.

证明 由于 $D \neq 0$, 故 $\boldsymbol{A}$ 是可逆的. 在 (1.6.20) 式的两端左乘 $\boldsymbol{A}^{-1}$ 得

$$\boldsymbol{x} = (\boldsymbol{A}^{-1}\boldsymbol{A})\boldsymbol{x} = \boldsymbol{A}^{-1}(\boldsymbol{A}\boldsymbol{x}) = \boldsymbol{A}^{-1}\boldsymbol{b} = \frac{1}{|\boldsymbol{A}|}\boldsymbol{A}^*\boldsymbol{b},$$

即

$$\begin{pmatrix} x_1 \\ \vdots \\ x_n \end{pmatrix} = \frac{1}{D}\begin{pmatrix} A_{11} & A_{21} & \cdots & A_{n1} \\ A_{12} & A_{22} & \cdots & A_{n2} \\ \vdots & \vdots & & \vdots \\ A_{1n} & A_{2n} & \cdots & A_{nn} \end{pmatrix}\begin{pmatrix} b_1 \\ \vdots \\ b_n \end{pmatrix},$$

由此可得

$$x_j = \frac{1}{D}\left(b_1 A_{1j} + b_2 A_{2j} + \cdots + b_n A_{nj}\right) = \frac{D_j}{D},$$

$j = 1, \cdots, n$. □

用 Cramer 法则求解线性方程组 $\boldsymbol{A}\boldsymbol{x} = \boldsymbol{b}$, 要求其中 $\boldsymbol{A}$ 为可逆方阵, 即方程的个数等于未知数的个数, 而且系数矩阵的行列式不为零. 在此条件下还需要计算 $n+1$ 个 n 阶行列式. 一般情况下计算量很大. 在第 3 章, 我们将详细讨论一般的线性方程组. 然而这并不意味着 Cramer 法则不重要, 事实上, Cramer 法则具有重要的理论意义, 特别是它揭示了线性方程组的解与行列式之间的关系.

范德蒙德行列式与Cramer法则的应用

那个引出一段佳话的六阶行列式

1.7 矩阵的秩

我们知道任何一个矩阵 $\boldsymbol{A}_{m\times n}$ 都可以经过初等变换化为等价标准形 $\boldsymbol{E}_{m\times n}^{(r)}$. 那么经过不同的初等变换过程得到的最终结果是否相同呢? 本节我们将会看到, 矩阵 $\boldsymbol{A}_{m\times n}$ 的等价标准形 $\boldsymbol{E}_{m\times n}^{(r)}$ 由 $\boldsymbol{A}_{m\times n}$ 唯一确定. 也就是说, 经过不同的初等变换过程, 最终得到的结果是一样的. 其中的 r 反映了矩阵 $\boldsymbol{A}_{m\times n}$ 的一个特征属性——秩.

1.7.1 基本概念

定义 1.12 设 $\boldsymbol{A}$ 为 $m\times n$ 矩阵, 在矩阵 $\boldsymbol{A}$ 中任取 k 行 k 列 ($k\leqslant\min\{m,n\}$), 位于这些行列相交处的元素按原来的顺序所组成的 k 阶行列式, 称为矩阵 $\boldsymbol{A}$ 的 k 阶子式. 若 $\boldsymbol{A}$ 不是零矩阵, 则称 $\boldsymbol{A}$ 中所有不为零的子式的最高阶数为矩阵 $\boldsymbol{A}$ 的秩, 记作 $\mathrm{r}(\boldsymbol{A})$. 零矩阵的秩规定为零, 即 $\mathrm{r}(\boldsymbol{O})=0$.

由上述定义可以看出, 矩阵 $\boldsymbol{A}_{m\times n}$ 一共有 $\mathrm{C}_m^k\mathrm{C}_n^k$ 个 k 阶子式, 而且

$$0\leqslant\mathrm{r}\left(\boldsymbol{A}_{m\times n}\right)\leqslant\min\{m,n\}.$$

特别地, 当 $\boldsymbol{A}$ 为 n 阶矩阵时, $n-1$ 阶子式就有 n^2 个, 恰好是所有 a_{ij} 的余子式 M_{ij}. n 阶子式只有一个, 即为 $|\boldsymbol{A}|$. 此时, 行列式 $|\boldsymbol{A}|\neq 0$ 的充分必要条件是 $\mathrm{r}(\boldsymbol{A})=n$.

定义 1.13 设 $\boldsymbol{A}$ 为 $m\times n$ 矩阵. 若 $\mathrm{r}(\boldsymbol{A})=m$, 则称 $\boldsymbol{A}$ 为行满秩矩阵; 若 $\mathrm{r}(\boldsymbol{A})=n$, 则称 $\boldsymbol{A}$ 为列满秩矩阵. 特别地, 设 $\boldsymbol{A}$ 为 n 阶矩阵. 若 $\mathrm{r}(\boldsymbol{A})=n$, 则称 $\boldsymbol{A}$ 为满秩方阵; 若 $|\boldsymbol{A}|\neq 0$, 则称 $\boldsymbol{A}$ 为非奇异矩阵.

可见, 对于一个方阵而言, 可逆、满秩以及非奇异是等价的概念. 于是, 我们可以用矩阵的秩来判断一个方阵是否可逆.

例 1.39 求下列矩阵的秩:

$$\boldsymbol{A}=\begin{pmatrix}1&2\\2&4\end{pmatrix},\quad \boldsymbol{B}=\begin{pmatrix}1&2&0&3\\2&4&1&0\\3&6&0&9\end{pmatrix},\quad \boldsymbol{C}=\begin{pmatrix}1&6&3&1&2\\0&2&4&1&0\\0&0&0&5&7\\0&0&0&0&0\end{pmatrix}.$$

解 对于矩阵 $\boldsymbol{A}$, 因为 $|\boldsymbol{A}|=0$, 且有 1 阶非零子式, 所以 $\mathrm{r}(\boldsymbol{A})=1$.

矩阵 $\boldsymbol{B}$ 的 4 个 3 阶子式分别为

$$\begin{vmatrix}1&2&0\\2&4&1\\3&6&0\end{vmatrix}=0,\quad \begin{vmatrix}1&2&3\\2&4&0\\3&6&9\end{vmatrix}=0,\quad \begin{vmatrix}1&0&3\\2&1&0\\3&0&9\end{vmatrix}=0,\quad \begin{vmatrix}2&0&3\\4&1&0\\6&0&9\end{vmatrix}=0,$$

但有 2 阶子式 $\begin{vmatrix}0&3\\1&0\end{vmatrix}\neq 0$, 所以 $\mathrm{r}(\boldsymbol{B})=2$.

对于行阶梯形矩阵 $\boldsymbol{C}$, 显然有 4 阶子式都为零, 但有 3 阶子式

$$\begin{vmatrix}1&6&1\\0&2&1\\0&0&5\end{vmatrix}\neq 0,$$

因此 $\mathrm{r}(\boldsymbol{C})=3$. □

由此可见，对于一般矩阵，利用定义 1.12 求秩是不方便的. 然而，对于行阶梯形矩阵，其秩就等于它的非零行数. 所以下面就把一般矩阵的求秩问题转化为行阶梯矩阵的求秩问题.

1.7.2 几个重要结论

由于用初等行变换可以把矩阵 $\boldsymbol{A}$ 化为行阶梯形矩阵，而行阶梯形矩阵的非零行数便是它的秩，如果初等行变换不改变矩阵的秩，那么我们就可以用初等行变换来求矩阵的秩.

事实上，我们有如下定理.

定理 1.13 初等变换不改变矩阵的秩.

证明 设 $m \times n$ 矩阵 $\boldsymbol{A}$ 经过初等变换化为 $\boldsymbol{B}$，我们要证明 $\mathrm{r}(\boldsymbol{A}) = \mathrm{r}(\boldsymbol{B})$. 关键只要证明 $\boldsymbol{A}$ 经过一次初等变换化为 $\boldsymbol{B}$ 时，$\mathrm{r}(\boldsymbol{A}) = \mathrm{r}(\boldsymbol{B})$ 成立就可以了.

当 $\boldsymbol{A}$ 为零矩阵时，结论显然成立，因此不妨假设 $\boldsymbol{A}$ 是非零矩阵.

很显然，$\boldsymbol{A}$ 的每一个子式 D_k 对应着 $\boldsymbol{A}^{\mathrm{T}}$ 的一个子式 D_k^{T}. 由行列式的性质 1.6 可知 $D_k = D_k^{\mathrm{T}}$，因此 $\boldsymbol{A}$ 与 $\boldsymbol{A}^{\mathrm{T}}$ 的非零子式的最高阶数相同，这就是说 $\mathrm{r}(\boldsymbol{A}^{\mathrm{T}}) = \mathrm{r}(\boldsymbol{A})$. 又因为 $\boldsymbol{A}$ 经过一次初等列变换化为 $\boldsymbol{B}$ 就意味着 $\boldsymbol{A}^{\mathrm{T}}$ 经过一次初等行变换化为 $\boldsymbol{B}^{\mathrm{T}}$，所以关键只要证明

(*) 若 $\boldsymbol{A}$ 经过一次初等行变换化为 $\boldsymbol{B}$，则 $\mathrm{r}(\boldsymbol{A}) = \mathrm{r}(\boldsymbol{B})$.

然而要证明 (*)，只要证明

(**) 若 $\boldsymbol{A}$ 经过一次初等行变换化为 $\boldsymbol{B}$，则 $\mathrm{r}(\boldsymbol{B}) \leqslant \mathrm{r}(\boldsymbol{A})$.

这是因为，如果 (**) 成立，那么当 $\boldsymbol{A}$ 经过一次初等行变换化为 $\boldsymbol{B}$ 时，反过来，$\boldsymbol{B}$ 也可以经过一次初等行变换化为 $\boldsymbol{A}$，利用 (**) 就可以得到 $\mathrm{r}(\boldsymbol{A}) \leqslant \mathrm{r}(\boldsymbol{B})$. 综合 $\mathrm{r}(\boldsymbol{B}) \leqslant \mathrm{r}(\boldsymbol{A})$ 和 $\mathrm{r}(\boldsymbol{A}) \leqslant \mathrm{r}(\boldsymbol{B})$ 就可以得到 $\mathrm{r}(\boldsymbol{A}) = \mathrm{r}(\boldsymbol{B})$. □

初等变换不改变矩阵的秩

由以上讨论可得下面的推论.

推论 1.5 $\mathrm{r}(\boldsymbol{A}) = \mathrm{r}(\boldsymbol{A}^{\mathrm{T}})$.

推论 1.6 $\mathrm{r}(\boldsymbol{A}) = \mathrm{r}(\boldsymbol{PA}) = \mathrm{r}(\boldsymbol{AQ}) = \mathrm{r}(\boldsymbol{PAQ})$，其中 $\boldsymbol{P}, \boldsymbol{Q}$ 是可逆矩阵.

证明 根据定理 1.6 可设 $\boldsymbol{P} = \boldsymbol{P}_1\boldsymbol{P}_2\cdots\boldsymbol{P}_s$，其中 $\boldsymbol{P}_1, \boldsymbol{P}_2, \cdots, \boldsymbol{P}_s$ 为初等矩阵. 再根据定理 1.1，$\boldsymbol{PA} = \boldsymbol{P}_1\boldsymbol{P}_2\cdots\boldsymbol{P}_s\boldsymbol{A}$ 是 $\boldsymbol{A}$ 经过 s 次初等行变换得到的，故由定理 1.13 可知 $\mathrm{r}(\boldsymbol{A}) = \mathrm{r}(\boldsymbol{PA})$. 类似地，可以证明 $\mathrm{r}(\boldsymbol{A}) = \mathrm{r}(\boldsymbol{AQ}) = \mathrm{r}(\boldsymbol{PAQ})$. □

由定理 1.3 知, 任意 $m\times n$ 矩阵 $\boldsymbol{A}_{m\times n}$ 等价于标准形 $\boldsymbol{E}_{m\times n}^{(r)}$. 因此 $\boldsymbol{E}_{m\times n}^{(r)}$ 中“1”的个数就等于矩阵 $\boldsymbol{A}$ 的秩, 所以矩阵 $\boldsymbol{A}$ 的等价标准形是唯一确定的.

由上述讨论可得下面的定理.

定理 1.14 设 $\boldsymbol{A}, \boldsymbol{B}$ 均为 $m\times n$ 矩阵, 则 $\boldsymbol{A}, \boldsymbol{B}$ 等价的充分必要条件为 $\mathrm{r}(\boldsymbol{A})=\mathrm{r}(\boldsymbol{B})$.

证明 (必要性) 由 $\boldsymbol{A}, \boldsymbol{B}$ 等价的定义知, $\boldsymbol{A}$ 可经过一系列初等变换化到 $\boldsymbol{B}$, 由定理 1.13 得 $\mathrm{r}(\boldsymbol{A})=\mathrm{r}(\boldsymbol{B})$.

(充分性) 设 $\mathrm{r}(\boldsymbol{A})=\mathrm{r}(\boldsymbol{B})=r$, 则 $\boldsymbol{A}$ 与 $\boldsymbol{E}_{m\times n}^{(r)}$ 等价, $\boldsymbol{B}$ 也与 $\boldsymbol{E}_{m\times n}^{(r)}$ 等价, 故 $\boldsymbol{A}$, $\boldsymbol{B}$ 等价. □

例 1.40 证明 $\mathrm{r}\begin{pmatrix}\boldsymbol{A} & \boldsymbol{O}\\ \boldsymbol{O} & \boldsymbol{B}\end{pmatrix}=\mathrm{r}(\boldsymbol{A})+\mathrm{r}(\boldsymbol{B})$.

证明 设 $\mathrm{r}(\boldsymbol{A})=r$, $\mathrm{r}(\boldsymbol{B})=s$. 由标准分解可知, 存在可逆矩阵 $\boldsymbol{P}_1, \boldsymbol{P}_2, \boldsymbol{Q}_1, \boldsymbol{Q}_2$ 使得

$$\boldsymbol{A}=\boldsymbol{P}_1\begin{pmatrix}\boldsymbol{E}_r & \boldsymbol{O}\\ \boldsymbol{O} & \boldsymbol{O}\end{pmatrix}\boldsymbol{Q}_1,\quad \boldsymbol{B}=\boldsymbol{P}_2\begin{pmatrix}\boldsymbol{E}_s & \boldsymbol{O}\\ \boldsymbol{O} & \boldsymbol{O}\end{pmatrix}\boldsymbol{Q}_2.$$

于是,

$$\begin{pmatrix}\boldsymbol{A} & \boldsymbol{O}\\ \boldsymbol{O} & \boldsymbol{B}\end{pmatrix}=\begin{pmatrix}\boldsymbol{P}_1 & \boldsymbol{O}\\ \boldsymbol{O} & \boldsymbol{P}_2\end{pmatrix}\begin{pmatrix}\boldsymbol{E}_r & \boldsymbol{O} & \boldsymbol{O} & \boldsymbol{O}\\ \boldsymbol{O} & \boldsymbol{O} & \boldsymbol{O} & \boldsymbol{O}\\ \boldsymbol{O} & \boldsymbol{O} & \boldsymbol{E}_s & \boldsymbol{O}\\ \boldsymbol{O} & \boldsymbol{O} & \boldsymbol{O} & \boldsymbol{O}\end{pmatrix}\begin{pmatrix}\boldsymbol{Q}_1 & \boldsymbol{O}\\ \boldsymbol{O} & \boldsymbol{Q}_2\end{pmatrix}.$$

因为 $\begin{pmatrix}\boldsymbol{P}_1 & \boldsymbol{O}\\ \boldsymbol{O} & \boldsymbol{P}_2\end{pmatrix}$, $\begin{pmatrix}\boldsymbol{Q}_1 & \boldsymbol{O}\\ \boldsymbol{O} & \boldsymbol{Q}_2\end{pmatrix}$ 均为可逆矩阵, 所以

$$\mathrm{r}\begin{pmatrix}\boldsymbol{A} & \boldsymbol{O}\\ \boldsymbol{O} & \boldsymbol{B}\end{pmatrix}=\mathrm{r}\begin{pmatrix}\boldsymbol{E}_r & \boldsymbol{O} & \boldsymbol{O} & \boldsymbol{O}\\ \boldsymbol{O} & \boldsymbol{O} & \boldsymbol{O} & \boldsymbol{O}\\ \boldsymbol{O} & \boldsymbol{O} & \boldsymbol{E}_s & \boldsymbol{O}\\ \boldsymbol{O} & \boldsymbol{O} & \boldsymbol{O} & \boldsymbol{O}\end{pmatrix}=r+s=\mathrm{r}(\boldsymbol{A})+\mathrm{r}(\boldsymbol{B}).\qquad \square$$

例 1.41 求矩阵 $\boldsymbol{A}=\begin{pmatrix}1 & 0 & 1 & 2 & -1\\ 0 & 1 & -1 & 1 & -1\\ 1 & 1 & 0 & 3 & -2\\ 2 & 2 & 0 & 6 & -3\end{pmatrix}$ 的秩, 并求出它的等价标准形.

解　将矩阵 $\boldsymbol{A}$ 化为行阶梯形

$$\boldsymbol{A}\xrightarrow[r_4-2r_1]{r_3-r_1}\begin{pmatrix}1&0&1&2&-1\\0&1&-1&1&-1\\0&1&-1&1&-1\\0&2&-2&2&-1\end{pmatrix}\xrightarrow[r_4-2r_2]{r_3-r_2}\begin{pmatrix}1&0&1&2&-1\\0&1&-1&1&-1\\0&0&0&0&0\\0&0&0&0&1\end{pmatrix}$$

$$\xrightarrow{r_4\leftrightarrow r_3}\begin{pmatrix}1&0&1&2&-1\\0&1&-1&1&-1\\0&0&0&0&1\\0&0&0&0&0\end{pmatrix}=\boldsymbol{B}.$$

由于 $\boldsymbol{B}$ 的非零行数为 3, 所以 $\mathrm{r}(\boldsymbol{B})=3$. 由此可得 $\mathrm{r}(\boldsymbol{A})=3$, 故 $\boldsymbol{A}$ 的等价标准形为

$$\boldsymbol{E}_{4\times5}^{(3)}=\begin{pmatrix}1&0&0&0&0\\0&1&0&0&0\\0&0&1&0&0\\0&0&0&0&0\end{pmatrix}.$$ □

例 1.42　求矩阵 $\boldsymbol{A}=\begin{pmatrix}a&1&1\\1&a&1\\1&1&a\end{pmatrix}$ 的秩.

解　对矩阵 $\boldsymbol{A}$ 作初等行变换

$$\boldsymbol{A}\xrightarrow{r_1\leftrightarrow r_3}\begin{pmatrix}1&1&a\\1&a&1\\a&1&1\end{pmatrix}\xrightarrow[r_3-a\,r_1]{r_2-r_1}\begin{pmatrix}1&1&a\\0&a-1&1-a\\0&1-a&1-a^2\end{pmatrix}$$

$$\xrightarrow{r_3+r_2}\begin{pmatrix}1&1&a\\0&a-1&1-a\\0&0&(1-a)(a+2)\end{pmatrix}=\boldsymbol{B}.$$

当 $a\neq1$ 且 $a\neq-2$ 时, $\mathrm{r}(\boldsymbol{B})=3$, 因而 $\mathrm{r}(\boldsymbol{A})=3$.

当 $a=1$ 时, $\boldsymbol{B}=\begin{pmatrix}1&1&1\\0&0&0\\0&0&0\end{pmatrix}$, 所以, $\mathrm{r}(\boldsymbol{A})=\mathrm{r}(\boldsymbol{B})=1$.

当 $a=-2$ 时, $\boldsymbol{B}=\begin{pmatrix}1&1&-2\\0&-3&3\\0&0&0\end{pmatrix}$, 所以, $\mathrm{r}(\boldsymbol{A})=\mathrm{r}(\boldsymbol{B})=2$. □

关于矩阵的秩还有其他一些基本性质.

性质 1.11 (1) 设 $\boldsymbol{A}$ 为 $s\times m$ 矩阵, $\boldsymbol{B}$ 为 $s\times n$ 矩阵, 则

$$\max\{\mathrm{r}(\boldsymbol{A}),\ \mathrm{r}(\boldsymbol{B})\}\leqslant \mathrm{r}(\boldsymbol{A},\ \boldsymbol{B})\leqslant \mathrm{r}(\boldsymbol{A})+\mathrm{r}(\boldsymbol{B}).$$

(2) 设 $\boldsymbol{A}$ 为 $s\times n$ 矩阵, $\boldsymbol{B}$ 为 $m\times n$ 矩阵, 则

$$\max\{\mathrm{r}(\boldsymbol{A}),\ \mathrm{r}(\boldsymbol{B})\}\leqslant \mathrm{r}\begin{pmatrix}\boldsymbol{A}\\\boldsymbol{B}\end{pmatrix}\leqslant \mathrm{r}(\boldsymbol{A})+\mathrm{r}(\boldsymbol{B}).$$

证明 (1) 因为 $\boldsymbol{A}$ 或 $\boldsymbol{B}$ 的最高阶非零子式总是 $(\boldsymbol{A},\ \boldsymbol{B})$ 的非零子式, 所以

$$\max\{\mathrm{r}(\boldsymbol{A}),\mathrm{r}(\boldsymbol{B})\}\leqslant \mathrm{r}(\boldsymbol{A},\ \boldsymbol{B}).$$

另一方面, 根据定理 1.2, 存在可逆矩阵 $\boldsymbol{P}_1$, $\boldsymbol{P}_2$ 使得 $\boldsymbol{P}_1\boldsymbol{A}^{\mathrm{T}}=\boldsymbol{U}_1$, $\boldsymbol{P}_2\boldsymbol{B}^{\mathrm{T}}=\boldsymbol{U}_2$, 其中 $\boldsymbol{U}_1$, $\boldsymbol{U}_2$ 分别是 $\boldsymbol{A}^{\mathrm{T}}$, $\boldsymbol{B}^{\mathrm{T}}$ 的行最简形, 且 $\mathrm{r}(\boldsymbol{U}_1)=\boldsymbol{U}_1$ 的非零行数 $=\mathrm{r}(\boldsymbol{A}^{\mathrm{T}})=\mathrm{r}(\boldsymbol{A})$, $\mathrm{r}(\boldsymbol{U}_2)=\boldsymbol{U}_2$ 的非零行数 $=\mathrm{r}(\boldsymbol{B}^{\mathrm{T}})=\mathrm{r}(\boldsymbol{B})$. 于是, 由推论 1.5 和推论 1.6 可知

$$\mathrm{r}(\boldsymbol{A},\ \boldsymbol{B})=\mathrm{r}(\boldsymbol{A},\ \boldsymbol{B})^{\mathrm{T}}=\mathrm{r}\begin{pmatrix}\boldsymbol{A}^{\mathrm{T}}\\\boldsymbol{B}^{\mathrm{T}}\end{pmatrix}=\mathrm{r}\left[\begin{pmatrix}\boldsymbol{P}_1&\boldsymbol{O}\\\boldsymbol{O}&\boldsymbol{P}_2\end{pmatrix}\begin{pmatrix}\boldsymbol{A}^{\mathrm{T}}\\\boldsymbol{B}^{\mathrm{T}}\end{pmatrix}\right]=\mathrm{r}\begin{pmatrix}\boldsymbol{U}_1\\\boldsymbol{U}_2\end{pmatrix}$$

$$\leqslant\begin{pmatrix}\boldsymbol{U}_1\\\boldsymbol{U}_2\end{pmatrix}\text{的非零行数}=\mathrm{r}(\boldsymbol{A})+\mathrm{r}(\boldsymbol{B}).$$

(2) 由秩的定义知, $\mathrm{r}\begin{pmatrix}\boldsymbol{A}\\\boldsymbol{B}\end{pmatrix}\geqslant\max\{\mathrm{r}(\boldsymbol{A}),\mathrm{r}(\boldsymbol{B})\}$, 另一方面由 (1) 可得

$$\mathrm{r}\begin{pmatrix}\boldsymbol{A}\\\boldsymbol{B}\end{pmatrix}=\mathrm{r}\begin{pmatrix}\boldsymbol{A}\\\boldsymbol{B}\end{pmatrix}^{\mathrm{T}}=\mathrm{r}(\boldsymbol{A}^{\mathrm{T}},\ \boldsymbol{B}^{\mathrm{T}})\leqslant\mathrm{r}(\boldsymbol{A}^{\mathrm{T}})+\mathrm{r}(\boldsymbol{B}^{\mathrm{T}})=\mathrm{r}(\boldsymbol{A})+\mathrm{r}(\boldsymbol{B}).$$ □

性质 1.12 设 $\boldsymbol{A}$, $\boldsymbol{B}$ 均为 $m\times n$ 矩阵, 那么 $\mathrm{r}(\boldsymbol{A}+\boldsymbol{B})\leqslant\mathrm{r}(\boldsymbol{A})+\mathrm{r}(\boldsymbol{B})$.

证明 记 $\boldsymbol{A}=(\boldsymbol{\alpha}_1,\ \cdots,\ \boldsymbol{\alpha}_n)$, $\boldsymbol{B}=(\boldsymbol{\beta}_1,\ \cdots,\ \boldsymbol{\beta}_n)$, 那么

$$(\boldsymbol{A}+\boldsymbol{B},\ \boldsymbol{B})=(\boldsymbol{\alpha}_1+\boldsymbol{\beta}_1,\ \cdots,\ \boldsymbol{\alpha}_n+\boldsymbol{\beta}_n,\ \boldsymbol{\beta}_1,\ \cdots,\ \boldsymbol{\beta}_n)$$

$$\xrightarrow[j\,=\,1,\cdots,n]{c_j-c_{n+j}}(\boldsymbol{\alpha}_1,\cdots,\boldsymbol{\alpha}_n,\boldsymbol{\beta}_1,\ \cdots,\ \boldsymbol{\beta}_n)=(\boldsymbol{A},\boldsymbol{B}).$$

可见 $(\boldsymbol{A}+\boldsymbol{B},\ \boldsymbol{B})$ 与 $(\boldsymbol{A},\ \boldsymbol{B})$ 等价. 由推论 1.6 可得 $\mathrm{r}(\boldsymbol{A}+\boldsymbol{B},\boldsymbol{B})=\mathrm{r}(\boldsymbol{A},\boldsymbol{B})$. 于是,

$$\mathrm{r}(\boldsymbol{A}+\boldsymbol{B})\leqslant\mathrm{r}(\boldsymbol{A}+\boldsymbol{B},\boldsymbol{B})=\mathrm{r}(\boldsymbol{A},\boldsymbol{B})\leqslant\mathrm{r}(\boldsymbol{A})+\mathrm{r}(\boldsymbol{B}).$$ □

性质 1.13 设 $\boldsymbol{A}$ 为 $s\times n$ 矩阵, $\boldsymbol{B}$ 为 $n\times t$ 矩阵, 则 $\mathrm{r}(\boldsymbol{AB})\leqslant\min\{\mathrm{r}(\boldsymbol{A}),\mathrm{r}(\boldsymbol{B})\}$.

证明 由定理 1.7, 存在 s 阶可逆矩阵 $\boldsymbol{P}$ 和 n 阶可逆矩阵 $\boldsymbol{Q}$, 使得

$$\boldsymbol{A}=\boldsymbol{P}\begin{pmatrix}\boldsymbol{E}_r & \boldsymbol{O}\\ \boldsymbol{O} & \boldsymbol{O}\end{pmatrix}\boldsymbol{Q},$$

于是 $\mathrm{r}(\boldsymbol{A})=r$. 记 $\boldsymbol{QB}=\begin{pmatrix}\boldsymbol{Q}_1\\ \boldsymbol{Q}_2\end{pmatrix}$, 其中, $\boldsymbol{Q}_1$ 为 $r\times t$ 矩阵, $\boldsymbol{Q}_2$ 为 $(n-r)\times t$ 矩阵, 则

$$\boldsymbol{AB}=\boldsymbol{P}\begin{pmatrix}\boldsymbol{E}_r & \boldsymbol{O}\\ \boldsymbol{O} & \boldsymbol{O}\end{pmatrix}\boldsymbol{QB}=\boldsymbol{P}\begin{pmatrix}\boldsymbol{E}_r & \boldsymbol{O}\\ \boldsymbol{O} & \boldsymbol{O}\end{pmatrix}\begin{pmatrix}\boldsymbol{Q}_1\\ \boldsymbol{Q}_2\end{pmatrix}=\boldsymbol{P}\begin{pmatrix}\boldsymbol{Q}_1\\ \boldsymbol{O}\end{pmatrix}.$$

于是,

$$\mathrm{r}(\boldsymbol{AB})=\mathrm{r}\left[\boldsymbol{P}\begin{pmatrix}\boldsymbol{Q}_1\\ \boldsymbol{O}\end{pmatrix}\right]=\mathrm{r}\begin{pmatrix}\boldsymbol{Q}_1\\ \boldsymbol{O}\end{pmatrix}\leqslant r=\mathrm{r}(\boldsymbol{A}).$$

另一方面,

$$\mathrm{r}(\boldsymbol{AB})=\mathrm{r}((\boldsymbol{AB})^{\mathrm{T}})=\mathrm{r}(\boldsymbol{B}^{\mathrm{T}}\boldsymbol{A}^{\mathrm{T}})\leqslant\mathrm{r}(\boldsymbol{B}^{\mathrm{T}})=\mathrm{r}(\boldsymbol{B}),$$

所以 $\mathrm{r}(\boldsymbol{AB})\leqslant\min\{\mathrm{r}(\boldsymbol{A}),\mathrm{r}(\boldsymbol{B})\}$. □

上面的证明中, 得到 $\mathrm{r}(\boldsymbol{AB})=\mathrm{r}\begin{pmatrix}\boldsymbol{Q}_1\\ \boldsymbol{O}\end{pmatrix}$ 之后, 可以进一步由

$$\mathrm{r}\begin{pmatrix}\boldsymbol{Q}_1\\ \boldsymbol{O}\end{pmatrix}\leqslant\mathrm{r}\begin{pmatrix}\boldsymbol{Q}_1\\ \boldsymbol{Q}_2\end{pmatrix}=\mathrm{r}(\boldsymbol{QB})=\mathrm{r}(\boldsymbol{B})$$

得到 $\mathrm{r}(\boldsymbol{AB})\leqslant\mathrm{r}(\boldsymbol{B})$.

性质 1.14 设 $\boldsymbol{A}$ 为 $s\times n$ 矩阵, $\boldsymbol{B}$ 为 $n\times t$ 矩阵, 则

$$\mathrm{r}(\boldsymbol{AB})\geqslant\mathrm{r}(\boldsymbol{A})+\mathrm{r}(\boldsymbol{B})-n.$$

特别地, 若 $\boldsymbol{AB}=\boldsymbol{O}$, 则 $\mathrm{r}(\boldsymbol{A})+\mathrm{r}(\boldsymbol{B})\leqslant n$.

证明 (证法一) 由性质 1.13 的证法和性质 1.11 (2),

$$\mathrm{r}(\boldsymbol{B})=\mathrm{r}(\boldsymbol{QB})=\mathrm{r}\begin{pmatrix}\boldsymbol{Q}_1\\ \boldsymbol{Q}_2\end{pmatrix}\leqslant \mathrm{r}(\boldsymbol{Q}_1)+\mathrm{r}(\boldsymbol{Q}_2)=\mathrm{r}(\boldsymbol{AB})+\mathrm{r}(\boldsymbol{Q}_2)$$

$$\leqslant \mathrm{r}(\boldsymbol{AB})+n-\mathrm{r}(\boldsymbol{A}),$$

即 $\mathrm{r}(\boldsymbol{AB})\geqslant \mathrm{r}(\boldsymbol{A})+\mathrm{r}(\boldsymbol{B})-n$.

(证法二) 构造分块矩阵 $\begin{pmatrix}\boldsymbol{A} & \boldsymbol{O}\\ \boldsymbol{E} & \boldsymbol{B}\end{pmatrix}$, 容易验证

$$\begin{pmatrix}\boldsymbol{E} & -\boldsymbol{A}\\ \boldsymbol{O} & \boldsymbol{E}\end{pmatrix}\begin{pmatrix}\boldsymbol{A} & \boldsymbol{O}\\ \boldsymbol{E} & \boldsymbol{B}\end{pmatrix}\begin{pmatrix}\boldsymbol{B} & \boldsymbol{E}\\ -\boldsymbol{E} & \boldsymbol{O}\end{pmatrix}=\begin{pmatrix}\boldsymbol{AB} & \boldsymbol{O}\\ \boldsymbol{O} & \boldsymbol{E}\end{pmatrix},$$

其中 $\begin{pmatrix}\boldsymbol{E} & -\boldsymbol{A}\\ \boldsymbol{O} & \boldsymbol{E}\end{pmatrix}$ 和 $\begin{pmatrix}\boldsymbol{B} & \boldsymbol{E}\\ -\boldsymbol{E} & \boldsymbol{O}\end{pmatrix}$ 均为可逆矩阵, 所以

$$\mathrm{r}\begin{pmatrix}\boldsymbol{A} & \boldsymbol{O}\\ \boldsymbol{E} & \boldsymbol{B}\end{pmatrix}=\mathrm{r}\begin{pmatrix}\boldsymbol{AB} & \boldsymbol{O}\\ \boldsymbol{O} & \boldsymbol{E}\end{pmatrix}=\mathrm{r}(\boldsymbol{AB})+n,$$

而 $\mathrm{r}\begin{pmatrix}\boldsymbol{A} & \boldsymbol{O}\\ \boldsymbol{E} & \boldsymbol{B}\end{pmatrix}\geqslant \mathrm{r}(\boldsymbol{A})+\mathrm{r}(\boldsymbol{B})$. 因此, $\mathrm{r}(\boldsymbol{AB})\geqslant \mathrm{r}(\boldsymbol{A})+\mathrm{r}(\boldsymbol{B})-n$. □

矩阵的秩的不等式

例 1.43 设 $\boldsymbol{A}$ 为 $s\times n$ 矩阵, $\mathrm{r}(\boldsymbol{A})=r>0$, 证明存在 $s\times r$ 矩阵 $\boldsymbol{G}$, $r\times n$ 矩阵 $\boldsymbol{H}$, 使得 $\boldsymbol{A}=\boldsymbol{GH}$.

证明 由定理 1.7 知, 存在 s 阶可逆矩阵 $\boldsymbol{P}$ 和 n 阶可逆矩阵 $\boldsymbol{Q}$, 使得

$$\boldsymbol{A}=\boldsymbol{P}\begin{pmatrix}\boldsymbol{E}_r & \boldsymbol{O}\\ \boldsymbol{O} & \boldsymbol{O}\end{pmatrix}\boldsymbol{Q}=\boldsymbol{P}\begin{pmatrix}\boldsymbol{E}_r\\ \boldsymbol{O}\end{pmatrix}\begin{pmatrix}\boldsymbol{E}_r, \boldsymbol{O}\end{pmatrix}\boldsymbol{Q}.$$

记 $\boldsymbol{G}=\boldsymbol{P}\begin{pmatrix}\boldsymbol{E}_r\\ \boldsymbol{O}\end{pmatrix}$, $\boldsymbol{H}=\begin{pmatrix}\boldsymbol{E}_r, \boldsymbol{O}\end{pmatrix}\boldsymbol{Q}$, 那么 $\boldsymbol{G}$ 为 $s\times r$ 矩阵, $\boldsymbol{H}$ 为 $r\times n$ 矩阵, 且 $\boldsymbol{A}=\boldsymbol{GH}$. □

值得指出的是, 通常情况下, 对给定的矩阵 $\boldsymbol{A}$, 满足 $\boldsymbol{A}=\boldsymbol{GH}$ 的 $s\times r$ 矩阵 $\boldsymbol{G}$ 及 $r\times n$ 矩阵 $\boldsymbol{H}$ 不是唯一的. 但是, 由

$$r=\mathrm{r}(\boldsymbol{A})=\mathrm{r}(\boldsymbol{GH})\leqslant\min\{\mathrm{r}(\boldsymbol{G}),\mathrm{r}(\boldsymbol{H})\}\leqslant r$$

知, $\mathrm{r}(\boldsymbol{G})=\mathrm{r}(\boldsymbol{H})=r$. 可见 $\boldsymbol{G}$ 为列满秩矩阵, $\boldsymbol{H}$ 为行满秩矩阵, 因而上述分解式 $\boldsymbol{A}=\boldsymbol{GH}$ 称为矩阵 $\boldsymbol{A}$ 的满秩分解.

矩阵的满秩分解

例 1.44 设 $\boldsymbol{A}$ 为 $s\times n$ 矩阵, 证明 $\mathrm{r}(\boldsymbol{A})=1$ 的充分必要条件是存在 s 维非零列向量 $\boldsymbol{\xi}$ 和 n 维非零列向量 $\boldsymbol{\eta}$, 使得 $\boldsymbol{A}=\boldsymbol{\xi}\boldsymbol{\eta}^{\mathrm{T}}$.

证明 (必要性) 由定理 1.7 知, 存在 s 阶可逆矩阵 $\boldsymbol{P}$ 和 n 阶可逆矩阵 $\boldsymbol{Q}$, 使得

$$\boldsymbol{A}=\boldsymbol{P}\begin{pmatrix}1&0&\cdots&0\\0&0&\cdots&0\\\vdots&\vdots&&\vdots\\0&0&\cdots&0\end{pmatrix}\boldsymbol{Q}=\boldsymbol{P}\begin{pmatrix}1\\0\\\vdots\\0\end{pmatrix}(1,\ 0,\ \cdots,\ 0)\boldsymbol{Q}=\boldsymbol{\xi}\boldsymbol{\eta}^{\mathrm{T}},$$

这里 $\boldsymbol{\xi}=\boldsymbol{P}\begin{pmatrix}1\\0\\\vdots\\0\end{pmatrix}\neq\mathbf{0}$, $\boldsymbol{\eta}=\boldsymbol{Q}^{\mathrm{T}}\begin{pmatrix}1\\0\\\vdots\\0\end{pmatrix}\neq\mathbf{0}$.

(充分性) 由性质 1.13 知 $\mathrm{r}(\boldsymbol{A})=\mathrm{r}(\boldsymbol{\xi}\boldsymbol{\eta}^{\mathrm{T}})\leqslant\mathrm{r}(\boldsymbol{\xi})=1$. 不妨设

$$\boldsymbol{\xi}=(a_1,\ \cdots,\ a_s)^{\mathrm{T}},\quad \boldsymbol{\eta}=(b_1,\ \cdots,\ b_n)^{\mathrm{T}},$$

其中存在 $a_i\neq0$, $b_j\neq0$, 则 $a_ib_j\neq0$. 于是 $\boldsymbol{A}=\boldsymbol{\xi}\boldsymbol{\eta}^{\mathrm{T}}\neq\boldsymbol{O}$. 因而 $\mathrm{r}(\boldsymbol{A})>0$. 综上所述, $\mathrm{r}(\boldsymbol{A})=1$. □

特别地, 设 $\boldsymbol{A}$ 为 $s\times2$ 非零矩阵, 那么 $\mathrm{r}(\boldsymbol{A})=1$ 的充分必要条件为 $\boldsymbol{A}$ 的两列向量成比例.

例 1.45 设 $\boldsymbol{A}$ 为 n 阶矩阵, $n\geqslant2$. 证明

$$\mathrm{r}(\boldsymbol{A}^*)=\begin{cases}n, & \mathrm{r}(\boldsymbol{A})=n,\\1, & \mathrm{r}(\boldsymbol{A})=n-1,\\0, & \mathrm{r}(\boldsymbol{A})<n-1.\end{cases}$$

证明 当 $\mathrm{r}(\boldsymbol{A})=n$ 时, $\boldsymbol{A}$ 为可逆矩阵, 且 $\boldsymbol{A}^*=|\boldsymbol{A}|\boldsymbol{A}^{-1}$ 也可逆, 故 $\mathrm{r}(\boldsymbol{A}^*)=n$.

当 $\mathrm{r}(\boldsymbol{A})=n-1$ 时, $|\boldsymbol{A}|=0$. 由于 $\boldsymbol{A}\boldsymbol{A}^*=|\boldsymbol{A}|\boldsymbol{E}=\boldsymbol{O}$, 由性质 1.14, $\mathrm{r}(\boldsymbol{A})+\mathrm{r}(\boldsymbol{A}^*)\leqslant n$, 于是 $\mathrm{r}(\boldsymbol{A}^*)\leqslant 1$.

再由 $\mathrm{r}(\boldsymbol{A})=n-1$ 知, 存在一个 $n-1$ 阶子式非零, 即 $\boldsymbol{A}$ 中某一元素的余子式 $M_{ij}\neq 0$, 故 $A_{ij}=(-1)^{i+j}M_{ij}\neq 0$. 因此, $\mathrm{r}(\boldsymbol{A}^*)=1$.

当 $\mathrm{r}(\boldsymbol{A})<n-1$ 时, $\boldsymbol{A}$ 的所有 $n-1$ 阶子式为零, 即任意 $M_{ij}=0$, 于是 $A_{ij}=(-1)^{i+j}M_{ij}=0$, 可见 $\boldsymbol{A}^*=\boldsymbol{O}$, 所以 $\mathrm{r}(\boldsymbol{A}^*)=0$. □

例 1.46 设 $\boldsymbol{A}$ 为 n 阶矩阵, $n\geqslant 2$. 证明 $|\boldsymbol{A}^*|=|\boldsymbol{A}|^{n-1}$.

证明 当 $|\boldsymbol{A}|\neq 0$ 时, $\boldsymbol{A}^*=|\boldsymbol{A}|\boldsymbol{A}^{-1}$, 故

$$|\boldsymbol{A}^*|=||\boldsymbol{A}|\boldsymbol{A}^{-1}|=|\boldsymbol{A}|^n|\boldsymbol{A}^{-1}|=|\boldsymbol{A}|^{n-1}.$$

当 $|\boldsymbol{A}|=0$ 时, 由例 1.45, $\mathrm{r}(\boldsymbol{A}^*)\leqslant 1<n$, 故 $|\boldsymbol{A}^*|=0=|\boldsymbol{A}|^{n-1}$. 总之, $|\boldsymbol{A}^*|=|\boldsymbol{A}|^{n-1}$. □

本章小结

本章介绍了矩阵的基本概念、基本运算、分块矩阵、初等变换、初等矩阵、逆矩阵、行列式以及矩阵的秩. 其中矩阵的基本运算包括加法、数乘、乘法以及转置. 矩阵的加法与数乘统称为矩阵的线性运算. 大家要注意矩阵的乘法运算与数的乘法运算的不同之处, 例如, 只有 $\boldsymbol{A}$ 的列数等于 $\boldsymbol{B}$ 的行数的时候, 它们的乘积 $\boldsymbol{AB}$ 才有意义; 两个矩阵的乘积一般不满足交换律; 两个非零矩阵的乘积可能为零矩阵, 还要注意矩阵和行列式的联系与区别. 分块矩阵经常被用于研究或计算矩阵的行列式与秩, 利用按行 (列) 分块, 还可以把矩阵与向量组紧密地联系起来. 初等变换不仅可以用于计算逆矩阵、行列式和秩, 对于后面将要学习的向量和线性方程组也十分有用.

矩 阵

凡物皆数千古传, 数系几度被拓展.
矩阵代数为哪般? 莫过集成数与算.
加减数乘尚简单, 矩阵乘除非等闲.
深究子式可得秩, 初等变换不变量.

行 列 式

众数纵横成方阵, 多少玄机藏其中.
行列算尽得一值, 却是智取胜强攻.
奇次对换变符号, 转置倍加果相同.
妙手巧化繁为简, 八仙过海显神通.

第1章知识汇总表

第1章自我测评

习 题 1

自测题

一、填空题

1. 若对任意的3维列向量 $\boldsymbol{x}=(x_1,\ x_2,\ x_3)^{\mathrm{T}}$, $\boldsymbol{A}\boldsymbol{x}=\begin{pmatrix} x_1+x_2 \\ 2x_1-x_3 \end{pmatrix}$, 则 $\boldsymbol{A}=$ ____________.

2. 已知 $\boldsymbol{\alpha}=(1,\ 2,\ 3)^{\mathrm{T}}$, $\boldsymbol{\beta}=\left(1,\ \dfrac{1}{2},\ \dfrac{1}{3}\right)^{\mathrm{T}}$, $\boldsymbol{A}=\boldsymbol{\alpha}\boldsymbol{\beta}^{\mathrm{T}}$, 则 $\boldsymbol{A}^n=$ ____________.

3. 设 $\boldsymbol{A}=\begin{pmatrix} 1 & 0 & 1 \\ 0 & 2 & 0 \\ 1 & 0 & 1 \end{pmatrix}$, $n\geqslant 2$ 为正整数, 则 $\boldsymbol{A}^n-2\boldsymbol{A}^{n-1}=$ ____________.

4. 设 $\boldsymbol{A}=\begin{pmatrix} 1 & 2 & 0 & 0 \\ 3 & 4 & 0 & 0 \\ 0 & 0 & 3 & 4 \\ 0 & 0 & 5 & 6 \end{pmatrix}$, 则 $\boldsymbol{A}^{-1}=$ ____________.

5. 已知 $\boldsymbol{AB}-\boldsymbol{B}=\boldsymbol{A}$, 其中 $\boldsymbol{B}=\begin{pmatrix} 1 & -2 & 0 \\ 2 & 1 & 0 \\ 0 & 0 & 2 \end{pmatrix}$, 则 $\boldsymbol{A}=$ ____________.

6. 设 n 维向量 $\boldsymbol{\alpha}=(a,\ 0,\ \cdots,\ 0,\ a)^{\mathrm{T}}$, $a<0$, $\boldsymbol{A}=\boldsymbol{E}-\boldsymbol{\alpha}\boldsymbol{\alpha}^{\mathrm{T}}$, $\boldsymbol{B}=\boldsymbol{E}+\dfrac{1}{a}\boldsymbol{\alpha}\boldsymbol{\alpha}^{\mathrm{T}}$, 其中 $\boldsymbol{A}$ 的逆矩阵为 $\boldsymbol{B}$, 则 $a=$ ____________.

7. 设 $\boldsymbol{A}$ 与 $\boldsymbol{A}+\boldsymbol{E}$ 均可逆, $\boldsymbol{G}=\boldsymbol{E}-(\boldsymbol{A}+\boldsymbol{E})^{-1}$, 则 $\boldsymbol{G}^{-1}=$ ____________.

8. 已知矩阵 $\boldsymbol{A}$ 和 $\boldsymbol{E}-\boldsymbol{A}$ 可逆, 若矩阵 $\boldsymbol{B}$ 满足 $(\boldsymbol{E}-(\boldsymbol{E}-\boldsymbol{A})^{-1})\boldsymbol{B}=\boldsymbol{A}$, 则 $\boldsymbol{B}-\boldsymbol{A}=$ ____________.

9. 设 $\boldsymbol{\alpha},\boldsymbol{\beta},\boldsymbol{\gamma}$ 为2维列向量, 已知 $|\boldsymbol{\alpha},\boldsymbol{\beta}|=1$, $|\boldsymbol{\beta},\boldsymbol{\gamma}|=2$, 则 $|\boldsymbol{\alpha}+\boldsymbol{\gamma},2\boldsymbol{\beta}|=$ ____________.

10. 设3阶矩阵 $\boldsymbol{A}=(\boldsymbol{\alpha}_1,\boldsymbol{\alpha}_2,\boldsymbol{\alpha}_3)$, 且 $|\boldsymbol{A}|=2$, 则 $|\boldsymbol{\alpha}_1+2\boldsymbol{\alpha}_2,\boldsymbol{\alpha}_2+2\boldsymbol{\alpha}_3,\boldsymbol{\alpha}_3+2\boldsymbol{\alpha}_1|=$ ____________.

11. $\begin{vmatrix} 0 & a & b & 0 \\ a & 0 & 0 & b \\ 0 & c & d & 0 \\ c & 0 & 0 & d \end{vmatrix}=$ ____________.

12. 已知矩阵 $\boldsymbol{A}=\begin{pmatrix} 1 & -1 & 0 & 0 \\ -2 & 1 & -1 & 1 \\ 3 & -2 & 2 & -1 \\ 0 & 0 & 3 & 4 \end{pmatrix}$, A_{ij} 表示 $|\boldsymbol{A}|$ 中 (i,j) 元的代数余子式, 则 $A_{11}-A_{12}=$ ____________.

13. $\begin{vmatrix} a & 0 & -1 & 1 \\ 0 & a & 1 & -1 \\ -1 & 1 & a & 0 \\ 1 & -1 & 0 & a \end{vmatrix} =$ ________.

14. 设 $\boldsymbol{A} = (a_{ij})$ 为3阶矩阵, A_{ij} 为元素 a_{ij} 的代数余子式. 若 $\boldsymbol{A}$ 的每行元素之和均为2, 且 $|\boldsymbol{A}| = 3$, 则 $A_{11} + A_{21} + A_{31} =$ ________.

15. 多项式 $f(x) = \begin{vmatrix} x & x & 1 & 2x \\ 1 & x & 2 & -1 \\ 2 & 1 & x & 1 \\ 2 & -1 & 1 & x \end{vmatrix}$ 中 x^3 项的系数为 ________.

16. 设 $\boldsymbol{A} = \begin{pmatrix} 1 & 2 & 0 \\ 0 & 3 & 1 \\ 1 & 3 & 0 \end{pmatrix}$, $\boldsymbol{B} = \begin{pmatrix} 2 & 3 & 4 \\ 0 & 5 & 6 \\ 0 & 0 & 7 \end{pmatrix}$, 则 $|\boldsymbol{AB}^{-1}| =$ ________.

17. 已知矩阵 $\boldsymbol{A}$ 满足 $\boldsymbol{A}^2 + 2\boldsymbol{A} - 3\boldsymbol{E} = \boldsymbol{O}$, 则 $\boldsymbol{A}^{-1} =$ ________.

18. 设 $\boldsymbol{A}$ 是3阶矩阵, 将 $\boldsymbol{A}$ 的第2行与第3行交换, 再将第2列的 -1 倍加到第1列得矩阵 $\begin{pmatrix} -2 & 1 & -1 \\ 1 & -1 & 0 \\ -1 & 0 & 0 \end{pmatrix}$, 则 $\boldsymbol{A}^{-1} =$ ________.

19. 设 $\boldsymbol{A} = \begin{pmatrix} 1 & 1 & 1 & 1 \\ 0 & 1 & 1 & 1 \\ 0 & 0 & 1 & 1 \\ 0 & 0 & 0 & 1 \end{pmatrix}$, 则 $\boldsymbol{A}^* =$ ________.

20. 设 $\boldsymbol{A} = \begin{pmatrix} 1 & 0 & 0 \\ 0 & -2 & 0 \\ 2 & 0 & 1 \end{pmatrix}$, 则 $(\boldsymbol{A}^*)^{-1} =$ ________.

21. 设4阶矩阵 $\boldsymbol{A}$ 的秩为2, 则 $\mathrm{r}(\boldsymbol{A}^*) =$ ________.

22. 设 $\boldsymbol{A} = (a_{ij})$ 为3阶非零矩阵, A_{ij} 为 a_{ij} 的代数余子式. 若 $a_{ij} + A_{ij} = 0\,(i, j = 1, 2, 3)$, 则 $|\boldsymbol{A}| =$ ________.

23. 设 $\boldsymbol{A}$ 为 4×3 矩阵, 且 $\mathrm{r}(\boldsymbol{A}) = 2$, $\boldsymbol{B} = \begin{pmatrix} 1 & 0 & 2 \\ 0 & 2 & 0 \\ -1 & 0 & 3 \end{pmatrix}$, 则 $\mathrm{r}(\boldsymbol{AB}) =$ ________.

24. 设矩阵 $\boldsymbol{A} = \begin{pmatrix} k & 1 & 1 & 1 \\ 1 & k & 1 & 1 \\ 1 & 1 & k & 1 \\ 1 & 1 & 1 & k \end{pmatrix}$, 且 $\mathrm{r}(\boldsymbol{A}) = 3$, 则 $k =$ ________.

二、选择题

1. 设 $\boldsymbol{A} = \begin{pmatrix} a_{11} & a_{12} & a_{13} \\ a_{21} & a_{22} & a_{23} \\ a_{31} & a_{32} & a_{33} \end{pmatrix}$, $\boldsymbol{B} = \begin{pmatrix} a_{21} & a_{22} & a_{23} \\ a_{11} & a_{12} & a_{13} \\ a_{31}+a_{11} & a_{32}+a_{12} & a_{33}+a_{13} \end{pmatrix}$, $\boldsymbol{P}_1 = \begin{pmatrix} 0 & 1 & 0 \\ 1 & 0 & 0 \\ 0 & 0 & 1 \end{pmatrix}$,

(C) $\mathrm{r}\begin{pmatrix} \boldsymbol{A} & \boldsymbol{BA} \\ \boldsymbol{O} & \boldsymbol{AA}^{\mathrm{T}} \end{pmatrix} = 2\mathrm{r}(\boldsymbol{A})$;　　(D) $\mathrm{r}\begin{pmatrix} \boldsymbol{A} & \boldsymbol{O} \\ \boldsymbol{BA} & \boldsymbol{A}^{\mathrm{T}} \end{pmatrix} = 2\mathrm{r}(\boldsymbol{A})$.

20. 已知n阶矩阵$\boldsymbol{A},\boldsymbol{B},\boldsymbol{C}$满足$\boldsymbol{ABC}=\boldsymbol{O}$, $\boldsymbol{E}$为n阶单位矩阵, 记矩阵$\begin{pmatrix} \boldsymbol{O} & \boldsymbol{A} \\ \boldsymbol{BC} & \boldsymbol{E} \end{pmatrix}$, $\begin{pmatrix} \boldsymbol{AB} & \boldsymbol{C} \\ \boldsymbol{O} & \boldsymbol{E} \end{pmatrix}$, $\begin{pmatrix} \boldsymbol{E} & \boldsymbol{AB} \\ \boldsymbol{AB} & \boldsymbol{O} \end{pmatrix}$的秩分别为$r_1,r_2,r_3$, 则(　　).

(A) $r_1 \leqslant r_2 \leqslant r_3$;　　(B) $r_1 \leqslant r_3 \leqslant r_2$;

(C) $r_3 \leqslant r_1 \leqslant r_2$;　　(D) $r_2 \leqslant r_1 \leqslant r_3$.

第1章自测题参考答案

练习题

1. 设 $\boldsymbol{A}=\begin{pmatrix} 2 & -1 \\ 3 & 0 \end{pmatrix}$, $\boldsymbol{B}=\begin{pmatrix} 1 & 3 \\ -1 & 2 \end{pmatrix}$, 计算$\boldsymbol{A}+2\boldsymbol{B}$.

2. 设 $\boldsymbol{A}=\begin{pmatrix} 1 & 2 & 3 \\ 0 & 4 & 1 \end{pmatrix}$, $\boldsymbol{B}=\begin{pmatrix} 3 & 1 & 1 \\ 2 & 1 & 0 \end{pmatrix}$, 求矩阵$\boldsymbol{X}$使得$2\boldsymbol{A}+3\boldsymbol{X}=\boldsymbol{B}$.

3. 设$\boldsymbol{A}=\begin{pmatrix} 4 & 1 \\ -1 & 1 \\ 2 & 6 \end{pmatrix}$, $\boldsymbol{B}=\begin{pmatrix} 1 & 0 & 3 \\ 2 & 1 & 0 \end{pmatrix}$, 计算$\boldsymbol{AB}$与$\boldsymbol{BA}$.

4. 设$\boldsymbol{A}=\begin{pmatrix} 1 & 1 & 1 \\ 1 & 1 & -1 \\ 1 & -1 & 1 \end{pmatrix}$, $\boldsymbol{B}=\begin{pmatrix} 1 & 2 & 3 \\ -1 & -2 & 4 \\ 0 & 5 & 1 \end{pmatrix}$, 计算$3\boldsymbol{AB}-2\boldsymbol{A}$.

5. 计算下列矩阵的乘积.

(1) $\begin{pmatrix} 4 & 3 & 1 \\ 1 & -2 & 3 \\ 5 & 7 & 0 \end{pmatrix}\begin{pmatrix} 7 \\ 2 \\ 1 \end{pmatrix}$;　(2) $(1,\ 1,\ 1)\begin{pmatrix} 1 & 1 & 4 \\ -1 & 2 & -1 \\ 0 & 3 & 5 \end{pmatrix}$;

(3) $\begin{pmatrix} 1 & 1 & -1 \\ 1 & -1 & 0 \\ 1 & 1 & 2 \end{pmatrix}\begin{pmatrix} 0 & -2 & 1 \\ -2 & 0 & 1 \\ 1 & 1 & 0 \end{pmatrix}$;　(4) $\begin{pmatrix} d_1 & 0 & 0 \\ 0 & d_2 & 0 \\ 0 & 0 & d_3 \end{pmatrix}\begin{pmatrix} a_1 & a_2 & a_3 \\ b_1 & b_2 & b_3 \\ c_1 & c_2 & c_3 \end{pmatrix}$;

(5) $\begin{pmatrix} a_1 & a_2 & a_3 \\ b_1 & b_2 & b_3 \\ c_1 & c_2 & c_3 \end{pmatrix}\begin{pmatrix} d_1 & 0 & 0 \\ 0 & d_2 & 0 \\ 0 & 0 & d_3 \end{pmatrix}$;　(6) $(x_1,x_2,x_3)\begin{pmatrix} a_{11} & a_{12} & a_{13} \\ a_{21} & a_{22} & a_{23} \\ a_{31} & a_{32} & a_{33} \end{pmatrix}\begin{pmatrix} x_1 \\ x_2 \\ x_3 \end{pmatrix}$;

(7) $\begin{pmatrix} 1 & 1 & 1 & 1 \\ 1 & 1 & -1 & -1 \\ 1 & -1 & 1 & -1 \\ 1 & -1 & -1 & 1 \end{pmatrix}^2$.

6. 设 $\boldsymbol{A}=\begin{pmatrix} 1 & 1 & 0 \\ 0 & 1 & 0 \\ 0 & 0 & 1 \end{pmatrix}$, 求与 $\boldsymbol{A}$ 可交换的矩阵 $\boldsymbol{B}$.

7. 设 $\boldsymbol{F}=\dfrac{1}{2}(\boldsymbol{A}+\boldsymbol{E})$, 证明 $\boldsymbol{F}^2=\boldsymbol{F}$ 当且仅当 $\boldsymbol{A}^2=\boldsymbol{E}$.

8. 设 $\boldsymbol{A}=\begin{pmatrix} \boldsymbol{O} & \boldsymbol{E}_{n-1} \\ \boldsymbol{O} & \boldsymbol{O} \end{pmatrix}$, 证明 $\boldsymbol{A}^k=\begin{pmatrix} \boldsymbol{O} & \boldsymbol{E}_{n-k} \\ \boldsymbol{O} & \boldsymbol{O} \end{pmatrix}$, $k=1, 2, \cdots, n$.

9. 设 $\boldsymbol{A}=\begin{pmatrix} \boldsymbol{O} & \boldsymbol{E}_{n-1} \\ \boldsymbol{E}_1 & \boldsymbol{O} \end{pmatrix}$, 证明 $\boldsymbol{A}^k=\begin{pmatrix} \boldsymbol{O} & \boldsymbol{E}_{n-k} \\ \boldsymbol{E}_k & \boldsymbol{O} \end{pmatrix}$, $k=1, 2, \cdots, n$.

10. 设 $\boldsymbol{A}=\begin{pmatrix} \cos\theta & -\sin\theta \\ \sin\theta & \cos\theta \end{pmatrix}$, n 为正整数, 求 $\boldsymbol{A}^n$.

11. 设 $\boldsymbol{A}=\begin{pmatrix} \lambda & 0 & 0 \\ 0 & \lambda & 0 \\ -1 & 1 & \lambda \end{pmatrix}$, 求 $\boldsymbol{A}^{50}$.

12. 举反例说明下列命题是错误的.

(1) 若 $\boldsymbol{A}^2=\boldsymbol{O}$, 则 $\boldsymbol{A}=\boldsymbol{O}$;

(2) 若 $\boldsymbol{A}^2=\boldsymbol{A}$, 则 $\boldsymbol{A}=\boldsymbol{O}$ 或 $\boldsymbol{A}=\boldsymbol{E}$;

(3) 若 $\boldsymbol{A}^2=\boldsymbol{E}$, 则 $\boldsymbol{A}=\boldsymbol{E}$ 或 $\boldsymbol{A}=-\boldsymbol{E}$;

(4) 若 $\boldsymbol{AX}=\boldsymbol{AY}$, 且 $\boldsymbol{A}\neq\boldsymbol{O}$, 则 $\boldsymbol{X}=\boldsymbol{Y}$.

13. 设 $\boldsymbol{\alpha}=(1, 2)$, $\boldsymbol{\beta}=(-2, 3)$, 求 $\boldsymbol{\alpha\beta}^{\mathrm{T}}$, $\boldsymbol{\alpha}^{\mathrm{T}}\boldsymbol{\beta}$, $(\boldsymbol{\alpha}^{\mathrm{T}}\boldsymbol{\beta})^{100}$.

14. 对任意 $m\times n$ 矩阵 $\boldsymbol{A}$, 证明:

(1) $\boldsymbol{AA}^{\mathrm{T}}$ 为对称矩阵;

(2) 若 $\boldsymbol{A}$ 为实矩阵, $\boldsymbol{AA}^{\mathrm{T}}=\boldsymbol{O}$, 则 $\boldsymbol{A}=\boldsymbol{O}$.

15. 设 $\boldsymbol{A}, \boldsymbol{B}$ 是同阶对称矩阵. 证明 $\boldsymbol{AB}$ 是对称矩阵当且仅当 $\boldsymbol{A}$ 与 $\boldsymbol{B}$ 可交换.

16. 设 $\boldsymbol{A}$ 是 n 阶矩阵, 证明 $\boldsymbol{A}$ 是反对称矩阵的充要条件为对任意的 n 维列向量 $\boldsymbol{x}$, 恒有 $\boldsymbol{x}^{\mathrm{T}}\boldsymbol{Ax}=0$.

17. 已知多项式 $f(x)=x^2-3x+2$, $\boldsymbol{A}=\begin{pmatrix} 1 & 1 \\ 0 & 2 \end{pmatrix}$, 求 $f(\boldsymbol{A})$.

18. 将矩阵 $\boldsymbol{A}, \boldsymbol{B}$ 适当分块后计算乘积 $\boldsymbol{AB}$, 其中

$$\boldsymbol{A}=\begin{pmatrix} 1 & 0 & 0 & 0 \\ 0 & 1 & 0 & 0 \\ -1 & 2 & 1 & 0 \\ 1 & 1 & 0 & 1 \end{pmatrix}, \quad \boldsymbol{B}=\begin{pmatrix} 1 & 0 & 1 & 0 \\ 1 & 2 & 0 & 1 \\ 1 & 0 & 4 & 1 \\ 1 & -1 & 2 & 0 \end{pmatrix}.$$

19. 用初等行变换把下列矩阵化成行最简形.

(1) $\begin{pmatrix} 2 & -1 & -1 & 1 & 2 \\ 1 & 1 & -2 & 1 & 4 \\ 4 & -6 & 2 & -2 & 4 \\ 3 & 6 & -9 & 7 & 9 \end{pmatrix}$； (2) $\begin{pmatrix} 3 & 4 & -6 & 4 \\ 1 & -1 & 4 & 1 \\ -1 & 2 & -7 & 0 \end{pmatrix}$.

20. 用初等变换把下列矩阵化成等价标准形.

(1) $\begin{pmatrix} 2 & 1 & -3 \\ 1 & 2 & -2 \\ -1 & 3 & 2 \end{pmatrix}$； (2) $\begin{pmatrix} 1 & 2 & 1 \\ 1 & 1 & 2 \\ 2 & 3 & 3 \end{pmatrix}$.

21. 用初等变换将矩阵 $\boldsymbol{A} = \begin{pmatrix} 1 & -2 & 3 \\ 0 & 0 & 1 \\ 0 & 0 & 1 \end{pmatrix}$ 化成等价标准形, 并用初等矩阵乘积表示变化过程.

22. 求下列矩阵的逆矩阵.

(1) $\begin{pmatrix} 1 & 2 \\ 3 & 4 \end{pmatrix}$； (2) $\begin{pmatrix} 1 & 1 & 1 \\ 1 & 0 & -1 \\ 3 & 2 & 3 \end{pmatrix}$； (3) $\begin{pmatrix} 2 & 3 & -1 \\ 0 & 3 & -3 \\ 0 & 0 & 4 \end{pmatrix}$.

23. 解下列矩阵方程.

(1) $\begin{pmatrix} 1 & 3 \\ 2 & 5 \end{pmatrix} \boldsymbol{X} = \begin{pmatrix} 4 & 1 \\ 5 & 2 \end{pmatrix}$； (2) $\boldsymbol{X} \begin{pmatrix} 1 & 1 & 1 \\ 0 & 1 & 1 \\ 0 & 0 & 2 \end{pmatrix} = \begin{pmatrix} 1 & -2 & 1 \\ 0 & 1 & -1 \end{pmatrix}$；

(3) $\begin{pmatrix} 0 & 1 & 0 \\ 1 & 0 & 0 \\ 0 & 0 & 1 \end{pmatrix} \boldsymbol{X} \begin{pmatrix} 1 & 0 & 0 \\ 0 & 0 & 1 \\ 0 & 1 & 0 \end{pmatrix} = \begin{pmatrix} 1 & -4 & 3 \\ 2 & 0 & -1 \\ 1 & -2 & 0 \end{pmatrix}$.

24. 设 $\boldsymbol{A} = \begin{pmatrix} 1 & -1 & -1 \\ 0 & 1 & 1 \\ 0 & 0 & 1 \end{pmatrix}$, $\boldsymbol{B} = \begin{pmatrix} 2 & 1 & 1 \\ 0 & 1 & 2 \end{pmatrix}$, 且满足 $\boldsymbol{CA} - \boldsymbol{B} = 2\boldsymbol{C}$, 求 $\boldsymbol{C}$.

25. 设 $\boldsymbol{A} = \begin{pmatrix} 1 & 2 & 1 \\ 3 & 4 & a \\ 1 & 2 & 2 \end{pmatrix}$, 其中 a 为常数, 矩阵 $\boldsymbol{B}$ 满足关系式 $\boldsymbol{AB} = \boldsymbol{A} - \boldsymbol{B} + \boldsymbol{E}$, 其中 $\boldsymbol{B} \neq \boldsymbol{E}$, 求 a 的值.

26. 设 $\boldsymbol{A} = \begin{pmatrix} 1 & 0 & 1 \\ 0 & 2 & 0 \\ -1 & 0 & 1 \end{pmatrix}$, 求矩阵方程 $\boldsymbol{XA} - \boldsymbol{AXA} = \boldsymbol{E} - \boldsymbol{A}^2$ 的解.

27. 设 $\boldsymbol{A}$ 为 n 阶可逆矩阵, 将 $\boldsymbol{A}$ 的第 i 行和第 j 行交换后得到的矩阵记为 $\boldsymbol{B}$.

(1) 证明 $\boldsymbol{B}$ 可逆;

(2) 求 $\boldsymbol{AB}^{-1}$.

28. 已知 $\boldsymbol{A}=\begin{pmatrix}1&0&0\\1&1&0\\1&1&1\end{pmatrix}$, $\boldsymbol{B}=\begin{pmatrix}0&1&1\\1&0&1\\1&1&0\end{pmatrix}$, 且矩阵 $\boldsymbol{X}$ 满足 $\boldsymbol{AXA}+\boldsymbol{BXB}=\boldsymbol{AXB}+\boldsymbol{BXA}+\boldsymbol{E}$. 求矩阵 $\boldsymbol{X}$.

29. 设 $\boldsymbol{A}$ 为可逆的对称矩阵, 证明 $\boldsymbol{A}$ 的逆矩阵 $\boldsymbol{A}^{-1}$ 也是对称矩阵.

30. 设 $\boldsymbol{A}=\boldsymbol{PBP}^{-1}$, $f(x)$ 是一个多项式. 证明 $f(\boldsymbol{A})=\boldsymbol{P}f(\boldsymbol{B})\boldsymbol{P}^{-1}$.

31. 设 $\boldsymbol{P}^{-1}\boldsymbol{AP}=\boldsymbol{\Lambda}$, $\boldsymbol{P}=\begin{pmatrix}-1&-4\\1&1\end{pmatrix}$, $\boldsymbol{\Lambda}=\begin{pmatrix}-1&0\\0&2\end{pmatrix}$, 求 $\boldsymbol{A}^{11}$.

32. 计算下列行列式 (其中 (5)~(9) 为 n 阶行列式).

(1) $\begin{vmatrix}2&1&-5&1\\1&-3&0&-6\\0&2&-1&2\\1&4&-7&6\end{vmatrix}$; (2) $\begin{vmatrix}1&2&3&4\\2&3&4&1\\3&4&1&2\\4&1&2&3\end{vmatrix}$; (3) $\begin{vmatrix}a&0&0&b\\0&c&d&0\\0&a&b&0\\c&0&0&d\end{vmatrix}$;

(4) $\begin{vmatrix}1&-1&1&x-1\\1&-1&x+1&-1\\1&x-1&1&-1\\x+1&-1&1&-1\end{vmatrix}$; (5) $\begin{vmatrix}a&b&0&\cdots&0&0\\0&a&b&\cdots&0&0\\\vdots&\vdots&\vdots&&\vdots&\vdots\\0&0&0&\cdots&a&b\\b&0&0&\cdots&0&a\end{vmatrix}$;

(6) $\begin{vmatrix}0&1&1&\cdots&1&1\\1&0&1&\cdots&1&1\\1&1&0&\cdots&1&1\\\vdots&\vdots&\vdots&&\vdots&\vdots\\1&1&1&\cdots&0&1\\1&1&1&\cdots&1&0\end{vmatrix}$; (7) $\begin{vmatrix}a_1&1&1&\cdots&1\\1&a_2&0&\cdots&0\\\vdots&\vdots&\vdots&&\vdots\\1&0&0&\cdots&a_n\end{vmatrix}$, 其中 $a_1\cdots a_n\neq 0$,

(8) $\begin{vmatrix}x&-1&0&\cdots&0\\0&x&-1&\cdots&0\\\vdots&\vdots&\vdots&&\vdots\\0&0&0&\cdots&-1\\a_n&a_{n-1}&a_{n-2}&\cdots&x+a_1\end{vmatrix}$; (9) $\begin{vmatrix}5&3&&&\\2&5&3&&\\&\ddots&\ddots&\ddots&\\&&2&5&3\\&&&2&5\end{vmatrix}$.

33. 设 $D=\begin{vmatrix}3&-5&2&1\\1&1&0&-5\\-1&3&1&3\\2&-4&-1&3\end{vmatrix}$, D 的 (i,j) 元的余子式和代数余子式依次记作 M_{ij} 和 A_{ij}, 求 $A_{11}+A_{12}+A_{13}+A_{14}$ 及 $M_{11}+M_{21}+M_{31}+M_{41}$.

34. 证明:

(1) $\begin{vmatrix} a_1-b_1 & b_1-c_1 & c_1-a_1 \\ a_2-b_2 & b_2-c_2 & c_2-a_2 \\ a_3-b_3 & b_3-c_3 & c_3-a_3 \end{vmatrix}=0$;

(2) $\begin{vmatrix} a_1+2b_1 & b_1+2c_1 & c_1+2a_1 \\ a_2+2b_2 & b_2+2c_2 & c_2+2a_2 \\ a_3+2b_3 & b_3+2c_3 & c_3+2a_3 \end{vmatrix}=9\begin{vmatrix} a_1 & b_1 & c_1 \\ a_2 & b_2 & c_2 \\ a_3 & b_3 & c_3 \end{vmatrix}$;

(3) $\begin{vmatrix} 1+a_1 & 1 & \cdots & 1 \\ 1 & 1+a_2 & \cdots & 1 \\ \vdots & \vdots & & \vdots \\ 1 & 1 & \cdots & 1+a_n \end{vmatrix}=\left(1+\sum\limits_{i=1}^{n}\dfrac{1}{a_i}\right)a_1a_2\cdots a_n$, 其中 $a_1a_2\cdots a_n\neq 0$.

35. 设曲线 $y=a_0+a_1x+a_2x^2+a_3x^3$ 通过四点 $(1,3)$, $(2,4)$, $(3,3)$, $(4,-3)$, 求系数 a_0, a_1, a_2, a_3.

36. 设 3 阶矩阵 $\boldsymbol{A}=(\boldsymbol{\alpha}_1, \boldsymbol{\beta}_1, \boldsymbol{\beta}_2)$, $\boldsymbol{B}=(\boldsymbol{\alpha}_2, \boldsymbol{\beta}_1, \boldsymbol{\beta}_2)$, 且 $|\boldsymbol{A}|=2$, $|\boldsymbol{B}|=3$, 求 $|2\boldsymbol{A}|$, $|\boldsymbol{A}+\boldsymbol{B}|$, $|\boldsymbol{A}-\boldsymbol{B}|$.

37. 设 $\boldsymbol{A}$ 为 3 阶矩阵, $|\boldsymbol{A}|=\dfrac{1}{2}$, 计算 $|(3\boldsymbol{A})^{-1}-2\boldsymbol{A}^*|$.

38. 求下列矩阵的伴随矩阵.

(1) $\begin{pmatrix} 1 & -3 & 7 \\ 2 & 4 & -3 \\ -3 & 7 & 2 \end{pmatrix}$; (2) $\begin{pmatrix} 1 & 0 & 0 & 0 \\ 0 & 1 & 0 & 0 \\ 0 & 0 & -1 & 0 \\ 5 & -2 & 4 & 1 \end{pmatrix}$.

39. 设矩阵 $\boldsymbol{A}=\begin{pmatrix} 1 & 1 & -1 \\ -1 & 1 & 1 \\ 1 & -1 & 1 \end{pmatrix}$, 矩阵 $\boldsymbol{X}$ 满足 $\boldsymbol{A}^*\boldsymbol{X}=\boldsymbol{A}^{-1}+2\boldsymbol{X}$, 其中 $\boldsymbol{A}^*$ 为 $\boldsymbol{A}$ 的伴随矩阵, 求矩阵 $\boldsymbol{X}$.

40. 设 $\boldsymbol{A}^*=\begin{pmatrix} 1 & -2 & 1 \\ 0 & 2 & -2 \\ -1 & 2 & 1 \end{pmatrix}$, 求 $\boldsymbol{A}$.

41. 设矩阵 $\boldsymbol{A}$ 的伴随矩阵 $\boldsymbol{A}^*=\begin{pmatrix} 1 & 0 & 0 \\ 0 & 16 & 0 \\ 0 & 0 & 1 \end{pmatrix}$, 且 $|\boldsymbol{A}|>0$, $\boldsymbol{ABA}^{-1}=\boldsymbol{BA}^{-1}+3\boldsymbol{E}$, 求 $\boldsymbol{B}$.

42. 设 $\boldsymbol{A}$ 为 n 阶可逆矩阵 $(n\geqslant 2)$, 证明 $\boldsymbol{A}^*$ 也可逆, 且 $(\boldsymbol{A}^*)^{-1}=(\boldsymbol{A}^{-1})^*=\dfrac{1}{|\boldsymbol{A}|}\boldsymbol{A}$.

43. 设 $\boldsymbol{A}$ 是 n 阶非零实矩阵 $(n \geqslant 2)$, 且 $\boldsymbol{A}^* = \boldsymbol{A}^{\mathrm{T}}$, 证明 $\boldsymbol{A}$ 是可逆矩阵.

44. 设 $\boldsymbol{A}, \boldsymbol{B}, \boldsymbol{C}$ 均为 n 阶矩阵, $\boldsymbol{M} = \boldsymbol{ABC}$ 为可逆矩阵, 证明 $\boldsymbol{B}$ 为可逆矩阵, 并将 $\boldsymbol{B}^{-1}$ 用 $\boldsymbol{M}^{-1}, \boldsymbol{A}, \boldsymbol{C}$ 表示.

45. 设 $\boldsymbol{A}, \boldsymbol{B}, \boldsymbol{A}+\boldsymbol{B}$ 均为可逆矩阵, 证明 $\boldsymbol{A}^{-1}+\boldsymbol{B}^{-1}$ 也是可逆矩阵, 并求 $(\boldsymbol{A}^{-1}+\boldsymbol{B}^{-1})^{-1}$.

46. 设方阵 $\boldsymbol{A}$ 满足 $\boldsymbol{A}^3 - 2\boldsymbol{A}^2 + 9\boldsymbol{A} - \boldsymbol{E} = \boldsymbol{O}$, 证明 $\boldsymbol{A}$ 和 $\boldsymbol{A} - 2\boldsymbol{E}$ 都是可逆矩阵, 并求出它们的逆矩阵.

47. 设 $\boldsymbol{A}^k = \boldsymbol{O}$, 其中 k 为一个正整数, 证明 $\boldsymbol{E}-\boldsymbol{A}, \boldsymbol{E}+\boldsymbol{A}$ 均为可逆矩阵, 并求 $(\boldsymbol{E}-\boldsymbol{A})^{-1}$, $(\boldsymbol{E}+\boldsymbol{A})^{-1}$.

48. 设 n 阶矩阵 $\boldsymbol{A}$ 的每一行元素之和为常数 c, 证明:

(1) 对任意的正整数 k, $\boldsymbol{A}^k$ 的每一行元素之和为 c^k;

(2) 若 $\boldsymbol{A}$ 为可逆矩阵, 则 $c \neq 0$, 且 $\boldsymbol{A}^{-1}$ 的第 1 行元素之和为 c^{-1}.

49. 设 $\boldsymbol{A}$ 是元素全为 1 的 n 阶矩阵. 证明:

(1) $\boldsymbol{A}^k = n^{k-1}\boldsymbol{A}\ (k \geqslant 1)$;

(2) $(\boldsymbol{E}-\boldsymbol{A})^{-1} = \boldsymbol{E} - \dfrac{1}{n-1}\boldsymbol{A}$.

50. 已知 $\boldsymbol{A}_1, \boldsymbol{A}_2$ 均为可逆矩阵, 证明 $\begin{pmatrix} \boldsymbol{O} & \boldsymbol{A}_1 \\ \boldsymbol{A}_2 & \boldsymbol{O} \end{pmatrix}$ 为可逆矩阵, 并求其逆矩阵.

51. 设 $\boldsymbol{A}$ 是 n 阶矩阵, 证明 $\boldsymbol{A}$ 不可逆的充要条件是存在非零的 n 阶矩阵 $\boldsymbol{B}$, 使得 $\boldsymbol{AB} = \boldsymbol{O}$.

52. 用 Cramer 法则求解下列线性方程组.

(1) $\begin{cases} 2x_1 - x_2 + 3x_3 + 2x_4 = 6, \\ 3x_1 - 3x_2 + 3x_3 + 2x_4 = 5, \\ 3x_1 - x_2 - x_3 + 2x_4 = 3, \\ 3x_1 - x_2 + 3x_3 - x_4 = 4; \end{cases}$ (2) $\begin{cases} x_1 + x_2 - x_3 = 5, \\ 2x_1 + x_2 - 3x_3 = 10, \\ 3x_1 + 4x_2 + 5x_3 = 1. \end{cases}$

53. 求下列矩阵的秩.

(1) $\begin{pmatrix} 1 & 3 & 0 & 2 \\ -1 & 1 & 2 & -1 \\ 3 & 1 & -4 & 4 \end{pmatrix}$; (2) $\begin{pmatrix} 1 & -1 & 0 & -1 & -2 \\ -1 & 2 & 1 & 3 & 6 \\ 0 & 1 & 1 & 2 & 4 \\ 0 & -1 & -1 & 1 & 2 \end{pmatrix}$.

54. 设 $\boldsymbol{A} = \begin{pmatrix} 1 & -1 & 1 & 2 \\ 3 & \lambda & -1 & 2 \\ 5 & 3 & \mu & 6 \end{pmatrix}$ 的秩为 2, 求 λ 与 μ 的值.

55. 求 $\boldsymbol{A} = \begin{pmatrix} 1 & 1 & k & 4 \\ -1 & k & 1 & k^2 \\ 1 & -1 & 2 & -4 \end{pmatrix}$ 的秩.

56. 设 $\boldsymbol{A} = \begin{pmatrix} 1 & 2 & -1 & 1 \\ 1 & -1 & 1 & 0 \\ 2 & 1 & 0 & 1 \end{pmatrix}$ 与矩阵 $\boldsymbol{B} = \begin{pmatrix} 1 & -1 & 2 & 3 \\ 2 & 0 & 1 & -1 \\ 5 & -3 & a & 8 \end{pmatrix}$ 等价, 求 a.

57. 设 n 阶矩阵 $\boldsymbol{A}$ 满足 $\boldsymbol{A}^2 = \boldsymbol{A}$, 证明 $\mathrm{r}(\boldsymbol{A}) + \mathrm{r}(\boldsymbol{E}-\boldsymbol{A}) = n$.

58. 设 n 阶矩阵 $\boldsymbol{A}$ 满足 $\boldsymbol{A}^2=\boldsymbol{E}$, 证明 $\mathrm{r}(\boldsymbol{E}+\boldsymbol{A})+\mathrm{r}(\boldsymbol{E}-\boldsymbol{A})=n$.

59. 设 $\boldsymbol{A},\boldsymbol{B}$ 均为 $m\times n$ 矩阵. 证明 $\mathrm{r}(\boldsymbol{A}+\boldsymbol{B})\leqslant\min\left\{\mathrm{r}(\boldsymbol{A},\boldsymbol{B}),\mathrm{r}\begin{pmatrix}\boldsymbol{A}\\ \boldsymbol{B}\end{pmatrix}\right\}$.

60. 设 n 阶矩阵 $\boldsymbol{A}$ 的秩为 r, 证明在 $\boldsymbol{A}$ 中任取 s 行构成 $s\times n$ 矩阵 $\boldsymbol{B}$, 则 $\mathrm{r}(\boldsymbol{B})\geqslant r+s-n$.

61. 设 $\boldsymbol{A}$ 为 $s\times n$ 矩阵, $\boldsymbol{B}$ 为 $n\times m$ 矩阵. 若 $\mathrm{r}(\boldsymbol{A})=n$, 证明 $\mathrm{r}(\boldsymbol{AB})=\mathrm{r}(\boldsymbol{B})$.

62. 已知 $\boldsymbol{A}$ 为 n 阶可逆反对称矩阵, $\boldsymbol{b}$ 为 n 维列向量, 求矩阵 $\begin{pmatrix}\boldsymbol{A} & \boldsymbol{b}\\ \boldsymbol{b}^{\mathrm{T}} & 0\end{pmatrix}$ 的秩.

63. 设矩阵 $\boldsymbol{A}=(a_{ij})_{n\times n}$ 的秩 $\mathrm{r}(\boldsymbol{A})=1$. 证明:

(1) $\boldsymbol{A}$ 为幂等矩阵的充要条件为 $a_{11}+a_{22}+\cdots+a_{nn}=1$;

(2) $\boldsymbol{A}$ 为幂零矩阵的充要条件为 $a_{11}+a_{22}+\cdots+a_{nn}=0$.

第1章练习题
参考答案

补充题

(一) 矩阵乘法

1. 设 $\boldsymbol{S}_1,\ \boldsymbol{S}_2,\ \cdots,\ \boldsymbol{S}_m$ 是 m 个 n 阶实对称矩阵, 且 $\sum\limits_{i=1}^{m}\boldsymbol{S}_i^2=\boldsymbol{O}$, 试证 $\boldsymbol{S}_1=\boldsymbol{S}_2=\cdots=\boldsymbol{S}_m=\boldsymbol{O}$.

2. 设 $\boldsymbol{A}=\begin{pmatrix}2&1&0\\1&2&1\\0&1&2\end{pmatrix}$, 试求对角元为 1 的下三角矩阵 $\boldsymbol{L}$ 和上三角矩阵 $\boldsymbol{U}$, 使得 $\boldsymbol{A}=\boldsymbol{LU}$. (此分解称为 **LU 分解**)

矩阵的LU
分解

3. 设 $\boldsymbol{A},\ \boldsymbol{B}$ 均为幂等矩阵, 证明 $\boldsymbol{A}+\boldsymbol{B}$ 也是幂等矩阵的充要条件为 $\boldsymbol{AB}=\boldsymbol{BA}=\boldsymbol{O}$.

4. 设 $\boldsymbol{A},\ \boldsymbol{B}$ 均为 n 阶矩阵, 如果 $(\boldsymbol{AB})^2=\boldsymbol{O}$, 是否能推出 $(\boldsymbol{BA})^2=\boldsymbol{O}$? 分别从 $n=2$ 和 $n>2$ 讨论.

5. 设 $\boldsymbol{A}$ 是 n 阶矩阵, $\boldsymbol{A}^2(\boldsymbol{E}-\boldsymbol{A})=\boldsymbol{O}$ 能否推出 $\boldsymbol{A}$ 为幂等矩阵? 这个条件是否等价于 $\boldsymbol{A}(\boldsymbol{E}-\boldsymbol{A})^2=\boldsymbol{O}$?

6. 设 $\boldsymbol{A}$ 是 n 阶上三角矩阵, 主对角线元均为零, 证明 $\boldsymbol{A}^n=\boldsymbol{O}$.

7. 设 f 是实数集 $\mathbb{R}$ 上 n 阶矩阵集合 $\mathbb{R}^{n\times n}$ 到 $\mathbb{R}$ 的一个映射, 它满足下列条件:

(1) 对任意 $\boldsymbol{A},\boldsymbol{B}\in\mathbb{R}^{n\times n}$, $f(\boldsymbol{A}+\boldsymbol{B})=f(\boldsymbol{A})+f(\boldsymbol{B})$;

(2) 对任意 $\boldsymbol{A} \in \mathbb{R}^{n\times n}$, $k \in \mathbb{R}$, $f(k\boldsymbol{A}) = kf(\boldsymbol{A})$;

(3) 对任意 $\boldsymbol{A}, \boldsymbol{B} \in \mathbb{R}^{n\times n}$, $f(\boldsymbol{AB}) = f(\boldsymbol{BA})$;

(4) $f(\boldsymbol{E}) = n$.

证明: 对任意 $\boldsymbol{A} = (a_{ij})_{n\times n} \in \mathbb{R}^{n\times n}$, $f(\boldsymbol{A}) = a_{11} + a_{22} + \cdots + a_{nn}$.

(二) 行列式

1. 设 $\boldsymbol{A} = (a_{ij})_{n\times n}$, $\boldsymbol{B} = ((-1)^{i+j}a_{ij})_{n\times n}$, 证明 $|\boldsymbol{A}| = |\boldsymbol{B}|$.

2. 计算 n 阶行列式 $D_n = \begin{vmatrix} a+b & ab & & & \\ 1 & a+b & ab & & \\ & \ddots & \ddots & \ddots & \\ & & \ddots & a+b & ab \\ & & & 1 & a+b \end{vmatrix}$.

3. 设 $\boldsymbol{A}, \boldsymbol{B}$ 为 n 阶矩阵, 证明

$$\begin{vmatrix} \boldsymbol{A} & \boldsymbol{B} \\ \boldsymbol{B} & \boldsymbol{A} \end{vmatrix} = |\boldsymbol{A}+\boldsymbol{B}|\,|\boldsymbol{A}-\boldsymbol{B}|.$$

4. 计算 n 阶行列式 $D_n = \begin{vmatrix} x & a & a & \cdots & a \\ -a & x & a & \cdots & a \\ -a & -a & x & \cdots & a \\ \vdots & \vdots & \vdots & \ddots & \vdots \\ -a & -a & -a & \cdots & x \end{vmatrix}$.

5. 设 $\boldsymbol{A}, \boldsymbol{B}$ 分别是 $m\times n$ 和 $n\times m$ 矩阵, λ 为数. 讨论:

(1) $|\boldsymbol{AB}|$ 与 $|\boldsymbol{BA}|$ 的关系;

(2) $|\lambda\boldsymbol{E} - \boldsymbol{AB}|$ 与 $|\lambda\boldsymbol{E} - \boldsymbol{BA}|$ 的关系.

(三) 可逆矩阵

1. (1) 设 $\boldsymbol{A} = \begin{pmatrix} a & 0 \\ 0 & b \end{pmatrix}$ 为可逆矩阵, 证明 $\boldsymbol{A}$ 可经过形如 $\mathrm{r}_i + k\mathrm{r}_j$ 的初等行变换化为 $\begin{pmatrix} 1 & 0 \\ 0 & ab \end{pmatrix}$.

(2) 设 $\boldsymbol{A}$ 为 2 阶矩阵, $|\boldsymbol{A}| = 1$. 证明 $\boldsymbol{A}$ 可写成形如 $\begin{pmatrix} 1 & k \\ 0 & 1 \end{pmatrix}$ 与 $\begin{pmatrix} 1 & 0 \\ k & 1 \end{pmatrix}$ 的矩阵的乘积.

2. 设 $\boldsymbol{A} = \boldsymbol{E} - \boldsymbol{\alpha}\boldsymbol{\alpha}^{\mathrm{T}}$, 其中 $\boldsymbol{\alpha}$ 是 n 维非零列向量, 证明:

(1) $\boldsymbol{A}^2 = \boldsymbol{A}$ 的充分必要条件是 $\boldsymbol{\alpha}^{\mathrm{T}}\boldsymbol{\alpha} = 1$;

(2) 当 $\boldsymbol{\alpha}^{\mathrm{T}}\boldsymbol{\alpha} = 1$ 时, $\boldsymbol{A}$ 是不可逆矩阵.

3. 设 $\boldsymbol{\alpha}, \boldsymbol{\beta}$ 均为 n 维列向量, $\boldsymbol{A} = \boldsymbol{E} - \boldsymbol{\alpha}\boldsymbol{\beta}^{\mathrm{T}}$. 证明 $\boldsymbol{A}$ 为可逆矩阵的充要条件为 $1 - \boldsymbol{\beta}^{\mathrm{T}}\boldsymbol{\alpha} \neq 0$, 且此时 $\boldsymbol{A}^{-1} = \boldsymbol{E} + \dfrac{\boldsymbol{\alpha}\boldsymbol{\beta}^{\mathrm{T}}}{1 - \boldsymbol{\beta}^{\mathrm{T}}\boldsymbol{\alpha}}$.

4. 设 $\boldsymbol{A}$ 为 n 阶可逆矩阵, $\boldsymbol{\alpha}$ 为 $n\times 1$ 矩阵, $n > 1$, b 为常数, 记分块矩阵

$$\boldsymbol{P} = \begin{pmatrix} \boldsymbol{E} & \boldsymbol{O} \\ -\boldsymbol{\alpha}^{\mathrm{T}}\boldsymbol{A}^* & |\boldsymbol{A}| \end{pmatrix}, \quad \boldsymbol{Q} = \begin{pmatrix} \boldsymbol{A} & \boldsymbol{\alpha} \\ \boldsymbol{\alpha}^{\mathrm{T}} & b \end{pmatrix},$$

(1) 计算并化简 $\boldsymbol{PQ}$;

(2) 证明 $\boldsymbol{Q}$ 可逆的充分必要条件 $\boldsymbol{\alpha}^{\mathrm{T}}\boldsymbol{A}^{-1}\boldsymbol{\alpha} \neq b$.

5. 设 $\boldsymbol{A}$ 为 $m \times n$ 矩阵, $\boldsymbol{B}$ 为 $n \times m$ 矩阵.

(1) 如果 $\boldsymbol{E}_m - \boldsymbol{AB} = \boldsymbol{O}$, 那么 $\boldsymbol{E}_n - \boldsymbol{BA} = \boldsymbol{O}$ 吗?

(2) 如果 $\boldsymbol{E}_m - \boldsymbol{AB}$ 可逆, 那么 $\boldsymbol{E}_n - \boldsymbol{BA}$ 可逆吗?

6. 设 $\boldsymbol{A}, \boldsymbol{B}$ 均为 n 阶矩阵 $(n \geqslant 2)$, 如果 $\boldsymbol{A}^* = \boldsymbol{B}^*$, 那么 $\boldsymbol{A} = \boldsymbol{B}$ 吗?

7. 设 $\boldsymbol{A}$ 为 n 阶矩阵, $n \geqslant 2$. 证明

$$(\boldsymbol{A}^*)^* = \begin{cases} \boldsymbol{A}, & n = 2, \\ |\boldsymbol{A}|^{n-2}\boldsymbol{A}, & n > 2. \end{cases}$$

8. 设 $\boldsymbol{A} = (a_{ij})_{n\times n}$ 为可逆的上三角矩阵. 证明 $\boldsymbol{A}^{-1}$ 也是上三角矩阵, 且对角线元为 a_{11}^{-1}, $a_{22}^{-1}, \cdots, a_{nn}^{-1}$.

9. 设矩阵 $\boldsymbol{A}$ 满足 $\boldsymbol{A}^2 - 3\boldsymbol{A} + 2\boldsymbol{E} = \boldsymbol{O}$, 证明 $\boldsymbol{A} + 4\boldsymbol{E}$ 为可逆矩阵, 并求其逆矩阵. 设 n 为整数, 那么 $\boldsymbol{A} + n\boldsymbol{E}$ 为可逆矩阵吗?

10. 设矩阵 $\boldsymbol{A} = \begin{pmatrix} 1 & 2 & a \\ 1 & 3 & 0 \\ 2 & 7 & -a \end{pmatrix}$ 可经初等列变换化为矩阵 $\boldsymbol{B} = \begin{pmatrix} 1 & a & 2 \\ 0 & 1 & 1 \\ -1 & 1 & 1 \end{pmatrix}$.

(1) 求 a;

(2) 求一个可逆矩阵 $\boldsymbol{P}$ 使得 $\boldsymbol{AP} = \boldsymbol{B}$.

11. 设 $\boldsymbol{A}$ 为 n 阶矩阵, 证明:

(1) 存在幂等矩阵 $\boldsymbol{F}$ 和可逆矩阵 $\boldsymbol{U}$, 使得 $\boldsymbol{A} = \boldsymbol{FU}$;

(2) 存在可逆矩阵 $\boldsymbol{V}$, 使得 $\boldsymbol{A} = \boldsymbol{AVA}$;

(3) 存在可逆矩阵 $\boldsymbol{U}_1, \boldsymbol{U}_2$, 使得 $\boldsymbol{A} = \boldsymbol{U}_1 + \boldsymbol{U}_2$.

12. 设 $\boldsymbol{A}$ 为 $m \times n$ 矩阵, 证明存在 $n \times m$ 矩阵 $\boldsymbol{B}$ 满足 $\boldsymbol{ABA} = \boldsymbol{A}$, $\boldsymbol{BAB} = \boldsymbol{B}$ ($\boldsymbol{B}$ 称为 $\boldsymbol{A}$ 的广义逆).

(四) 矩阵的秩

1. 证明秩为 r 的矩阵可表成 r 个秩为 1 的矩阵之和.

2. 设 $\boldsymbol{A}$ 为 n 阶矩阵, 是否存在正整数 s, 使得 $\mathrm{r}(\boldsymbol{A}^s) = \mathrm{r}(\boldsymbol{A}^{s+1})$?

3. 设 $\boldsymbol{A}, \boldsymbol{B}$ 分别是 $n \times m$ 和 $m \times n$ 矩阵.

(1) 若 $\mathrm{r}(\boldsymbol{AB}) = n$, 试求 $\mathrm{r}(\boldsymbol{A}), \mathrm{r}(\boldsymbol{B}), \mathrm{r}(\boldsymbol{BA})$;

(2) 若 $\mathrm{r}(\boldsymbol{AB}) = m$, 是否能确定 $\mathrm{r}(\boldsymbol{A}), \mathrm{r}(\boldsymbol{B}), \mathrm{r}(\boldsymbol{BA})$?

4. 设 $\boldsymbol{A}, \boldsymbol{B}, \boldsymbol{C}, \boldsymbol{D}$ 均为 n 阶矩阵, 且 $\boldsymbol{A}$ 为可逆矩阵. 证明

$$\mathrm{r}\begin{pmatrix} \boldsymbol{A} & \boldsymbol{B} \\ \boldsymbol{C} & \boldsymbol{D} \end{pmatrix} = r(\boldsymbol{A}) + r(\boldsymbol{D} - \boldsymbol{CA}^{-1}\boldsymbol{B}).$$

5. 设 $\boldsymbol{A}$ 是 $m \times n$ 矩阵, $\boldsymbol{B}$ 是 $n \times p$ 矩阵, $\boldsymbol{C}$ 是 $p \times q$ 矩阵, 证明

$$\mathrm{r}(\boldsymbol{ABC}) \geqslant \mathrm{r}(\boldsymbol{AB}) + \mathrm{r}(\boldsymbol{BC}) - \mathrm{r}(\boldsymbol{B}).$$

6. 设 $\boldsymbol{A}, \boldsymbol{B}, \boldsymbol{C}, \boldsymbol{D}$ 均为 n 阶矩阵, 若 $\mathrm{r}\begin{pmatrix} \boldsymbol{A} & \boldsymbol{B} \\ \boldsymbol{C} & \boldsymbol{D} \end{pmatrix} = n$, 证明 $\begin{vmatrix} |\boldsymbol{A}| & |\boldsymbol{B}| \\ |\boldsymbol{C}| & |\boldsymbol{D}| \end{vmatrix} = 0$.

7. 设 $\boldsymbol{A}$ 为 $m \times n$ 矩阵, 证明以下条件等价:

(1) $\boldsymbol{A}$ 列满秩, 即 $\mathrm{r}(\boldsymbol{A}) = n$;

(2) 存在 $m \times (m-n)$ 矩阵 $\boldsymbol{B}$, 使得 $(\boldsymbol{A}, \boldsymbol{B})$ 为可逆矩阵;

(3) 存在 m 阶可逆矩阵 $\boldsymbol{P}$, 使得 $\boldsymbol{PA} = \begin{pmatrix} \boldsymbol{E}_n \\ \boldsymbol{O} \end{pmatrix}$;

(4) 存在 $n \times m$ 矩阵 $\boldsymbol{C}$, 使得 $\boldsymbol{CA} = \boldsymbol{E}_n$.

8. 设 $\boldsymbol{A}$ 是 n 阶矩阵, $\mathrm{r}(\boldsymbol{A}) = r$. 证明:

(1) $\boldsymbol{A}^2 = \boldsymbol{A}$ 的充要条件是存在秩为 r 的 $n \times r$ 矩阵 $\boldsymbol{G}$ 和秩为 r 的 $r \times n$ 矩阵 $\boldsymbol{H}$, 使得 $\boldsymbol{A} = \boldsymbol{GH}$, $\boldsymbol{HG} = \boldsymbol{E}_r$.

(2) 若 $\boldsymbol{A}^2 = \boldsymbol{A} = (a_{ij})_{n\times n}$, 那么 $a_{11} + a_{22} + \cdots + a_{nn} = r$.

9. 设 $\boldsymbol{A}, \boldsymbol{B}$ 分别是 3×2 和 2×3 矩阵, 且满足 $\boldsymbol{AB} = \begin{pmatrix} 8 & 2 & -2 \\ 2 & 5 & 4 \\ -2 & 4 & 5 \end{pmatrix}$, 求 $\boldsymbol{BA}$.

10. (满秩分解的本质唯一性) 设 $\boldsymbol{A} = \boldsymbol{B}_1\boldsymbol{C}_1 = \boldsymbol{B}_2\boldsymbol{C}_2$ 均为满秩分解, 证明存在可逆矩阵 $\boldsymbol{P}$, 使得 $\boldsymbol{B}_2 = \boldsymbol{B}_1\boldsymbol{P}$, $\boldsymbol{C}_2 = \boldsymbol{P}^{-1}\boldsymbol{C}_1$.

11. 设 $\boldsymbol{A}, \boldsymbol{B}, \boldsymbol{C}$ 分别是 $m \times n$, $p \times q$ 和 $m \times q$ 矩阵, 证明 $\mathrm{r}\begin{pmatrix} \boldsymbol{A} & \boldsymbol{C} \\ \boldsymbol{O} & \boldsymbol{B} \end{pmatrix} = \mathrm{r}(\boldsymbol{A}) + \mathrm{r}(\boldsymbol{B})$ 的充分必要条件为存在 $n \times q$ 矩阵 $\boldsymbol{X}$ 和 $m \times p$ 矩阵 $\boldsymbol{Y}$ 使得 $\boldsymbol{AX} + \boldsymbol{YB} = \boldsymbol{C}$.

第1章补充题
参考答案

第 2 章　n 维向量

向量是现代数学中最基本的概念, 也是线性代数中最重要的研究对象之一. 本章将着重介绍 n 维向量的线性运算、线性相关性、向量组的极大线性无关组和秩等概念, 并讨论与之相关的一些性质. 在本章后半部分, 我们介绍向量空间的基本概念及 n 维向量的内积和正交性.

2.1　n 维向量及其运算

在本节, 我们首先将回顾 n 维向量的概念, 然后再介绍 n 维向量的线性运算、线性组合、线性表示等.

向量的历史简介

2.1.1　n 维向量的概念

在第 1 章中, 只有一行的矩阵称为行向量, 只有一列的矩阵称为列向量, 行向量和列向量均是矩阵的特殊情形. 其实, 行向量和列向量都只是向量的一种表达形式.

定义 2.1　由 n 个数 $a_1, a_2, \cdots, a_n$ 构成的有序数组称为向量, 称其中的第 i 个数 a_i 为这个向量的第 i 个分量. 称 n 为这个向量的维数.

n 维向量写成行的形式时就是行向量, 即一个 $1 \times n$ 矩阵; 写成列的形式时就是列向量, 即一个 $n \times 1$ 矩阵.

不难看出 (见下文), 行向量与列向量有相同的运算规律. 为了简单起见, 除非特别说明, 下文所涉及的向量都是列向量, 并以 $\mathbb{R}^n$ 表示 n 维实列向量全体所构成的集合.

当两个向量作为矩阵相等时, 称这两个向量是相等的. 例如, 若 $\boldsymbol{\alpha}, \boldsymbol{\beta}$ 分别指向量

$$\begin{pmatrix} a_1 \\ a_2 \\ \vdots \\ a_n \end{pmatrix}, \quad \begin{pmatrix} b_1 \\ b_2 \\ \vdots \\ b_n \end{pmatrix},$$

则 $\boldsymbol{\alpha}=\boldsymbol{\beta}$ 意指对每一个 i, 有 $a_i=b_i$.

分量都是零的向量称为零向量. 零向量通常用 $\mathbf{0}$ 表示. 当向量 $\boldsymbol{\alpha}$ 被视为矩阵时, 其负矩阵也称为 $\boldsymbol{\alpha}$ 的负向量, 记为 $-\boldsymbol{\alpha}$.

当 $n=2$ 或 3 时, n 维向量具有明显的几何意义. 设平面上点 P 的坐标是 (a,b), 则起点在坐标原点 O, 终点为 P 的向量 $\overrightarrow{OP}$ 就由有序数对 $\begin{pmatrix} a \\ b \end{pmatrix}$ 确定, 因此, 我们可以将 $\overrightarrow{OP}$ 与 2 维向量 $\begin{pmatrix} a \\ b \end{pmatrix}$ 等同起来, 称 $\begin{pmatrix} a \\ b \end{pmatrix}$ 是向量 $\overrightarrow{OP}$ 的坐标. 因为向量和坐标可以相互唯一确定, 有时人们索性称 $\begin{pmatrix} a \\ b \end{pmatrix}$ 就是向量 $\overrightarrow{OP}$ (图 2.1).

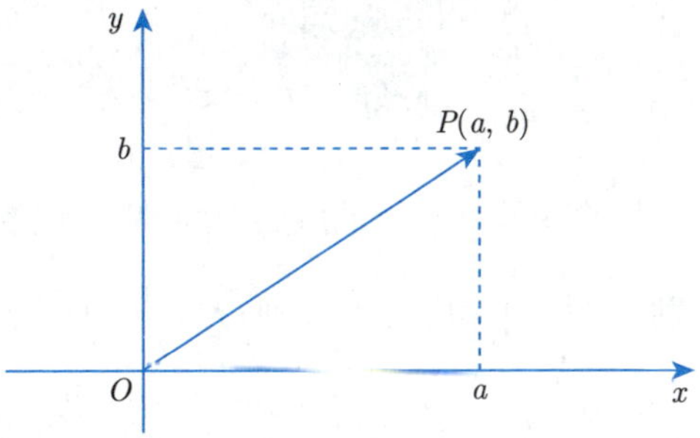

图 2.1

自然地, 3 维向量可以看成是立体空间中的向量. 当 $n>3$ 时, n 维向量就没有明显的几何对照物了. 但是, 在众多理论问题和实际问题中, n 维向量也具有明确的实际意义, 有广泛的应用.

2.1.2 n 维向量的线性运算

作为特殊的矩阵, n 维向量之间有加 (减) 法及数乘运算. 例如, 对于列向量

$$\boldsymbol{\alpha}=\begin{pmatrix} a_1 \\ a_2 \\ \vdots \\ a_n \end{pmatrix}, \quad \boldsymbol{\beta}=\begin{pmatrix} b_1 \\ b_2 \\ \vdots \\ b_n \end{pmatrix},$$

向量

$$\begin{pmatrix} a_1+b_1 \\ a_2+b_2 \\ \vdots \\ a_n+b_n \end{pmatrix}, \quad \begin{pmatrix} a_1-b_1 \\ a_2-b_2 \\ \vdots \\ a_n-b_n \end{pmatrix}$$

分别称为 $\boldsymbol{\alpha},\boldsymbol{\beta}$ 的和与差, 分别记为 $\boldsymbol{\alpha}+\boldsymbol{\beta}$, $\boldsymbol{\alpha}-\boldsymbol{\beta}$. 如果 k 是数, 则称向量

$$\begin{pmatrix} ka_1 \\ ka_2 \\ \vdots \\ ka_n \end{pmatrix}$$

为数 k 与向量 $\boldsymbol{\alpha}$ 的数乘, 记为 $k\cdot\boldsymbol{\alpha}$, 或简记为 $k\boldsymbol{\alpha}$. 加法和数乘运算统称为 n 维向量的线性运算.

点评 n 维向量的线性运算

向量的线性运算与几何空间中向量的线性运算是一致的. 在平面上, 如果向量 $\overrightarrow{OP_1},\overrightarrow{OP_2}$ 的坐标分别是 $\begin{pmatrix} a \\ b \end{pmatrix}$ 和 $\begin{pmatrix} a' \\ b' \end{pmatrix}$, 则 $\overrightarrow{OP_1}+\overrightarrow{OP_2}$ 的坐标便是 $\begin{pmatrix} a+a' \\ b+b' \end{pmatrix}$ (图 2.2).

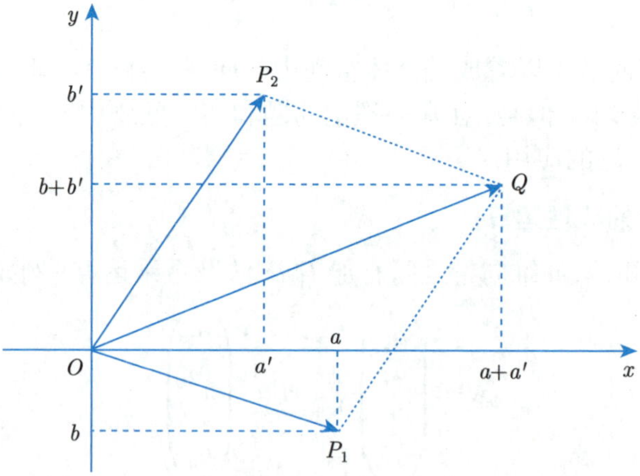

图 2.2

类似地, 若向量 $\overrightarrow{OP}$ 的坐标是 $\begin{pmatrix} a \\ b \end{pmatrix}$, 则 $k\overrightarrow{OP}$ 的坐标是 $\begin{pmatrix} ka \\ kb \end{pmatrix}$ (图 2.3). 因此, n 维向量的线性运算可以看成是向量的线性运算的自然推广.

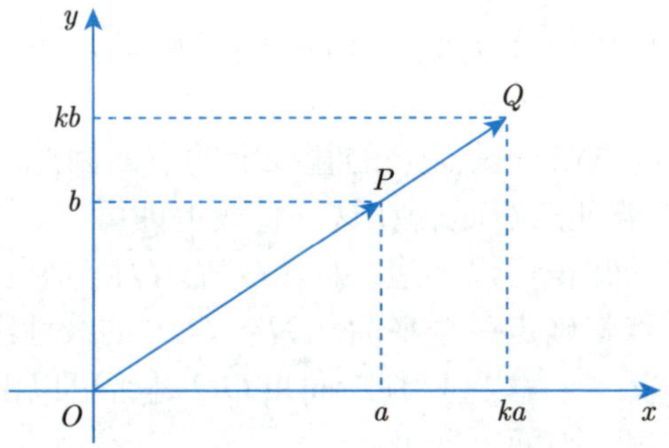

图 2.3

2.1.3 线性运算的性质

n 维向量作为矩阵的特殊情形, 其线性运算满足如下运算规律:

性质 2.1 设 $\boldsymbol{\alpha}, \boldsymbol{\beta}, \boldsymbol{\gamma}$ 为 n 维向量, k, l 是常数, 则

(1) $\boldsymbol{\alpha}+\boldsymbol{\beta}=\boldsymbol{\beta}+\boldsymbol{\alpha}$;

(2) $(\boldsymbol{\alpha}+\boldsymbol{\beta})+\boldsymbol{\gamma}=\boldsymbol{\alpha}+(\boldsymbol{\beta}+\boldsymbol{\gamma})$;

(3) $\boldsymbol{\alpha}+\mathbf{0}=\boldsymbol{\alpha}$;

(4) $\boldsymbol{\alpha}+(-\boldsymbol{\alpha})=\mathbf{0}$;

(5) $1\boldsymbol{\alpha}=\boldsymbol{\alpha}$;

(6) $k(l\boldsymbol{\alpha})=(kl)\boldsymbol{\alpha}$;

(7) $k(\boldsymbol{\alpha}+\boldsymbol{\beta})=k\boldsymbol{\alpha}+k\boldsymbol{\beta}$;

(8) $(k+l)\boldsymbol{\alpha}=k\boldsymbol{\alpha}+l\boldsymbol{\alpha}$.

这些性质是在讨论向量的线性运算时会涉及的最基本的运算规律, 人们也用此作为公理来定义抽象的线性空间. 限于篇幅, 本书不打算讨论抽象的线性空间.

2.1.4 线性组合和线性表示

定义 2.2 设 $\boldsymbol{\alpha}_1, \boldsymbol{\alpha}_2, \cdots, \boldsymbol{\alpha}_s$ 都是 n 维向量, $k_1, k_2, \cdots, k_s$ 是数, 则称向量

$$k_1\boldsymbol{\alpha}_1+k_2\boldsymbol{\alpha}_2+\cdots+k_s\boldsymbol{\alpha}_s$$

是向量组 $\boldsymbol{\alpha}_1, \boldsymbol{\alpha}_2, \cdots, \boldsymbol{\alpha}_s$ 的一个线性组合, $k_1, k_2, \cdots, k_s$ 是这个线性组合的组合系数. 如果 n 维向量 $\boldsymbol{\eta}$ 可以写成 $\boldsymbol{\alpha}_1, \boldsymbol{\alpha}_2, \cdots, \boldsymbol{\alpha}_s$ 的线性组合, 则称 $\boldsymbol{\eta}$ 可以由 $\boldsymbol{\alpha}_1, \boldsymbol{\alpha}_2, \cdots, \boldsymbol{\alpha}_s$ 线性表示.

根据上述定义, 单个向量的线性组合就是这个向量的倍数. 例如, 在平面上, 若 $\boldsymbol{\alpha}=\begin{pmatrix}1\\2\end{pmatrix}$, 则 $\boldsymbol{\alpha}$ 的线性组合就是形如 $k\boldsymbol{\alpha}=\begin{pmatrix}k\\2k\end{pmatrix}$ 的向量. 容易看到, 在几何空

间中, 如果 P 是平面上以 $\begin{pmatrix}1\\2\end{pmatrix}$ 为坐标的点, 则 $\overrightarrow{OP}=\boldsymbol{\alpha}$ 的线性组合就是形如 $\overrightarrow{OQ}$ 的向量, 其中 Q 是经过原点 O 及点 P 的直线上的点. 因此, 要判断 $\overrightarrow{OQ}$ 是否可以由 $\overrightarrow{OP}$ 线性表示, 只要验证点 Q 是否在这一直线上即可.

由空间解析几何的知识可以知道, 如果 $\overrightarrow{OP_1}$, $\overrightarrow{OP_2}$ 是空间中两个不共线的向量, 则 O, P_1, P_2 三个点就确定一个平面. $\overrightarrow{OP_1}$, $\overrightarrow{OP_2}$ 的线性组合就是起点在 O, 终点在这个平面上的向量. 换言之, 要判断向量 $\overrightarrow{OQ}$ 是否可以由 $\overrightarrow{OP_1}$, $\overrightarrow{OP_2}$ 线性表示, 只要验证点 Q 是否在这一平面上即可.

对于 n 维向量的情形, 判断一个向量是否可以由一个向量组线性表示, 涉及到对相应的线性方程组的解的讨论. 对一般情形的讨论, 我们将在下一章给出. 实际上, 从下面相对简单的例子也可以看出, 如果遇到这类问题, 我们该如何处理.

例 2.1 判断下列给定向量 $\boldsymbol{\eta}$ 是否可以由相应的向量组线性表示:

(1) $\boldsymbol{\eta}=\begin{pmatrix}a_1\\a_2\\\vdots\\a_n\end{pmatrix}$, 向量组是 $\boldsymbol{e}_1=\begin{pmatrix}1\\0\\\vdots\\0\end{pmatrix}$, $\boldsymbol{e}_2=\begin{pmatrix}0\\1\\\vdots\\0\end{pmatrix}$, $\cdots$, $\boldsymbol{e}_n=\begin{pmatrix}0\\0\\\vdots\\1\end{pmatrix}$;

(2) $\boldsymbol{\eta}=\begin{pmatrix}1\\-1\\1\end{pmatrix}$, 向量组是 $\boldsymbol{\alpha}_1=\begin{pmatrix}1\\-2\\0\end{pmatrix}$, $\boldsymbol{\alpha}_2=\begin{pmatrix}1\\0\\2\end{pmatrix}$, $\boldsymbol{\alpha}_3=\begin{pmatrix}-1\\2\\0\end{pmatrix}$;

(3) $\boldsymbol{\eta}=\begin{pmatrix}1\\2\\1\end{pmatrix}$, 向量组是 $\boldsymbol{\alpha}_1=\begin{pmatrix}1\\-2\\0\end{pmatrix}$, $\boldsymbol{\alpha}_2=\begin{pmatrix}1\\0\\2\end{pmatrix}$.

解 (1) 经观察可知, $\boldsymbol{\eta}=a_1\boldsymbol{e}_1+a_2\boldsymbol{e}_2+\cdots+a_n\boldsymbol{e}_n$, 组合系数就是 $\boldsymbol{\eta}$ 的各个相应的分量. 故 $\boldsymbol{\eta}$ 可以由 $\boldsymbol{e}_1$, $\boldsymbol{e}_2$, $\cdots$, $\boldsymbol{e}_n$ 线性表示.

(2) 设 $\boldsymbol{\eta}=x\boldsymbol{\alpha}_1+y\boldsymbol{\alpha}_2+z\boldsymbol{\alpha}_3$, 根据它们的分量之间的关系, 得方程组

$$\begin{cases}x+y-z=1,\\-2x+2z=-1,\\2y=1.\end{cases}$$

容易求得这个方程组的解为 $x=\dfrac{1}{2}+z$, $y=\dfrac{1}{2}$, z 可以任意取值. 这样, 对任意数 z, $\boldsymbol{\eta}=\left(\dfrac{1}{2}+z\right)\boldsymbol{\alpha}_1+\dfrac{1}{2}\boldsymbol{\alpha}_2+z\boldsymbol{\alpha}_3$, 故 $\boldsymbol{\eta}$ 可以由 $\boldsymbol{\alpha}_1$, $\boldsymbol{\alpha}_2$, $\boldsymbol{\alpha}_3$ 线性表示.

(3) 设 $\boldsymbol{\eta}=x\boldsymbol{\alpha}_1+y\boldsymbol{\alpha}_2$, 从而它们的分量相等, 故应有等式

$$\begin{cases} x + y = 1, \\ -2x = 2, \\ 2y = 1. \end{cases}$$

显然, 这是不可能的. 故 $\boldsymbol{\eta}$ 不能由 $\boldsymbol{\alpha}_1, \boldsymbol{\alpha}_2$ 线性表示. □

我们称上例中的 $\boldsymbol{e}_1, \boldsymbol{e}_2, \cdots, \boldsymbol{e}_n$ 为 n 维基本单位向量组. 由这个例子可以看出, 任意 n 维向量均可由基本单位向量组唯一地线性表示. 同时也不难看出, 基本单位向量与几何空间中的单位坐标向量相当.

2.2 向量组的秩与线性相关性

在本节, 我们将利用矩阵的秩来定义向量组的秩, 并利用向量组的秩讨论线性代数中最基本, 也是最重要的概念——向量组的线性相关性.

如果向量 $\boldsymbol{\eta}$ 可以由向量组 $\boldsymbol{\alpha}_1, \boldsymbol{\alpha}_2, \cdots, \boldsymbol{\alpha}_s$ 线性表示, 我们有时也说向量 $\boldsymbol{\eta}$ 可以由向量组 $\boldsymbol{\alpha}_1, \boldsymbol{\alpha}_2, \cdots, \boldsymbol{\alpha}_s$ 生成. 一个很自然的问题是: 对于给定的向量集合, 如何寻找这个集合的最小生成元集, 即如何在这个集合中找到最少的元素, 使得集合中的每个向量均可由这些元素生成. 这是本章余下几节中要讨论的主要问题. 为此, 我们先做些准备.

2.2.1 向量组的秩与线性相关性

由 1.3.2 节, 每个矩阵都可看成是由一些行向量或列向量所构成的. 设矩阵 $\boldsymbol{A} = (a_{ij})_{s\times n}$. $\boldsymbol{A}$ 的每一列都可以视为一个 s 维列向量. 如果用 $\boldsymbol{\alpha}_j$ 表示其第 j 个列向量, 则 $\boldsymbol{A}$ 就可以用这些列向量表示:

$$\boldsymbol{A} = (\boldsymbol{\alpha}_1, \ \boldsymbol{\alpha}_2, \ \cdots, \ \boldsymbol{\alpha}_n).$$

反之, 如果给定了一个列向量组, 以这些向量为列, 就可以作成一个矩阵. 于是, 我们就可以通过矩阵来研究向量组的性质.

定义 2.3 n 维列向量 $\boldsymbol{\alpha}_1, \boldsymbol{\alpha}_2, \cdots, \boldsymbol{\alpha}_s$ 所对应的矩阵 $(\boldsymbol{\alpha}_1, \boldsymbol{\alpha}_2, \cdots, \boldsymbol{\alpha}_s)$ 的秩称为这个向量组的秩, 记为 $\mathrm{r}\{\boldsymbol{\alpha}_1, \boldsymbol{\alpha}_2, \cdots, \boldsymbol{\alpha}_s\}$.

根据定义 2.3, $\mathrm{r}\{\boldsymbol{\alpha}_1, \boldsymbol{\alpha}_2, \cdots, \boldsymbol{\alpha}_s\} = r$ 当且仅当由这 s 个向量构成的矩阵中存在一个非零的 r 阶子式, 但阶数大于 r 的子式全为零.

从线性方程组看行向量组的秩

在 2.3 节我们将会看到, 向量组的秩实际上就是其极小生成元集中向量的个数, 因此, 向量组的秩在某种意义下刻画了这个向量组中向量间相互独立的程度.

定义 2.4 如果向量组 $\boldsymbol{\alpha}_1, \boldsymbol{\alpha}_2, \cdots, \boldsymbol{\alpha}_s$ 的秩小于 s, 则称向量组 $\boldsymbol{\alpha}_1, \boldsymbol{\alpha}_2, \cdots, \boldsymbol{\alpha}_s$ 是线性相关的. 否则, 就称这个向量组是线性无关的.

对于几何空间中的两个向量 $\boldsymbol{\alpha} = \begin{pmatrix} a_1 \\ a_2 \\ a_3 \end{pmatrix}, \boldsymbol{\beta} = \begin{pmatrix} b_1 \\ b_2 \\ b_3 \end{pmatrix}$, 如果向量组 $\boldsymbol{\alpha}, \boldsymbol{\beta}$ 线性相关, 则矩阵 $(\boldsymbol{\alpha}, \boldsymbol{\beta})$ 的秩小于 2, 从而这两个向量的分量成比例. 因此, 向量 $\boldsymbol{\alpha}, \boldsymbol{\beta}$ 是共线的. 设第三个向量 $\boldsymbol{\gamma} = \begin{pmatrix} c_1 \\ c_2 \\ c_3 \end{pmatrix}$. 如果向量组 $\boldsymbol{\alpha}, \boldsymbol{\beta}, \boldsymbol{\gamma}$ 线性相关, 则矩阵 $(\boldsymbol{\alpha}, \boldsymbol{\beta}, \boldsymbol{\gamma})$ 的秩小于 3, 也就是说, 行列式 $\begin{vmatrix} a_1 & b_1 & c_1 \\ a_2 & b_2 & c_2 \\ a_3 & b_3 & c_3 \end{vmatrix} = 0$, 即向量 $\boldsymbol{\alpha}, \boldsymbol{\beta}, \boldsymbol{\gamma}$ 的混合积为零. 这表明这三个向量是共面的. 因此, 向量组的线性相关性实际上是几何空间中对向量的位置关系刻画的推广.

注解向量组
的线性相关性

由定义容易看出

(1) 由一个向量构成的向量组是线性相关的当且仅当这个向量为零向量;

(2) 由两个向量构成的向量组是线性相关的当且仅当这两个向量的分量成比例;

(3) n 维基本单位向量组 $\boldsymbol{e}_1, \boldsymbol{e}_2, \cdots, \boldsymbol{e}_n$ 一定线性无关;

(4) 当 $s > n$ 时, 任意 s 个 n 维向量一定线性相关.

例 2.2 求向量组 $\boldsymbol{\alpha}_1 = \begin{pmatrix} 1 \\ 0 \\ -1 \end{pmatrix}, \boldsymbol{\alpha}_2 = \begin{pmatrix} 2 \\ 1 \\ 1 \end{pmatrix}, \boldsymbol{\alpha}_3 = \begin{pmatrix} 1 \\ 1 \\ 2 \end{pmatrix}$ 的秩, 并判断这个向量组的线性相关性.

解 记 $\boldsymbol{A} = (\boldsymbol{\alpha}_1,\ \boldsymbol{\alpha}_2,\ \boldsymbol{\alpha}_3) = \begin{pmatrix} 1 & 2 & 1 \\ 0 & 1 & 1 \\ -1 & 1 & 2 \end{pmatrix}$. 不难算得矩阵 $\boldsymbol{A}$ 的秩等于 2.

因此, 向量组 $\boldsymbol{\alpha}_1, \boldsymbol{\alpha}_2, \boldsymbol{\alpha}_3$ 的秩为 2, 从而这个向量组是线性相关的. □

例 2.3 设 $\boldsymbol{\alpha}_1, \boldsymbol{\alpha}_2, \boldsymbol{\alpha}_3$ 线性无关, $\boldsymbol{\beta}_1 = \boldsymbol{\alpha}_1 + 2\boldsymbol{\alpha}_2$, $\boldsymbol{\beta}_2 = \boldsymbol{\alpha}_2 + 2\boldsymbol{\alpha}_3$, $\boldsymbol{\beta}_3 = \boldsymbol{\alpha}_3 + 2\boldsymbol{\alpha}_1$. 证明 $\boldsymbol{\beta}_1, \boldsymbol{\beta}_2, \boldsymbol{\beta}_3$ 线性无关.

证明 记 $\boldsymbol{A} = (\boldsymbol{\alpha}_1, \boldsymbol{\alpha}_2, \boldsymbol{\alpha}_3)$, $\boldsymbol{B} = (\boldsymbol{\beta}_1, \boldsymbol{\beta}_2, \boldsymbol{\beta}_3)$, $\boldsymbol{P} = \begin{pmatrix} 1 & 0 & 2 \\ 2 & 1 & 0 \\ 0 & 2 & 1 \end{pmatrix}$. 根据已知条件, $\boldsymbol{B} = \boldsymbol{AP}$. 又因为矩阵 $\boldsymbol{P}$ 是可逆的, 所以 $\mathrm{r}(\boldsymbol{A}) = \mathrm{r}(\boldsymbol{B})$, 即 $\mathrm{r}\{\boldsymbol{\beta}_1, \boldsymbol{\beta}_2, \boldsymbol{\beta}_3\} = \mathrm{r}\{\boldsymbol{\alpha}_1, \boldsymbol{\alpha}_2, \boldsymbol{\alpha}_3\} = 3$. 故 $\boldsymbol{\beta}_1, \boldsymbol{\beta}_2, \boldsymbol{\beta}_3$ 线性无关. □

利用秩证明一个向量组线性无关

2.2.2 向量组秩的性质

为方便起见, 如果向量组 $\boldsymbol{\beta}_1, \boldsymbol{\beta}_2, \cdots, \boldsymbol{\beta}_t$ 中每个向量都可以由 $\boldsymbol{\alpha}_1, \boldsymbol{\alpha}_2, \cdots, \boldsymbol{\alpha}_s$ 线性表示, 则称向量组 $\boldsymbol{\beta}_1, \boldsymbol{\beta}_2, \cdots, \boldsymbol{\beta}_t$ 可以由 $\boldsymbol{\alpha}_1, \boldsymbol{\alpha}_2, \cdots, \boldsymbol{\alpha}_s$ 线性表示; 如果这两个向量组可以相互线性表示, 则称它们等价.

向量组的线性表示与矩阵乘积

矩阵等价与向量组等价

例 2.4 判断下述两个向量组是否等价

$$\mathrm{I}: \boldsymbol{\alpha}_1 = \begin{pmatrix} 1 \\ 0 \end{pmatrix}, \boldsymbol{\alpha}_2 = \begin{pmatrix} 0 \\ 1 \end{pmatrix}, \quad \mathrm{II}: \boldsymbol{\beta}_1 = \begin{pmatrix} 1 \\ 1 \end{pmatrix}, \boldsymbol{\beta}_2 = \begin{pmatrix} 2 \\ 1 \end{pmatrix}, \boldsymbol{\beta}_3 = \begin{pmatrix} 1 \\ 2 \end{pmatrix}.$$

解 首先, 由于 $\boldsymbol{\alpha}_1, \boldsymbol{\alpha}_2$ 就是 2 维基本单位向量组, 而每个 2 维向量都可由基本单位向量组线性表示, 所以, 向量组 II 可以由向量组 I 线性表示. 另一方面, 经观察可知, $\boldsymbol{\alpha}_1 = \boldsymbol{\beta}_2 - \boldsymbol{\beta}_1$, $\boldsymbol{\alpha}_2 = \boldsymbol{\beta}_3 - \boldsymbol{\beta}_1$, 故向量组 I 也可以由向量组 II 线性表示. 因此, 这两个向量组是等价的. □

设 $\boldsymbol{\alpha}_1, \boldsymbol{\alpha}_2, \cdots, \boldsymbol{\alpha}_s, \boldsymbol{\beta}_1, \boldsymbol{\beta}_2, \cdots, \boldsymbol{\beta}_t$ 都是列向量, 记矩阵

$$\boldsymbol{A} = (\boldsymbol{\alpha}_1, \boldsymbol{\alpha}_2, \cdots, \boldsymbol{\alpha}_s), \quad \boldsymbol{B} = (\boldsymbol{\beta}_1, \boldsymbol{\beta}_2, \cdots, \boldsymbol{\beta}_t),$$

于是, 如果向量组 $\boldsymbol{\beta}_1, \boldsymbol{\beta}_2, \cdots, \boldsymbol{\beta}_t$ 可以由向量组 $\boldsymbol{\alpha}_1, \boldsymbol{\alpha}_2, \cdots, \boldsymbol{\alpha}_s$ 线性表示, 则存在矩阵 $\boldsymbol{C}$, 使得

$$\boldsymbol{B}=\boldsymbol{A}\boldsymbol{C}.$$

换言之, 只要向量组 $\boldsymbol{\beta}_1, \boldsymbol{\beta}_2, \cdots, \boldsymbol{\beta}_t$ 可以由 $\boldsymbol{\alpha}_1, \boldsymbol{\alpha}_2, \cdots, \boldsymbol{\alpha}_s$ 线性表示, 则矩阵方程 $\boldsymbol{A}\boldsymbol{X}=\boldsymbol{B}$ 有解. 反之亦然: 如果矩阵方程 $\boldsymbol{A}\boldsymbol{X}=\boldsymbol{B}$ 有解, 根据分块矩阵的乘法规律可知向量组 $\boldsymbol{\beta}_1, \boldsymbol{\beta}_2, \cdots, \boldsymbol{\beta}_t$ 可以由 $\boldsymbol{\alpha}_1,\boldsymbol{\alpha}_2,\cdots,\boldsymbol{\alpha}_s$ 线性表示. 于是, 如果列向量组 $\boldsymbol{\beta}_1, \boldsymbol{\beta}_2, \cdots, \boldsymbol{\beta}_t$ 可以由 $\boldsymbol{\alpha}_1, \boldsymbol{\alpha}_2, \cdots, \boldsymbol{\alpha}_s$ 线性表示, 利用性质 1.13, 便有

$$\mathrm{r}\{\boldsymbol{\beta}_1, \boldsymbol{\beta}_2, \cdots, \boldsymbol{\beta}_t\} \leqslant \mathrm{r}\{\boldsymbol{\alpha}_1, \boldsymbol{\alpha}_2, \cdots, \boldsymbol{\alpha}_s\}.$$

因此, 我们有下述定理.

定理 2.1　如果向量组 $\boldsymbol{\beta}_1,\boldsymbol{\beta}_2,\cdots,\boldsymbol{\beta}_t$ 可以由 $\boldsymbol{\alpha}_1,\boldsymbol{\alpha}_2,\cdots,\boldsymbol{\alpha}_s$ 线性表示, 则

$$\mathrm{r}\{\boldsymbol{\beta}_1, \boldsymbol{\beta}_2, \cdots, \boldsymbol{\beta}_t\} \leqslant \mathrm{r}\{\boldsymbol{\alpha}_1, \boldsymbol{\alpha}_2, \cdots, \boldsymbol{\alpha}_s\}.$$

由定理 2.1 很容易得到下述推论.

推论 2.1　如果向量组 $\boldsymbol{\beta}_1, \boldsymbol{\beta}_2, \cdots, \boldsymbol{\beta}_t$ 可以由 $\boldsymbol{\alpha}_1, \boldsymbol{\alpha}_2, \cdots, \boldsymbol{\alpha}_s$ 线性表示, 且 $t>s$, 则向量组 $\boldsymbol{\beta}_1, \boldsymbol{\beta}_2, \cdots, \boldsymbol{\beta}_t$ 一定线性相关.

推论 2.2　如果向量组 $\boldsymbol{\beta}_1, \boldsymbol{\beta}_2, \cdots, \boldsymbol{\beta}_t$ 与 $\boldsymbol{\alpha}_1, \boldsymbol{\alpha}_2, \cdots, \boldsymbol{\alpha}_s$ 等价, 则

$$\mathrm{r}\{\boldsymbol{\beta}_1, \boldsymbol{\beta}_2, \cdots, \boldsymbol{\beta}_t\} = \mathrm{r}\{\boldsymbol{\alpha}_1, \boldsymbol{\alpha}_2, \cdots, \boldsymbol{\alpha}_s\}.$$

推论 2.3　如果向量组 $\boldsymbol{\beta}_1, \boldsymbol{\beta}_2, \cdots, \boldsymbol{\beta}_t$ 与 $\boldsymbol{\alpha}_1, \boldsymbol{\alpha}_2, \cdots, \boldsymbol{\alpha}_s$ 都线性无关且等价, 则 $s=t$.

例 2.5　设向量组 $\boldsymbol{\beta}_1, \boldsymbol{\beta}_2, \boldsymbol{\beta}_3$ 可以由向量组 $\boldsymbol{\alpha}_1, \boldsymbol{\alpha}_2, \boldsymbol{\alpha}_3$ 线性表示, 并且 $\boldsymbol{\beta}_1=\boldsymbol{\alpha}_1+\boldsymbol{\alpha}_2$, $\boldsymbol{\beta}_2=\boldsymbol{\alpha}_2+\boldsymbol{\alpha}_3$, $\boldsymbol{\beta}_3=\boldsymbol{\alpha}_3+\boldsymbol{\alpha}_1$. 证明 $\boldsymbol{\alpha}_1, \boldsymbol{\alpha}_2, \boldsymbol{\alpha}_3$ 线性无关的充分必要条件是 $\boldsymbol{\beta}_1, \boldsymbol{\beta}_2, \boldsymbol{\beta}_3$ 线性无关.

证明　(证法一) 根据已知条件, $\boldsymbol{\beta}_1, \boldsymbol{\beta}_2, \boldsymbol{\beta}_3$ 可以由 $\boldsymbol{\alpha}_1, \boldsymbol{\alpha}_2, \boldsymbol{\alpha}_3$ 线性表示. 同时, 我们还可以由已知条件解出 $\boldsymbol{\alpha}_1, \boldsymbol{\alpha}_2, \boldsymbol{\alpha}_3$: 将 $\boldsymbol{\beta}_1=\boldsymbol{\alpha}_1+\boldsymbol{\alpha}_2$, $\boldsymbol{\beta}_2=\boldsymbol{\alpha}_2+\boldsymbol{\alpha}_3$, $\boldsymbol{\beta}_3=\boldsymbol{\alpha}_3+\boldsymbol{\alpha}_1$ 相加得

$$\boldsymbol{\beta}_1+\boldsymbol{\beta}_2+\boldsymbol{\beta}_3=2(\boldsymbol{\alpha}_1+\boldsymbol{\alpha}_2+\boldsymbol{\alpha}_3),$$

即

$$\frac{1}{2}(\boldsymbol{\beta}_1+\boldsymbol{\beta}_2+\boldsymbol{\beta}_3)=\boldsymbol{\alpha}_1+\boldsymbol{\alpha}_2+\boldsymbol{\alpha}_3.$$

因此

$$\boldsymbol{\alpha}_1 = \frac{1}{2}(\boldsymbol{\beta}_1 + \boldsymbol{\beta}_2 + \boldsymbol{\beta}_3) - \boldsymbol{\beta}_2,$$

$$\boldsymbol{\alpha}_2 = \frac{1}{2}(\boldsymbol{\beta}_1 + \boldsymbol{\beta}_2 + \boldsymbol{\beta}_3) - \boldsymbol{\beta}_3,$$

$$\boldsymbol{\alpha}_3 = \frac{1}{2}(\boldsymbol{\beta}_1 + \boldsymbol{\beta}_2 + \boldsymbol{\beta}_3) - \boldsymbol{\beta}_1.$$

所以, $\boldsymbol{\alpha}_1$, $\boldsymbol{\alpha}_2$, $\boldsymbol{\alpha}_3$ 可以由 $\boldsymbol{\beta}_1$, $\boldsymbol{\beta}_2$, $\boldsymbol{\beta}_3$ 线性表示. 因此, 这两个向量组等价, 从而, 它们有相同的秩. 因此, $\mathrm{r}\{\boldsymbol{\alpha}_1,\ \boldsymbol{\alpha}_2,\ \boldsymbol{\alpha}_3\} = 3$ 当且仅当 $\mathrm{r}\{\boldsymbol{\beta}_1,\ \boldsymbol{\beta}_2,\ \boldsymbol{\beta}_3\} = 3$, 即 $\boldsymbol{\alpha}_1$, $\boldsymbol{\alpha}_2$, $\boldsymbol{\alpha}_3$ 线性无关的充分必要条件是 $\boldsymbol{\beta}_1$, $\boldsymbol{\beta}_2$, $\boldsymbol{\beta}_3$ 线性无关.

(证法二) 由已知条件, 有矩阵等式

$$(\boldsymbol{\beta}_1,\ \boldsymbol{\beta}_2,\ \boldsymbol{\beta}_3) = (\boldsymbol{\alpha}_1,\ \boldsymbol{\alpha}_2,\ \boldsymbol{\alpha}_3)\boldsymbol{P},$$

其中, 矩阵 $\boldsymbol{P} = \begin{pmatrix} 1 & 0 & 1 \\ 1 & 1 & 0 \\ 0 & 1 & 1 \end{pmatrix}$ 是可逆的. 由推论 1.6 知, 右乘一可逆矩阵不会改变矩阵的秩, 故矩阵 $(\boldsymbol{\beta}_1,\ \boldsymbol{\beta}_2,\ \boldsymbol{\beta}_3)$ 与 $(\boldsymbol{\alpha}_1,\ \boldsymbol{\alpha}_2,\ \boldsymbol{\alpha}_3)$ 有相同的秩. 因此, $\mathrm{r}\{\boldsymbol{\alpha}_1,\ \boldsymbol{\alpha}_2,\ \boldsymbol{\alpha}_3\} = 3$ 当且仅当 $\mathrm{r}\{\boldsymbol{\beta}_1,\ \boldsymbol{\beta}_2,\ \boldsymbol{\beta}_3\} = 3$, 即 $\boldsymbol{\alpha}_1$, $\boldsymbol{\alpha}_2$, $\boldsymbol{\alpha}_3$ 线性无关的充分必要条件是 $\boldsymbol{\beta}_1$, $\boldsymbol{\beta}_2$, $\boldsymbol{\beta}_3$ 线性无关. □

2.3 向量组线性相关性的等价刻画

向量组的线性相关性是线性代数中最基本, 也是最重要的概念之一. 我们可以从不同的角度来理解它. 在本节, 我们将介绍向量组线性相关性的几种等价的刻画方式, 并用此介绍向量组线性相关性的一些重要性质.

2.3.1 等价刻画 I

我们知道, 几何空间中的两个向量 $\boldsymbol{\alpha}$, $\boldsymbol{\beta}$ 线性相关当且仅当它们共线, 三个向量 $\boldsymbol{\alpha}$, $\boldsymbol{\beta}$, $\boldsymbol{\gamma}$ 线性相关当且仅当它们共面. 同时, 我们还知道, 两个向量 $\boldsymbol{\alpha}$, $\boldsymbol{\beta}$ 共线的充分必要条件是存在不全为零的数 k, l, 使得 $k\boldsymbol{\alpha} + l\boldsymbol{\beta} = \mathbf{0}$. 三个向量 $\boldsymbol{\alpha}$, $\boldsymbol{\beta}$, $\boldsymbol{\gamma}$ 共面的充分必要条件是存在不全为零的数 k, l, m, 使得 $k\boldsymbol{\alpha} + l\boldsymbol{\beta} + m\boldsymbol{\gamma} = \mathbf{0}$. 下面的定理告诉我们, 对几何空间中向量间的这种关系的刻画可以推广到 n 维向量.

定理 2.2 n 维向量组 $\boldsymbol{\alpha}_1, \boldsymbol{\alpha}_2, \cdots, \boldsymbol{\alpha}_s$ 是线性相关的充分必要条件是存在不全为零的数 $k_1, k_2, \cdots, k_s$, 使得 $k_1\boldsymbol{\alpha}_1 + k_2\boldsymbol{\alpha}_2 + \cdots + k_s\boldsymbol{\alpha}_s = \mathbf{0}$.

证明 记 $\boldsymbol{\alpha}_1, \boldsymbol{\alpha}_2, \cdots, \boldsymbol{\alpha}_s$ 对应的矩阵为 $\boldsymbol{A}$, 即 $\boldsymbol{A} = (\boldsymbol{\alpha}_1,\ \boldsymbol{\alpha}_2,\ \cdots,\ \boldsymbol{\alpha}_s)$.

先证明必要性. 设 $\boldsymbol{\alpha}_1, \boldsymbol{\alpha}_2, \cdots, \boldsymbol{\alpha}_s$ 是线性相关的, 即 $\boldsymbol{A}$ 的秩小于 s. 于是, 施行一些初等列变换可以将 $\boldsymbol{A}$ 的最后一列变成零向量. 因此, 存在 s 阶可逆方阵 $\boldsymbol{P}$ 使

得 $\boldsymbol{AP}$ 的最后一列为零向量, 即 $\boldsymbol{APe}_s=\mathbf{0}$. 若记

$$\boldsymbol{Pe}_s=(k_1,\ k_2,\ \cdots,\ k_s)^{\mathrm{T}},$$

由于 $\boldsymbol{P}$ 是可逆的, $\boldsymbol{e}_s\neq\mathbf{0}$, 因此, $\boldsymbol{Pe}_s\neq\mathbf{0}$, 即 $k_1,\ k_2,\ \cdots,\ k_s$ 不全为零. 同时, $\boldsymbol{APe}_s=\mathbf{0}$ 意味着 $k_1\boldsymbol{\alpha}_1+k_2\boldsymbol{\alpha}_2+\cdots+k_s\boldsymbol{\alpha}_s=\mathbf{0}$.

再证明充分性. 设 $k_1,\ k_2,\ \cdots,\ k_s$ 不全为零, 且 $k_1\boldsymbol{\alpha}_1+k_2\boldsymbol{\alpha}_2+\cdots+k_s\boldsymbol{\alpha}_s=\mathbf{0}$. 不妨设 k_1 不为零. 于是, 从此式可以解出 $\boldsymbol{\alpha}_1=-\dfrac{k_2}{k_1}\boldsymbol{\alpha}_2-\dfrac{k_3}{k_1}\boldsymbol{\alpha}_3-\cdots-\dfrac{k_s}{k_1}\boldsymbol{\alpha}_s$, 即 $\boldsymbol{\alpha}_1$ 可以由 $\boldsymbol{\alpha}_2,\cdots,\boldsymbol{\alpha}_s$ 线性表示. 因此, $\boldsymbol{\alpha}_1,\ \boldsymbol{\alpha}_2,\ \cdots,\ \boldsymbol{\alpha}_s$ 可以由 $\boldsymbol{\alpha}_2,\ \cdots,\ \boldsymbol{\alpha}_s$ 线性表示. 由推论 2.1 知 $\boldsymbol{\alpha}_1,\ \boldsymbol{\alpha}_2,\ \cdots,\ \boldsymbol{\alpha}_s$ 线性相关. □

由定理 2.2 不难证明下面的推论.

推论 2.4 如果向量组的某个部分组是线性相关的, 则整个向量组是线性相关的.

证明 不妨设向量组 $\boldsymbol{\alpha}_1,\ \boldsymbol{\alpha}_2,\ \cdots,\ \boldsymbol{\alpha}_s$ 的前 t 个向量 $\boldsymbol{\alpha}_1,\ \boldsymbol{\alpha}_2,\ \cdots,\ \boldsymbol{\alpha}_t$ 线性相关. 于是, 存在不全为零的数 $k_1,\ k_2,\ \cdots,\ k_t$, 使得

$$k_1\boldsymbol{\alpha}_1+k_2\boldsymbol{\alpha}_2+\cdots+k_t\boldsymbol{\alpha}_t=\mathbf{0}.$$

因此, 若令 $k_{t+1}=k_{t+2}=\cdots=k_s=0$, 则

$$k_1\boldsymbol{\alpha}_1+k_2\boldsymbol{\alpha}_2+\cdots+k_t\boldsymbol{\alpha}_t+k_{t+1}\boldsymbol{\alpha}_{t+1}+\cdots+k_s\boldsymbol{\alpha}_s=\mathbf{0}.$$

然而, 此式中的组合系数 $k_1,\ k_2,\ \cdots,\ k_t,\ k_{t+1},\ k_{t+2},\ \cdots,\ k_s$ 不全为零. 由定理 2.2, $\boldsymbol{\alpha}_1,\ \boldsymbol{\alpha}_2,\ \cdots,\ \boldsymbol{\alpha}_s$ 线性相关. □

推论 2.5 向量组 $\boldsymbol{\alpha}_1,\ \boldsymbol{\alpha}_2,\ \cdots,\ \boldsymbol{\alpha}_s$ 是线性无关的当且仅当由

$$k_1\boldsymbol{\alpha}_1+k_2\boldsymbol{\alpha}_2+\cdots+k_s\boldsymbol{\alpha}_s=\mathbf{0}$$

可以推出 $k_1,\ k_2,\ \cdots,\ k_s$ 全为零.

证明 这是定理 2.2 的逆否命题. □

例 2.6 设 n 维列向量 $\boldsymbol{\eta}$ 和 n 阶矩阵 $\boldsymbol{A}$ 满足 $\boldsymbol{A}^{k-1}\boldsymbol{\eta}\neq\mathbf{0}$, 但 $\boldsymbol{A}^k\boldsymbol{\eta}=\mathbf{0}$, 证明向量组 $\boldsymbol{\eta},\ \boldsymbol{A\eta},\ \boldsymbol{A}^2\boldsymbol{\eta},\ \cdots,\ \boldsymbol{A}^{k-1}\boldsymbol{\eta}$ 线性无关.

证明 设数 $x_0,\ x_1,\ x_2,\ \cdots,\ x_{k-1}$ 满足

$$x_0\boldsymbol{\eta}+x_1\boldsymbol{A\eta}+x_2\boldsymbol{A}^2\boldsymbol{\eta}+\cdots+x_{k-1}\boldsymbol{A}^{k-1}\boldsymbol{\eta}=\mathbf{0},$$

在此式两端同时左乘 $\boldsymbol{A}^{k-1}$, 根据 $\boldsymbol{A}^k\boldsymbol{\eta}=\mathbf{0}$ 知

$$x_0\boldsymbol{A}^{k-1}\boldsymbol{\eta}=\mathbf{0}.$$

由于 $\boldsymbol{A}^{k-1}\boldsymbol{\eta} \neq \boldsymbol{0}$, 故 $x_0 = 0$. 因此

$$x_1\boldsymbol{A\eta} + x_2\boldsymbol{A}^2\boldsymbol{\eta} + \cdots + x_{k-1}\boldsymbol{A}^{k-1}\boldsymbol{\eta} = \boldsymbol{0}.$$

在此式两端同时左乘 $\boldsymbol{A}^{k-2}$, 与前述理由相同, 可以证明 $x_1 = 0$. 如此下去, 最终可以证明 $x_0 = x_1 = \cdots = x_{k-1} = 0$. 因此, $\boldsymbol{\eta}$, $\boldsymbol{A\eta}$, $\boldsymbol{A}^2\boldsymbol{\eta}$, $\cdots$, $\boldsymbol{A}^{k-1}\boldsymbol{\eta}$ 线性无关. □

2.3.2 等价刻画 II

在这一段我们将会看到, 向量组的秩实际上刻画了某种意义下这个向量组中向量间相互独立的程度.

定理 2.3 向量组 $\boldsymbol{\alpha}_1, \boldsymbol{\alpha}_2, \cdots, \boldsymbol{\alpha}_s$ 线性相关当且仅当在 $\boldsymbol{\alpha}_1, \boldsymbol{\alpha}_2, \cdots, \boldsymbol{\alpha}_s$ 中存在一个向量 $\boldsymbol{\alpha}_j$, 使得 $\boldsymbol{\alpha}_j$ 可以由其余 $s-1$ 个向量线性表示.

证明 (必要性) 若 $\boldsymbol{\alpha}_1, \boldsymbol{\alpha}_2, \cdots, \boldsymbol{\alpha}_s$ 线性相关, 则存在不全为零的数 $k_1, k_2, \cdots, k_s$, 使得 $k_1\boldsymbol{\alpha}_1 + k_2\boldsymbol{\alpha}_2 + \cdots + k_s\boldsymbol{\alpha}_s = \boldsymbol{0}$. 不妨设 k_1 不为零. 于是, 从此式可以解出

$$\boldsymbol{\alpha}_1 = -\frac{k_2}{k_1}\boldsymbol{\alpha}_2 - \frac{k_3}{k_1}\boldsymbol{\alpha}_3 - \cdots - \frac{k_s}{k_1}\boldsymbol{\alpha}_s,$$

即 $\boldsymbol{\alpha}_1$ 可以由 $\boldsymbol{\alpha}_2, \cdots, \boldsymbol{\alpha}_s$ 线性表示.

(充分性) 设 $\boldsymbol{\alpha}_1, \boldsymbol{\alpha}_2, \cdots, \boldsymbol{\alpha}_s$ 中存在一个向量 $\boldsymbol{\alpha}_j$, 使得 $\boldsymbol{\alpha}_j$ 可以由其余 $s-1$ 个向量线性表示, 不妨设 $j = s$, 即 $\boldsymbol{\alpha}_s$ 可以由 $\boldsymbol{\alpha}_1, \boldsymbol{\alpha}_2, \cdots, \boldsymbol{\alpha}_{s-1}$ 线性表示. 于是存在数 $k_1, k_2, \cdots, k_{s-1}$, 使得 $\boldsymbol{\alpha}_s = k_1\boldsymbol{\alpha}_1 + k_2\boldsymbol{\alpha}_2 + \cdots + k_{s-1}\boldsymbol{\alpha}_{s-1}$, 于是有

$$k_1\boldsymbol{\alpha}_1 + k_2\boldsymbol{\alpha}_2 + \cdots + k_{s-1}\boldsymbol{\alpha}_{s-1} + (-1)\boldsymbol{\alpha}_s = \boldsymbol{0},$$

而 $-1 \neq 0$, 故 $\boldsymbol{\alpha}_1, \boldsymbol{\alpha}_2, \cdots, \boldsymbol{\alpha}_s$ 线性相关. □

由定理 2.3 可知, $\boldsymbol{\alpha}_1, \boldsymbol{\alpha}_2, \cdots, \boldsymbol{\alpha}_s$ 是不是这个向量组本身的极小生成元集取决于这个向量组是否线性无关.

定理 2.3 还告诉我们, 如果向量组 $\boldsymbol{\alpha}_1, \boldsymbol{\alpha}_2, \cdots, \boldsymbol{\alpha}_s$ 线性相关, 那么, 在 $\boldsymbol{\alpha}_1, \boldsymbol{\alpha}_2, \cdots, \boldsymbol{\alpha}_s$ 中存在一个向量, 使得这个向量可以由其余 $s-1$ 个向量线性表示. 若要确定哪个向量可以由其余的向量线性表示, 则须对向量组有进一步的限制.

定理 2.4 如果向量组 $\boldsymbol{\alpha}_1, \boldsymbol{\alpha}_2, \cdots, \boldsymbol{\alpha}_s$ 线性无关, 但 $\boldsymbol{\alpha}_1, \boldsymbol{\alpha}_2, \cdots, \boldsymbol{\alpha}_s, \boldsymbol{\eta}$ 线性相关, 则 $\boldsymbol{\eta}$ 可以由 $\boldsymbol{\alpha}_1, \boldsymbol{\alpha}_2, \cdots, \boldsymbol{\alpha}_s$ 线性表示, 且表示方式是唯一的.

证明 因为 $\boldsymbol{\alpha}_1, \boldsymbol{\alpha}_2, \cdots, \boldsymbol{\alpha}_s, \boldsymbol{\eta}$ 线性相关, 所以存在不全为零的数 $k_1, k_2, \cdots, k_s, l$, 使得

$$k_1\boldsymbol{\alpha}_1 + k_2\boldsymbol{\alpha}_2 + \cdots + k_s\boldsymbol{\alpha}_s + l\boldsymbol{\eta} = \boldsymbol{0}.$$

可以肯定, 这里的 l 一定不等于零. 否则便有 $k_1\boldsymbol{\alpha}_1 + k_2\boldsymbol{\alpha}_2 + \cdots + k_s\boldsymbol{\alpha}_s = \boldsymbol{0}$, 而数 $k_1, k_2, \cdots, k_s$ 不全为零, 这与向量组 $\boldsymbol{\alpha}_1, \boldsymbol{\alpha}_2, \cdots, \boldsymbol{\alpha}_s$ 线性无关的假设相矛盾.

因此, $l \neq 0$. 从而, 从上式可以解出

$$\boldsymbol{\eta}=-\frac{k_1}{l}\boldsymbol{\alpha}_1-\frac{k_2}{l}\boldsymbol{\alpha}_2-\cdots-\frac{k_s}{l}\boldsymbol{\alpha}_s,$$

所以, $\boldsymbol{\eta}$ 可以由 $\boldsymbol{\alpha}_1, \boldsymbol{\alpha}_2, \cdots, \boldsymbol{\alpha}_s$ 线性表示.

若 $\boldsymbol{\eta}=l_1\boldsymbol{\alpha}_1+\cdots+l_s\boldsymbol{\alpha}_s=t_1\boldsymbol{\alpha}_1+\cdots+t_s\boldsymbol{\alpha}_s$, 那么 $(l_1-t_1)\boldsymbol{\alpha}_1+\cdots+(l_s-t_s)\boldsymbol{\alpha}_s=\mathbf{0}$.

由于 $\boldsymbol{\alpha}_1, \boldsymbol{\alpha}_2, \cdots, \boldsymbol{\alpha}_s$ 线性无关, 据推论 2.5 知, $l_i=t_i$, $i=1, \cdots, s$. 这就是说, $\boldsymbol{\eta}$ 可以由 $\boldsymbol{\alpha}_1, \boldsymbol{\alpha}_2, \cdots, \boldsymbol{\alpha}_s$ 唯一线性表示. □

例 2.7 证明 n 维向量 $\boldsymbol{\alpha}_1, \boldsymbol{\alpha}_2, \cdots, \boldsymbol{\alpha}_n$ 线性无关的充分必要条件是任一 n 维向量都可以由 $\boldsymbol{\alpha}_1, \boldsymbol{\alpha}_2, \cdots, \boldsymbol{\alpha}_n$ 线性表示.

证明 (必要性) 设 $\boldsymbol{\eta}$ 为 n 维向量, 由于 $n+1$ 个 n 维向量 $\boldsymbol{\alpha}_1, \boldsymbol{\alpha}_2, \cdots, \boldsymbol{\alpha}_n, \boldsymbol{\eta}$ 一定线性相关, 因此, 由定理 2.4 知 $\boldsymbol{\eta}$ 可以由 $\boldsymbol{\alpha}_1, \boldsymbol{\alpha}_2, \cdots, \boldsymbol{\alpha}_n$ 线性表示.

(充分性) 既然任一 n 维向量都可以由 $\boldsymbol{\alpha}_1, \boldsymbol{\alpha}_2, \cdots, \boldsymbol{\alpha}_n$ 线性表示, 那么 n 维基本单位向量 $\boldsymbol{e}_1, \boldsymbol{e}_2, \cdots, \boldsymbol{e}_n$ 可以由 $\boldsymbol{\alpha}_1, \boldsymbol{\alpha}_2, \cdots, \boldsymbol{\alpha}_n$ 线性表示, 于是可得 $\boldsymbol{\alpha}_1, \boldsymbol{\alpha}_2, \cdots, \boldsymbol{\alpha}_n$ 与 $\boldsymbol{e}_1, \boldsymbol{e}_2, \cdots, \boldsymbol{e}_n$ 等价, 因而这两个向量组的秩相同, 即 $\boldsymbol{\alpha}_1, \boldsymbol{\alpha}_2, \cdots, \boldsymbol{\alpha}_n$ 的秩等于 n. 因此, $\boldsymbol{\alpha}_1, \boldsymbol{\alpha}_2, \cdots, \boldsymbol{\alpha}_n$ 线性无关. □

2.4 向量组的极大线性无关组

在这一节, 我们要介绍向量组的极大线性无关组的概念, 并利用向量组的极大线性无关组研究向量组的性质. 我们将会看到, 向量组的极大线性无关组本质上就是前文所提到的向量组的极小生成元集.

2.4.1 向量组的极大线性无关组

定理 2.5 如果向量组 $\boldsymbol{\alpha}_1, \boldsymbol{\alpha}_2, \cdots, \boldsymbol{\alpha}_s$ 的秩为 r $(r>0)$, 则在 $\boldsymbol{\alpha}_1, \boldsymbol{\alpha}_2, \cdots, \boldsymbol{\alpha}_s$ 中存在部分组 $\boldsymbol{\alpha}_{i_1}, \boldsymbol{\alpha}_{i_2}, \cdots, \boldsymbol{\alpha}_{i_r}$, 使得这个部分组具有下述两个性质:

(1) $\boldsymbol{\alpha}_{i_1}, \boldsymbol{\alpha}_{i_2}, \cdots, \boldsymbol{\alpha}_{i_r}$ 线性无关;

(2) $\boldsymbol{\alpha}_1, \boldsymbol{\alpha}_2, \cdots, \boldsymbol{\alpha}_s$ 中每个向量均可由 $\boldsymbol{\alpha}_{i_1}, \boldsymbol{\alpha}_{i_2}, \cdots, \boldsymbol{\alpha}_{i_r}$ 线性表示.

证明 设 $\boldsymbol{\alpha}_1, \boldsymbol{\alpha}_2, \cdots, \boldsymbol{\alpha}_s$ 对应的矩阵为 $\boldsymbol{A}$, 即 $\boldsymbol{A}=(\boldsymbol{\alpha}_1, \boldsymbol{\alpha}_2, \cdots, \boldsymbol{\alpha}_s)$.

设 $\boldsymbol{\alpha}_1, \boldsymbol{\alpha}_2, \cdots, \boldsymbol{\alpha}_s$ 的秩为 r, 即 $\mathrm{r}(\boldsymbol{A})=r$. 因此, $\boldsymbol{A}$ 中有一 r 阶子式不为零. 设这一 r 阶子式涉及的向量为 $\boldsymbol{\alpha}_{i_1}, \boldsymbol{\alpha}_{i_2}, \cdots, \boldsymbol{\alpha}_{i_r}$, 则矩阵 $(\boldsymbol{\alpha}_{i_1}, \boldsymbol{\alpha}_{i_2}, \cdots, \boldsymbol{\alpha}_{i_r})$ 的秩等于 r, 可见向量组 $\boldsymbol{\alpha}_{i_1}, \boldsymbol{\alpha}_{i_2}, \cdots, \boldsymbol{\alpha}_{i_r}$ 是线性无关的.

现从 $\boldsymbol{\alpha}_1, \boldsymbol{\alpha}_2, \cdots, \boldsymbol{\alpha}_s$ 中任取一个向量 $\boldsymbol{\alpha}_j$. 若 $\boldsymbol{\alpha}_j$ 取自 $\boldsymbol{\alpha}_{i_1}, \boldsymbol{\alpha}_{i_2}, \cdots, \boldsymbol{\alpha}_{i_r}$, 则 $\boldsymbol{\alpha}_j$ 必可由 $\boldsymbol{\alpha}_{i_1}, \boldsymbol{\alpha}_{i_2}, \cdots, \boldsymbol{\alpha}_{i_r}$ 线性表示; 若 $\boldsymbol{\alpha}_j$ 不在 $\boldsymbol{\alpha}_{i_1}, \boldsymbol{\alpha}_{i_2}, \cdots, \boldsymbol{\alpha}_{i_r}$ 之中, 则 $\boldsymbol{\alpha}_{i_1}, \boldsymbol{\alpha}_{i_2}, \cdots, \boldsymbol{\alpha}_{i_r}, \boldsymbol{\alpha}_j$ 必定线性相关. 否则, 这 $r+1$ 个向量线性无关, 从而在 $\boldsymbol{A}$ 中一

定存在一个非零的 $r+1$ 阶子式, 与 $\mathrm{r}(\boldsymbol{A})=r$ 矛盾. 据定理2.4, $\boldsymbol{\alpha}_j$ 必可由 $\boldsymbol{\alpha}_{i_1}$, $\boldsymbol{\alpha}_{i_2}, \cdots, \boldsymbol{\alpha}_{i_r}$ 线性表示. □

定义 2.5　若向量组 $\boldsymbol{\alpha}_1, \boldsymbol{\alpha}_2, \cdots, \boldsymbol{\alpha}_s$ 的部分组 $\boldsymbol{\alpha}_{i_1}, \boldsymbol{\alpha}_{i_2}, \cdots, \boldsymbol{\alpha}_{i_r}$ 满足

(1) $\boldsymbol{\alpha}_{i_1}, \boldsymbol{\alpha}_{i_2}, \cdots, \boldsymbol{\alpha}_{i_r}$ 线性无关;

(2) $\boldsymbol{\alpha}_1, \boldsymbol{\alpha}_2, \cdots, \boldsymbol{\alpha}_s$ 中每个向量均可由 $\boldsymbol{\alpha}_{i_1}, \boldsymbol{\alpha}_{i_2}, \cdots, \boldsymbol{\alpha}_{i_r}$ 线性表示,

则称 $\boldsymbol{\alpha}_{i_1}, \boldsymbol{\alpha}_{i_2}, \cdots, \boldsymbol{\alpha}_{i_r}$ 为向量组 $\boldsymbol{\alpha}_1, \boldsymbol{\alpha}_2, \cdots, \boldsymbol{\alpha}_s$ 的一个**极大线性无关组**, 简称为**极大无关组**.

由定理2.5, 如果向量组 $\boldsymbol{\alpha}_1, \boldsymbol{\alpha}_2, \cdots, \boldsymbol{\alpha}_s$ 的秩等于 r, 则 $\boldsymbol{\alpha}_1, \boldsymbol{\alpha}_2, \cdots, \boldsymbol{\alpha}_s$ 的一个极大无关组中含有 r 个向量. 一般地, 一个向量组的极大无关组一般来说不是唯一的. 我们有下面的定理.

定理 2.6　向量组的任意两个极大无关组中含有的向量个数相同, 都等于这个向量组的秩.

证明　由极大无关组的定义, 一个向量组的极大无关组与这个向量组是等价的. 因此, 给定向量组的任意两个极大无关组等价. 由推论2.3知定理成立. □

由极大无关组的定义, 向量组的极大无关组实际上就是上文所称的这个向量组的最小生成元集. 根据上述定理, 最小生成元集中向量的个数就是这个向量组的秩.

极大无关组的选取一般不唯一

从线性方程组看向量组的极大无关组

例 2.8　设向量组 $\boldsymbol{\alpha}_1, \boldsymbol{\alpha}_2, \cdots, \boldsymbol{\alpha}_s$ 的秩为 r_1, 向量组 $\boldsymbol{\beta}_1, \boldsymbol{\beta}_2, \cdots, \boldsymbol{\beta}_t$ 的秩为 r_2, 证明向量组 $\boldsymbol{\alpha}_1, \boldsymbol{\alpha}_2, \cdots, \boldsymbol{\alpha}_s, \boldsymbol{\beta}_1, \boldsymbol{\beta}_2, \cdots, \boldsymbol{\beta}_t$ 的秩不超过 r_1+r_2.

证明　(证法一) 令 $\boldsymbol{A}=(\boldsymbol{\alpha}_1, \boldsymbol{\alpha}_2, \cdots, \boldsymbol{\alpha}_s)$, $\boldsymbol{B}=(\boldsymbol{\beta}_1, \boldsymbol{\beta}_2, \cdots, \boldsymbol{\beta}_t)$, $\boldsymbol{C}=(\boldsymbol{A}, \boldsymbol{B})$. 据性质1.11知, $\mathrm{r}(\boldsymbol{C}) \leqslant \mathrm{r}(\boldsymbol{A})+\mathrm{r}(\boldsymbol{B})$, 故

$$\mathrm{r}(\boldsymbol{\alpha}_1, \boldsymbol{\alpha}_2, \cdots, \boldsymbol{\alpha}_s, \boldsymbol{\beta}_1, \boldsymbol{\beta}_2, \cdots, \boldsymbol{\beta}_t) \leqslant \mathrm{r}(\boldsymbol{\alpha}_1, \boldsymbol{\alpha}_2, \cdots, \boldsymbol{\alpha}_s)+\mathrm{r}(\boldsymbol{\beta}_1, \boldsymbol{\beta}_2, \cdots, \boldsymbol{\beta}_t).$$

(证法二) 设 $\boldsymbol{\alpha}_{i_1}, \boldsymbol{\alpha}_{i_2}, \cdots, \boldsymbol{\alpha}_{i_{r_1}}$ 和 $\boldsymbol{\beta}_{j_1}, \boldsymbol{\beta}_{j_2}, \cdots, \boldsymbol{\beta}_{j_{r_2}}$ 分别是给定向量组 $\boldsymbol{\alpha}_1$, $\boldsymbol{\alpha}_2, \cdots, \boldsymbol{\alpha}_s$ 和 $\boldsymbol{\beta}_1, \boldsymbol{\beta}_2, \cdots, \boldsymbol{\beta}_t$ 的极大无关组. 于是, 向量组

$$\boldsymbol{\alpha}_1, \boldsymbol{\alpha}_2, \cdots, \boldsymbol{\alpha}_s, \boldsymbol{\beta}_1, \boldsymbol{\beta}_2, \cdots, \boldsymbol{\beta}_t$$

可以由其部分组

$$\boldsymbol{\alpha}_{i_1}, \boldsymbol{\alpha}_{i_2}, \cdots, \boldsymbol{\alpha}_{i_{r_1}}, \boldsymbol{\beta}_{j_1}, \boldsymbol{\beta}_{j_2}, \cdots, \boldsymbol{\beta}_{j_{r_2}}$$

线性表示. 从而,

$$\mathrm{r}\{\boldsymbol{\alpha}_1,\cdots,\boldsymbol{\alpha}_s,\ \boldsymbol{\beta}_1,\cdots,\boldsymbol{\beta}_t\}\leqslant \mathrm{r}\{\boldsymbol{\alpha}_{i_1},\cdots,\boldsymbol{\alpha}_{i_{r_1}},\ \boldsymbol{\beta}_{j_1},\cdots,\boldsymbol{\beta}_{j_{r_2}}\}\leqslant r_1+r_2. \qquad \square$$

2.4.2 向量组的极大无关组的计算 (I)

我们将在 3.3 节给出一般的向量组的极大无关组的计算办法. 对于一些不太复杂的向量组, 其极大无关组可以用观察法得到.

我们知道, 如果向量组 $\boldsymbol{\alpha}_1, \boldsymbol{\alpha}_2, \cdots, \boldsymbol{\alpha}_s$ 的秩为 r, 则 $\boldsymbol{\alpha}_1, \boldsymbol{\alpha}_2, \cdots, \boldsymbol{\alpha}_s$ 中任意 r 个线性无关的向量都是 $\boldsymbol{\alpha}_1, \boldsymbol{\alpha}_2, \cdots, \boldsymbol{\alpha}_s$ 的极大无关组 (见本章练习题第 15 题). 因此, 若能计算出向量组 $\boldsymbol{\alpha}_1, \boldsymbol{\alpha}_2, \cdots, \boldsymbol{\alpha}_s$ 的秩为 r, 并能判断出其中的 r 个向量是线性无关的, 我们就可得到其一极大无关组.

从定理 2.5 的证明可以看出, 矩阵 $(\boldsymbol{\alpha}_1, \boldsymbol{\alpha}_2, \cdots, \boldsymbol{\alpha}_s)$ 中非零的 r 阶子式所涉及的 r 个列向量肯定线性无关, 因而就是 $\boldsymbol{\alpha}_1, \boldsymbol{\alpha}_2, \cdots, \boldsymbol{\alpha}_s$ 的一个极大无关组.

例 2.9 已知参数 a, b 互异, 求向量组 $(1,2)^{\mathrm{T}}$, $(1,a)^{\mathrm{T}}$, $(1,b)^{\mathrm{T}}$ 的一个极大无关组.

解 由于 3 个 2 维向量一定线性相关, 这三个向量一定线性相关. 又因为 a, b 互异, 故 $(1,a)^{\mathrm{T}}$, $(1,b)^{\mathrm{T}}$ 线性无关. 因此, 这个向量组的秩为 2, 且 $(1,a)^{\mathrm{T}}$, $(1,b)^{\mathrm{T}}$ 是所要求的极大无关组. □

例 2.10 已知向量组 $\boldsymbol{\alpha}_1$, $\boldsymbol{\alpha}_2$, $\boldsymbol{\alpha}_3$ 线性无关, 求向量组 $\boldsymbol{\alpha}_1-\boldsymbol{\alpha}_2$, $\boldsymbol{\alpha}_2-\boldsymbol{\alpha}_3$, $\boldsymbol{\alpha}_3-\boldsymbol{\alpha}_1$ 的一个极大无关组.

解 由于 $(\boldsymbol{\alpha}_1-\boldsymbol{\alpha}_2)+(\boldsymbol{\alpha}_2-\boldsymbol{\alpha}_3)+(\boldsymbol{\alpha}_3-\boldsymbol{\alpha}_1)=\mathbf{0}$, 故 $\boldsymbol{\alpha}_1-\boldsymbol{\alpha}_2$, $\boldsymbol{\alpha}_2-\boldsymbol{\alpha}_3$, $\boldsymbol{\alpha}_3-\boldsymbol{\alpha}_1$ 的秩最多为 2. 不难证明, $\boldsymbol{\alpha}_1-\boldsymbol{\alpha}_2$, $\boldsymbol{\alpha}_2-\boldsymbol{\alpha}_3$ 是线性无关的. 事实上, 若

$$k_1(\boldsymbol{\alpha}_1-\boldsymbol{\alpha}_2)+k_2(\boldsymbol{\alpha}_2-\boldsymbol{\alpha}_3)=\mathbf{0},$$

即 $k_1\boldsymbol{\alpha}_1+(-k_1+k_2)\boldsymbol{\alpha}_2-k_2\boldsymbol{\alpha}_3=\mathbf{0}$, 因为 $\boldsymbol{\alpha}_1$, $\boldsymbol{\alpha}_2$, $\boldsymbol{\alpha}_3$ 线性无关, 故 $k_1=k_2=0$. 因此, $\boldsymbol{\alpha}_1-\boldsymbol{\alpha}_2$, $\boldsymbol{\alpha}_2-\boldsymbol{\alpha}_3$, $\boldsymbol{\alpha}_3-\boldsymbol{\alpha}_1$ 的秩就是 2, 且 $\boldsymbol{\alpha}_1-\boldsymbol{\alpha}_2$, $\boldsymbol{\alpha}_2-\boldsymbol{\alpha}_3$ 是所要求的极大无关组. □

2.5 向 量 空 间

本节我们将介绍向量空间以及向量空间的基、维数的概念, 并介绍向量空间中向量在给定基下的坐标, 以及基变换与坐标变换公式.

2.5.1 向量空间的概念

定义 2.6 设 V 为 $\mathbb{R}^n$ 的非空子集. 若对任意 $\boldsymbol{\alpha}, \boldsymbol{\beta}\in V$ 及实数 k, 有

$$\boldsymbol{\alpha}+\boldsymbol{\beta}\in V, \quad k\boldsymbol{\alpha}\in V,$$

则称 V 是 $\mathbb{R}^n$ 的子空间, 或简称为向量空间.

简单地讲, 所谓向量空间, 就是 $\mathbb{R}^n$ 的在向量的线性运算下封闭的非空子集.

比如, 2维向量全体 $\mathbb{R}^2$ 是一向量空间. 这是因为任意两个2维向量之和仍是2维向量; 任意一个2维向量与一数之积仍是2维向量. 因此, $\mathbb{R}^2$ 关于2维向量的线性运算是封闭的. 前文曾提到, $\mathbb{R}^2$ 也可以看成是平面上向量全体之集.

同样, 3维向量全体 $\mathbb{R}^3$ 也是一向量空间. 用类似的办法可以验证, $\mathbb{R}^n$ 是一向量空间. 应当注意的是, $\mathbb{R}^2$, $\mathbb{R}^3$ 都是具有非常明确的几何直观的, 但 $\mathbb{R}^n$ $(n \geqslant 4)$ 就不具备这样的几何解释了.

再如 $\mathbb{R}^3$ 的子集 $V = \left\{ (x, y, 0)^{\mathrm{T}} \middle|\ x, y \in \mathbb{R} \right\}$. 这个集合中元素的特点是其第三个分量为零. 显然, 这样的集合关于线性运算是封闭的. 因此, V 是一个向量空间. 这个向量空间可以看成是几何空间中 xOy 平面上起点为坐标原点, 终点为 $(x, y, 0)^{\mathrm{T}}$ 的向量全体所成之集. 形如 $(x, y, 0)^{\mathrm{T}}$ 的这些点构成几何空间中的一个平面.

设 $\mathbb{R}^3$ 的子集 $W = \left\{ (x, y, z)^{\mathrm{T}} \in \mathbb{R}^3 \middle|\ x + 2y - 3z = 1 \right\}$. 容易验证, W 关于向量的线性运算不封闭. 事实上, $\boldsymbol{\alpha} = (1, 0, 0)^{\mathrm{T}} \in W$, 但 $2\boldsymbol{\alpha} = (2, 0, 0)^{\mathrm{T}} \notin W$. 因此, W 关于向量的数乘运算不封闭. 故 W 不是向量空间.

W 也可以看成是几何空间中起点为坐标原点, 终点为 $(x, y, z)^{\mathrm{T}}$ 的向量全体所成之集, 其中, $(x, y, z)^{\mathrm{T}}$ 的分量满足条件 $x + 2y - 3z = 1$. 显然, 满足这一条件的那些点构成几何空间中的一个平面.

容易验证, 起点为坐标原点, 终点在一平面上的向量全体是否构成一向量空间, 关键是要看这个平面是否经过坐标原点. 如果坐标原点在这个平面上, 这些向量就构成向量空间; 如果坐标原点不在这个平面上, 这些向量就不构成向量空间.

再看 $\mathbb{R}^n$ 中的一个例子. 设 $\mathbb{R}^n$ 的子集

$$V = \left\{ (x_1, x_2, \cdots, x_n)^{\mathrm{T}} \middle| \sum_{i=1}^{n} x_i = 0 \right\}.$$

很明显, V 关于向量的线性运算封闭, 从而构成一向量空间.

更一般地, 若 $\boldsymbol{A}$ 是 $s \times n$ 矩阵, 容易证明, $\mathbb{R}^n$ 的子集 $V = \{\boldsymbol{\eta} \in \mathbb{R}^n \mid \boldsymbol{A\eta} = \boldsymbol{0}\}$ 是向量空间.

显然, 若 $\boldsymbol{\alpha}_1$, $\boldsymbol{\alpha}_2$, $\cdots$, $\boldsymbol{\alpha}_s$ 都是 n 维向量, 则集合

$$V = \left\{ \sum_{i=1}^{s} k_i \boldsymbol{\alpha}_i \middle|\ k_i \in \mathbb{R},\ i = 1, \cdots, s \right\}$$

关于向量的线性运算封闭, 从而构成一向量空间. 称 V 是由向量组 $\boldsymbol{\alpha}_1$, $\boldsymbol{\alpha}_2$, $\cdots$,

$\boldsymbol{\alpha}_s$ 生成的向量空间, 记为 $V = \mathrm{L}(\boldsymbol{\alpha}_1, \boldsymbol{\alpha}_2, \cdots, \boldsymbol{\alpha}_s)$, 称 $\boldsymbol{\alpha}_1, \boldsymbol{\alpha}_2, \cdots, \boldsymbol{\alpha}_s$ 是这个空间的生成元.

不难验证, 若 $\boldsymbol{A} = (\boldsymbol{\alpha}_1, \boldsymbol{\alpha}_2, \cdots, \boldsymbol{\alpha}_n)$ 为 $s \times n$ 矩阵, 则 $V = \{\boldsymbol{A\eta} \mid \boldsymbol{\eta} \in \mathbb{R}^n\}$ 是向量空间. 可以证明, $V = \mathrm{L}(\boldsymbol{\alpha}_1, \boldsymbol{\alpha}_2, \cdots, \boldsymbol{\alpha}_n)$. 因此, V 也常称为矩阵 $\boldsymbol{A}$ 的列空间.

2.5.2 向量空间的基和维数

向量空间是满足特定条件的向量的集合. 根据定义, 单独一个零向量构成的集合 $\{\mathbf{0}\}$ 也构成一个向量空间. 若向量空间 V 中存在非零向量, 比如 $\mathbf{0} \neq \boldsymbol{\alpha} \in V$, 则 $k\boldsymbol{\alpha} \in V$, 其中 k 为任意数, 可见 V 为无限集. 在这种情况下, 我们希望找出这个集合的最小生成元集, 为解决关于 V 的问题带来便利.

定义 2.7　设 V 为一向量空间, 若 V 中向量 $\boldsymbol{\alpha}_1, \boldsymbol{\alpha}_2, \cdots, \boldsymbol{\alpha}_s$ 满足

(1) $\boldsymbol{\alpha}_1, \boldsymbol{\alpha}_2, \cdots, \boldsymbol{\alpha}_s$ 线性无关;

(2) V 中每个向量均可由 $\boldsymbol{\alpha}_1, \boldsymbol{\alpha}_2, \cdots, \boldsymbol{\alpha}_s$ 线性表示, 则称 $\boldsymbol{\alpha}_1, \boldsymbol{\alpha}_2, \cdots, \boldsymbol{\alpha}_s$ 为向量空间 V 的一组基.

根据定义, 向量空间 V 的任意两组基是等价的向量组. 由此容易证明, 若 V 的一组基中含 s 个向量, 则 V 的任一基中均含 s 个向量. 这时, 我们称 s 是 V 的维数, 记为 $s = \dim V$. 注意, 当 $V = \{\mathbf{0}\}$ 时, 其中不存在线性无关的向量组, 我们规定 $V = \{\mathbf{0}\}$ 的维数为 0.

例 2.11　求 $V = \left\{ (x, y, 0)^{\mathrm{T}} \middle| \ x, y \in \mathbb{R} \right\}$ 的基和维数.

解　因为 $\boldsymbol{e}_1 = (1, 0, 0)^{\mathrm{T}}$, $\boldsymbol{e}_2 = (0, 1, 0)^{\mathrm{T}} \in V$ 是线性无关的, 且对任意 $\boldsymbol{\alpha} = (x, y, 0)^{\mathrm{T}} \in V$, 有 $\boldsymbol{\alpha} = x\boldsymbol{e}_1 + y\boldsymbol{e}_2$, 可见 $\boldsymbol{e}_1, \boldsymbol{e}_2$ 是 V 的一组基, $\dim V = 2$. □

可能有人会说, 3 维基本单位向量组 $\boldsymbol{e}_1, \boldsymbol{e}_2, \boldsymbol{e}_3$ 是线性无关的, 并且 V 中每个向量都可以由 $\boldsymbol{e}_1, \boldsymbol{e}_2, \boldsymbol{e}_3$ 线性表示, 这样, V 不应该是 3 维的吗? 请读者仔细想一想.

例 2.12　求 $V = \left\{ (x_1, x_2, \cdots, x_n)^{\mathrm{T}} \middle| \sum\limits_{i=1}^{n} x_i = 0 \right\}$ 的基和维数.

解　将 V 中向量 $(x_1, x_2, \cdots, x_{n-1}, x_n)^{\mathrm{T}}$ 要满足的条件 $\sum\limits_{i=1}^{n} x_i = 0$ 改写成

$$x_n = -x_1 - x_2 - \cdots - x_{n-1}.$$

由此可见

$$V = \left\{ (x_1, x_2, \cdots, x_{n-1}, -x_1 - x_2 - \cdots - x_{n-1})^{\mathrm{T}} \middle| \ x_1, x_2, \cdots, x_{n-1} \in \mathbb{R} \right\}.$$

注意到

$$\begin{aligned} &(x_1, x_2, \cdots, x_{n-1}, -x_1 - x_2 - \cdots - x_{n-1})^{\mathrm{T}} \\ =& x_1(\boldsymbol{e}_1 - \boldsymbol{e}_n) + x_2(\boldsymbol{e}_2 - \boldsymbol{e}_n) + \cdots + x_{n-1}(\boldsymbol{e}_{n-1} - \boldsymbol{e}_n), \end{aligned}$$

这表明, V 中每个向量均可由向量组 $\boldsymbol{e}_1-\boldsymbol{e}_n$, $\boldsymbol{e}_2-\boldsymbol{e}_n$, $\cdots$, $\boldsymbol{e}_{n-1}-\boldsymbol{e}_n$ 线性表示. 而且, 明显地, $\boldsymbol{e}_1-\boldsymbol{e}_n$, $\boldsymbol{e}_2-\boldsymbol{e}_n$, $\cdots$, $\boldsymbol{e}_{n-1}-\boldsymbol{e}_n\in V$, 并且它们是线性无关的. 因此, $\boldsymbol{e}_1-\boldsymbol{e}_n$, $\boldsymbol{e}_2-\boldsymbol{e}_n$, $\cdots$, $\boldsymbol{e}_{n-1}-\boldsymbol{e}_n$ 是 V 的一组基, 可见 $\dim V=n-1$. □

对于由一个向量组生成的向量空间的基和维数, 我们有下述定理.

定理 2.7 对于向量组 $\boldsymbol{\alpha}_1$, $\boldsymbol{\alpha}_2$, $\cdots$, $\boldsymbol{\alpha}_s$, $V=\mathrm{L}(\boldsymbol{\alpha}_1,\boldsymbol{\alpha}_2,\cdots,\boldsymbol{\alpha}_s)$, 则 $\boldsymbol{\alpha}_1$, $\boldsymbol{\alpha}_2$, $\cdots$, $\boldsymbol{\alpha}_s$ 的极大无关组是 V 的基, 因此 $\dim V=\mathrm{r}\{\boldsymbol{\alpha}_1,\boldsymbol{\alpha}_2,\cdots,\boldsymbol{\alpha}_s\}$.

这个定理的证明请读者自己给出.

2.5.3 向量在基下的坐标

定义 2.8 设 $\boldsymbol{\alpha}_1$, $\boldsymbol{\alpha}_2$, $\cdots$, $\boldsymbol{\alpha}_s$ 为向量空间 V 的一组基. 对于任意 $\boldsymbol{\eta}\in V$, 若

$$\boldsymbol{\eta}=x_1\boldsymbol{\alpha}_1+x_2\boldsymbol{\alpha}_2+\cdots+x_s\boldsymbol{\alpha}_s,$$

则称列向量 $(x_1,x_2,\cdots,x_s)^{\mathrm{T}}$ 是向量 $\boldsymbol{\eta}$ 在 V 的基 $\boldsymbol{\alpha}_1$, $\boldsymbol{\alpha}_2$, $\cdots$, $\boldsymbol{\alpha}_s$ 下的坐标列向量, 简称为坐标.

例如, $\boldsymbol{e}_1$, $\boldsymbol{e}_2$, $\cdots$, $\boldsymbol{e}_n$ 是 $\mathbb{R}^n$ 的基. 若 $\boldsymbol{\eta}=(x_1,x_2,\cdots,x_n)^{\mathrm{T}}$, 则

$$\boldsymbol{\eta}=x_1\boldsymbol{e}_1+x_2\boldsymbol{e}_2+\cdots+x_n\boldsymbol{e}_n.$$

所以, $\boldsymbol{\eta}$ 在 $\boldsymbol{e}_1$, $\boldsymbol{e}_2$, $\cdots$, $\boldsymbol{e}_n$ 下的坐标就是 $(x_1,x_2,\cdots,x_n)^{\mathrm{T}}$

再如, $\boldsymbol{e}_1=(1,0,0)^{\mathrm{T}}$, $\boldsymbol{e}_2=(0,1,0)^{\mathrm{T}}$ 是 $V=\left\{(x,y,0)^{\mathrm{T}}\middle|\ x,y\in\mathbb{R}\right\}$ 的基. 设 $\boldsymbol{\alpha}=(x,y,0)^{\mathrm{T}}\in V$, 则因 $\boldsymbol{\alpha}=x\boldsymbol{e}_1+y\boldsymbol{e}_2$, 故 $\boldsymbol{\alpha}$ 在基 $\boldsymbol{e}_1$, $\boldsymbol{e}_2$ 下的坐标为 $(x,y)^{\mathrm{T}}$.

在向量空间 $V=\left\{(x_1,x_2,\cdots,x_n)^{\mathrm{T}}\ \middle|\ \sum\limits_{i=1}^{n}x_i=0\right\}$ 中, 向量组 $\boldsymbol{e}_1-\boldsymbol{e}_n$, $\boldsymbol{e}_2-\boldsymbol{e}_n$, $\cdots$, $\boldsymbol{e}_{n-1}-\boldsymbol{e}_n$ 是 V 的一组基. 任取 $\boldsymbol{\eta}=(x_1,x_2,\cdots,x_n)^{\mathrm{T}}\in V$, 由 $\sum\limits_{i=1}^{n}x_i=0$ 可得

$$\begin{aligned}\boldsymbol{\eta}&=(x_1,x_2,\cdots,x_{n-1},-x_1-x_2-\cdots-x_{n-1})^{\mathrm{T}}\\&=x_1(\boldsymbol{e}_1-\boldsymbol{e}_n)+x_2(\boldsymbol{e}_2-\boldsymbol{e}_n)+\cdots+x_{n-1}(\boldsymbol{e}_{n-1}-\boldsymbol{e}_n),\end{aligned}$$

所以, $\boldsymbol{\eta}$ 在基 $\boldsymbol{e}_1-\boldsymbol{e}_n,\boldsymbol{e}_2-\boldsymbol{e}_n,\cdots,\boldsymbol{e}_{n-1}-\boldsymbol{e}_n$ 下的坐标为 $(x_1,x_2,\cdots,x_{n-1})^{\mathrm{T}}$.

应当注意的是, 向量空间的基不是唯一的. 一个向量在不同的基下有不同的坐标. 同时, 按照基和坐标的定义, 向量空间的基是有序的. 也就是说, 如果一个向量组构成向量空间的一组基, 那么, 只要调整这组基中向量的次序, 我们就可得到不同的基.

例如, 对于向量空间 $V=\left\{(x,y,0)^{\mathrm{T}}\middle|\ x,y\in\mathbb{R}\right\}$, $\boldsymbol{e}_1=(1,0,0)^{\mathrm{T}}$, $\boldsymbol{e}_2=(0,1,0)^{\mathrm{T}}$ 是 V 的一组基. 同样, $\boldsymbol{e}_2$, $\boldsymbol{e}_1$ 也是 V 的一组基. 由于其中向量的次序不同, 我们认

为, 这是两组不同的基. 根据定义, 向量 $\boldsymbol{\alpha}=(x,y,0)^{\mathrm{T}}\in V$ 在基 $\boldsymbol{e}_1$, $\boldsymbol{e}_2$ 下的坐标为 $(x,y)^{\mathrm{T}}$, 而 $\boldsymbol{\alpha}$ 在基 $\boldsymbol{e}_2,\boldsymbol{e}_1$ 下的坐标为 $(y,x)^{\mathrm{T}}$.

在下一段, 我们将讨论向量在不同基下的坐标间的关系.

2.5.4　基变换与坐标变换

设 $\boldsymbol{\alpha}_1$, $\boldsymbol{\alpha}_2$, $\cdots$, $\boldsymbol{\alpha}_s$ 和 $\boldsymbol{\beta}_1$, $\boldsymbol{\beta}_2$, $\cdots$, $\boldsymbol{\beta}_s$ 都是向量空间 V 的基, 如果对每个 j, $\boldsymbol{\beta}_j$ 在 V 的基 $\boldsymbol{\alpha}_1$, $\boldsymbol{\alpha}_2$, $\cdots$, $\boldsymbol{\alpha}_s$ 下的坐标是 $\boldsymbol{p}_j$, 令矩阵 $\boldsymbol{P}=(\boldsymbol{p}_1,\boldsymbol{p}_2,\cdots,\boldsymbol{p}_s)$, 则 $\boldsymbol{P}$ 是 s 阶可逆矩阵. 称 $\boldsymbol{P}$ 是从基 $\boldsymbol{\alpha}_1$, $\boldsymbol{\alpha}_2$, $\cdots$, $\boldsymbol{\alpha}_s$ 到基 $\boldsymbol{\beta}_1$, $\boldsymbol{\beta}_2$, $\cdots$, $\boldsymbol{\beta}_s$ 的**过渡矩阵**.

此时, 如果 V 是列向量空间 $\mathbb{R}^n$ 的子空间, 则 $(\boldsymbol{\alpha}_1,\boldsymbol{\alpha}_2,\cdots,\boldsymbol{\alpha}_s)$, $(\boldsymbol{\beta}_1,\boldsymbol{\beta}_2,\cdots,\boldsymbol{\beta}_s)$ 为 $n\times s$ 矩阵, 且上述三个矩阵之间满足关系

$$(\boldsymbol{\beta}_1,\boldsymbol{\beta}_2,\cdots,\boldsymbol{\beta}_s)=(\boldsymbol{\alpha}_1,\boldsymbol{\alpha}_2,\cdots,\boldsymbol{\alpha}_s)\boldsymbol{P}.$$

例 2.13　设

$$\boldsymbol{\alpha}_1=\begin{pmatrix}1\\2\\3\end{pmatrix},\quad \boldsymbol{\alpha}_2=\begin{pmatrix}2\\3\\4\end{pmatrix},\quad \boldsymbol{\alpha}_3=\begin{pmatrix}1\\1\\0\end{pmatrix},$$

证明 $\boldsymbol{\alpha}_1,\boldsymbol{\alpha}_2,\boldsymbol{\alpha}_3$ 是 $\mathbb{R}^3$ 的一组基, 并求从基 $\boldsymbol{\alpha}_1,\boldsymbol{\alpha}_2,\boldsymbol{\alpha}_3$ 到基 $\boldsymbol{e}_1,\boldsymbol{e}_2,\boldsymbol{e}_3$ 的过渡矩阵.

解　记 $\boldsymbol{A}=(\boldsymbol{\alpha}_1,\boldsymbol{\alpha}_2,\boldsymbol{\alpha}_3)$. 由 $|\boldsymbol{A}|=1\neq 0$ 知 $\boldsymbol{\alpha}_1$, $\boldsymbol{\alpha}_2$, $\boldsymbol{\alpha}_3$ 线性无关, 由例 2.7 知 $\boldsymbol{\alpha}_1$, $\boldsymbol{\alpha}_2$, $\boldsymbol{\alpha}_3$ 是 $\mathbb{R}^3$ 的一组基.

由于

$$(\boldsymbol{\alpha}_1,\boldsymbol{\alpha}_2,\boldsymbol{\alpha}_3)=(\boldsymbol{e}_1,\boldsymbol{e}_2,\boldsymbol{e}_3)\boldsymbol{A},$$

所以, $(\boldsymbol{e}_1,\boldsymbol{e}_2,\boldsymbol{e}_3)=(\boldsymbol{\alpha}_1,\boldsymbol{\alpha}_2,\boldsymbol{\alpha}_3)\boldsymbol{A}^{-1}$, 因此, 从基 $\boldsymbol{\alpha}_1,\boldsymbol{\alpha}_2,\boldsymbol{\alpha}_3$ 到基 $\boldsymbol{e}_1,\boldsymbol{e}_2,\boldsymbol{e}_3$ 的过渡矩阵为

$$\boldsymbol{A}^{-1}=\begin{pmatrix}-4&4&-1\\3&-3&1\\-1&2&-1\end{pmatrix}.$$

□

再举一个例子. 考虑向量 $\boldsymbol{\alpha}_1=(2,-1,3)^{\mathrm{T}}$, $\boldsymbol{\alpha}_2=(1,2,-1)^{\mathrm{T}}$, $\boldsymbol{\alpha}_3=(4,3,1)^{\mathrm{T}}$, 以及 $\mathbb{R}^3$ 的子空间 $V=\mathrm{L}(\boldsymbol{\alpha}_1,\boldsymbol{\alpha}_2,\boldsymbol{\alpha}_3)$. 容易验证, 向量组 $\boldsymbol{\alpha}_1$, $\boldsymbol{\alpha}_2$, $\boldsymbol{\alpha}_3$ 的秩为 2, 因此, $\dim V=2$. 从而, $\boldsymbol{\alpha}_1$, $\boldsymbol{\alpha}_2$, $\boldsymbol{\alpha}_3$ 中任意两个线性无关的向量都是 V 的基. 由于 $\boldsymbol{\alpha}_1$, $\boldsymbol{\alpha}_2$, $\boldsymbol{\alpha}_3$ 中任意两个向量都是线性无关的, 所以, 其中任意两个向量都是 V 的基. 例如, $\boldsymbol{\alpha}_1$, $\boldsymbol{\alpha}_2$ 是 V 的一组基, $\boldsymbol{\alpha}_3$, $\boldsymbol{\alpha}_1$ 也是 V 的一组基. 由于 $\boldsymbol{\alpha}_3=1\cdot\boldsymbol{\alpha}_1+2\cdot\boldsymbol{\alpha}_2$, $\boldsymbol{\alpha}_1=1\cdot\boldsymbol{\alpha}_1+0\cdot\boldsymbol{\alpha}_2$, 即 $\boldsymbol{\alpha}_3$ 在基 $\boldsymbol{\alpha}_1$, $\boldsymbol{\alpha}_2$ 下的坐标是 $(1,2)^{\mathrm{T}}$, $\boldsymbol{\alpha}_1$ 在

基 $\boldsymbol{\alpha}_1$, $\boldsymbol{\alpha}_2$ 下的坐标是 $(1,0)^{\mathrm{T}}$, 因此, 从基 $\boldsymbol{\alpha}_1$, $\boldsymbol{\alpha}_2$ 到基 $\boldsymbol{\alpha}_3$, $\boldsymbol{\alpha}_1$ 的过渡矩阵为

$$\begin{pmatrix} 1 & 1 \\ 2 & 0 \end{pmatrix}.$$

下面讨论向量在不同的基下坐标间的关系. 我们有下述定理.

定理 2.8 设向量空间 V 的从基 $\boldsymbol{\alpha}_1, \boldsymbol{\alpha}_2, \cdots, \boldsymbol{\alpha}_s$ 到基 $\boldsymbol{\beta}_1, \boldsymbol{\beta}_2, \cdots, \boldsymbol{\beta}_s$ 的过渡矩阵为 $\boldsymbol{P}$, 向量 $\boldsymbol{\eta} \in V$ 在基 $\boldsymbol{\alpha}_1, \boldsymbol{\alpha}_2, \cdots, \boldsymbol{\alpha}_s$ 及 $\boldsymbol{\beta}_1, \boldsymbol{\beta}_2, \cdots, \boldsymbol{\beta}_s$ 下的坐标分别是 $\boldsymbol{x}$ 和 $\boldsymbol{y}$, 则必定有

$$\boldsymbol{x} = \boldsymbol{P}\boldsymbol{y}, \quad \boldsymbol{y} = \boldsymbol{P}^{-1}\boldsymbol{x}.$$

上述公式称为坐标变换公式.

证明 根据假定,

$$\boldsymbol{\eta} = (\boldsymbol{\alpha}_1, \boldsymbol{\alpha}_2, \cdots, \boldsymbol{\alpha}_s)\boldsymbol{x} = (\boldsymbol{\beta}_1, \boldsymbol{\beta}_2, \cdots, \boldsymbol{\beta}_s)\boldsymbol{y}.$$

由于 $(\boldsymbol{\beta}_1, \boldsymbol{\beta}_2, \cdots, \boldsymbol{\beta}_s) = (\boldsymbol{\alpha}_1, \boldsymbol{\alpha}_2, \cdots, \boldsymbol{\alpha}_s)\boldsymbol{P}$, 故有

$$(\boldsymbol{\alpha}_1, \boldsymbol{\alpha}_2, \cdots, \boldsymbol{\alpha}_s)\boldsymbol{x} = (\boldsymbol{\alpha}_1, \boldsymbol{\alpha}_2, \cdots, \boldsymbol{\alpha}_s)\boldsymbol{P}\boldsymbol{y}.$$

因为 $\boldsymbol{\alpha}_1, \boldsymbol{\alpha}_2, \cdots, \boldsymbol{\alpha}_s$ 线性无关, 所以, 必有矩阵等式 $\boldsymbol{x} = \boldsymbol{P}\boldsymbol{y}$ 和 $\boldsymbol{y} = \boldsymbol{P}^{-1}\boldsymbol{x}$. □

在例 2.12 中, 对于向量 $\boldsymbol{\eta} = (1,-1,1)^{\mathrm{T}}$, 如要求向量 $\boldsymbol{\eta}$ 在基 $\boldsymbol{\alpha}_1$, $\boldsymbol{\alpha}_2$, $\boldsymbol{\alpha}_3$ 下的坐标, 我们有两种办法. 一是根据坐标的定义, 设 $\boldsymbol{\eta} = k_1\boldsymbol{\alpha}_1 + k_2\boldsymbol{\alpha}_2 + k_3\boldsymbol{\alpha}_3$, 通过解方程组求得组合系数 k_1, k_2, k_3, 则 $(k_1, k_2, k_3)^{\mathrm{T}}$ 就是所要求的坐标. 我们也可以利用坐标变换公式求解: 因为 $\boldsymbol{\eta}$ 在基 $\boldsymbol{e}_1$, $\boldsymbol{e}_2$, $\boldsymbol{e}_3$ 下的坐标为 $\boldsymbol{\eta} = (1,-1,1)^{\mathrm{T}}$. 所以 $\boldsymbol{\eta}$ 在 $\boldsymbol{\alpha}_1$, $\boldsymbol{\alpha}_2$, $\boldsymbol{\alpha}_3$ 下的坐标就是 $\boldsymbol{y} = \boldsymbol{A}^{-1}\boldsymbol{x}$, 即

$$\boldsymbol{y} = \begin{pmatrix} -4 & 4 & -1 \\ 3 & -3 & 1 \\ -1 & 2 & -1 \end{pmatrix}\begin{pmatrix} 1 \\ -1 \\ 1 \end{pmatrix} = \begin{pmatrix} -9 \\ 7 \\ -4 \end{pmatrix}.$$

2.6 内积与正交矩阵

本节要将几何空间中向量的长度、向量间的夹角等概念推广到 n 维向量空间 $\mathbb{R}^n$ 上.

2.6.1 n 维向量的内积

在几何空间中, 我们不仅考虑向量间的线性关系, 还考虑有关向量的度量性质. 几何空间中最重要的度量概念是向量的长度和向量间的夹角. 我们知道, 这两

个度量概念可以用更基本的度量概念, 即向量的内积 (有的书上称为数量积, 或点积) 来表示. 因此, 要将几何空间中关于向量的度量概念推广到 n 维向量, 只要将内积的概念推广到 n 维向量即可.

定义 2.9　称 n 维向量 $\boldsymbol{\alpha}$, $\boldsymbol{\beta}$ 的对应的分量的乘积之和为这两个向量的内积, 记为 $\langle\boldsymbol{\alpha},\boldsymbol{\beta}\rangle$.

例如, 对列向量 $\boldsymbol{\alpha}=\begin{pmatrix}x_1\\x_2\\\vdots\\x_n\end{pmatrix}$, $\boldsymbol{\beta}=\begin{pmatrix}y_1\\y_2\\\vdots\\y_n\end{pmatrix}$, 则

$$\langle\boldsymbol{\alpha},\boldsymbol{\beta}\rangle=x_1y_1+x_2y_2+\cdots+x_ny_n.$$

这时, 它们的内积也可以用矩阵的乘积表示:

$$\langle\boldsymbol{\alpha},\boldsymbol{\beta}\rangle=\boldsymbol{\alpha}^{\mathrm{T}}\boldsymbol{\beta}.$$

利用内积的定义容易证明, 向量的内积具有下列性质.

性质 2.2　对于 n 维向量 $\boldsymbol{\alpha}$, $\boldsymbol{\beta}$, $\boldsymbol{\gamma}$ 及实数 k, 有

(1) $\langle\boldsymbol{\alpha},\boldsymbol{\beta}\rangle=\langle\boldsymbol{\beta},\boldsymbol{\alpha}\rangle$;

(2) $\langle k\boldsymbol{\alpha},\boldsymbol{\beta}\rangle=k\langle\boldsymbol{\alpha},\boldsymbol{\beta}\rangle$;

(3) $\langle\boldsymbol{\alpha}+\boldsymbol{\beta},\boldsymbol{\gamma}\rangle=\langle\boldsymbol{\alpha},\boldsymbol{\gamma}\rangle+\langle\boldsymbol{\beta},\boldsymbol{\gamma}\rangle$;

(4) $\langle\boldsymbol{\alpha},\boldsymbol{\alpha}\rangle\geqslant 0$, 且 $\langle\boldsymbol{\alpha},\boldsymbol{\alpha}\rangle=0$ 当且仅当 $\boldsymbol{\alpha}=\mathbf{0}$.

柯西 (Cauchy) 不等式可以用内积表示成

$$|\langle\boldsymbol{\alpha},\boldsymbol{\beta}\rangle|\leqslant\sqrt{\langle\boldsymbol{\alpha},\boldsymbol{\alpha}\rangle}\sqrt{\langle\boldsymbol{\beta},\boldsymbol{\beta}\rangle}.$$

利用内积, 可以定义向量的长度、向量间的夹角及正交性.

定义 2.10　设 $\boldsymbol{\alpha}$, $\boldsymbol{\beta}$ 都是 n 维向量,

(1) $\boldsymbol{\alpha}$ 的长度定义为 $\sqrt{\langle\boldsymbol{\alpha},\boldsymbol{\alpha}\rangle}$, 记为 $\|\boldsymbol{\alpha}\|$;

(2) 若 $\boldsymbol{\alpha}$, $\boldsymbol{\beta}$ 均不为零, 则它们的夹角定义为 $\arccos\dfrac{\langle\boldsymbol{\alpha},\boldsymbol{\beta}\rangle}{\|\boldsymbol{\alpha}\|\|\boldsymbol{\beta}\|}$.

若 $\|\boldsymbol{\alpha}\|=1$, 则称 $\boldsymbol{\alpha}$ 是单位向量; 若 $\langle\boldsymbol{\alpha},\boldsymbol{\beta}\rangle=0$, 则称 $\boldsymbol{\alpha},\boldsymbol{\beta}$ 是正交的, 记为 $\boldsymbol{\alpha}\perp\boldsymbol{\beta}$.

向量的长度具有如下性质.

性质 2.3　对于 n 维向量 $\boldsymbol{\alpha}$, $\boldsymbol{\beta}$ 及实数 k, 有

(1) 非负性: $\|\boldsymbol{\alpha}\|\geqslant 0$, 且 $\|\boldsymbol{\alpha}\|=0$ 当且仅当 $\boldsymbol{\alpha}=\mathbf{0}$.

(2) 齐次性: $\|k\boldsymbol{\alpha}\|=|k|\cdot\|\boldsymbol{\alpha}\|$.

(3) 三角不等式: $\|\boldsymbol{\alpha}+\boldsymbol{\beta}\|\leqslant\|\boldsymbol{\alpha}\|+\|\boldsymbol{\beta}\|$.

于是, 如果 $\boldsymbol{\alpha}$ 是非零向量, 则 $\dfrac{1}{\|\boldsymbol{\alpha}\|}\boldsymbol{\alpha}$ 一定是单位向量. 求这个单位向量的过程叫做将向量 $\boldsymbol{\alpha}$ 单位化.

由向量的夹角及正交性的定义, 零向量与任意向量都是正交的; 两个非零向量正交当且仅当这两个向量的夹角为 $\dfrac{\pi}{2}$.

2.6.2 正交向量组和施密特正交化方法

由两两正交的非零向量所构成的向量组称为*正交向量组*; 由两两正交的单位向量所构成的向量组称为*标准正交向量组* (或*正交规范向量组*).

例如, n 维基本单位向量组 $\boldsymbol{e}_1, \boldsymbol{e}_2, \cdots, \boldsymbol{e}_n$ 是标准正交向量组.

定理 2.9 正交向量组是线性无关的.

证明 设 $\boldsymbol{\alpha}_1, \boldsymbol{\alpha}_2, \cdots, \boldsymbol{\alpha}_s$ 是正交向量组, $k_1\boldsymbol{\alpha}_1 + k_2\boldsymbol{\alpha}_2 + \cdots + k_s\boldsymbol{\alpha}_s = \mathbf{0}$. 对任意 $j\,(1 \leqslant j \leqslant s)$, 将此式两端向量与 $\boldsymbol{\alpha}_j$ 作内积, 由于当 $i \neq j$ 时, $\langle \boldsymbol{\alpha}_i, \boldsymbol{\alpha}_j \rangle = 0$, 故可得 $k_j \langle \boldsymbol{\alpha}_j, \boldsymbol{\alpha}_j \rangle = 0$. 又因为 $\boldsymbol{\alpha}_j$ 是非零向量, 故 $\langle \boldsymbol{\alpha}_j, \boldsymbol{\alpha}_j \rangle \neq 0$, 因而 $k_j = 0$. 可见, $\boldsymbol{\alpha}_1, \boldsymbol{\alpha}_2, \cdots, \boldsymbol{\alpha}_s$ 是线性无关的. □

应当注意, 线性无关的向量组未必是正交向量组.

向量空间的由两两正交的非零向量所构成的基称为*正交基*; 由两两正交的单位向量所构成的基称为*标准正交基* (或*正交规范基*).

不难看出, 如果将向量空间的基比作几何空间的 (仿射) 坐标系的话, 那么, 向量空间的标准正交基就与几何空间的正交坐标系相对应.

下面介绍的*施密特*(Schmidt)*正交化方法*, 给出了经由一个线性无关向量组得到一与之等价的标准正交向量组的方法, 这同时也给出了求向量空间的标准正交基的方法.

注解Schmidt
正交化方法

欲用施密特正交化方法将给定的线性无关向量组 $\boldsymbol{\alpha}_1, \boldsymbol{\alpha}_2, \cdots, \boldsymbol{\alpha}_s$ 改造成标准正交向量组, 得分成两个步骤: 一是正交化, 二是单位化.

所谓正交化, 就是下面的递归过程. 取

$$\begin{aligned}
\boldsymbol{\beta}_1 &= \boldsymbol{\alpha}_1, \\
\boldsymbol{\beta}_2 &= \boldsymbol{\alpha}_2 - \frac{\langle \boldsymbol{\alpha}_2, \boldsymbol{\beta}_1 \rangle}{\langle \boldsymbol{\beta}_1, \boldsymbol{\beta}_1 \rangle}\boldsymbol{\beta}_1, \\
\boldsymbol{\beta}_3 &= \boldsymbol{\alpha}_3 - \frac{\langle \boldsymbol{\alpha}_3, \boldsymbol{\beta}_2 \rangle}{\langle \boldsymbol{\beta}_2, \boldsymbol{\beta}_2 \rangle}\boldsymbol{\beta}_2 - \frac{\langle \boldsymbol{\alpha}_3, \boldsymbol{\beta}_1 \rangle}{\langle \boldsymbol{\beta}_1, \boldsymbol{\beta}_1 \rangle}\boldsymbol{\beta}_1, \\
&\cdots\cdots
\end{aligned}$$

$$\boldsymbol{\beta}_s = \boldsymbol{\alpha}_s - \frac{\langle \boldsymbol{\alpha}_s, \boldsymbol{\beta}_{s-1} \rangle}{\langle \boldsymbol{\beta}_{s-1}, \boldsymbol{\beta}_{s-1} \rangle}\boldsymbol{\beta}_{s-1} - \cdots - \frac{\langle \boldsymbol{\alpha}_s, \boldsymbol{\beta}_1 \rangle}{\langle \boldsymbol{\beta}_1, \boldsymbol{\beta}_1 \rangle}\boldsymbol{\beta}_1.$$

容易验证, 这样得到的向量组 $\boldsymbol{\beta}_1, \boldsymbol{\beta}_2, \cdots, \boldsymbol{\beta}_s$ 中的每个向量与其前面的所有向量都正交, 而且, 对每个 $1 \leqslant k \leqslant s$, 向量组 $\boldsymbol{\alpha}_1, \boldsymbol{\alpha}_2, \cdots, \boldsymbol{\alpha}_k$ 与 $\boldsymbol{\beta}_1, \boldsymbol{\beta}_2, \cdots, \boldsymbol{\beta}_k$ 等价. 特别地, $\boldsymbol{\beta}_1, \boldsymbol{\beta}_2, \cdots, \boldsymbol{\beta}_s$ 是一个与 $\boldsymbol{\alpha}_1, \boldsymbol{\alpha}_2, \cdots, \boldsymbol{\alpha}_s$ 等价的正交向量组.

要得到与 $\boldsymbol{\alpha}_1, \boldsymbol{\alpha}_2, \cdots, \boldsymbol{\alpha}_s$ 等价的标准正交向量组, 只要将 $\boldsymbol{\beta}_1, \boldsymbol{\beta}_2, \cdots, \boldsymbol{\beta}_s$ 单位化即可, 即取

$$\boldsymbol{\gamma}_j = \frac{1}{\|\boldsymbol{\beta}_j\|}\boldsymbol{\beta}_j, \quad j = 1, 2, \cdots, s.$$

例 2.14　用 Schmidt 正交化方法求一个与线性无关向量组

$$\boldsymbol{\alpha}_1 = \begin{pmatrix} 1 \\ 1 \\ -1 \\ -1 \end{pmatrix}, \quad \boldsymbol{\alpha}_2 = \begin{pmatrix} 1 \\ -1 \\ 1 \\ -1 \end{pmatrix}, \quad \boldsymbol{\alpha}_3 = \begin{pmatrix} 1 \\ 0 \\ -1 \\ 0 \end{pmatrix}$$

等价的标准正交向量组.

解　利用 Schmidt 正交化方法, 先将这个向量组正交化. 令

$$\boldsymbol{\beta}_1 = \boldsymbol{\alpha}_1,$$

$$\boldsymbol{\beta}_2 = \boldsymbol{\alpha}_2 - \frac{\langle \boldsymbol{\alpha}_2, \boldsymbol{\beta}_1 \rangle}{\langle \boldsymbol{\beta}_1, \boldsymbol{\beta}_1 \rangle}\boldsymbol{\beta}_1 = \boldsymbol{\alpha}_2 - \frac{0}{4} \cdot \boldsymbol{\beta}_1 = \boldsymbol{\alpha}_2,$$

$$\boldsymbol{\beta}_3 = \boldsymbol{\alpha}_3 - \frac{\langle \boldsymbol{\alpha}_3, \boldsymbol{\beta}_2 \rangle}{\langle \boldsymbol{\beta}_2, \boldsymbol{\beta}_2 \rangle}\boldsymbol{\beta}_2 - \frac{\langle \boldsymbol{\alpha}_3, \boldsymbol{\beta}_1 \rangle}{\langle \boldsymbol{\beta}_1, \boldsymbol{\beta}_1 \rangle}\boldsymbol{\beta}_1 = \boldsymbol{\alpha}_3 - \frac{0}{4}\boldsymbol{\beta}_2 - \frac{2}{4}\boldsymbol{\beta}_1 = \frac{1}{2}\begin{pmatrix} 1 \\ -1 \\ -1 \\ 1 \end{pmatrix}.$$

再将 $\boldsymbol{\beta}_1, \boldsymbol{\beta}_2, \boldsymbol{\beta}_3$ 单位化即得所求的标准正交向量组:

$$\boldsymbol{\gamma}_1 = \frac{\boldsymbol{\beta}_1}{\|\boldsymbol{\beta}_1\|} = \frac{1}{2}\begin{pmatrix} 1 \\ 1 \\ -1 \\ -1 \end{pmatrix}, \quad \boldsymbol{\gamma}_2 = \frac{\boldsymbol{\beta}_2}{\|\boldsymbol{\beta}_2\|} = \frac{1}{2}\begin{pmatrix} 1 \\ -1 \\ 1 \\ -1 \end{pmatrix}, \quad \boldsymbol{\gamma}_3 = \frac{\boldsymbol{\beta}_3}{\|\boldsymbol{\beta}_3\|} = \frac{1}{2}\begin{pmatrix} 1 \\ -1 \\ -1 \\ 1 \end{pmatrix}. \quad \square$$

对于给定的向量空间, 如果已知其一组基, 只要利用施密特正交化方法将之正交化, 单位化, 就可得到这个空间的一组标准正交基.

2.6.3 正交矩阵

定义 2.11 如果 n 阶实矩阵 $\boldsymbol{A}$ 满足 $\boldsymbol{A}^{\mathrm{T}}\boldsymbol{A}=\boldsymbol{E}$, 则称 $\boldsymbol{A}$ 是正交矩阵, 简称正交阵.

例如,

$$\begin{pmatrix}1 & 0\\ 0 & -1\end{pmatrix},\quad \begin{pmatrix}\cos\theta & -\sin\theta\\ \sin\theta & \cos\theta\end{pmatrix}$$

都是正交阵.

由定义可知, 实矩阵 $\boldsymbol{A}$ 是正交矩阵当且仅当 $\boldsymbol{A}$ 是可逆的, 同时 $\boldsymbol{A}^{-1}=\boldsymbol{A}^{\mathrm{T}}$.

正交矩阵是一类重要的矩阵, 在此, 我们可以用向量的内积来刻画它们. 事实上, 若将 $\boldsymbol{A}$ 用其列向量表示成 $\boldsymbol{A}=(\boldsymbol{\alpha}_1,\boldsymbol{\alpha}_2,\cdots,\boldsymbol{\alpha}_n)$, 则

$$\boldsymbol{A}^{\mathrm{T}}=\begin{pmatrix}\boldsymbol{\alpha}_1^{\mathrm{T}}\\ \boldsymbol{\alpha}_2^{\mathrm{T}}\\ \vdots\\ \boldsymbol{\alpha}_n^{\mathrm{T}}\end{pmatrix}.$$

于是

$$\begin{pmatrix}\boldsymbol{\alpha}_1^{\mathrm{T}}\\ \boldsymbol{\alpha}_2^{\mathrm{T}}\\ \vdots\\ \boldsymbol{\alpha}_n^{\mathrm{T}}\end{pmatrix}(\boldsymbol{\alpha}_1,\boldsymbol{\alpha}_2,\cdots,\boldsymbol{\alpha}_n)=\begin{pmatrix}\boldsymbol{\alpha}_1^{\mathrm{T}}\boldsymbol{\alpha}_1 & \boldsymbol{\alpha}_1^{\mathrm{T}}\boldsymbol{\alpha}_2 & \cdots & \boldsymbol{\alpha}_1^{\mathrm{T}}\boldsymbol{\alpha}_n\\ \boldsymbol{\alpha}_2^{\mathrm{T}}\boldsymbol{\alpha}_1 & \boldsymbol{\alpha}_2^{\mathrm{T}}\boldsymbol{\alpha}_2 & \cdots & \boldsymbol{\alpha}_2^{\mathrm{T}}\boldsymbol{\alpha}_n\\ \vdots & \vdots & & \vdots\\ \boldsymbol{\alpha}_n^{\mathrm{T}}\boldsymbol{\alpha}_1 & \boldsymbol{\alpha}_n^{\mathrm{T}}\boldsymbol{\alpha}_2 & \cdots & \boldsymbol{\alpha}_n^{\mathrm{T}}\boldsymbol{\alpha}_n\end{pmatrix}.$$

注意到 $\boldsymbol{\alpha}_i^{\mathrm{T}}\boldsymbol{\alpha}_j=\langle\boldsymbol{\alpha}_i,\boldsymbol{\alpha}_j\rangle$, $\boldsymbol{A}$ 是正交矩阵当且仅当

$$\langle\boldsymbol{\alpha}_i,\boldsymbol{\alpha}_j\rangle=\delta_{ij}=\begin{cases}1, & i=j,\\ 0, & i\neq j,\end{cases}$$

即 $\boldsymbol{\alpha}_1,\boldsymbol{\alpha}_2,\cdots,\boldsymbol{\alpha}_n$ 是标准正交向量组. 于是, $\boldsymbol{A}$ 是正交矩阵当且仅当 $\boldsymbol{\alpha}_1$, $\boldsymbol{\alpha}_2$, $\cdots$, $\boldsymbol{\alpha}_n$ 是 $\mathbb{R}^n$ 的标准正交基.

由于 $\boldsymbol{A}^{\mathrm{T}}\boldsymbol{A}=\boldsymbol{E}$ 当且仅当 $\boldsymbol{A}\boldsymbol{A}^{\mathrm{T}}=\boldsymbol{E}$, 于是, 我们得到下面的定理.

定理 2.10 n 阶实矩阵 $\boldsymbol{A}$ 是正交矩阵当且仅当 $\boldsymbol{A}$ 的列向量组是 $\mathbb{R}^n$ 的标准正交基.

正交矩阵有下述性质.

性质 2.4　(1) 若 $\boldsymbol{A}$ 是正交矩阵, 则 $|\boldsymbol{A}| = \pm 1$;
(2) 若 $\boldsymbol{A}$ 是正交矩阵, 则 $\boldsymbol{A}^{\mathrm{T}} = \boldsymbol{A}^{-1}$ 也是正交矩阵;
(3) 若 $\boldsymbol{A}, \boldsymbol{B}$ 都是 n 阶正交矩阵, 则 $\boldsymbol{AB}$ 也是正交矩阵.
这三个性质的证明留给读者.

本章小结

本章首先介绍 n 维向量及其运算, 然后介绍向量组的秩与线性相关性, 并给出向量组线性相关性的等价刻画, 进而介绍向量组的极大线性无关组, 随后介绍向量空间, 最后介绍内积与正交矩阵. 向量的线性运算本质上还是第 1 章学过的矩阵的线性运算. 向量的内积也可以表示成矩阵的乘积, 因而内积的一些性质可以由矩阵乘法的性质得到. 基于向量的内积, 可以把几何向量的长度与正交向量的概念移植到代数向量. 向量组的秩与线性相关性是本章的难点. 借助几何向量的直观性并利用向量组和矩阵之间的联系有助于克服这方面的困难.

n 维向量

物理几何论向量，　通观大小及方向.
且看加法与数乘，　代数形式可推广.
分块矩阵向量组，　手足情深常相伴.
线性相关有冗余，　选出代表得精华.

第2章知识汇总表　　第2章自我测评

习　题　2

自测题

一、填空题

1. 设向量 $\boldsymbol{\alpha} = \begin{pmatrix} 3 \\ 5 \\ 1 \\ 2 \end{pmatrix}$, $\boldsymbol{\beta} = \begin{pmatrix} -1 \\ 2 \\ 3 \\ 0 \end{pmatrix}$, 并且 $2\boldsymbol{\alpha} + \boldsymbol{\eta} = 3\boldsymbol{\beta}$, 则 $\boldsymbol{\eta} =$____________.

2. 向量组 $\boldsymbol{\alpha}_1 = \begin{pmatrix} 1 \\ 2 \\ 3 \\ 4 \end{pmatrix}$, $\boldsymbol{\alpha}_2 = \begin{pmatrix} 2 \\ 3 \\ 4 \\ 5 \end{pmatrix}$, $\boldsymbol{\alpha}_3 = \begin{pmatrix} 3 \\ 4 \\ 5 \\ 6 \end{pmatrix}$, $\boldsymbol{\alpha}_4 = \begin{pmatrix} 4 \\ 5 \\ 6 \\ 7 \end{pmatrix}$ 的秩为____________.

3. 若向量组 $\boldsymbol{\alpha}_1=\begin{pmatrix}1\\2\\3\end{pmatrix}$, $\boldsymbol{\alpha}_2=\begin{pmatrix}2\\1\\0\end{pmatrix}$, $\boldsymbol{\alpha}_3=\begin{pmatrix}5\\a\\5\end{pmatrix}$ 的秩为 2, 则参数 a 的值为____________.

4. 向量组 $\boldsymbol{\alpha}_1=\begin{pmatrix}1\\2\\1\end{pmatrix}$, $\boldsymbol{\alpha}_2=\begin{pmatrix}-1\\1\\0\end{pmatrix}$, $\boldsymbol{\alpha}_3=\begin{pmatrix}1\\5\\2\end{pmatrix}$ 是线性____________关的.

5. 已知向量组 $\boldsymbol{\alpha}=(a,0,b)$, $\boldsymbol{\beta}=(2,4,3)$, $\boldsymbol{\gamma}=(1,3,2)$ 线性相关, 则参数 a,b 满足条件____________.

6. 设 $\boldsymbol{A}=\begin{pmatrix}1&2&-2\\2&1&2\\3&0&4\end{pmatrix}$, $\boldsymbol{\alpha}=\begin{pmatrix}a\\1\\1\end{pmatrix}$, 若 $\boldsymbol{A\alpha}$, $\boldsymbol{\alpha}$ 线性相关, 则 $a=$____________.

7. 设矩阵 $\boldsymbol{A}=\begin{pmatrix}1&0&1\\1&1&2\\0&1&1\end{pmatrix}$, $\boldsymbol{\alpha}_1,\boldsymbol{\alpha}_2,\boldsymbol{\alpha}_3$ 为线性无关的 3 维列向量, 则向量组 $\boldsymbol{A\alpha}_1$, $\boldsymbol{A\alpha}_2$, $\boldsymbol{A\alpha}_3$ 的秩为____________.

8. 设向量组 $\boldsymbol{\alpha}_1,\boldsymbol{\alpha}_2,\boldsymbol{\alpha}_3$ 与 $\boldsymbol{\beta}_1,\boldsymbol{\beta}_2$ 满足 $\boldsymbol{\alpha}_1=\boldsymbol{\beta}_1+\boldsymbol{\beta}_2$, $\boldsymbol{\alpha}_2=2\boldsymbol{\beta}_1-\boldsymbol{\beta}_2$, $\boldsymbol{\alpha}_3=2\boldsymbol{\beta}_1+5\boldsymbol{\beta}_2$, 则向量组 $\boldsymbol{\alpha}_1,\boldsymbol{\alpha}_2,\boldsymbol{\alpha}_3$ 一定线性____________关.

9. 设向量组 $\boldsymbol{\beta}_1,\boldsymbol{\beta}_2,\boldsymbol{\beta}_3$ 线性无关, 并且 $\boldsymbol{\alpha}_1,\boldsymbol{\alpha}_2,\boldsymbol{\alpha}_3$ 与 $\boldsymbol{\beta}_1,\boldsymbol{\beta}_2,\boldsymbol{\beta}_3$ 满足 $\boldsymbol{\alpha}_1=\boldsymbol{\beta}_1+\boldsymbol{\beta}_2+\boldsymbol{\beta}_3$, $\boldsymbol{\alpha}_2=\boldsymbol{\beta}_1-\boldsymbol{\beta}_2+\boldsymbol{\beta}_3$, $\boldsymbol{\alpha}_3=2\boldsymbol{\beta}_1+\boldsymbol{\beta}_2+a\boldsymbol{\beta}_3$. 若 $\boldsymbol{\alpha}_1,\boldsymbol{\alpha}_2,\boldsymbol{\alpha}_3$ 与 $\boldsymbol{\beta}_1,\boldsymbol{\beta}_2,\boldsymbol{\beta}_3$ 等价, 则参数 a 满足条件____________.

10. 矩阵 $\boldsymbol{A}=\begin{pmatrix}0&1&0&4\\2&0&0&5\\0&0&3&6\\0&0&0&0\end{pmatrix}$ 的列向量组的一个极大无关组为____________.

11. 矩阵 $\boldsymbol{A}$ 与上小题相同, 则 $\boldsymbol{A}$ 的行向量组的一个极大无关组为____________.

12. 向量空间 $V=\{(x,y,z)\mid x+y+z=0\}$ 的一组基是____________.

13. 向量空间 $V=\left\{(x,y,z)\ \middle|\ \begin{matrix}x+y+z=0\\x-y-z=0\end{matrix}\right\}$ 的一组基是____________.

14. 向量空间 $\mathbb{R}^2$ 中向量 $\boldsymbol{\eta}=\begin{pmatrix}1\\3\end{pmatrix}$ 在 $\mathbb{R}^2$ 的基 $\boldsymbol{\alpha}_1=\begin{pmatrix}2\\3\end{pmatrix}$, $\boldsymbol{\alpha}_2=\begin{pmatrix}1\\2\end{pmatrix}$ 下的坐标是__________.

15. 向量空间 $\mathbb{R}^2$ 的从基 $\boldsymbol{\alpha}_1=\begin{pmatrix}2\\3\end{pmatrix}$, $\boldsymbol{\alpha}_2=\begin{pmatrix}1\\3\end{pmatrix}$ 到基 $\boldsymbol{\beta}_1=\begin{pmatrix}2\\1\end{pmatrix}$, $\boldsymbol{\beta}_2=\begin{pmatrix}1\\2\end{pmatrix}$ 的过渡矩阵是____________.

16. 设 $\boldsymbol{\alpha}_1=\begin{pmatrix}1\\0\end{pmatrix}$, $\boldsymbol{\alpha}_2=\begin{pmatrix}1\\1\end{pmatrix}$; $\boldsymbol{\beta}_1=\begin{pmatrix}1\\2\end{pmatrix}$, $\boldsymbol{\beta}_2=\begin{pmatrix}2\\1\end{pmatrix}$, 若 $\boldsymbol{\gamma}$ 在基 $\boldsymbol{\alpha}_1,\boldsymbol{\alpha}_2$ 下的坐标向量

是 $\begin{pmatrix}2\\3\end{pmatrix}$, 则 $\boldsymbol{\gamma}$ 在基 $\boldsymbol{\beta}_1$, $\boldsymbol{\beta}_2$ 下的坐标向量是____________.

17. 若向量 $\boldsymbol{\alpha}_1=\begin{pmatrix}1\\s\end{pmatrix}$ 与 $\boldsymbol{\alpha}_2=\begin{pmatrix}t\\2\end{pmatrix}$ 正交, 则 s, t 满足条件____________.

18. 与向量组 $\boldsymbol{\alpha}_1=\begin{pmatrix}1\\2\\2\end{pmatrix}$, $\boldsymbol{\alpha}_2=\begin{pmatrix}2\\1\\1\end{pmatrix}$ 等价的一个标准正交向量组是____________.

19. 设 $\boldsymbol{\alpha}_1$, $\boldsymbol{\alpha}_2$, $\boldsymbol{\alpha}_3$ 是 $\mathbb{R}^3$ 的标准正交基, 其中 $\boldsymbol{\alpha}_1=\left(\frac{1}{\sqrt{3}},\frac{1}{\sqrt{3}},\frac{1}{\sqrt{3}}\right)^{\mathrm{T}}$, $\boldsymbol{\alpha}_2=\left(-\frac{1}{\sqrt{6}},-\frac{1}{\sqrt{6}},\frac{2}{\sqrt{6}}\right)^{\mathrm{T}}$. 则 $\boldsymbol{\alpha}_3=$____________.

20. 若矩阵 $\boldsymbol{A}=\begin{pmatrix}a & b\\c & a+2\end{pmatrix}$ 是正交矩阵, 则参数 a, b, c 满足条件____________.

二、选择题

1. 已知向量 $\boldsymbol{\alpha}_1=\begin{pmatrix}1\\2\\3\end{pmatrix}$, $\boldsymbol{\alpha}_2=\begin{pmatrix}2\\1\\1\end{pmatrix}$, $\boldsymbol{\beta}_1=\begin{pmatrix}2\\5\\9\end{pmatrix}$, $\boldsymbol{\beta}_2=\begin{pmatrix}1\\0\\1\end{pmatrix}$, 若 $\boldsymbol{\gamma}$ 既可由 $\boldsymbol{\alpha}_1,\boldsymbol{\alpha}_2$ 线性表示, 也可由 $\boldsymbol{\beta}_1,\boldsymbol{\beta}_2$ 线性表示, 则 $\boldsymbol{\gamma}=$(　　).

(A) $k\begin{pmatrix}3\\3\\4\end{pmatrix}$, k 任意;　　(B) $k\begin{pmatrix}3\\5\\10\end{pmatrix}$, k 任意;

(C) $k\begin{pmatrix}-1\\1\\2\end{pmatrix}$, k 任意;　　(D) $k\begin{pmatrix}1\\5\\8\end{pmatrix}$, k 任意.

2. 已知直线 $l_1:\dfrac{x-a_2}{a_1}=\dfrac{y-b_2}{b_1}=\dfrac{z-c_2}{c_1}$ 与直线 $l_2:\dfrac{x-a_3}{a_2}=\dfrac{y-b_3}{b_2}=\dfrac{z-c_3}{c_2}$ 相交于一点, 记向量 $\boldsymbol{\alpha}_i=\begin{pmatrix}a_i\\b_i\\c_i\end{pmatrix}$, $i=1,2,3$, 则(　　).

(A) $\boldsymbol{\alpha}_1$ 可由 $\boldsymbol{\alpha}_2,\boldsymbol{\alpha}_3$ 线性表示;　　(B) $\boldsymbol{\alpha}_2$ 可由 $\boldsymbol{\alpha}_1,\boldsymbol{\alpha}_3$ 线性表示;

(C) $\boldsymbol{\alpha}_3$ 可由 $\boldsymbol{\alpha}_1,\boldsymbol{\alpha}_2$ 线性表示;　　(D) $\boldsymbol{\alpha}_1,\boldsymbol{\alpha}_2,\boldsymbol{\alpha}_3$ 线性无关.

3. 向量组 $\boldsymbol{\alpha}_1$, $\boldsymbol{\alpha}_2$, $\cdots$, $\boldsymbol{\alpha}_s$ 线性无关的充分必要条件是(　　).

(A) $\boldsymbol{\alpha}_1$, $\boldsymbol{\alpha}_2$, $\cdots$, $\boldsymbol{\alpha}_s$ 中任意向量都不是零向量;

(B) $\boldsymbol{\alpha}_1$, $\boldsymbol{\alpha}_2$, $\cdots$, $\boldsymbol{\alpha}_s$ 中任意两个向量的分量都不成比例;

(C) 由 $\boldsymbol{\alpha}_1$, $\boldsymbol{\alpha}_2$, $\cdots$, $\boldsymbol{\alpha}_s$ 构成的矩阵中有一个 s 阶子式不为零;

(D) 由 $\boldsymbol{\alpha}_1$, $\boldsymbol{\alpha}_2$, $\cdots$, $\boldsymbol{\alpha}_s$ 构成的矩阵中任意 s 阶子式都不为零.

4. 向量组 $\boldsymbol{\alpha}_1$, $\boldsymbol{\alpha}_2$, $\cdots$, $\boldsymbol{\alpha}_s$ 的秩为 r 的充分必要条件是(　　).

(A) $\boldsymbol{\alpha}_1$, $\boldsymbol{\alpha}_2$, $\cdots$, $\boldsymbol{\alpha}_s$ 中任意 r 个向量线性无关;

(B) $\boldsymbol{\alpha}_1, \boldsymbol{\alpha}_2, \cdots, \boldsymbol{\alpha}_s$ 中存在 r 个线性无关的向量;

(C) $\boldsymbol{\alpha}_1, \boldsymbol{\alpha}_2, \cdots, \boldsymbol{\alpha}_s$ 中任意 $r+1$ 个向量线性相关;

(D) $\boldsymbol{\alpha}_1, \boldsymbol{\alpha}_2, \cdots, \boldsymbol{\alpha}_s$ 中存在 r 个线性无关的向量, 但任意 $r+1$ 个向量线性相关.

5. 设 $\boldsymbol{A}$ 为 $s \times n$ 矩阵, 则 (　　).

(A) 当 $\boldsymbol{A}$ 的行向量组的秩为 r 时, $\boldsymbol{A}$ 的列向量组的秩也为 r;

(B) 当 $\boldsymbol{A}$ 的行向量组的秩为 s 时, $\boldsymbol{A}$ 的列向量组的秩为 n;

(C) 当 $\boldsymbol{A}$ 的行向量组线性无关时, $\boldsymbol{A}$ 的列向量组也线性无关;

(D) 当 $\boldsymbol{A}$ 的行向量组线性相关时, $\boldsymbol{A}$ 的列向量组也线性相关.

6. 设向量组 I: $\boldsymbol{\alpha}_1, \boldsymbol{\alpha}_2, \cdots, \boldsymbol{\alpha}_s$ 可由向量组 II: $\boldsymbol{\beta}_1, \boldsymbol{\beta}_2, \cdots, \boldsymbol{\beta}_t$ 线性表示, 则 (　　).

(A) 当 $s<t$ 时, 向量组 I 必线性无关;

(B) 当 $s<t$ 时, 向量组 II 必线性无关;

(C) 当 $s>t$ 时, 向量组 I 必线性相关;

(D) 当 $s>t$ 时, 向量组 II 必线性相关.

7. 向量组 $\boldsymbol{\alpha}_1, \boldsymbol{\alpha}_2, \cdots, \boldsymbol{\alpha}_s$ 线性无关的充分必要条件是 (　　).

(A) 存在全为零的数 $k_1, k_2, \cdots, k_s$, 使得 $k_1\boldsymbol{\alpha}_1 + k_2\boldsymbol{\alpha}_2 + \cdots + k_s\boldsymbol{\alpha}_s = \mathbf{0}$;

(B) 当 $k_1\boldsymbol{\alpha}_1 + k_2\boldsymbol{\alpha}_2 + \cdots + k_s\boldsymbol{\alpha}_s \neq \mathbf{0}$ 时, $k_1, k_2, \cdots, k_s$ 不全为零;

(C) $\boldsymbol{\alpha}_1, \boldsymbol{\alpha}_2, \cdots, \boldsymbol{\alpha}_s$ 中任意一个向量都不能由其余 $s-1$ 个向量线性表示;

(D) $\boldsymbol{\alpha}_1, \boldsymbol{\alpha}_2, \cdots, \boldsymbol{\alpha}_s$ 中存在一个向量不能由其余 $s-1$ 个向量线性表示.

8. 设向量组 $\boldsymbol{\alpha}_1, \boldsymbol{\alpha}_2, \boldsymbol{\alpha}_3, \boldsymbol{\alpha}_4$ 线性无关, 则 (　　).

(A) $\boldsymbol{\alpha}_1+\boldsymbol{\alpha}_2, \boldsymbol{\alpha}_2+\boldsymbol{\alpha}_3, \boldsymbol{\alpha}_3+\boldsymbol{\alpha}_4, \boldsymbol{\alpha}_4+\boldsymbol{\alpha}_1$ 线性无关;

(B) $\boldsymbol{\alpha}_1-\boldsymbol{\alpha}_2, \boldsymbol{\alpha}_2-\boldsymbol{\alpha}_3, \boldsymbol{\alpha}_3-\boldsymbol{\alpha}_4, \boldsymbol{\alpha}_4-\boldsymbol{\alpha}_1$ 线性无关;

(C) $\boldsymbol{\alpha}_1+\boldsymbol{\alpha}_2, \boldsymbol{\alpha}_3-\boldsymbol{\alpha}_2, \boldsymbol{\alpha}_4-\boldsymbol{\alpha}_3, \boldsymbol{\alpha}_4+\boldsymbol{\alpha}_1$ 线性无关;

(D) $\boldsymbol{\alpha}_1+\boldsymbol{\alpha}_2, \boldsymbol{\alpha}_2+\boldsymbol{\alpha}_3, \boldsymbol{\alpha}_3+\boldsymbol{\alpha}_4, \boldsymbol{\alpha}_4-\boldsymbol{\alpha}_1$ 线性无关.

9. 设 $\boldsymbol{\alpha}_1 = \begin{pmatrix} \lambda \\ 1 \\ 1 \end{pmatrix}, \boldsymbol{\alpha}_2 = \begin{pmatrix} 1 \\ \lambda \\ 1 \end{pmatrix}, \boldsymbol{\alpha}_3 = \begin{pmatrix} 1 \\ 1 \\ \lambda \end{pmatrix}, \boldsymbol{\alpha}_4 = \begin{pmatrix} 1 \\ \lambda \\ \lambda^2 \end{pmatrix}$, 若 $\boldsymbol{\alpha}_1, \boldsymbol{\alpha}_2, \boldsymbol{\alpha}_3$ 与 $\boldsymbol{\alpha}_1, \boldsymbol{\alpha}_2, \boldsymbol{\alpha}_4$ 等价, 则 (　　).

(A) $\lambda = 0$ 或 $\lambda = 1$;　　(B) $\lambda \neq -1$;

(C) $\lambda \neq -1$ 且 $\lambda \neq -2$;　　(D) $\lambda \neq -2$.

10. 设 n 维列向量组 $\boldsymbol{\alpha}_1, \boldsymbol{\alpha}_2, \cdots, \boldsymbol{\alpha}_s$ 线性无关, 则 n 维列向量组 $\boldsymbol{\beta}_1, \boldsymbol{\beta}_2, \cdots, \boldsymbol{\beta}_s$ 线性无关的充分必要条件为 (　　).

(A) 向量组 $\boldsymbol{\alpha}_1, \boldsymbol{\alpha}_2, \cdots, \boldsymbol{\alpha}_s$ 可以由向量组 $\boldsymbol{\beta}_1, \boldsymbol{\beta}_2, \cdots, \boldsymbol{\beta}_s$ 线性表示;

(B) 向量组 $\boldsymbol{\beta}_1, \boldsymbol{\beta}_2, \cdots, \boldsymbol{\beta}_s$ 可以由向量组 $\boldsymbol{\alpha}_1, \boldsymbol{\alpha}_2, \cdots, \boldsymbol{\alpha}_s$ 线性表示;

(C) 向量组 $\boldsymbol{\alpha}_1, \boldsymbol{\alpha}_2, \cdots, \boldsymbol{\alpha}_s$ 与 $\boldsymbol{\beta}_1, \boldsymbol{\beta}_2, \cdots, \boldsymbol{\beta}_s$ 等价;

(D) 矩阵 $\boldsymbol{A} = (\boldsymbol{\alpha}_1, \boldsymbol{\alpha}_2, \cdots, \boldsymbol{\alpha}_s)$ 与 $\boldsymbol{B} = (\boldsymbol{\beta}_1, \boldsymbol{\beta}_2, \cdots, \boldsymbol{\beta}_s)$ 等价.

11. 设向量组 $\boldsymbol{\alpha}_1, \boldsymbol{\alpha}_2, \boldsymbol{\alpha}_3$ 线性无关, 向量 $\boldsymbol{\beta}_1$ 可以由 $\boldsymbol{\alpha}_1, \boldsymbol{\alpha}_2, \boldsymbol{\alpha}_3$ 线性表示, 而 $\boldsymbol{\beta}_2$ 不能由 $\boldsymbol{\alpha}_1, \boldsymbol{\alpha}_2, \boldsymbol{\alpha}_3$ 线性表示, 则对任意常数 k, 必有 (　　).

(A) $\boldsymbol{\alpha}_1, \boldsymbol{\alpha}_2, \boldsymbol{\alpha}_3, k\boldsymbol{\beta}_1 + \boldsymbol{\beta}_2$ 线性无关;

(B) $\boldsymbol{\alpha}_1, \boldsymbol{\alpha}_2, \boldsymbol{\alpha}_3, k\boldsymbol{\beta}_1+\boldsymbol{\beta}_2$ 线性相关;

(C) $\boldsymbol{\alpha}_1, \boldsymbol{\alpha}_2, \boldsymbol{\alpha}_3, \boldsymbol{\beta}_1+k\boldsymbol{\beta}_2$ 线性无关;

(D) $\boldsymbol{\alpha}_1, \boldsymbol{\alpha}_2, \boldsymbol{\alpha}_3, \boldsymbol{\beta}_1+k\boldsymbol{\beta}_2$ 线性相关.

12. 设向量组 $\boldsymbol{\alpha}_1, \boldsymbol{\alpha}_2, \cdots, \boldsymbol{\alpha}_s$ 的秩为 r, 则以下选项中错误的结论为 (　　).

(A) 与 $\boldsymbol{\alpha}_1, \boldsymbol{\alpha}_2, \cdots, \boldsymbol{\alpha}_s$ 等价的任意一个线性无关向量组均含 r 个向量;

(B) $\boldsymbol{\alpha}_1, \boldsymbol{\alpha}_2, \cdots, \boldsymbol{\alpha}_s$ 中任意 r 个向量都是这个向量组的极大无关组;

(C) $\boldsymbol{\alpha}_1, \boldsymbol{\alpha}_2, \cdots, \boldsymbol{\alpha}_s$ 中任意 r 个线性无关的向量都是这个向量组的极大无关组;

(D) $\boldsymbol{\alpha}_1, \boldsymbol{\alpha}_2, \cdots, \boldsymbol{\alpha}_s$ 的任意极大无关组均含 r 个向量.

13. 设向量空间 $V=\mathrm{L}(\boldsymbol{\alpha}_1, \boldsymbol{\alpha}_2, \cdots, \boldsymbol{\alpha}_n)$, $W=\mathrm{L}(\boldsymbol{\beta}_1, \boldsymbol{\beta}_2, \cdots, \boldsymbol{\beta}_m)$, 则 (　　).

(A) $V\subseteq W$ 当且仅当集合 $\{\boldsymbol{\alpha}_1, \boldsymbol{\alpha}_2, \cdots, \boldsymbol{\alpha}_n\}\subseteq\{\boldsymbol{\beta}_1, \boldsymbol{\beta}_2, \cdots, \boldsymbol{\beta}_m\}$;

(B) $V\subseteq W$ 当且仅当向量组 $\boldsymbol{\alpha}_1, \boldsymbol{\alpha}_2, \cdots, \boldsymbol{\alpha}_n$ 可以由向量组 $\boldsymbol{\beta}_1, \boldsymbol{\beta}_2, \cdots, \boldsymbol{\beta}_m$ 线性表示;

(C) $V\subseteq W$ 当且仅当 V 的基都是 W 的基;

(D) $V\subseteq W$ 当且仅当 $\dim V\leqslant \dim W$.

14. 设 $\boldsymbol{\alpha}_1, \boldsymbol{\alpha}_2, \boldsymbol{\alpha}_3$ 为向量空间 V 的一组标准正交基, $\boldsymbol{\xi}=\boldsymbol{\alpha}_1-\boldsymbol{\alpha}_2+\boldsymbol{\alpha}_3$, $\boldsymbol{\eta}=a\boldsymbol{\alpha}_1+b\boldsymbol{\alpha}_2-c\boldsymbol{\alpha}_3$, 则 (　　).

(A) $\boldsymbol{\xi}\perp\boldsymbol{\eta}$ 当且仅当 $a+b+c=0$;

(B) $\boldsymbol{\xi}\perp\boldsymbol{\eta}$ 当且仅当 $a-b+c=0$;

(C) $\boldsymbol{\xi}\perp\boldsymbol{\eta}$ 当且仅当 $a+b-c=0$;

(D) $\boldsymbol{\xi}\perp\boldsymbol{\eta}$ 当且仅当 $b+c-a=0$.

15. 设 $\boldsymbol{\alpha}_1=\begin{pmatrix}1\\0\\1\end{pmatrix}, \boldsymbol{\alpha}_2=\begin{pmatrix}1\\2\\1\end{pmatrix}, \boldsymbol{\alpha}_3=\begin{pmatrix}3\\1\\2\end{pmatrix}$, 记 $\boldsymbol{\beta}_1=\boldsymbol{\alpha}_1, \boldsymbol{\beta}_2=\boldsymbol{\alpha}_2-k\boldsymbol{\beta}_1, \boldsymbol{\beta}_3=\boldsymbol{\alpha}_3-l_1\boldsymbol{\beta}_1-l_2\boldsymbol{\beta}_2$, 若 $\boldsymbol{\beta}_1, \boldsymbol{\beta}_2, \boldsymbol{\beta}_3$ 两两正交, 则 l_1, l_2 依次为 (　　).

(A) $\dfrac{5}{2}, \dfrac{1}{2}$;　　(B) $-\dfrac{5}{2}, \dfrac{1}{2}$;　　(C) $\dfrac{5}{2}, -\dfrac{1}{2}$;　　(D) $-\dfrac{5}{2}, -\dfrac{1}{2}$.

16. 设 $\boldsymbol{A}, \boldsymbol{B}$ 是 n 阶正交矩阵, 则以下矩阵中是正交矩阵的是 (　　).

(A) $\boldsymbol{A}+\boldsymbol{B}$;　　(B) $\boldsymbol{A}-\boldsymbol{B}$;　　(C) $2\boldsymbol{A}\boldsymbol{B}$;　　(D) $\boldsymbol{A}^2\boldsymbol{B}$.

第2章自测题
参考答案

练习题

1. 已知向量组 I, II 分别为

$$\mathrm{I}: \boldsymbol{\alpha}_1=\begin{pmatrix}1\\2\\3\end{pmatrix}, \boldsymbol{\alpha}_2=\begin{pmatrix}3\\4\\5\end{pmatrix};\quad \mathrm{II}: \boldsymbol{e}_1=\begin{pmatrix}1\\0\\0\end{pmatrix}, \boldsymbol{e}_2=\begin{pmatrix}0\\1\\0\end{pmatrix}, \boldsymbol{e}_3=\begin{pmatrix}0\\0\\1\end{pmatrix}.$$

证明向量组 I 可以由向量组 II 线性表示, 但向量组 II 不可以由向量组 I 线性表示.

2. 求下列向量组的秩:

(1) $\boldsymbol{\alpha}_1=\begin{pmatrix}1\\2\end{pmatrix}, \boldsymbol{\alpha}_2=\begin{pmatrix}2\\3\end{pmatrix}, \boldsymbol{\alpha}_3=\begin{pmatrix}3\\4\end{pmatrix}$;

(2) $\boldsymbol{\alpha}_1=\begin{pmatrix}3\\5\\7\end{pmatrix}, \boldsymbol{\alpha}_2=\begin{pmatrix}5\\9\\4\end{pmatrix}, \boldsymbol{\alpha}_3=\begin{pmatrix}0\\0\\0\end{pmatrix}$;

(3) $\boldsymbol{\alpha}_1=\begin{pmatrix}0\\1\\-1\end{pmatrix}, \boldsymbol{\alpha}_2=\begin{pmatrix}1\\0\\1\end{pmatrix}, \boldsymbol{\alpha}_3=\begin{pmatrix}1\\1\\1\end{pmatrix}$;

(4) $\boldsymbol{\alpha}_1=\begin{pmatrix}3\\2\\0\\-1\end{pmatrix}, \boldsymbol{\alpha}_2=\begin{pmatrix}1\\1\\-1\\0\end{pmatrix}, \boldsymbol{\alpha}_3=\begin{pmatrix}2\\1\\1\\-1\end{pmatrix}$.

3. 已知向量组 $\boldsymbol{\alpha}_1=\begin{pmatrix}a\\3\\1\end{pmatrix}, \boldsymbol{\alpha}_2=\begin{pmatrix}1\\b\\2\end{pmatrix}, \boldsymbol{\alpha}_3=\begin{pmatrix}1\\1\\0\end{pmatrix}, \boldsymbol{\alpha}_4=\begin{pmatrix}2\\3\\1\end{pmatrix}$ 的秩为 2. 求参数 a, b 的值.

4. 设 a, b 为参数. 讨论向量组 $\begin{pmatrix}2\\5\\6\end{pmatrix}, \begin{pmatrix}0\\a\\0\end{pmatrix}, \begin{pmatrix}b\\0\\1\end{pmatrix}$ 的秩, 并问: 当 a, b 满足什么条件时, 该向量组线性无关?

5. 设向量 $\boldsymbol{\beta}$ 可由向量组 $\boldsymbol{\alpha}_1, \boldsymbol{\alpha}_2, \cdots, \boldsymbol{\alpha}_s$ 线性表示, 但不能由 $\boldsymbol{\alpha}_1, \boldsymbol{\alpha}_2, \cdots, \boldsymbol{\alpha}_{s-1}$ 线性表示. 证明:

(1) $\boldsymbol{\alpha}_s$ 不能由 $\boldsymbol{\alpha}_1, \boldsymbol{\alpha}_2, \cdots, \boldsymbol{\alpha}_{s-1}$ 线性表示.

(2) $\boldsymbol{\alpha}_s$ 可以由 $\boldsymbol{\alpha}_1, \boldsymbol{\alpha}_2, \cdots, \boldsymbol{\alpha}_{s-1}, \boldsymbol{\beta}$ 线性表示.

6. 设 $\boldsymbol{\alpha}_1, \boldsymbol{\alpha}_2, \boldsymbol{\alpha}_3$ 线性无关, $\boldsymbol{\beta}_1=a\boldsymbol{\alpha}_1+b\boldsymbol{\alpha}_2, \boldsymbol{\beta}_2=a\boldsymbol{\alpha}_2+b\boldsymbol{\alpha}_3, \boldsymbol{\beta}_3=a\boldsymbol{\alpha}_3+b\boldsymbol{\alpha}_1$. 问: 当 a, b 满足什么条件时, $\boldsymbol{\beta}_1, \boldsymbol{\beta}_2, \boldsymbol{\beta}_3$ 是线性无关的?

7. 设 $\boldsymbol{\alpha}_1, \boldsymbol{\alpha}_2, \cdots, \boldsymbol{\alpha}_s$ 线性无关, 且 $\boldsymbol{\beta}_j=\sum\limits_{i=1}^{s} c_{ij}\boldsymbol{\alpha}_i, j=1,2,\cdots,s$. 记 $\boldsymbol{C}=(c_{ij})_{s\times s}$. 证明 $\boldsymbol{\beta}_1, \boldsymbol{\beta}_2, \cdots, \boldsymbol{\beta}_s$ 线性无关当且仅当矩阵 $\boldsymbol{C}$ 可逆.

8. 设 $\boldsymbol{\alpha}_1, \boldsymbol{\alpha}_2, \cdots, \boldsymbol{\alpha}_s$ 均为 n 维向量,

$$\boldsymbol{\beta}_1=\boldsymbol{\alpha}_1,\ \boldsymbol{\beta}_2=\boldsymbol{\alpha}_1+\boldsymbol{\alpha}_2,\ \boldsymbol{\beta}_3=\boldsymbol{\alpha}_1+\boldsymbol{\alpha}_2+\boldsymbol{\alpha}_3,\ \cdots,\ \boldsymbol{\beta}_s=\boldsymbol{\alpha}_1+\boldsymbol{\alpha}_2+\cdots+\boldsymbol{\alpha}_s.$$

证明 $\boldsymbol{\alpha}_1, \boldsymbol{\alpha}_2, \cdots, \boldsymbol{\alpha}_s$ 线性无关当且仅当 $\boldsymbol{\beta}_1, \boldsymbol{\beta}_2, \cdots, \boldsymbol{\beta}_s$ 线性无关.

9. 设 $\boldsymbol{\alpha}_1, \boldsymbol{\alpha}_2, \boldsymbol{\alpha}_3, \boldsymbol{\alpha}_4$ 均为 n 维向量,

$$\boldsymbol{\beta}_1=\boldsymbol{\alpha}_1+\boldsymbol{\alpha}_2,\ \boldsymbol{\beta}_2=\boldsymbol{\alpha}_2+\boldsymbol{\alpha}_3,\ \boldsymbol{\beta}_3=\boldsymbol{\alpha}_3+\boldsymbol{\alpha}_4,\ \boldsymbol{\beta}_4=\boldsymbol{\alpha}_4+\boldsymbol{\alpha}_1.$$

证明不论 $\boldsymbol{\alpha}_1, \boldsymbol{\alpha}_2, \boldsymbol{\alpha}_3, \boldsymbol{\alpha}_4$ 是怎样的向量, $\boldsymbol{\beta}_1, \boldsymbol{\beta}_2, \boldsymbol{\beta}_3, \boldsymbol{\beta}_4$ 总是线性相关的.

10. 设 $\boldsymbol{A}$ 是 $n\times m$ 矩阵, $\boldsymbol{B}$ 是 $m\times n$ 矩阵, 满足 $\boldsymbol{AB}=\boldsymbol{E}$, 证明 $\boldsymbol{B}$ 的列向量组线性无关.

11. 证明 $\mathrm{r}(\boldsymbol{\alpha}_1,\boldsymbol{\alpha}_2,\cdots,\boldsymbol{\alpha}_s)=r$ 当且仅当在 $\boldsymbol{\alpha}_1$, $\boldsymbol{\alpha}_2$, $\cdots$, $\boldsymbol{\alpha}_s$ 中存在 r 个线性无关的向量，但任意多于 r 个向量的部分组都是线性相关的.

向量组的秩为r的一个充要条件

12. 设 $s>1$, 向量组 $\boldsymbol{\alpha}_1$, $\boldsymbol{\alpha}_2$, $\cdots$, $\boldsymbol{\alpha}_s$ 线性相关，且 $\boldsymbol{\alpha}_1\neq\mathbf{0}$. 证明存在某个向量 $\boldsymbol{\alpha}_j$ $(2\leqslant j\leqslant s)$, 使得 $\boldsymbol{\alpha}_j$ 可以由 $\boldsymbol{\alpha}_1$, $\boldsymbol{\alpha}_2$, $\cdots$, $\boldsymbol{\alpha}_s$ 中前 $j-1$ 个向量 $\boldsymbol{\alpha}_1$, $\boldsymbol{\alpha}_2$, $\cdots$, $\boldsymbol{\alpha}_{j-1}$ 线性表示.

线性相关向量组的一个性质

13. 已知向量 $\boldsymbol{\eta}$ 可以由向量组 $\boldsymbol{\alpha}_1$, $\boldsymbol{\alpha}_2$, $\cdots$, $\boldsymbol{\alpha}_s$ 线性表示，证明表示的方式是唯一的当且仅当 $\boldsymbol{\alpha}_1$, $\boldsymbol{\alpha}_2$, $\cdots$, $\boldsymbol{\alpha}_s$ 线性无关.

14. 设向量组 $\boldsymbol{\alpha}_1$, $\boldsymbol{\alpha}_2$, $\cdots$, $\boldsymbol{\alpha}_s$ 及 $\boldsymbol{\beta}_1$, $\boldsymbol{\beta}_2$, $\cdots$, $\boldsymbol{\beta}_s$ 均为 n 维向量. 证明

$$\mathrm{r}(\boldsymbol{\alpha}_1+\boldsymbol{\beta}_1,\boldsymbol{\alpha}_2+\boldsymbol{\beta}_2,\cdots,\boldsymbol{\alpha}_s+\boldsymbol{\beta}_s)\leqslant\mathrm{r}(\boldsymbol{\alpha}_1,\boldsymbol{\alpha}_2,\cdots,\boldsymbol{\alpha}_s)+\mathrm{r}(\boldsymbol{\beta}_1,\boldsymbol{\beta}_2,\cdots,\boldsymbol{\beta}_s).$$

极大无关组的一个应用

15. 设向量组 $\boldsymbol{\alpha}_1$, $\boldsymbol{\alpha}_2$, $\cdots$, $\boldsymbol{\alpha}_s$ 的秩为 $r>0$, 证明 $\boldsymbol{\alpha}_1$, $\boldsymbol{\alpha}_2$, $\cdots$, $\boldsymbol{\alpha}_s$ 中任意 r 个线性无关的向量都是 $\boldsymbol{\alpha}_1$, $\boldsymbol{\alpha}_2$, $\cdots$, $\boldsymbol{\alpha}_s$ 的极大无关组.

16. 设 $\boldsymbol{\alpha}_1=\begin{pmatrix}a\\1\\1\end{pmatrix}$, $\boldsymbol{\alpha}_2=\begin{pmatrix}1\\a\\1\end{pmatrix}$, $\boldsymbol{\alpha}_3=\begin{pmatrix}1\\1\\a\end{pmatrix}$, 根据参数 a 的不同的值，求向量组 $\boldsymbol{\alpha}_1$, $\boldsymbol{\alpha}_2$, $\boldsymbol{\alpha}_3$ 的一个极大无关组.

17. 判断 $\mathbb{R}^3$ 的下列子集是否为向量空间.

(1) $V=\left\{\begin{pmatrix}x\\y\\z\end{pmatrix}\middle|\ 2x+3y-4z=1\right\}$;

(2) $V=\left\{\begin{pmatrix}x\\y\\z\end{pmatrix}\middle|\ x-2y+3z=0\right\}$;

(3) $V=\left\{(x,y,z)^{\mathrm{T}}\middle|\ x^2=-2y+3z\right\}$.

18. 求下列向量空间的基及维数.

(1) $V=\left\{(x,y,z)^{\mathrm{T}}\middle|\ x=2y=3z\right\}$;

(2) $V=\left\{(x,y,z)^{\mathrm{T}}\middle|\ x-2y+3z=0\right\}$.

19. 设矩阵 $\boldsymbol{A}=\begin{pmatrix}1&2&3\\3&6&9\\2&4&5\end{pmatrix}$, 分别求 $\boldsymbol{A}$ 的行向量组、列向量组生成的向量空间的基及维数.

20. 设 $\boldsymbol{\alpha}_1, \boldsymbol{\alpha}_2, \cdots, \boldsymbol{\alpha}_s$ 都是 n 维向量, $V=\mathrm{L}(\boldsymbol{\alpha}_1,\boldsymbol{\alpha}_2,\cdots,\boldsymbol{\alpha}_s)$, 证明向量组 $\boldsymbol{\alpha}_1, \boldsymbol{\alpha}_2, \cdots, \boldsymbol{\alpha}_s$ 的极大无关组是 V 的基, 因此, $\dim V=\mathrm{r}\{\boldsymbol{\alpha}_1,\boldsymbol{\alpha}_2,\cdots,\boldsymbol{\alpha}_s\}$.

21. 设 $\mathbb{R}^3$ 的子空间 $V=\left\{(x,y,z)^{\mathrm{T}}\middle|\ 2x+3y-z=0\right\}$, 向量 $\boldsymbol{\alpha}=\begin{pmatrix}1\\1\\5\end{pmatrix}$. 证明 $\boldsymbol{\alpha}\in V$, 并求 V 的一组基, 以及 $\boldsymbol{\alpha}$ 在该基下的坐标.

22. 证明 $\boldsymbol{\alpha}_1=\begin{pmatrix}1\\2\\1\end{pmatrix}$, $\boldsymbol{\alpha}_2=\begin{pmatrix}2\\3\\1\end{pmatrix}$, $\boldsymbol{\alpha}_3=\begin{pmatrix}1\\0\\1\end{pmatrix}$ 是 $\mathbb{R}^3$ 的基, 并分别求从 $\boldsymbol{e}_1, \boldsymbol{e}_2, \boldsymbol{e}_3$ 到 $\boldsymbol{\alpha}_1, \boldsymbol{\alpha}_2, \boldsymbol{\alpha}_3$ 及从 $\boldsymbol{\alpha}_1, \boldsymbol{\alpha}_2, \boldsymbol{\alpha}_3$ 到 $\boldsymbol{e}_1, \boldsymbol{e}_2, \boldsymbol{e}_3$ 的过渡矩阵. 若 $\boldsymbol{\eta}=\begin{pmatrix}1\\2\\3\end{pmatrix}$, 分别求 $\boldsymbol{\eta}$ 在这两组基下的坐标.

23. 求 $\mathbb{R}^3$ 的从基 $\boldsymbol{\alpha}_1=\begin{pmatrix}1\\1\\1\end{pmatrix}$, $\boldsymbol{\alpha}_2=\begin{pmatrix}1\\2\\3\end{pmatrix}$, $\boldsymbol{\alpha}_3=\begin{pmatrix}1\\0\\1\end{pmatrix}$ 到基 $\boldsymbol{\beta}_1=\begin{pmatrix}2\\1\\2\end{pmatrix}$, $\boldsymbol{\beta}_2=\begin{pmatrix}1\\2\\3\end{pmatrix}$, $\boldsymbol{\beta}_3=\begin{pmatrix}1\\1\\1\end{pmatrix}$ 的过渡矩阵.

24. 求 $\mathbb{R}^2$ 的从基 $\boldsymbol{\alpha}_1=\begin{pmatrix}1\\2\end{pmatrix}$, $\boldsymbol{\alpha}_2=\begin{pmatrix}2\\1\end{pmatrix}$ 到基 $\boldsymbol{\beta}_1=\begin{pmatrix}3\\2\end{pmatrix}$, $\boldsymbol{\beta}_2=\begin{pmatrix}2\\3\end{pmatrix}$ 的过渡矩阵.

25. 设 $\boldsymbol{\alpha}_1=\begin{pmatrix}1\\2\\1\end{pmatrix}$, $\boldsymbol{\alpha}_2=\begin{pmatrix}1\\3\\2\end{pmatrix}$, $\boldsymbol{\alpha}_3=\begin{pmatrix}1\\a\\3\end{pmatrix}$ 为 $\mathbb{R}^3$ 的一个基, $\boldsymbol{\beta}=\begin{pmatrix}1\\1\\1\end{pmatrix}$ 在基 $\boldsymbol{\alpha}_1, \boldsymbol{\alpha}_2, \boldsymbol{\alpha}_3$ 下的坐标为 $\begin{pmatrix}b\\c\\1\end{pmatrix}$.

(1) 求 a, b, c;

(2) 证明 $\boldsymbol{\alpha}_2$, $\boldsymbol{\alpha}_3$, $\boldsymbol{\beta}$ 为 $\mathbb{R}^3$ 的一个基, 并求从 $\boldsymbol{\alpha}_2$, $\boldsymbol{\alpha}_3$, $\boldsymbol{\beta}$ 到 $\boldsymbol{\alpha}_1$, $\boldsymbol{\alpha}_2$, $\boldsymbol{\alpha}_3$ 的过渡矩阵.

26. 证明关于 n 维向量的三角不等式 $\|\boldsymbol{\alpha}+\boldsymbol{\beta}\| \leqslant \|\boldsymbol{\alpha}\| + \|\boldsymbol{\beta}\|$.

27. 用施密特正交化方法求与下列向量组等价的标准正交向量组:

(1) $\boldsymbol{\alpha}_1 = \begin{pmatrix} 1 \\ 1 \\ 1 \end{pmatrix}, \boldsymbol{\alpha}_2 = \begin{pmatrix} 0 \\ 1 \\ -1 \end{pmatrix}, \boldsymbol{\alpha}_3 = \begin{pmatrix} 1 \\ 2 \\ 1 \end{pmatrix}$;

(2) $\boldsymbol{\alpha}_1 = \begin{pmatrix} 1 \\ 0 \\ 1 \\ -1 \end{pmatrix}, \boldsymbol{\alpha}_2 = \begin{pmatrix} 1 \\ -1 \\ 1 \\ -1 \end{pmatrix}, \boldsymbol{\alpha}_3 = \begin{pmatrix} 1 \\ 1 \\ 1 \\ 0 \end{pmatrix}$.

28. 试找一个例子, 说明 $\boldsymbol{A}$ 的列向量组两两正交, 但 $\boldsymbol{A}$ 的行向量组不一定两两正交.

29. 设 $\boldsymbol{\alpha}_1$, $\boldsymbol{\alpha}_2$, $\boldsymbol{\alpha}_3$ 是 $\mathbb{R}^3$ 的标准正交基, 证明

$$\boldsymbol{\beta}_1 = \frac{1}{3}(2\boldsymbol{\alpha}_1 + 2\boldsymbol{\alpha}_2 - \boldsymbol{\alpha}_3),\ \boldsymbol{\beta}_2 = \frac{1}{3}(2\boldsymbol{\alpha}_1 - \boldsymbol{\alpha}_2 + 2\boldsymbol{\alpha}_3),\ \boldsymbol{\beta}_3 = \frac{1}{3}(\boldsymbol{\alpha}_1 - 2\boldsymbol{\alpha}_2 - 2\boldsymbol{\alpha}_3),$$

也是 $\mathbb{R}^3$ 的标准正交基.

30. 设 $\boldsymbol{A} = \dfrac{1}{7}\begin{pmatrix} a & -3 & 2 \\ 2 & b & c \\ -3 & 2 & d \end{pmatrix}$ 为正交矩阵, 求 a, b, c, d.

31. 设 $\boldsymbol{\alpha}$ 为 n 维单位列向量, 证明矩阵 $\boldsymbol{H} = \boldsymbol{E} - 2\boldsymbol{\alpha}\boldsymbol{\alpha}^{\mathrm{T}}$ 是正交矩阵.

按定义验证
一个矩阵为
正交矩阵

32. 证明: 若 $\boldsymbol{A}$ 是正交矩阵, 则 $\boldsymbol{A}^{\mathrm{T}} = \boldsymbol{A}^{-1}$ 也是正交矩阵, 并且 $|\boldsymbol{A}| = \pm 1$.

33. 证明: 若 $\boldsymbol{A}$, $\boldsymbol{B}$ 是正交矩阵, 则 $\boldsymbol{AB}$ 也是正交矩阵.

34. 设 $\boldsymbol{A}$ 为 n 阶正交矩阵. 若 $|\boldsymbol{A}| = -1$, 证明 $|\boldsymbol{E} + \boldsymbol{A}| = 0$.

35. 设 $\boldsymbol{A}$ 为 n 阶正交矩阵, $\boldsymbol{\alpha}_1$, $\boldsymbol{\alpha}_2$ 是 n 维实列向量, 证明 $\langle \boldsymbol{A}\boldsymbol{\alpha}_1, \boldsymbol{A}\boldsymbol{\alpha}_2 \rangle = \langle \boldsymbol{\alpha}_1, \boldsymbol{\alpha}_2 \rangle$.

36. 设 $\boldsymbol{\alpha}$ 为 n 维单位列向量, 证明存在一个正交矩阵 $\boldsymbol{Q}$ 的第 1 列为 $\boldsymbol{\alpha}$.

第2章练习题
参考答案

补充题

(一) 线性相关 (无关)

1. 设a, b为参数. 讨论下述n维向量组的秩, 并判断其线性相关性:

$$\boldsymbol{\alpha}_1=\begin{pmatrix}a\\b\\\vdots\\b\end{pmatrix},\ \boldsymbol{\alpha}_2=\begin{pmatrix}b\\a\\\vdots\\b\end{pmatrix},\ \cdots,\ \boldsymbol{\alpha}_n=\begin{pmatrix}b\\b\\\vdots\\a\end{pmatrix}.$$

2. 设$\boldsymbol{\alpha}_1, \boldsymbol{\alpha}_2, \cdots, \boldsymbol{\alpha}_s$是线性无关的$n$维向量,

$$\boldsymbol{\beta}_1=\boldsymbol{\alpha}_1+\boldsymbol{\alpha}_2,\ \boldsymbol{\beta}_2=\boldsymbol{\alpha}_2+\boldsymbol{\alpha}_3,\ \cdots,\ \boldsymbol{\beta}_{s-1}=\boldsymbol{\alpha}_{s-1}+\boldsymbol{\alpha}_s,\ \boldsymbol{\beta}_s=\boldsymbol{\alpha}_s+\boldsymbol{\alpha}_1.$$

问在什么条件下, $\boldsymbol{\beta}_1, \boldsymbol{\beta}_2, \cdots, \boldsymbol{\beta}_s$是线性无关的?

3. 设$\boldsymbol{\alpha}_1, \boldsymbol{\alpha}_2, \cdots, \boldsymbol{\alpha}_s$线性无关, 且$\boldsymbol{\beta}_j=\sum\limits_{i=1}^{s}c_{ij}\boldsymbol{\alpha}_i$, $j=1,2,\cdots,t$. 记$\boldsymbol{C}=(c_{ij})_{s\times t}$. 证明$\boldsymbol{\beta}_1, \boldsymbol{\beta}_2, \cdots, \boldsymbol{\beta}_t$线性无关当且仅当$\mathrm{r}(\boldsymbol{C})=t$.

4. 设$\boldsymbol{\alpha}_1, \boldsymbol{\alpha}_2, \cdots, \boldsymbol{\alpha}_s$线性无关, 且$\boldsymbol{\beta}_j=\sum\limits_{i=1}^{s}c_{ij}\boldsymbol{\alpha}_i$, $j=1,2,\cdots,t$. 记$\boldsymbol{C}=(c_{ij})_{s\times t}$. 证明向量组$\boldsymbol{\beta}_1, \boldsymbol{\beta}_2, \cdots, \boldsymbol{\beta}_t$的秩等于矩阵$\boldsymbol{C}$的秩$\mathrm{r}(\boldsymbol{C})$.

5. 已知向量组$\boldsymbol{\beta}_1, \boldsymbol{\beta}_2, \cdots, \boldsymbol{\beta}_t$可以由$\boldsymbol{\alpha}_1, \boldsymbol{\alpha}_2, \cdots, \boldsymbol{\alpha}_s$线性表示. 证明$\mathrm{r}(\boldsymbol{\alpha}_1,\boldsymbol{\alpha}_2,\cdots,\boldsymbol{\alpha}_s)=\mathrm{r}(\boldsymbol{\beta}_1,\boldsymbol{\beta}_2,\cdots,\boldsymbol{\beta}_t)$当且仅当这两个向量组等价.

6. 已知向量组

$$\text{I: }\boldsymbol{\alpha}_1=\begin{pmatrix}1\\1\\4\end{pmatrix},\boldsymbol{\alpha}_2=\begin{pmatrix}1\\0\\4\end{pmatrix},\boldsymbol{\alpha}_3=\begin{pmatrix}1\\2\\a^2+3\end{pmatrix};$$

$$\text{II: }\boldsymbol{\beta}_1=\begin{pmatrix}1\\1\\a+3\end{pmatrix},\boldsymbol{\beta}_2=\begin{pmatrix}0\\2\\1-a\end{pmatrix},\boldsymbol{\beta}_3=\begin{pmatrix}1\\3\\a^2+3\end{pmatrix}.$$

若向量组I与向量组II等价, 求a的值, 并将$\boldsymbol{\beta}_3$用$\boldsymbol{\alpha}_1, \boldsymbol{\alpha}_2, \boldsymbol{\alpha}_3$线性表示.

7. 设向量组$\boldsymbol{\alpha}_1,\boldsymbol{\alpha}_2,\cdots,\boldsymbol{\alpha}_s$线性无关, 且$\boldsymbol{\beta}, \boldsymbol{\alpha}_1,\boldsymbol{\alpha}_2,\cdots,\boldsymbol{\alpha}_s$线性相关, $\boldsymbol{\beta}\neq\boldsymbol{0}$. 证明在向量组$\boldsymbol{\beta}, \boldsymbol{\alpha}_1,\boldsymbol{\alpha}_2,\cdots,\boldsymbol{\alpha}_s$中存在唯一的一个向量可以由前面的向量线性表示.

8. 设$\boldsymbol{A}$是$m\times n$矩阵, 证明$\mathrm{r}(\boldsymbol{A})=r$的充分必要条件是存在$r$个线性无关的$m$维列向量$\boldsymbol{\alpha}_1,\boldsymbol{\alpha}_2,\cdots,\boldsymbol{\alpha}_r$和$r$个线性无关的$n$维列向量$\boldsymbol{\beta}_1,\boldsymbol{\beta}_2,\cdots,\boldsymbol{\beta}_r$使得$\boldsymbol{A}=\boldsymbol{\alpha}_1\boldsymbol{\beta}_1^{\mathrm{T}}+\boldsymbol{\alpha}_2\boldsymbol{\beta}_2^{\mathrm{T}}+\cdots+\boldsymbol{\alpha}_r\boldsymbol{\beta}_r^{\mathrm{T}}$.

9. 设$\boldsymbol{A}$, $\boldsymbol{B}$, $\boldsymbol{C}$, $\boldsymbol{D}$为n阶矩阵, 满足$\boldsymbol{A}=\boldsymbol{BC}$, $\boldsymbol{B}=\boldsymbol{AD}$, 试证存在$n$阶可逆矩阵$\boldsymbol{P}$, 使得$\boldsymbol{B}=\boldsymbol{AP}$.

10. 设$\boldsymbol{A}=(\boldsymbol{\alpha}_1,\boldsymbol{\alpha}_2,\cdots,\boldsymbol{\alpha}_s)$与$\boldsymbol{B}=(\boldsymbol{\beta}_1,\boldsymbol{\beta}_2,\cdots,\boldsymbol{\beta}_s)$均为$n\times s$矩阵. 如下3 条是否等价? 证明或举反例说明.

(1) $\boldsymbol{A}$与$\boldsymbol{B}$等价;

(2) $\boldsymbol{A}$经过初等列变换化为$\boldsymbol{B}$;

(3) $\boldsymbol{\alpha}_1,\boldsymbol{\alpha}_2,\cdots,\boldsymbol{\alpha}_s$ 与 $\boldsymbol{\beta}_1,\boldsymbol{\beta}_2,\cdots,\boldsymbol{\beta}_s$ 等价.

(二) 极大无关组与基

1. 设 a_1, a_2, a_3 为参数, 求向量组 $\begin{pmatrix}1\\a_1\\a_1^2\end{pmatrix}, \begin{pmatrix}1\\a_2\\a_2^2\end{pmatrix}, \begin{pmatrix}1\\a_3\\a_3^2\end{pmatrix}$ 的秩及其一个极大无关组.

2. 设向量组 $\boldsymbol{\alpha}_1, \boldsymbol{\alpha}_2, \boldsymbol{\alpha}_3$ 是 $\mathbb{R}^3$ 的一个基,

$$\boldsymbol{\beta}_1 = 2\boldsymbol{\alpha}_1 + 2k\boldsymbol{\alpha}_3, \quad \boldsymbol{\beta}_2 = 2\boldsymbol{\alpha}_2, \quad \boldsymbol{\beta}_3 = \boldsymbol{\alpha}_1 + (k+1)\boldsymbol{\alpha}_3.$$

(1) 证明向量组 $\boldsymbol{\beta}_1,\boldsymbol{\beta}_2,\boldsymbol{\beta}_3$ 为 $\mathbb{R}^3$ 的一个基.

(2) 当 k 为何值时, 存在非零向量 $\boldsymbol{\xi}$, 在基 $\boldsymbol{\alpha}_1, \boldsymbol{\alpha}_2, \boldsymbol{\alpha}_3$ 与基 $\boldsymbol{\beta}_1, \boldsymbol{\beta}_2, \boldsymbol{\beta}_3$ 下的坐标相同, 并求所有的 $\boldsymbol{\xi}$.

3. 设 $\mathbb{R}^3$ 的子空间 $V = \left\{\begin{pmatrix}x\\y\\z\end{pmatrix} \middle| \ x+2y-3z=0\right\}$, $\boldsymbol{\alpha}_1 = \begin{pmatrix}1\\1\\1\end{pmatrix}$, $\boldsymbol{\alpha}_2 = \begin{pmatrix}3\\0\\1\end{pmatrix}$. $\boldsymbol{\beta}_1 = \begin{pmatrix}2\\-1\\0\end{pmatrix}$, $\boldsymbol{\beta}_2 = \begin{pmatrix}1\\-2\\-1\end{pmatrix}$. 试证 $\boldsymbol{\alpha}_1, \boldsymbol{\alpha}_2$ 及 $\boldsymbol{\beta}_1, \boldsymbol{\beta}_2$ 都是 V 的基, 并求从 $\boldsymbol{\alpha}_1, \boldsymbol{\alpha}_2$ 到 $\boldsymbol{\beta}_1, \boldsymbol{\beta}_2$ 的过渡矩阵.

(三) 正交矩阵

1. 设实矩阵 $\boldsymbol{A} = (a_{ij})_{n\times n}$, A_{ij} 是 a_{ij} 的代数余子式. 证明 $\boldsymbol{A}$ 是正交矩阵当且仅当下述条件之一成立:

(1) $|\boldsymbol{A}| = 1$ 且对任意 i, j, $a_{ij} = A_{ij}$;

(2) $|\boldsymbol{A}| = -1$ 且对任意 i, j, $a_{ij} = -A_{ij}$.

2. 设 $\boldsymbol{A}, \boldsymbol{B}$ 为 n 阶正交矩阵, 并且 $|\boldsymbol{AB}| = -1$, 证明 $|\boldsymbol{A}+\boldsymbol{B}| = 0$.

3. 设 $\boldsymbol{A}$ 为 n 阶上三角矩阵. 若 $\boldsymbol{A}$ 是正交矩阵, 证明 $\boldsymbol{A}$ 是对角阵.

4. 设 $\boldsymbol{\alpha}, \boldsymbol{\beta}$ 均为 n 维非零列向量, $\|\boldsymbol{\alpha}\| = \|\boldsymbol{\beta}\|$, 证明存在正交矩阵 $\boldsymbol{Q}$, 使得 $\boldsymbol{Q\alpha} = \boldsymbol{\beta}$.

5. 设 $\boldsymbol{A}$ 为 n 阶可逆矩阵, 证明存在正交矩阵 $\boldsymbol{Q}$ 及主对角元均大于 0 的上三角矩阵 $\boldsymbol{R}$, 使得 $\boldsymbol{A} = \boldsymbol{QR}$. 而且, 满足上述条件的矩阵 $\boldsymbol{Q}, \boldsymbol{R}$ 是唯一的. 此分解称为 $\boldsymbol{A}$ 的 QR **分解**.

6. 设矩阵 $\boldsymbol{A} = \begin{pmatrix}1 & 1 & 1\\1 & -1 & 0\\0 & 1 & 1\end{pmatrix}$, 求满足上题条件的矩阵 $\boldsymbol{Q}$ 和 $\boldsymbol{R}$.

矩阵的QR分解

第2章补充题参考答案

第 3 章　线性方程组

线性方程组是科学和工程技术中常用的工具, 也是线性代数的重要内容. 在第 1 章, 我们曾谈到线性方程组的概念. 在这一章, 我们要系统地研究线性方程组, 介绍线性方程组的求解方法以及相关理论.

3.1　线性方程组和高斯消元法

在这一节, 我们将介绍线性方程组的一般概念, 并介绍求解线性方程组的结构式通解的高斯 (Gauss) 消元法.

线性方程组的历史简介

3.1.1　线性方程组的概念

几何中的一些问题实际上可以归结为线性方程组的相应问题来解决. 例如, 在空间解析几何中, 考虑平面的相对位置实际上相当于考虑相应的线性方程组的相容性.

设有三个平面 $\pi_i : a_i x + b_i y + c_i z = d_i$, $i = 1, 2, 3$, 则这三个平面的公共点的坐标一定满足线性方程组

$$\begin{cases} a_1 x + b_1 y + c_1 z = d_1, \\ a_2 x + b_2 y + c_2 z = d_2, \\ a_3 x + b_3 y + c_3 z = d_3. \end{cases}$$

反之, 如果空间中一个点的坐标满足这个线性方程组, 那么, 这个点就一定在这三个平面上. 于是, 这三个平面没有公共交点当且仅当方程组没有解; 这三个平面交于一点当且仅当方程组有唯一解; 这三个平面交于一条直线当且仅当方程组的通解中含有一个自由未知量; 这三个平面重合当且仅当方程组的通解中含有两个自由未知量. 因此, 要考察这三个平面的位置关系, 实际上只要考察这个线性方程组的解的情况即可.

三个平面的位置关系

两条直线的位置关系

在数学的其他领域以及科学技术的各个分支, 线性方程组都是十分重要的数学工具. 因此, 我们有必要对此进行系统的研究.

一般地, 一个线性方程组可以写成下述形式:

$$\begin{cases} a_{11}x_1 + a_{12}x_2 + \cdots + a_{1n}x_n = b_1, \\ a_{21}x_1 + a_{22}x_2 + \cdots + a_{2n}x_n = b_2, \\ \qquad\cdots\cdots \\ a_{s1}x_1 + a_{s2}x_2 + \cdots + a_{sn}x_n = b_s, \end{cases} \tag{3.1.1}$$

其中, a_{ij} 称为这个方程组的系数, x_i 称为这个方程组的未知量, b_i 称为这个方程组的常数项. 这是一个含 n 个未知量, 由 s 个方程构成的线性方程组.

为了讨论方便, 我们将线性方程组分成两类: 常数项 b_i 全为零的方程组称为齐次线性方程组; 常数项不全为零的线性方程组称为非齐次线性方程组. 如果将线性方程组 (3.1.1) 的常数项全部改为零, 得到齐次线性方程组

$$\begin{cases} a_{11}x_1 + a_{12}x_2 + \cdots + a_{1n}x_n = 0, \\ a_{21}x_1 + a_{22}x_2 + \cdots + a_{2n}x_n = 0, \\ \qquad\cdots\cdots \\ a_{s1}x_1 + a_{s2}x_2 + \cdots + a_{sn}x_n = 0. \end{cases} \tag{3.1.2}$$

称 (3.1.2) 式为与 (3.1.1) 式相应的齐次线性方程组, 或 (3.1.1) 式的导出组.

如果令

$$\boldsymbol{A} = \begin{pmatrix} a_{11} & \cdots & a_{1n} \\ \vdots & & \vdots \\ a_{s1} & \cdots & a_{sn} \end{pmatrix}, \quad \boldsymbol{x} = \begin{pmatrix} x_1 \\ x_2 \\ \vdots \\ x_n \end{pmatrix}, \quad \boldsymbol{b} = \begin{pmatrix} b_1 \\ b_2 \\ \vdots \\ b_s \end{pmatrix},$$

则线性方程组 (3.1.1) 可以写成矩阵方程的形式

$$\boldsymbol{Ax} = \boldsymbol{b}. \tag{3.1.3}$$

我们称 $\boldsymbol{A}$ 是这个方程组的系数矩阵, 称 $(\boldsymbol{A}, \boldsymbol{b})$ 是这个方程组的增广矩阵. 显然, 线性方程组由其增广矩阵所确定.

如果 $x_1 = c_1, x_2 = c_2, \cdots, x_n = c_n$ 使得方程组 (3.1.1) 中每一个方程都成立, 则称这 n 个数 $c_1, c_2, \cdots, c_n$ 是方程组 (3.1.1) 的解, 或者说 $\boldsymbol{x} = \begin{pmatrix} c_1 \\ c_2 \\ \vdots \\ c_n \end{pmatrix}$ 是方程组 (3.1.1) 的解(或解向量). 在下文中, 我们不再区分解和解向量.

如果线性方程组 (3.1.1) 有解, 我们就称方程组 (3.1.1) 是相容的. 否则, 称方程组 (3.1.1) 是不相容的.

一个线性方程组的解 (向量) 的全体构成的集合称为这个线性方程组的解集合. 称两个具有相同解集合的线性方程组为同解的线性方程组.

线性方程组的全部解的表达式称为线性方程组的通解或一般解.

3.1.2 高斯消元法

求解线性方程组的最基本的方法就是大家在中学里已经学过的消元法, 即先通过方程组中方程之间的一些运算, 将某些方程中的一些未知量消去, 然后再求方程组的解的办法. 由第 1 章的讨论知道, 如果用增广矩阵表示这个线性方程组, 那么这些消元的运算就可以用矩阵的初等行变换来表达.

假定初等行变换将 $(\boldsymbol{A}, \boldsymbol{b})$ 化成矩阵 $(\boldsymbol{A}_1, \boldsymbol{b}_1)$, 与 $(\boldsymbol{A}_1, \boldsymbol{b}_1)$ 对应的线性方程组是

$$\boldsymbol{A}_1\boldsymbol{x} = \boldsymbol{b}_1. \tag{3.1.4}$$

首先, 我们要证明: 线性方程组 (3.1.4) 与 (3.1.1) 是同解的.

事实上, 如果 $(\boldsymbol{A}, \boldsymbol{b})$ 经一些初等行变换化为 $(\boldsymbol{A}_1, \boldsymbol{b}_1)$, 则根据矩阵的初等变换与矩阵乘法之间的关系, 必存在可逆矩阵 $\boldsymbol{C}$ 使得 $\boldsymbol{C}(\boldsymbol{A}, \boldsymbol{b}) = (\boldsymbol{A}_1, \boldsymbol{b}_1)$. 根据矩阵的分块乘法规则, $\boldsymbol{C}(\boldsymbol{A}, \boldsymbol{b}) = (\boldsymbol{CA}, \boldsymbol{Cb})$, 故有

$$\boldsymbol{A}_1 = \boldsymbol{CA}, \quad \boldsymbol{b}_1 = \boldsymbol{Cb}.$$

如果 $\boldsymbol{\eta}$ 是线性方程组 (3.1.1) 的解, 即 $\boldsymbol{A\eta} = \boldsymbol{b}$. 在此式等号两端同时左乘矩阵 $\boldsymbol{C}$ 得 $\boldsymbol{CA\eta} = \boldsymbol{Cb}$, 即 $\boldsymbol{A}_1\boldsymbol{\eta} = \boldsymbol{b}_1$, 所以 $\boldsymbol{\eta}$ 是线性方程组 (3.1.4) 的解.

反之, 如果 $\boldsymbol{\eta}$ 是线性方程组 (3.1.4) 的解, 即 $\boldsymbol{A}_1\boldsymbol{\eta} = \boldsymbol{b}_1$, 也就是说, $\boldsymbol{CA\eta} = \boldsymbol{Cb}$. 由于矩阵 $\boldsymbol{C}$ 是可逆的, 在此式等号两端同时左乘矩阵 $\boldsymbol{C}^{-1}$, 得 $\boldsymbol{C}^{-1}\boldsymbol{CA\eta} = \boldsymbol{C}^{-1}\boldsymbol{Cb}$, 即 $\boldsymbol{A\eta} = \boldsymbol{b}$. 所以 $\boldsymbol{\eta}$ 也是线性方程组 (3.1.1) 的解.

由于对增广矩阵作初等行变换不会改变相应的线性方程组的解, 在求解线性方程组时, 我们当然希望先用初等行变换化简给定的线性方程组, 然后再求其解. 正如下面的例子所示, 如果能将 $(\boldsymbol{A}, \boldsymbol{b})$ 化成阶梯形矩阵, 则很容易判断线性方程

组 (3.1.1) 是否有解, 并且, 在其有解时, 不难得到方程组的所有解. 这种先用初等行变换将增广矩阵化成阶梯形矩阵, 然后再求方程组 (3.1.1) 的解的方法就是高斯消元法.

变与不变的对立统一在数学课程中的体现

下面的例子告诉我们如何运用高斯消元法判断线性方程组的相容性, 以及如何用高斯消元法求线性方程组的通解.

例 3.1　求解线性方程组 $\begin{cases} 3x+\ \ y+\ \ z=2, \\ \ \ x+2y+2z=-1, \\ -x+2y+\ \ z=-5. \end{cases}$

解　方程组的增广矩阵是

$$\boldsymbol{A}=\begin{pmatrix} 3 & 1 & 1 & 2 \\ 1 & 2 & 2 & -1 \\ -1 & 2 & 1 & -5 \end{pmatrix}.$$

先要用初等行变换将 $\boldsymbol{A}$ 化成阶梯形矩阵. 为了方便计算, 我们先将 $\boldsymbol{A}$ 的第 1 行、第 1 列的元素化成 1. 可以采用许多办法将这个元素化为 1. 例如, 可以用 $\dfrac{1}{3}$ 乘 $\boldsymbol{A}$ 的第 1 行. 如果这样做的话, 在所得到的矩阵中, 将会出现分数, 这会使得接下来的运算太麻烦. 因此, 我们不采用这种办法. 在下面的计算中, 我们用交换 $\boldsymbol{A}$ 的第 1 行与第 2 行的办法将这个元素变为 1, 然后, 利用这个 1 将 $\boldsymbol{A}$ 的第 1 列的其他元素全部化成零.

$$\boldsymbol{A}=\begin{pmatrix} 3 & 1 & 1 & 2 \\ 1 & 2 & 2 & -1 \\ -1 & 2 & 1 & -5 \end{pmatrix} \xrightarrow{\mathrm{r}_1 \leftrightarrow \mathrm{r}_2} \begin{pmatrix} 1 & 2 & 2 & -1 \\ 3 & 1 & 1 & 2 \\ -1 & 2 & 1 & -5 \end{pmatrix}$$

$$\xrightarrow[\mathrm{r}_3+\mathrm{r}_1]{\mathrm{r}_2-3\mathrm{r}_1} \begin{pmatrix} 1 & 2 & 2 & -1 \\ 0 & -5 & -5 & 5 \\ 0 & 4 & 3 & -6 \end{pmatrix} \xrightarrow{-\frac{1}{5}\mathrm{r}_2} \begin{pmatrix} 1 & 2 & 2 & -1 \\ 0 & 1 & 1 & -1 \\ 0 & 4 & 3 & -6 \end{pmatrix}$$

$$\xrightarrow{\mathrm{r}_3-4\mathrm{r}_2} \begin{pmatrix} 1 & 2 & 2 & -1 \\ 0 & 1 & 1 & -1 \\ 0 & 0 & -1 & -2 \end{pmatrix}.$$

于是, 原线性方程组与阶梯形方程组

$$\begin{cases} x+2y+2z=-1, \\ \qquad y+\ z=-1, \\ \qquad\quad -z=-2 \end{cases}$$

同解. 原线性方程组的解可以用“回代”法, 从这个阶梯形方程组得到: 由第三个方程解得 $z=2$; 将之代入第二个方程, 得 $y=-3$; 再将由此得到的 z 和 y 代入第一个方程, 得 $x=1$. 因此, 原线性方程组的解为

$$x=1, \quad y=-3, \quad z=2. \qquad \square$$

例 3.2 求解线性方程组 $\begin{cases} x_1+\ x_2-\ x_3-\ x_4+\ x_5=1, \\ 3x_1+3x_2 \qquad\ -2x_4+2x_5=7, \\ 2x_1+2x_2-2x_3 \qquad\ +3x_5=5. \end{cases}$

解 用初等行变换将方程组的增广矩阵化成阶梯形矩阵

$$\begin{pmatrix} 1 & 1 & -1 & -1 & 1 & 1 \\ 3 & 3 & 0 & -2 & 2 & 7 \\ 2 & 2 & -2 & 0 & 3 & 5 \end{pmatrix} \xrightarrow[\mathrm{r}_3-2\mathrm{r}_1]{\mathrm{r}_2-3\mathrm{r}_1} \begin{pmatrix} 1 & 1 & -1 & -1 & 1 & 1 \\ 0 & 0 & 3 & 1 & -1 & 4 \\ 0 & 0 & 0 & 2 & 1 & 3 \end{pmatrix}.$$

于是, 原方程组与下述阶梯形方程组同解

$$\begin{cases} x_1+x_2-x_3-x_4+x_5=1, \\ \qquad\qquad 3x_3+x_4-x_5=4, \\ \qquad\qquad\qquad 2x_4+x_5=3. \end{cases}$$

先考虑最后一个方程 $2x_4+x_5=3$, 其中有两个未知量, 可以将其中之一任意取值从而得出另一个未知量的值. 例如将 x_5 任意取值, 解出另一个未知量 x_4, 得 $x_4=\dfrac{3}{2}-\dfrac{1}{2}x_5$. 再将 $x_4=\dfrac{3}{2}-\dfrac{1}{2}x_5$ 代入倒数第二个方程, 解出 x_3, 得 $x_3=\dfrac{5}{6}+\dfrac{1}{2}x_5$. 再将所得的 x_3, x_4 代入第一个方程, 因为除了 x_3, x_4, x_5 外, 第一个方程中还有两个未知量: x_1, x_2. 将 x_2 任意取值可得 $x_1=\dfrac{10}{3}-x_2-x_5$. 于是, 我们得到原方程组的通解

$$\begin{cases} x_1 = \dfrac{10}{3} - c_1 - c_2, \\ x_2 = \qquad c_1, \\ x_3 = \dfrac{5}{6} \qquad + \dfrac{1}{2}c_2, \\ x_4 = \dfrac{3}{2} \qquad - \dfrac{1}{2}c_2, \\ x_5 = \qquad\qquad c_2, \end{cases}$$

其中 c_1, c_2 叫做自由未知量, 它们可以取任意值. □

例 3.3　求解线性方程组 $\begin{cases} x - 2y + 3z = 4, \\ 4x - 2y - 4z = 1, \\ 3x \qquad - 7z = 5. \end{cases}$

解　用初等行变换将方程组的增广矩阵化成阶梯形矩阵

$$\begin{pmatrix} 1 & -2 & 3 & 4 \\ 4 & -2 & -4 & 1 \\ 3 & 0 & -7 & 5 \end{pmatrix} \xrightarrow[\mathrm{r}_3 - 3\mathrm{r}_1]{\mathrm{r}_2 - 4\mathrm{r}_1} \begin{pmatrix} 1 & -2 & 3 & 4 \\ 0 & 6 & -16 & -15 \\ 0 & 6 & -16 & -7 \end{pmatrix}$$

$$\xrightarrow{\mathrm{r}_3 - \mathrm{r}_2} \begin{pmatrix} 1 & -2 & 3 & 4 \\ 0 & 6 & -16 & -15 \\ 0 & 0 & 0 & 8 \end{pmatrix}.$$

因此, 原线性方程组与下述阶梯形方程组同解

$$\begin{cases} x - 2y + 3z = 4, \\ \quad 6y - 16z = -15, \\ \qquad\qquad 0 = 8. \end{cases}$$

这个方程组中最后一个方程显然是一个矛盾方程, 故原方程组无解. □

例 3.4　求下述齐次线性方程组的通解

$$\begin{cases} x_1 + x_2 + x_3 + x_4 + x_5 = 0, \\ x_1 + 2x_2 + x_3 + x_4 - x_5 = 0, \\ x_1 + 3x_2 + x_3 + x_4 - 3x_5 = 0, \\ 3x_1 + 4x_2 + 3x_3 + 3x_4 + x_5 = 0. \end{cases}$$

解　这是一个齐次线性方程组, 其增广矩阵的最后一列全为零. 因此, 在求解时, 只需对其系数矩阵作初等行变换即可.

$$\begin{pmatrix}1&1&1&1&1\\1&2&1&1&-1\\1&3&1&1&-3\\3&4&3&3&1\end{pmatrix}\xrightarrow[\mathrm{r}_4-3\mathrm{r}_1]{\substack{\mathrm{r}_2-\mathrm{r}_1\\ \mathrm{r}_3-\mathrm{r}_1}}\begin{pmatrix}1&1&1&1&1\\0&1&0&0&-2\\0&2&0&0&-4\\0&1&0&0&-2\end{pmatrix}$$

$$\xrightarrow[\mathrm{r}_1-2\mathrm{r}_2]{\substack{\mathrm{r}_3-2\mathrm{r}_2\\ \mathrm{r}_4-\mathrm{r}_2}}\begin{pmatrix}1&0&1&1&3\\0&1&0&0&-2\\0&0&0&0&0\\0&0&0&0&0\end{pmatrix}=\boldsymbol{B}.$$

在最后的阶梯形矩阵 $\boldsymbol{B}$ 中, 第一、二行的非零首元分别是 x_1, x_2 的系数. 因此, 我们将 x_3, x_4 及 x_5 取作自由未知量, 于是得到通解

$$\begin{cases}x_1=-c_1-c_2-3c_3,\\x_2=\qquad\qquad\quad 2c_3,\\x_3=\ c_1,\\x_4=\qquad\quad c_2,\\x_5=\qquad\qquad\quad c_3,\end{cases}$$

其中 c_1, c_2 及 c_3 可以任意取值. □

从上面的例子可以看到, 如果用初等行变换将线性方程组 (3.1.1) 的增广矩阵 $(\boldsymbol{A},\boldsymbol{b})$ 化成阶梯形矩阵 $(\boldsymbol{A}_1,\boldsymbol{b}_1)$, 我们就很容易从阶梯形矩阵 $(\boldsymbol{A}_1,\boldsymbol{b}_1)$ 判断线性方程组 (3.1.1) 的解的情况. 不难发现, 一般地, 线性方程组的解呈如下规律:

(1) 线性方程组 (3.1.1) 是相容的当且仅当 $(\boldsymbol{A}_1,\boldsymbol{b}_1)$ 的最后一个非零行不是形如 $(0,\cdots,0,d)$ $(d\neq 0)$ 的向量. 因为形如 $(0,\cdots,0,d)$ 的行向量对应的方程是

$$0=d.$$

如果 $d\neq 0$, 则含这样的方程的线性方程组显然是无解的.

(2) 当线性方程组 (3.1.1) 相容时, 线性方程组 (3.1.1) 有唯一解的充分必要条件是 $(\boldsymbol{A}_1,\boldsymbol{b}_1)$ 中非零行的行数与未知量的个数相同, 都等于 n. 换句话说, 线性方程组 (3.1.1) 有无穷多组解的充分必要条件是 $(\boldsymbol{A}_1,\boldsymbol{b}_1)$ 中非零行的行数要严格小于未知量的个数 n. 事实上, 按照例 3.2 的做法, 如果 $(\boldsymbol{A}_1,\boldsymbol{b}_1)$ 中有 r 个非零行, 则在方程组的通解中就含有 $n-r$ 个自由未知量.

当线性方程组 (3.1.1) 相容时, 上面的例子还告诉我们如何求得线性方程组 (3.1.1) 的所有解:

如果用初等行变换将线性方程组 (3.1.1) 的增广矩阵 $(\boldsymbol{A},\boldsymbol{b})$ 化成阶梯形矩阵 $(\boldsymbol{A}_1,\boldsymbol{b}_1)$, 我们可以根据阶梯形矩阵 $(\boldsymbol{A}_1,\boldsymbol{b}_1)$ 所对应的线性方程组, 用“回代”的

办法求出线性方程组 (3.1.1) 的所有解; 将那些系数在 $(\boldsymbol{A}_1, \boldsymbol{b}_1)$ 中不是非零首元的未知量取作自由未知量, 根据 $(\boldsymbol{A}_1, \boldsymbol{b}_1)$ 所对应的线性方程组, 从最下面的方程开始, 自下而上地将其余的未知量用这些自由未知量表示. 这样所得的表达式就是线性方程组 (3.1.1) 的通解.

对于许多方程组的求解过程来说, 上述 "回代" 的过程需经历很繁杂的运算. 其实, 如果我们能用初等行变换将阶梯形矩阵 $(\boldsymbol{A}_1, \boldsymbol{b}_1)$ 化得更简单些, 化成我们在第 1 章所称的行最简形矩阵, 那么, 我们不必经过这样的 "回代", 通过 "移项" 就可以得到线性方程组 (3.1.1) 的通解.

回顾第 1 章中 "行最简形矩阵" 的定义, 满足下列两个条件的阶梯形矩阵 $\boldsymbol{M}$, 称为行最简形矩阵:

(1) $\boldsymbol{M}$ 中的非零首元都是 1;

(2) $\boldsymbol{M}$ 中非零首元所在列只有一个数不为零.

例如, 在例 3.2 中, 如果我们用初等行变换将增广矩阵进一步化成行最简形矩阵, 那么, 求解过程会更简便:

$$\begin{pmatrix} 1 & 1 & -1 & -1 & 1 & 1 \\ 3 & 3 & 0 & -2 & 2 & 7 \\ 2 & 2 & -2 & 0 & 3 & 5 \end{pmatrix} \xrightarrow[\mathrm{r}_3 - 2\mathrm{r}_1]{\mathrm{r}_2 - 3\mathrm{r}_1} \begin{pmatrix} 1 & 1 & -1 & -1 & 1 & 1 \\ 0 & 0 & 3 & 1 & -1 & 4 \\ 0 & 0 & 0 & 2 & 1 & 3 \end{pmatrix}$$

$$\xrightarrow[\mathrm{r}_2 - \mathrm{r}_3]{\frac{1}{2}\mathrm{r}_3} \begin{pmatrix} 1 & 1 & -1 & -1 & 1 & 1 \\ 0 & 0 & 3 & 0 & -\dfrac{3}{2} & \dfrac{5}{2} \\ 0 & 0 & 0 & 1 & \dfrac{1}{2} & \dfrac{3}{2} \end{pmatrix}$$

$$\xrightarrow[\mathrm{r}_1 + \mathrm{r}_2 + \mathrm{r}_3]{\frac{1}{3}\mathrm{r}_2} \begin{pmatrix} 1 & 1 & 0 & 0 & 1 & \dfrac{10}{3} \\ 0 & 0 & 1 & 0 & -\dfrac{1}{2} & \dfrac{5}{6} \\ 0 & 0 & 0 & 1 & \dfrac{1}{2} & \dfrac{3}{2} \end{pmatrix}.$$

根据这个简化的阶梯形矩阵可知, 原线性方程组与下述阶梯形方程组是同解的

$$\begin{cases} x_1 + x_2 + x_5 = \dfrac{10}{3}, \\ x_3 - \dfrac{1}{2}x_5 = \dfrac{5}{6}, \\ x_4 + \dfrac{1}{2}x_5 = \dfrac{3}{2}. \end{cases}$$

在5个未知量中, 阶梯形矩阵中的非零首元是 x_1, x_3, x_4 的系数, 如果我们将余下的未知量取作自由未知量, 那么, 只需经过 “移项”, 就可得到方程组的通解

$$\begin{cases} x_1 = \dfrac{10}{3} - c_1 - c_2, \\ x_2 = \qquad c_1, \\ x_3 = \dfrac{5}{6} \qquad + \dfrac{1}{2}c_2, \\ x_4 = \dfrac{3}{2} \qquad - \dfrac{1}{2}c_2, \\ x_5 = \qquad\qquad c_2. \end{cases}$$

3.2 齐次线性方程组

任一齐次线性方程组肯定是相容的, 因为, 每个未知量都取成零, 就是其解. 这样的解称为*零解*, 或*平凡解*. 其余的解称为*非零解*, 或*非平凡解*. 因此, 对于齐次线性方程组来说, 重要的是要知道它有没有非零解. 在这节, 我们将讨论齐次线性方程组有非零解的充分必要条件, 讨论齐次线性方程组的解与解之间的关系, 进而给出齐次线性方程组的基础解系及结构式通解的概念.

3.2.1 有非零解的条件

如果将系数矩阵用其列向量表示为 $\boldsymbol{A} = (\boldsymbol{\alpha}_1, \boldsymbol{\alpha}_2, \cdots, \boldsymbol{\alpha}_n)$, 则齐次线性方程组 (3.1.2) 可以写成与之等价的向量方程的形式

$$x_1\boldsymbol{\alpha}_1 + x_2\boldsymbol{\alpha}_2 + \cdots + x_n\boldsymbol{\alpha}_n = \boldsymbol{0}. \tag{3.2.1}$$

于是, 由定理 2.2, 齐次线性方程组 (3.1.2) 有非零解当且仅当 $\boldsymbol{\alpha}_1$, $\boldsymbol{\alpha}_2$, $\cdots$, $\boldsymbol{\alpha}_n$ 线性相关, 即 $\mathrm{r}(\boldsymbol{A}) < n$. 因此, 我们有下述定理.

定理 3.1 齐次线性方程组 (3.1.2) 有非零解当且仅当系数矩阵 $\boldsymbol{A}$ 的秩小于未知量的个数 n.

利用定理 3.1 很容易证明下述推论.

推论 3.1 如果 $s < n$, 则任意含 n 个未知量 s 个方程的齐次线性方程组一定有非零解.

推论 3.2 如果 $\boldsymbol{A}$ 是方阵, 则齐次线性方程组 $\boldsymbol{Ax} = \boldsymbol{0}$ 有非零解的充分必要条件是行列式 $|\boldsymbol{A}| = 0$.

例 3.5 当参数 λ 取何值时, 齐次线性方程组

$$\begin{cases} \lambda x_1 + x_2 + x_3 = 0, \\ x_1 + \lambda x_2 + x_3 = 0, \\ x_1 + x_2 + \lambda x_3 = 0 \end{cases}$$

有非零解?

解　方程组的系数矩阵的行列式为

$$\begin{vmatrix} \lambda & 1 & 1 \\ 1 & \lambda & 1 \\ 1 & 1 & \lambda \end{vmatrix} = (\lambda+2)(\lambda-1)^2.$$

由推论 3.2, 这个齐次线性方程组有非零解的充分必要条件是 $(\lambda+2)(\lambda-1)^2=0$, 即 $\lambda=-2$ 或 1. □

3.2.2　齐次线性方程组的解的性质

不难证明, 齐次线性方程组 $\boldsymbol{Ax}=\mathbf{0}$ 的解有下述两个重要性质.

性质 3.1　若 $\boldsymbol{\eta}_1, \boldsymbol{\eta}_2$ 都是齐次线性方程组 $\boldsymbol{Ax}=\mathbf{0}$ 的解, 则 $\boldsymbol{\eta}_1+\boldsymbol{\eta}_2$ 也是 $\boldsymbol{Ax}=\mathbf{0}$ 的解.

证明　因为 $\boldsymbol{\eta}_1, \boldsymbol{\eta}_2$ 都是齐次线性方程组 $\boldsymbol{Ax}=\mathbf{0}$ 的解, 所以 $\boldsymbol{A\eta}_1=\mathbf{0}$ 且 $\boldsymbol{A\eta}_2=\mathbf{0}$, 因此 $\boldsymbol{A}(\boldsymbol{\eta}_1+\boldsymbol{\eta}_2)=\boldsymbol{A\eta}_1+\boldsymbol{A\eta}_2=\mathbf{0}+\mathbf{0}=\mathbf{0}$, 即 $\boldsymbol{\eta}_1+\boldsymbol{\eta}_2$ 也是 $\boldsymbol{Ax}=\mathbf{0}$ 的解. □

性质 3.2　若 $\boldsymbol{\eta}$ 是齐次线性方程组 $\boldsymbol{Ax}=\mathbf{0}$ 的解, k 是数, 则 $k\boldsymbol{\eta}$ 也是 $\boldsymbol{Ax}=\mathbf{0}$ 的解.

证明　因为 $\boldsymbol{\eta}$ 是齐次线性方程组 $\boldsymbol{Ax}=\mathbf{0}$ 的解, 所以 $\boldsymbol{A\eta}=\mathbf{0}$, 因此 $\boldsymbol{A}(k\boldsymbol{\eta})=k\boldsymbol{A\eta}=k\mathbf{0}=\mathbf{0}$, 即 $k\boldsymbol{\eta}$ 也是 $\boldsymbol{Ax}=\mathbf{0}$ 的解. □

由上述两个性质可知, 齐次线性方程组的任意解的任意线性组合均是其解. 若令

$$V=\{\boldsymbol{\eta}\in\mathbb{R}^n \mid \boldsymbol{A\eta}=\mathbf{0}\},$$

即 V 是 $\boldsymbol{Ax}=\mathbf{0}$ 的解集合, 则 V 是一个向量空间. 通常称 V 是 $\boldsymbol{Ax}=\mathbf{0}$ 的**解空间**, 或矩阵 $\boldsymbol{A}$ 的**零空间**. 因此, 如果 $\boldsymbol{Ax}=\mathbf{0}$ 只有零解, 则 V 是零维的; 若 $\boldsymbol{Ax}=\mathbf{0}$ 有非零解, 则 V 的维数一定大于零.

行最简形的
唯一性

3.2.3　基础解系

对于给定的齐次线性方程组, 我们也希望找出其解集合的最小生成元集.

定义 3.1　设 $\boldsymbol{\eta}_1, \boldsymbol{\eta}_2, \cdots, \boldsymbol{\eta}_t$ 为齐次线性方程组 $\boldsymbol{Ax}=\mathbf{0}$ 的一组解, 如果这组解满足下面的两个条件, 则称 $\boldsymbol{\eta}_1, \boldsymbol{\eta}_2, \cdots, \boldsymbol{\eta}_t$ 为 $\boldsymbol{Ax}=\mathbf{0}$ 的一个**基础解系**, 这两个条件是

(1) $\boldsymbol{\eta}_1, \boldsymbol{\eta}_2, \cdots, \boldsymbol{\eta}_t$ 是线性无关的;

(2) $\boldsymbol{Ax}=\boldsymbol{0}$ 的每个解向量都可由 $\boldsymbol{\eta}_1, \boldsymbol{\eta}_2, \cdots, \boldsymbol{\eta}_t$ 线性表示.

换言之, $\boldsymbol{Ax}=\boldsymbol{0}$ 的基础解系实际上就是这个齐次线性方程组的解空间的基.

由性质 3.1 与 3.2 可知, 若 $\boldsymbol{\eta}_1, \boldsymbol{\eta}_2, \cdots, \boldsymbol{\eta}_t$ 是齐次线性方程组 $\boldsymbol{Ax}=\boldsymbol{0}$ 的基础解系, 则 $\boldsymbol{Ax}=\boldsymbol{0}$ 的通解可写成形式

$$k_1\boldsymbol{\eta}_1+k_2\boldsymbol{\eta}_2+\cdots+k_t\boldsymbol{\eta}_t,$$

其中 $k_1, k_2, \cdots, k_t$ 是任意常数. 这种形式的通解称为齐次线性方程组 $\boldsymbol{Ax}=\boldsymbol{0}$ 的**结构式通解**.

关于齐次线性方程组的基础解系, 我们有下述定理.

定理 3.2 设含 n 个未知量的齐次线性方程组 $\boldsymbol{Ax}=\boldsymbol{0}$ 的系数矩阵 $\boldsymbol{A}$ 的秩为 r. 若 $r<n$, 则 $\boldsymbol{Ax}=\boldsymbol{0}$ 的任一基础解系中均含 $n-r$ 个解向量.

证明 首先我们证明 $\boldsymbol{Ax}=\boldsymbol{0}$ 的一个基础解系中含 $n-r$ 个解向量. 事实上, 如果 $\boldsymbol{A}$ 的秩为 r, 且用初等行变换将 $\boldsymbol{A}$ 化成行最简形矩阵 $\boldsymbol{B}$, 则 $\boldsymbol{B}$ 中有 r 个非零行. 根据高斯消元法, (3.1.2) 的通解中含 $n-r$ 个自由未知量. 不妨设 $x_{r+1}, x_{r+2}, \cdots, x_n$ 被取作自由未知量, 于是, 通解可以写作

$$\begin{cases} x_1=c_{1r+1}x_{r+1}+c_{1r+2}x_{r+2}+\cdots+c_{1n}x_n, \\ x_2=c_{2r+1}x_{r+1}+c_{2r+2}x_{r+2}+\cdots+c_{2n}x_n, \\ \cdots\cdots \\ x_r=c_{rr+1}x_{r+1}+c_{rr+2}x_{r+2}+\cdots+c_{rn}x_n. \end{cases} \tag{3.2.2}$$

分别取 $\begin{pmatrix} x_{r+1} \\ x_{r+2} \\ \vdots \\ x_n \end{pmatrix}=\begin{pmatrix} 1 \\ 0 \\ \vdots \\ 0 \end{pmatrix}, \begin{pmatrix} 0 \\ 1 \\ \vdots \\ 0 \end{pmatrix}, \cdots, \begin{pmatrix} 0 \\ 0 \\ \vdots \\ 1 \end{pmatrix}$, 得一组解

$$\boldsymbol{\eta}_1=\begin{pmatrix} c_{1r+1} \\ c_{2r+1} \\ \vdots \\ c_{rr+1} \\ 1 \\ 0 \\ \vdots \\ 0 \end{pmatrix}, \quad \boldsymbol{\eta}_2=\begin{pmatrix} c_{1r+2} \\ c_{2r+2} \\ \vdots \\ c_{rr+2} \\ 0 \\ 1 \\ \vdots \\ 0 \end{pmatrix}, \quad \cdots, \quad \boldsymbol{\eta}_{n-r}=\begin{pmatrix} c_{1n} \\ c_{2n} \\ \vdots \\ c_{rn} \\ 0 \\ 0 \\ \vdots \\ 1 \end{pmatrix}. \tag{3.2.3}$$

下面我们将证明, (3.2.3) 中的这组向量是齐次线性方程组的一个基础解系.

首先, 由于 $\boldsymbol{\eta}_1$, $\boldsymbol{\eta}_2$, $\cdots$, $\boldsymbol{\eta}_{n-r}$ 满足 (3.2.2), 这表明它们都是 $\boldsymbol{A}\boldsymbol{x} = \mathbf{0}$ 的解. 以 $\boldsymbol{\eta}_1$, $\boldsymbol{\eta}_2$, $\cdots$, $\boldsymbol{\eta}_{n-r}$ 为列向量的矩阵记为 $\boldsymbol{C}$. 明显地, $\boldsymbol{C}$ 的下方的 $n-r$ 阶子式不为零, 因此, $\boldsymbol{C}$ 的秩为 $n-r$, 即向量组 $\boldsymbol{\eta}_1, \boldsymbol{\eta}_2, \cdots, \boldsymbol{\eta}_{n-r}$ 是线性无关的. 设

$$\boldsymbol{\eta} = \begin{pmatrix} k_1 \\ k_2 \\ \vdots \\ k_n \end{pmatrix}$$

是 $\boldsymbol{A}\boldsymbol{x} = \mathbf{0}$ 的一个解向量. 令

$$\boldsymbol{\xi} = \boldsymbol{\eta} - k_{r+1}\boldsymbol{\eta}_1 - k_{r+2}\boldsymbol{\eta}_2 - \cdots - k_n\boldsymbol{\eta}_{n-r},$$

则 $\boldsymbol{\xi}$ 仍是 $\boldsymbol{A}\boldsymbol{x} = \mathbf{0}$ 的解, 并且, 明显地, $\boldsymbol{\xi}$ 的第 $r+1$ 个、第 $r+2$ 个 $\cdots\cdots$ 第 n 个分量均为零. 由于 $\boldsymbol{\xi}$ 还必须满足 (3.2.2) 式, 于是 $\boldsymbol{\xi}$ 的第 1 个、第 2 个 $\cdots\cdots$ 第 r 个分量也都等于零. 因此 $\boldsymbol{\xi} = \mathbf{0}$, 即

$$\boldsymbol{\eta} = k_{r+1}\boldsymbol{\eta}_1 + k_{r+2}\boldsymbol{\eta}_2 + \cdots + k_n\boldsymbol{\eta}_{n-r},$$

这样, 我们就证明了 $\boldsymbol{A}\boldsymbol{x} = \mathbf{0}$ 的任一解都可以由 $\boldsymbol{\eta}_1, \boldsymbol{\eta}_2, \cdots, \boldsymbol{\eta}_{n-r}$ 线性表示. 因此, $\boldsymbol{\eta}_1, \boldsymbol{\eta}_2, \cdots, \boldsymbol{\eta}_{n-r}$ 是 $\boldsymbol{A}\boldsymbol{x} = \mathbf{0}$ 的一个基础解系.

接下来我们证明: $\boldsymbol{A}\boldsymbol{x} = \mathbf{0}$ 的任一基础解系中均含 $n-r$ 个线性无关的解向量.

设 $\boldsymbol{\xi}_1$, $\boldsymbol{\xi}_2$, $\cdots$, $\boldsymbol{\xi}_t$ 为 $\boldsymbol{A}\boldsymbol{x} = \mathbf{0}$ 的一个基础解系, 根据基础解系的定义, $\boldsymbol{\xi}_1$, $\boldsymbol{\xi}_2, \cdots, \boldsymbol{\xi}_t$ 是线性无关的, 且与线性无关的向量组 $\boldsymbol{\eta}_1$, $\boldsymbol{\eta}_2$, $\cdots$, $\boldsymbol{\eta}_{n-r}$ 是等价的. 根据推论 2.3 知 $t = n - r$. □

定理 3.2 的证明给出了求 $\boldsymbol{A}\boldsymbol{x} = \mathbf{0}$ 的基础解系的方法: 先求得齐次线性方程组的通解, 然后这些自由未知量中的一个取为 1, 其余的取为 0, 这样得到的一组解向量就是这个齐次线性方程组的基础解系.

求解齐次线性方程组的步骤

斐波那契数列与黄金分割

例 3.6　求齐次线性方程组

$$\begin{cases} x_1 + \ \ x_2 + \ \ x_3 + \ \ x_4 + \ \ x_5 = 0, \\ x_1 + 2x_2 + \ \ x_3 + \ \ x_4 - \ \ x_5 = 0, \\ x_1 + 3x_2 + \ \ x_3 + \ \ x_4 - 3x_5 = 0, \\ 3x_1 + 4x_2 + 3x_3 + 3x_4 + \ \ x_5 = 0 \end{cases}$$

的基础解系，并给出其结构式通解.

解　在例 3.4 中我们已经求得这个齐次线性方程组的通解是

$$\begin{cases} x_1 = -c_1 - c_2 - 3c_3, \\ x_2 = \qquad\qquad\quad 2c_3, \\ x_3 = \quad c_1, \\ x_4 = \qquad\quad c_2, \\ x_5 = \qquad\qquad\quad c_3, \end{cases}$$

因此，如果分别取 $\begin{pmatrix} c_1 \\ c_2 \\ c_3 \end{pmatrix} = \begin{pmatrix} 1 \\ 0 \\ 0 \end{pmatrix}, \begin{pmatrix} 0 \\ 1 \\ 0 \end{pmatrix}, \begin{pmatrix} 0 \\ 0 \\ 1 \end{pmatrix}$，得到的解向量

$$\boldsymbol{\eta}_1 = \begin{pmatrix} -1 \\ 0 \\ 1 \\ 0 \\ 0 \end{pmatrix}, \quad \boldsymbol{\eta}_2 - \begin{pmatrix} -1 \\ 0 \\ 0 \\ 1 \\ 0 \end{pmatrix}, \quad \boldsymbol{\eta}_3 = \begin{pmatrix} -3 \\ 2 \\ 0 \\ 0 \\ 1 \end{pmatrix}.$$

就是这个齐次线性方程组的一个基础解系. 于是，这个齐次线性方程组的结构式通解为

$$\boldsymbol{x} = k_1\boldsymbol{\eta}_1 + k_2\boldsymbol{\eta}_2 + k_3\boldsymbol{\eta}_3,$$

其中 k_1, k_2, k_3 可任意取值. □

根据定理 3.2，如果含 n 个未知量的齐次线性方程组 $\boldsymbol{Ax} = \boldsymbol{0}$ 的系数矩阵的秩为 r，则 $\boldsymbol{Ax} = \boldsymbol{0}$ 的解空间一定是 $n - r$ 维的.

下面的定理表明，齐次线性方程组的基础解系不是唯一的.

定理 3.3　设 $s \times n$ 矩阵 $\boldsymbol{A}$ 的秩为 r，则 $\boldsymbol{Ax} = \boldsymbol{0}$ 的任意 $n - r$ 个线性无关的解都是其基础解系.

证明留给读者, 参见本章练习题第 5 题.

基础解系不唯一

例 3.7　求齐次线性方程组 $nx_1+(n-1)x_2+\cdots+2x_{n-1}+x_n=0$ 的基础解系.

解　这个方程组含有 n 个未知量. 明显地, 其系数矩阵的秩为 1, 因此, 这个方程组的任意 $n-1$ 个线性无关的解向量都是它的基础解系. 稍作观察便知

$$\boldsymbol{\eta}_1=\begin{pmatrix}-1\\0\\\vdots\\0\\n\end{pmatrix},\quad \boldsymbol{\eta}_2=\begin{pmatrix}0\\-1\\\vdots\\0\\n-1\end{pmatrix},\cdots,\quad \boldsymbol{\eta}_{n-1}=\begin{pmatrix}0\\0\\\vdots\\-1\\2\end{pmatrix}$$

都是其解, 并且, 这个向量组是线性无关的. 因此, 它是这个方程组的基础解系. □

例 3.8　设 $\boldsymbol{A}$, $\boldsymbol{B}$ 分别是 $s\times n$, $n\times t$ 矩阵. 证明: 若 $\boldsymbol{AB}=\boldsymbol{O}$, 则 $\mathrm{r}(\boldsymbol{A})+\mathrm{r}(\boldsymbol{B})\leqslant n$.

证明　将 $\boldsymbol{B}$ 写成分块矩阵的形式 $\boldsymbol{B}=(\boldsymbol{\beta}_1,\boldsymbol{\beta}_2,\cdots,\boldsymbol{\beta}_t)$. 由 $\boldsymbol{AB}=(\boldsymbol{A\beta}_1,\boldsymbol{A\beta}_2,\cdots,\boldsymbol{A\beta}_t)$ 及 $\boldsymbol{AB}=\boldsymbol{O}$ 可知 $\boldsymbol{A\beta}_j=\boldsymbol{0}$, $j=1,2,\cdots,t$, 即 $\boldsymbol{B}$ 的每个列向量 $\boldsymbol{\beta}_i$ 都是齐次线性方程组 $\boldsymbol{Ax}=\boldsymbol{0}$ 的解向量.

设 $\mathrm{r}(\boldsymbol{A})=r$. 因为方程组 $\boldsymbol{Ax}=\boldsymbol{0}$ 含 n 个未知量, 故其基础解系中含 $n-r$ 个线性无关的解. 设 $\boldsymbol{\eta}_1,\cdots,\boldsymbol{\eta}_{n-r}$ 为其基础解系. 则向量组 $\boldsymbol{\beta}_1,\boldsymbol{\beta}_2,\cdots,\boldsymbol{\beta}_t$ 可以由 $\boldsymbol{\eta}_1,\cdots,\boldsymbol{\eta}_{n-r}$ 线性表示. 于是 $\mathrm{r}\{\boldsymbol{\beta}_1,\cdots,\boldsymbol{\beta}_t\}\leqslant\mathrm{r}\{\boldsymbol{\eta}_1,\cdots,\boldsymbol{\eta}_{n-r}\}=n-r$, 换言之, $\mathrm{r}(\boldsymbol{B})\leqslant n-\mathrm{r}(\boldsymbol{A})$, 即 $\mathrm{r}(\boldsymbol{A})+\mathrm{r}(\boldsymbol{B})\leqslant n$. □

3.3　非齐次线性方程组

在这一节, 我们将讨论非齐次线性方程组相容的充分必要条件, 并讨论线性方程组的解与解之间的关系, 从而给出非齐次线性方程组的结构式通解的结构. 最后, 我们将给出向量组极大无关组的计算方法.

3.3.1 非齐次线性方程组的相容性

如果将系数矩阵用其列向量表示成 $\boldsymbol{A}=(\boldsymbol{\alpha}_1,\boldsymbol{\alpha}_2,\cdots,\boldsymbol{\alpha}_n)$, 常数项所构成的列向量记为 $\boldsymbol{b}$, 则线性方程组 (3.1.1) 可以写成与之等价的向量方程的形式:

$$x_1\boldsymbol{\alpha}_1+x_2\boldsymbol{\alpha}_2+\cdots+x_n\boldsymbol{\alpha}_n=\boldsymbol{b}.$$

因此, 方程组 (3.1.1) 是相容的当且仅当向量 $\boldsymbol{b}$ 可以由向量组 $\boldsymbol{\alpha}_1, \boldsymbol{\alpha}_2, \cdots, \boldsymbol{\alpha}_n$ 线性表示. 根据高斯消元法的结果, 我们有下述定理.

定理 3.4 线性方程组 (3.1.1) 有解当且仅当 (3.1.1) 的系数矩阵 $\boldsymbol{A}$ 与增广矩阵 $(\boldsymbol{A},\boldsymbol{b})$ 有相同的秩. 并且, 如果它们的秩相同, 且都等于 r, 则 (3.1.1) 的通解中含 $n-r$ 个自由未知量.

证明 根据 3.1.2 节的结果, 如果线性方程组 $\boldsymbol{Ax}=\boldsymbol{b}$ 的增广矩阵 $(\boldsymbol{A},\boldsymbol{b})$ 化成阶梯形矩阵 $(\boldsymbol{A}_1,\boldsymbol{b}_1)$, 则 $\boldsymbol{Ax}=\boldsymbol{b}$ 是相容的当且仅当 $(\boldsymbol{A}_1,\boldsymbol{b}_1)$ 的最后一个非零行不是形如 $(0,\cdots,0,d)$ $(d\neq 0)$ 的向量. 若 $(\boldsymbol{A}_1,\boldsymbol{b}_1)$ 中有 r 个非零行, 则 $(\boldsymbol{A},\boldsymbol{b})$ 的秩就为 r.

如果 $(\boldsymbol{A}_1,\boldsymbol{b}_1)$ 的最后一个非零行是形如 $(0,\cdots,0,d)$ $(d\neq 0)$ 的向量, 显然, 这时, $\boldsymbol{A}$ 的秩就是 $r-1$; 如果 $(\boldsymbol{A}_1,\boldsymbol{b}_1)$ 的最后一个非零行不是形如 $(0,\cdots,0,d)$ $(d\neq 0)$ 的向量, 这时, 明显地, $\boldsymbol{A}$ 的秩也是 r. 因此, $\boldsymbol{Ax}=\boldsymbol{b}$ 是相容的当且仅当 $\mathrm{r}(\boldsymbol{A})=\mathrm{r}(\boldsymbol{A},\boldsymbol{b})$. 定理的其余部分从 3.1.2 节的结果可得. □

例 3.9 设 p, q 为参数. 问线性方程组

$$\begin{cases}x_1-3x_2-5x_3+2x_4=-1,\\x_1+x_2+px_3+4x_4=1,\\x_1-x_2-2x_3+3x_4=0,\\x_1+7x_2+10x_3+7x_4=q\end{cases}$$

何时无解, 何时有唯一解, 何时有无穷多解? 当方程组有无穷多解时, 求出其通解.

解 对方程组的增广矩阵作初等行变换.

$$\begin{pmatrix}1&-3&-5&2&-1\\1&1&p&4&1\\1&-1&-2&3&0\\1&7&10&7&q\end{pmatrix}\xrightarrow[i=2,3,4]{\mathrm{r}_i-\mathrm{r}_1}\begin{pmatrix}1&-3&-5&2&-1\\0&4&p+5&2&2\\0&2&3&1&1\\0&10&15&5&q+1\end{pmatrix}$$

$$\xrightarrow[\substack{\mathrm{r}_3-2\mathrm{r}_2\\ \mathrm{r}_4-5\mathrm{r}_2}]{\mathrm{r}_2\leftrightarrow\mathrm{r}_3}\begin{pmatrix}1&-3&-5&2&-1\\0&2&3&1&1\\0&0&p-1&0&0\\0&0&0&0&q-4\end{pmatrix}=\boldsymbol{B}.$$

由此可以看出, 方程组有解当且仅当 $q = 4$. 而且, 当 $q = 4$ 时, 方程组有无穷多组解.

当 $q = 4$ 时, 如果 $p = 1$, 对 $\boldsymbol{B}$ 作进一步的初等行变换, 将它化成行最简形矩阵

$$\boldsymbol{B} \xrightarrow[r_1 + 3r_2]{\frac{1}{2}r_2} \begin{pmatrix} 1 & 0 & -\frac{1}{2} & \frac{7}{2} & \frac{1}{2} \\ 0 & 1 & \frac{3}{2} & \frac{1}{2} & \frac{1}{2} \\ 0 & 0 & 0 & 0 & 0 \\ 0 & 0 & 0 & 0 & 0 \end{pmatrix}.$$

于是, 方程组有通解

$$\begin{cases} x_1 = \frac{1}{2} + \frac{1}{2}c_1 - \frac{7}{2}c_2, \\ x_2 = \frac{1}{2} - \frac{3}{2}c_1 - \frac{1}{2}c_2, \\ x_3 = \qquad c_1, \\ x_4 = \qquad\qquad c_2, \end{cases}$$

其中 c_1, c_2 可以任意取值.

如果 $q = 4$ 但 $p \neq 1$, 对 $\boldsymbol{B}$ 进一步作初等行变换, 将它化成行最简形矩阵

$$\boldsymbol{B} \xrightarrow[r_1 + 3r_2]{\substack{\frac{1}{2}r_2 \\ \frac{1}{p-1}r_3}} \begin{pmatrix} 1 & 0 & -\frac{1}{2} & \frac{7}{2} & \frac{1}{2} \\ 0 & 1 & \frac{3}{2} & \frac{1}{2} & \frac{1}{2} \\ 0 & 0 & 1 & 0 & 0 \\ 0 & 0 & 0 & 0 & 0 \end{pmatrix} \xrightarrow[r_2 - \frac{3}{2}r_3]{r_1 + \frac{1}{2}r_3} \begin{pmatrix} 1 & 0 & 0 & \frac{7}{2} & \frac{1}{2} \\ 0 & 1 & 0 & \frac{1}{2} & \frac{1}{2} \\ 0 & 0 & 1 & 0 & 0 \\ 0 & 0 & 0 & 0 & 0 \end{pmatrix}.$$

于是, 方程组有通解

$$\begin{cases} x_1 = \frac{1}{2} - \frac{7}{2}c, \\ x_2 = \frac{1}{2} - \frac{1}{2}c, \\ x_3 = 0, \\ x_4 = \qquad c, \end{cases}$$

其中 c 可以任意取值. □

例 3.10 设 a, b 为参数, 问线性方程组

$$\begin{cases} ax_1 + x_2 + x_3 = 4, \\ x_1 + bx_2 + x_3 = 3, \\ x_1 + 2bx_2 + x_3 = 4 \end{cases}$$

何时无解, 何时有唯一解, 何时有无穷多解? 当方程组有无穷多解时, 求出其通解.

解 (解法一) 对方程组的增广矩阵作初等行变换,

$$(\boldsymbol{A}, \boldsymbol{b}) = \begin{pmatrix} a & 1 & 1 & 4 \\ 1 & b & 1 & 3 \\ 1 & 2b & 1 & 4 \end{pmatrix} \xrightarrow{r_1 \leftrightarrow r_2} \begin{pmatrix} 1 & b & 1 & 3 \\ a & 1 & 1 & 4 \\ 1 & 2b & 1 & 4 \end{pmatrix} \xrightarrow[r_3 - r_1]{r_2 - ar_1} \begin{pmatrix} 1 & b & 1 & 3 \\ 0 & 1-ab & 1-a & 4-3a \\ 0 & b & 0 & 1 \end{pmatrix}$$

$$\xrightarrow{r_2 + ar_3} \begin{pmatrix} 1 & b & 1 & 3 \\ 0 & 1 & 1-a & 4-2a \\ 0 & b & 0 & 1 \end{pmatrix} \xrightarrow{r_3 - br_2} \begin{pmatrix} 1 & b & 1 & 3 \\ 0 & 1 & 1-a & 4-2a \\ 0 & 0 & b(a-1) & 1-b(4-2a) \end{pmatrix}$$

$$\xrightarrow{r_1 - br_2} \begin{pmatrix} 1 & 0 & 1-b(1-a) & 3-b(4-2a) \\ 0 & 1 & 1-a & 4-2a \\ 0 & 0 & b(a-1) & 1-b(4-2a) \end{pmatrix}.$$

当 $a \neq 1, b \neq 0$ 时, $\mathrm{r}(\boldsymbol{A}) = \mathrm{r}(\boldsymbol{A}, \boldsymbol{b}) = 3$, 方程组 $\boldsymbol{Ax} = \boldsymbol{b}$ 有唯一解.

当 $b = 0$ 时, $\mathrm{r}(\boldsymbol{A}) = 2$, $\mathrm{r}(\boldsymbol{A}, \boldsymbol{b}) = 3$, 方程组 $\boldsymbol{Ax} = \boldsymbol{b}$ 无解.

当 $a = 1$ 时, $(\boldsymbol{A}, \boldsymbol{b}) \to \begin{pmatrix} 1 & 0 & 1 & 3-2b \\ 0 & 1 & 0 & 2 \\ 0 & 0 & 0 & 1-2b \end{pmatrix}$. 此时当 $b \neq \dfrac{1}{2}$ 时, 方程组无解.

当 $b = \dfrac{1}{2}$ 时, $(\boldsymbol{A}, \boldsymbol{b}) \to \begin{pmatrix} 1 & 0 & 1 & 2 \\ 0 & 1 & 0 & 2 \\ 0 & 0 & 0 & 0 \end{pmatrix}$, 则原方程组有通解 $\begin{pmatrix} x_1 \\ x_2 \\ x_3 \end{pmatrix} = \begin{pmatrix} 2-c \\ 2 \\ c \end{pmatrix}$, c 为任意常数.

(解法二) 先计算这个方程组的系数矩阵的行列式

$$\begin{vmatrix} a & 1 & 1 \\ 1 & b & 1 \\ 1 & 2b & 1 \end{vmatrix} = b(1-a).$$

方程组有唯一解当且仅当 $b(1-a) \neq 0$, 即, 方程组有唯一解当且仅当 $b \neq 0$ 且 $a \neq 1$.

当 $b=0$ 时，根据方程组的第 2 个方程和第 3 个方程易知，原线性方程组无解.

当 $a=1$ 时，对方程组的增广矩阵作初等行变换

$$\begin{pmatrix} 1 & 1 & 1 & 4 \\ 1 & b & 1 & 3 \\ 1 & 2b & 1 & 4 \end{pmatrix} \xrightarrow[\mathrm{r}_2 - \mathrm{r}_1]{\mathrm{r}_3 - \mathrm{r}_2} \begin{pmatrix} 1 & 1 & 1 & 4 \\ 0 & b-1 & 0 & -1 \\ 0 & b & 0 & 1 \end{pmatrix}$$

$$\xrightarrow[\mathrm{r}_3 + b\mathrm{r}_2]{\mathrm{r}_2 - \mathrm{r}_3} \begin{pmatrix} 1 & 1 & 1 & 4 \\ 0 & -1 & 0 & -2 \\ 0 & 0 & 0 & 1-2b \end{pmatrix} \xrightarrow[(-1)\cdot\mathrm{r}_2]{\mathrm{r}_1 + \mathrm{r}_2} \begin{pmatrix} 1 & 0 & 1 & 2 \\ 0 & 1 & 0 & 2 \\ 0 & 0 & 0 & 1-2b \end{pmatrix}.$$

由此易知，当 $b \neq \dfrac{1}{2}$ 时，线性方程组无解. 若 $a = 1$ 且 $b = \dfrac{1}{2}$，则原线性方程组有通解

$$\begin{cases} x_1 = 2 - c, \\ x_2 = 2, \\ x_3 = \quad c, \end{cases}$$

其中 c 可以任意取值. □

3.3.2 非齐次线性方程组的解的结构

容易验证，非齐次线性方程组 $\boldsymbol{Ax}=\boldsymbol{b}$ 的解有如下性质.

性质 3.3 若 γ_1, γ_2 都是线性方程组 $\boldsymbol{Ax} = \boldsymbol{b}$ 的解，则 $\gamma_1 - \gamma_2$ 是其导出组 $\boldsymbol{Ax}=\boldsymbol{0}$ 的解.

证明 因为 γ_1, γ_2 是 $\boldsymbol{Ax}=\boldsymbol{b}$ 的解，所以 $\boldsymbol{A}\gamma_1 = \boldsymbol{A}\gamma_2 = \boldsymbol{b}$. 因此，

$$\boldsymbol{A}(\gamma_1 - \gamma_2) = \boldsymbol{A}\gamma_1 - \boldsymbol{A}\gamma_2 = \boldsymbol{b} - \boldsymbol{b} = \boldsymbol{0}.$$

所以 $\gamma_1 - \gamma_2$ 是导出组 $\boldsymbol{Ax}=\boldsymbol{0}$ 的解. □

性质 3.4 若 $\boldsymbol{\gamma}$ 是线性方程组 $\boldsymbol{Ax} = \boldsymbol{b}$ 的解，$\boldsymbol{\eta}$ 是其导出组 $\boldsymbol{Ax} = \boldsymbol{0}$ 的解，则 $\boldsymbol{\gamma} + \boldsymbol{\eta}$ 是 $\boldsymbol{Ax} = \boldsymbol{b}$ 的解.

证明 因为 $\boldsymbol{\gamma}$ 是线性方程组 $\boldsymbol{Ax} = \boldsymbol{b}$ 的解，$\boldsymbol{\eta}$ 是 $\boldsymbol{Ax} = \boldsymbol{0}$ 的解，所以 $\boldsymbol{A\gamma} = \boldsymbol{b}$，$\boldsymbol{A\eta} = \boldsymbol{0}$. 因此，

$$\boldsymbol{A}(\boldsymbol{\gamma} + \boldsymbol{\eta}) = \boldsymbol{A\gamma} + \boldsymbol{A\eta} = \boldsymbol{b} + \boldsymbol{0} = \boldsymbol{b}.$$

所以 $\boldsymbol{\gamma} + \boldsymbol{\eta}$ 是 $\boldsymbol{Ax} = \boldsymbol{b}$ 的解. □

于是，我们有下述定理.

定理 3.5 设 γ_0 为线性方程组 $\boldsymbol{Ax}=\boldsymbol{b}$ 的特解, $\boldsymbol{\eta}_1, \boldsymbol{\eta}_2, \cdots, \boldsymbol{\eta}_{n-r}$ 是其导出组 $\boldsymbol{Ax}=\boldsymbol{0}$ 的基础解系, 则 $\boldsymbol{Ax}=\boldsymbol{b}$ 的通解可以写成形式

$$\boldsymbol{x}=\gamma_0+k_1\boldsymbol{\eta}_1+k_2\boldsymbol{\eta}_2+\cdots+k_{n-r}\boldsymbol{\eta}_{n-r},$$

其中 $k_1, k_2, \cdots, k_{n-r}$ 是任意常数. 这种形式的通解称为非齐次线性方程组的 $\boldsymbol{Ax}=\boldsymbol{b}$ 的结构式通解.

证明 首先, 因为 $\boldsymbol{\eta}_1, \boldsymbol{\eta}_2, \cdots, \boldsymbol{\eta}_{n-r}$ 是齐次线性方程组 $\boldsymbol{Ax}=\boldsymbol{0}$ 的解, 所以对任意常数 $k_1, k_2, \cdots, k_{n-r}$, $\boldsymbol{\eta}=k_1\boldsymbol{\eta}_1+k_2\boldsymbol{\eta}_2+\cdots+k_{n-r}\boldsymbol{\eta}_{n-r}$ 也是 $\boldsymbol{Ax}=\boldsymbol{0}$ 的解. 又因为 γ_0 是 $\boldsymbol{Ax}=\boldsymbol{b}$ 的解, 由性质 3.4, 对任意常数 $k_1, k_2, \cdots, k_{n-r}$,

$$\boldsymbol{x}=\gamma_0+\boldsymbol{\eta}=\gamma_0+k_1\boldsymbol{\eta}_1+k_2\boldsymbol{\eta}_2+\cdots+k_{n-r}\boldsymbol{\eta}_{n-r}$$

是 $\boldsymbol{Ax}=\boldsymbol{b}$ 的解.

其次, 如果 γ 是方程组 $\boldsymbol{Ax}=\boldsymbol{b}$ 的任一解, 由性质 3.3, $\gamma-\gamma_0$ 是导出组 $\boldsymbol{Ax}=\boldsymbol{0}$ 的解. 又因为 $\boldsymbol{\eta}_1, \boldsymbol{\eta}_2, \cdots, \boldsymbol{\eta}_{n-r}$ 是导出组 $\boldsymbol{Ax}=\boldsymbol{0}$ 的基础解系, 所以存在数 $k_1, k_2, \cdots, k_{n-r}$ 使得 $\gamma-\gamma_0=k_1\boldsymbol{\eta}_1+k_2\boldsymbol{\eta}_2+\cdots+k_{n-r}\boldsymbol{\eta}_{n-r}$. 此即 $\gamma=\gamma_0+k_1\boldsymbol{\eta}_1+k_2\boldsymbol{\eta}_2+\cdots+k_{n-r}\boldsymbol{\eta}_{n-r}$.

因此, $\boldsymbol{Ax}=\boldsymbol{b}$ 的通解可以写成 $\boldsymbol{x}=\gamma_0+k_1\boldsymbol{\eta}_1+k_2\boldsymbol{\eta}_2+\cdots+k_{n-r}\boldsymbol{\eta}_{n-r}$. □

例 3.11 求线性方程组 $\begin{cases}x_1+x_2+2x_3+x_4+x_5=-2,\\ x_1+2x_2-x_3+3x_4+x_5=0,\\ 2x_1+3x_2+x_3+3x_4-x_5=1\end{cases}$ 的结构式通解.

解 对方程组的增广矩阵作初等行变换

$$\begin{pmatrix}1&1&2&1&1&-2\\1&2&-1&3&1&0\\2&3&1&3&-1&1\end{pmatrix}\xrightarrow[r_3-2r_1]{r_2-r_1}\begin{pmatrix}1&1&2&1&1&-2\\0&1&-3&2&0&2\\0&1&-3&1&-3&5\end{pmatrix}$$

$$\xrightarrow{r_3-r_2}\begin{pmatrix}1&1&2&1&1&-2\\0&1&-3&2&0&2\\0&0&0&-1&-3&3\end{pmatrix}\xrightarrow[r_2+2r_3]{r_1+r_3}\begin{pmatrix}1&1&2&0&-2&1\\0&1&-3&0&-6&8\\0&0&0&-1&-3&3\end{pmatrix}$$

$$\xrightarrow[(-1)\cdot r_3]{r_1-r_2}\begin{pmatrix}1&0&5&0&4&-7\\0&1&-3&0&-6&8\\0&0&0&1&3&-3\end{pmatrix}.$$

因此, 线性方程组有通解:

$$\begin{cases} x_1 = -7 - 5c_1 - 4c_2, \\ x_2 = 8 + 3c_1 + 6c_2, \\ x_3 = \qquad\ \ c_1, \\ x_4 = -3 \qquad\quad - 3c_2, \\ x_5 = \qquad\qquad\quad c_2, \end{cases} \tag{3.3.1}$$

其中 c_1, c_2 可以任意取值. 在 (3.3.1) 中, 令 $c_1 = c_2 = 0$, 得原方程组的一个特解:

$$\boldsymbol{\gamma}_0 = \begin{pmatrix} -7 \\ 8 \\ 0 \\ -3 \\ 0 \end{pmatrix}.$$

如在 (3.3.1) 将常数项全改为零, 则得原方程组的导出组的通解:

$$\begin{cases} x_1 = -5c_1 - 4c_2, \\ x_2 = 3c_1 + 6c_2, \\ x_3 = c_1, \\ x_4 = \qquad\ - 3c_2, \\ x_5 = \qquad\qquad c_2. \end{cases} \tag{3.3.2}$$

在 (3.3.2) 中分别令 $\begin{pmatrix} c_1 \\ c_2 \end{pmatrix} = \begin{pmatrix} 1 \\ 0 \end{pmatrix}, \begin{pmatrix} 0 \\ 1 \end{pmatrix}$, 便得导出组的一组基础解系:

$$\boldsymbol{\eta}_1 = \begin{pmatrix} -5 \\ 3 \\ 1 \\ 0 \\ 0 \end{pmatrix}, \quad \boldsymbol{\eta}_2 = \begin{pmatrix} -4 \\ 6 \\ 0 \\ -3 \\ 1 \end{pmatrix}.$$

于是得原方程组的结构式通解为

$$\boldsymbol{\gamma} = \boldsymbol{\gamma}_0 + k_1\boldsymbol{\eta}_1 + k_2\boldsymbol{\eta}_2,$$

其中 k_1, k_2 是任意常数. □

求解非齐次线性方程组的步骤　　含参数的线性方程组　　洛书与幻方

例 3.12 设 $\boldsymbol{A}=(\boldsymbol{\alpha}_1,\boldsymbol{\alpha}_2,\boldsymbol{\alpha}_3)$ 为 3 阶矩阵, $\boldsymbol{\alpha}_1$, $\boldsymbol{\alpha}_2$ 线性无关, 且 $\boldsymbol{\alpha}_1=2\boldsymbol{\alpha}_2-\boldsymbol{\alpha}_3$, $\boldsymbol{\beta}=\boldsymbol{\alpha}_1+\boldsymbol{\alpha}_2+\boldsymbol{\alpha}_3$, 求 $\boldsymbol{Ax}=\boldsymbol{\beta}$ 的通解.

解 由 $\boldsymbol{\beta}=\boldsymbol{\alpha}_1+\boldsymbol{\alpha}_2+\boldsymbol{\alpha}_3$ 知

$$\boldsymbol{A}\begin{pmatrix}1\\1\\1\end{pmatrix}=\boldsymbol{\alpha}_1+\boldsymbol{\alpha}_2+\boldsymbol{\alpha}_3=\boldsymbol{\beta},$$

即 $\boldsymbol{\gamma}_0=\begin{pmatrix}1\\1\\1\end{pmatrix}$ 为 $\boldsymbol{Ax}=\boldsymbol{\beta}$ 的特解. 又 $\boldsymbol{\alpha}_1=2\boldsymbol{\alpha}_2-\boldsymbol{\alpha}_3$, 知 $\boldsymbol{\alpha}_1,\boldsymbol{\alpha}_2,\boldsymbol{\alpha}_3$ 线性相关. 由 $\boldsymbol{\alpha}_1,\boldsymbol{\alpha}_2$ 线性无关知, $\mathrm{r}(\boldsymbol{A})=2$. 由于 $\boldsymbol{\alpha}_1-2\boldsymbol{\alpha}_2+\boldsymbol{\alpha}_3=\boldsymbol{0}$, 即 $\boldsymbol{A}\begin{pmatrix}1\\-2\\1\end{pmatrix}=\boldsymbol{0}$. 利用定理 3.3, $\boldsymbol{\eta}=\begin{pmatrix}1\\-2\\1\end{pmatrix}$ 为 $\boldsymbol{Ax}=\boldsymbol{0}$ 的基础解系. 故 $\boldsymbol{Ax}=\boldsymbol{\beta}$ 的通解为

$$\boldsymbol{x}=\boldsymbol{\gamma}_0+k\boldsymbol{\eta}=\begin{pmatrix}1\\1\\1\end{pmatrix}+k\begin{pmatrix}1\\-2\\1\end{pmatrix},$$

其中 k 为任意常数. □

3.3.3 向量组的极大线性无关组的计算 (II)

我们在 4.2 节介绍过向量组的极大线性无关组, 并且针对一些简单的向量组介绍了求其极大线性无关组的直接方法. 作为线性方程组理论的应用, 下面介绍向量组的极大线性无关组的间接求法. 首先, 我们给出下述定理.

定理 3.6 初等行变换不改变矩阵的列向量间的线性关系. 具体地说, 如果矩阵

$$\boldsymbol{A}=(\boldsymbol{\alpha}_1,\boldsymbol{\alpha}_2,\cdots,\boldsymbol{\alpha}_n)\xrightarrow{\text{初等行变换}}\boldsymbol{B}=(\boldsymbol{\beta}_1,\boldsymbol{\beta}_2,\cdots,\boldsymbol{\beta}_n),$$

则对任意给定的 $1 \leqslant i_1, i_2, \cdots, i_s \leqslant n$, $\boldsymbol{A}$ 的列向量组 $\boldsymbol{\alpha}_{i_1}, \boldsymbol{\alpha}_{i_2}, \cdots, \boldsymbol{\alpha}_{i_s}$ 是线性相关的当且仅当 $\boldsymbol{B}$ 的相应的列向量组 $\boldsymbol{\beta}_{i_1}, \boldsymbol{\beta}_{i_2}, \cdots, \boldsymbol{\beta}_{i_s}$ 是线性相关的.

证明 记 $\boldsymbol{A}, \boldsymbol{B}$ 的子矩阵

$$\boldsymbol{A}_1 = (\boldsymbol{\alpha}_{i_1}, \boldsymbol{\alpha}_{i_2}, \cdots, \boldsymbol{\alpha}_{i_s}), \quad \boldsymbol{B}_1 = (\boldsymbol{\beta}_{i_1}, \boldsymbol{\beta}_{i_2}, \cdots, \boldsymbol{\beta}_{i_s}).$$

于是, 经过相同类型的初等行变换, $\boldsymbol{A}_1$ 就变成了 $\boldsymbol{B}_1$. 因此, 齐次线性方程组 $\boldsymbol{A}_1\boldsymbol{x} = \boldsymbol{0}$ 与 $\boldsymbol{B}_1\boldsymbol{x} = \boldsymbol{0}$ 同解. 换句话说

$$x_1\boldsymbol{\alpha}_{i_1} + x_2\boldsymbol{\alpha}_{i_2} + \cdots + x_s\boldsymbol{\alpha}_{i_s} = \boldsymbol{0}$$

有非零解当且仅当

$$x_1\boldsymbol{\beta}_{i_1} + x_2\boldsymbol{\beta}_{i_2} + \cdots + x_s\boldsymbol{\beta}_{i_s} = \boldsymbol{0}$$

有非零解, 即向量组 $\boldsymbol{\alpha}_{i_1}, \boldsymbol{\alpha}_{i_2}, \cdots, \boldsymbol{\alpha}_{i_s}$ 是线性相关的当且仅当向量组 $\boldsymbol{\beta}_{i_1}, \boldsymbol{\beta}_{i_2}, \cdots, \boldsymbol{\beta}_{i_s}$ 是线性相关的. □

当 $\boldsymbol{A}$ 经过初等行变换化成 $\boldsymbol{B}$ 时, 这两个矩阵的秩相等, 因此, 由定理 3.6 易得下述推论:

推论 3.3 如果矩阵

$$\boldsymbol{A} = (\boldsymbol{\alpha}_1, \boldsymbol{\alpha}_2, \cdots, \boldsymbol{\alpha}_n) \xrightarrow{\text{初等行变换}} \boldsymbol{B} = (\boldsymbol{\beta}_1, \boldsymbol{\beta}_2, \cdots, \boldsymbol{\beta}_n),$$

则对任意给定的 $1 \leqslant i_1, i_2, \cdots, i_s \leqslant n$, $\boldsymbol{A}$ 的列向量 $\boldsymbol{\alpha}_{i_1}, \boldsymbol{\alpha}_{i_2}, \cdots, \boldsymbol{\alpha}_{i_s}$ 是 $\boldsymbol{A}$ 的列向量组的极大线性无关组当且仅当 $\boldsymbol{B}$ 的相应的列向量 $\boldsymbol{\beta}_{i_1}, \boldsymbol{\beta}_{i_2}, \cdots, \boldsymbol{\beta}_{i_s}$ 是 $\boldsymbol{B}$ 的列向量组的极大线性无关组.

容易看到, 在一个阶梯形矩阵中, 非零首元所在的列向量是该矩阵的列向量组的一个极大线性无关组 (读者自行验证). 因此, 推论 3.3 给出了求向量组的极大线性无关组的方法. 事实上, 与定理 3.6 的证明相类似, 我们还可以证明下述推论.

推论 3.4 在与推论 3.3 相同的假定下, 对于 $\boldsymbol{A}$ 的第 j 个列向量 $\boldsymbol{\alpha}_j$, 数 $k_1, k_2, \cdots, k_s$ 满足

$$\boldsymbol{\alpha}_j = k_1\boldsymbol{\alpha}_{i_1} + k_2\boldsymbol{\alpha}_{i_2} + \cdots + k_s\boldsymbol{\alpha}_{i_s}$$

当且仅当对 $\boldsymbol{B}$ 的第 j 个列向量 $\boldsymbol{\beta}_j$ 有

$$\boldsymbol{\beta}_j = k_1\boldsymbol{\beta}_{i_1} + k_2\boldsymbol{\beta}_{i_2} + \cdots + k_s\boldsymbol{\beta}_{i_s}.$$

证明 令 $\boldsymbol{A}, \boldsymbol{B}$ 的子矩阵

$$\boldsymbol{A}_1 = (\boldsymbol{\alpha}_{i_1}, \boldsymbol{\alpha}_{i_2}, \cdots, \boldsymbol{\alpha}_{i_s}), \quad \boldsymbol{B}_1 = (\boldsymbol{\beta}_{i_1}, \boldsymbol{\beta}_{i_2}, \cdots, \boldsymbol{\beta}_{i_s}),$$

因为矩阵 $\boldsymbol{A}$ 经过初等行变换变成了矩阵 $\boldsymbol{B}$, 所以, 线性方程组 $\boldsymbol{A}_1x=\boldsymbol{\alpha}_j$ 的增广矩阵 $(\boldsymbol{A}_1,\boldsymbol{\alpha}_j)$ 经过相同类型的初等行变换就变成了 $\boldsymbol{B}_1x=\boldsymbol{\beta}_j$ 的增广矩阵 $(\boldsymbol{B}_1,\boldsymbol{\beta}_j)$. 因此, 这两个线性方程组同解. 也就是说, $k_1, k_2, \cdots, k_s$ 满足 $\boldsymbol{\alpha}_j=k_1\boldsymbol{\alpha}_{i_1}+k_2\boldsymbol{\alpha}_{i_2}+\cdots+k_s\boldsymbol{\alpha}_{i_s}$ 当且仅当对 $\boldsymbol{\beta}_j$ 有 $\boldsymbol{\beta}_j=k_1\boldsymbol{\beta}_{i_1}+k_2\boldsymbol{\beta}_{i_2}+\cdots+k_s\boldsymbol{\beta}_{i_s}$. □

例 3.13 求下述向量组的一个极大线性无关组, 并将向量组中其余的向量用所得的极大线性无关组线性表示:

$$\boldsymbol{\alpha}_1=\begin{pmatrix}1\\-2\\-1\\3\end{pmatrix},\ \boldsymbol{\alpha}_2=\begin{pmatrix}2\\1\\8\\11\end{pmatrix},\ \boldsymbol{\alpha}_3=\begin{pmatrix}1\\-1\\1\\4\end{pmatrix},\ \boldsymbol{\alpha}_4=\begin{pmatrix}-2\\1\\-3\\-9\end{pmatrix},\ \boldsymbol{\alpha}_5=\begin{pmatrix}1\\-4\\-7\\1\end{pmatrix}.$$

解 以这些向量为列向量作矩阵 $\boldsymbol{A}$, 并对 $\boldsymbol{A}$ 作初等行变换, 将 $\boldsymbol{A}$ 化为行最简形矩阵

$$\boldsymbol{A}=\begin{pmatrix}1&2&1&-2&1\\-2&1&-1&1&-4\\-1&8&1&-3&-7\\3&11&4&-9&1\end{pmatrix}\xrightarrow[\mathrm{r}_4-3\mathrm{r}_1]{\substack{\mathrm{r}_2+2\mathrm{r}_1\\ \mathrm{r}_3+\mathrm{r}_1}}\begin{pmatrix}1&2&1&-2&1\\0&5&1&-3&-2\\0&10&2&-5&-6\\0&5&1&-3&-2\end{pmatrix}$$

$$\xrightarrow[\mathrm{r}_4-\mathrm{r}_2]{\mathrm{r}_3-2\mathrm{r}_2}\begin{pmatrix}1&2&1&-2&1\\0&5&1&-3&-2\\0&0&0&1&-2\\0&0&0&0&0\end{pmatrix}\xrightarrow[\mathrm{r}_2+3\mathrm{r}_3]{\mathrm{r}_1+2\mathrm{r}_3}\begin{pmatrix}1&2&1&0&-3\\0&5&1&0&-8\\0&0&0&1&-2\\0&0&0&0&0\end{pmatrix}$$

$$\xrightarrow[\mathrm{r}_1-2\mathrm{r}_2]{\frac{1}{5}\mathrm{r}_2}\begin{pmatrix}1&0&\frac{3}{5}&0&\frac{1}{5}\\0&1&\frac{1}{5}&0&-\frac{8}{5}\\0&0&0&1&-2\\0&0&0&0&0\end{pmatrix}=(\boldsymbol{\beta}_1,\boldsymbol{\beta}_2,\boldsymbol{\beta}_3,\boldsymbol{\beta}_4,\boldsymbol{\beta}_5).$$

于是, 根据最后所得到的行最简形矩阵可以看出, $\boldsymbol{\alpha}_1$, $\boldsymbol{\alpha}_2$, $\boldsymbol{\alpha}_4$ 是所求的极大线性无关组, 因为

$$\boldsymbol{\beta}_3=\frac{3}{5}\boldsymbol{\beta}_1+\frac{1}{5}\boldsymbol{\beta}_2,\quad \boldsymbol{\beta}_5=\frac{1}{5}\boldsymbol{\beta}_1-\frac{8}{5}\boldsymbol{\beta}_2-2\boldsymbol{\beta}_4,$$

所以

$$\boldsymbol{\alpha}_3=\frac{3}{5}\boldsymbol{\alpha}_1+\frac{1}{5}\boldsymbol{\alpha}_2,\quad \boldsymbol{\alpha}_5=\frac{1}{5}\boldsymbol{\alpha}_1-\frac{8}{5}\boldsymbol{\alpha}_2-2\boldsymbol{\alpha}_4.$$ □

在第 1 章, 我们曾介绍过矩阵的满秩分解: 对任意 $s\times n$ 矩阵 $\boldsymbol{A}$, 如果 $\mathrm{r}(\boldsymbol{A})=r$, 则必定存在 $s\times r$ 矩阵 $\boldsymbol{B}$ 和 $r\times n$ 矩阵 $\boldsymbol{C}$, 使得 $\boldsymbol{A}=\boldsymbol{BC}$. 但是, 那里利用标准分解给出满秩分解的方法计算起来较繁. 利用向量组的极大无关组的上述计算办法, 这个问题便可以得到解决: 设 $s\times n$ 矩阵 $\boldsymbol{A}=(\boldsymbol{\alpha}_1,\boldsymbol{\alpha}_2,\cdots,\boldsymbol{\alpha}_n)$ 的秩 $\mathrm{r}(\boldsymbol{A})=r$, 如果 $\boldsymbol{\alpha}_{i_1},\boldsymbol{\alpha}_{i_2},\cdots,\boldsymbol{\alpha}_{i_r}$ 是 $\boldsymbol{A}$ 的列向量组 $\boldsymbol{\alpha}_1,\boldsymbol{\alpha}_2,\cdots,\boldsymbol{\alpha}_n$ 的一个极大线性无关组, 并且, 对 $1\leqslant k\leqslant n$,

$$\boldsymbol{\alpha}_k=c_{1k}\boldsymbol{\alpha}_{i_1}+c_{2k}\boldsymbol{\alpha}_{i_2}+\cdots+c_{rk}\boldsymbol{\alpha}_{i_r},$$

则

$$(\boldsymbol{\alpha}_1,\boldsymbol{\alpha}_2,\cdots,\boldsymbol{\alpha}_n)=(\boldsymbol{\alpha}_{i_1},\boldsymbol{\alpha}_{i_2},\cdots,\boldsymbol{\alpha}_{i_r})\begin{pmatrix} c_{11} & c_{12} & \cdots & c_{1n}\\ c_{21} & c_{22} & \cdots & c_{2n}\\ \vdots & \vdots & & \vdots\\ c_{r1} & c_{r2} & \cdots & c_{rn}\end{pmatrix}.$$

因此, 如果令矩阵 $B=(\boldsymbol{\alpha}_{i_1},\boldsymbol{\alpha}_{i_2},\cdots,\boldsymbol{\alpha}_{i_r})$, $\boldsymbol{C}=(c_{ij})_{r\times n}$, 则 $\boldsymbol{A}=\boldsymbol{BC}$ 就是矩阵 $\boldsymbol{A}$ 的满秩分解.

例 3.14　求矩阵 $\boldsymbol{A}=\begin{pmatrix} 1 & -1 & 2 & 3 & 0\\ -2 & 2 & -3 & -5 & 1\\ -1 & 1 & 1 & 0 & 2\\ -1 & 2 & 4 & 3 & 4\end{pmatrix}$ 的一个满秩分解.

解　对 $\boldsymbol{A}$ 作初等行变换, 将其化成行最简形矩阵 $\boldsymbol{M}$:

$$\boldsymbol{A}=\begin{pmatrix} 1 & -1 & 2 & 3 & 0\\ -2 & 2 & -3 & -5 & 1\\ -1 & 1 & 1 & 0 & 2\\ -1 & 1 & 4 & 3 & 4\end{pmatrix}\to\begin{pmatrix} 1 & -1 & 0 & 1 & 0\\ 0 & 0 & 1 & 1 & 0\\ 0 & 0 & 0 & 0 & 1\\ 0 & 0 & 0 & 0 & 0\end{pmatrix}=\boldsymbol{M},$$

$\boldsymbol{M}$ 的非零首元出现在其第 1, 3, 5 列, 所以, $\boldsymbol{A}$ 的第 1, 3, 5 列是 $\boldsymbol{A}$ 的列向量组的极大无关组, 并且, $\boldsymbol{A}$ 的 5 个列向量用这个极大无关组线性表示时的组合系数亦可以从矩阵 $\boldsymbol{M}$ 的各个列中找到. 因此, 如果令矩阵

$$\boldsymbol{B}=\begin{pmatrix} 1 & 2 & 0\\ -2 & -3 & 1\\ -1 & 1 & 2\\ -1 & 4 & 4\end{pmatrix},\quad \boldsymbol{C}=\begin{pmatrix} 1 & -1 & 0 & 1 & 0\\ 0 & 0 & 1 & 1 & 0\\ 0 & 0 & 0 & 0 & 1\end{pmatrix},$$

则 $\boldsymbol{A} = \boldsymbol{BC}$ 就是矩阵 $\boldsymbol{A}$ 的满秩分解. □

可以看到, 上例中的矩阵 $\boldsymbol{C}$ 实际上就是由 $\boldsymbol{M}$ 的非零行所构成的矩阵.

3.4 线性方程组的最佳近似解 *

由于观察数据的误差, 实际问题中提出的线性方程组常常是不相容的. 因此, 实际问题往往要求我们求给定线性方程组的近似解.

设有线性方程组 $\boldsymbol{Ax} = \boldsymbol{b}$, 其中 $\boldsymbol{A}$ 是 $s \times n$ 矩阵. $\boldsymbol{x}_0$ 称为 $\boldsymbol{Ax} = \boldsymbol{b}$ 的最佳近似解, 是指向量 $\boldsymbol{b} - \boldsymbol{Ax}_0$ 的长度 $\|\boldsymbol{b} - \boldsymbol{Ax}_0\|$ 达到最小值. 因此, 求线性方程组 $\boldsymbol{Ax} = \boldsymbol{b}$ 的最佳近似解就是要在矩阵 $\boldsymbol{A}$ 的像空间 $V = \{\boldsymbol{A\eta} \mid \boldsymbol{\eta} \in \mathbb{R}^n\}$ 中找一向量 $\boldsymbol{\xi} = \boldsymbol{A\eta}$, 使得

$$\|\boldsymbol{b} - \boldsymbol{\xi}\| = \min_{\boldsymbol{\alpha} \in V} \|\boldsymbol{b} - \boldsymbol{\alpha}\|.$$

我们注意到, 线性方程组 $\boldsymbol{Ax} = \boldsymbol{b}$ 是相容的当且仅当 $\boldsymbol{b} \in V$. 因此, 若 $\boldsymbol{Ax} = \boldsymbol{b}$ 是相容的, 则上式中的最小值为 0. 若 $\boldsymbol{Ax} = \boldsymbol{b}$ 是不相容的, 则上式中的最小值必大于 0.

几何空间中的一个事实为我们求解上述问题提供了启示: 设 π 为几何空间中的一个平面, $\boldsymbol{b}$ 是空间中的一个矢量, $\boldsymbol{c} \in \pi$, 则

$$\|\boldsymbol{b} - \boldsymbol{c}\| = \min_{\boldsymbol{x} \in V} \|\boldsymbol{b} - \boldsymbol{x}\|$$

当且仅当 $\boldsymbol{b} - \boldsymbol{c}$ 与 V 中每个矢量都正交 (图 3.1). 这时, 我们称 $\boldsymbol{c}$ 是 $\boldsymbol{b}$ 在 π 上的正投影.

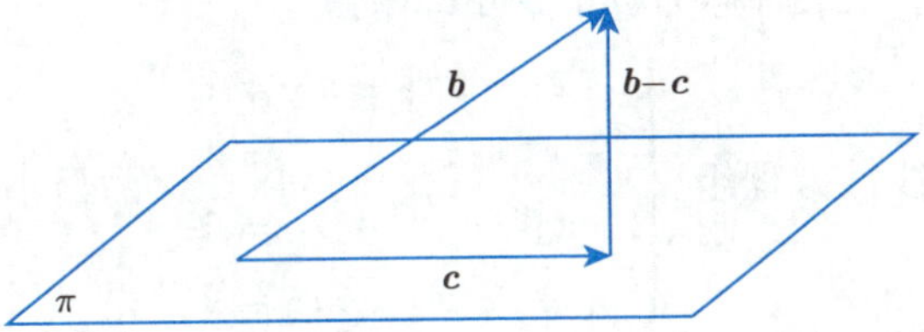

图 3.1

几何上这一众所周知的事实可以推广到一般的向量空间. 在此, 我们仅给出这一结果的直观的几何解释. 读者可以在相关的代数教材上找到其严格的代数证明.

对于线性方程组 $\boldsymbol{Ax} = \boldsymbol{b}$, 求它的最佳近似解就相当于求 $\boldsymbol{b}$ 在系数矩阵 $\boldsymbol{A}$ 的像空间 $V = \{\boldsymbol{A\eta} \mid \boldsymbol{\eta} \in \mathbb{R}^n\}$ 上的正投影. 也就是说, 我们要在 V 中找一个元素 $\boldsymbol{\xi}_0 = \boldsymbol{Ax}_0$ 使得 $\boldsymbol{b} - \boldsymbol{\xi}_0 = \boldsymbol{b} - \boldsymbol{Ax}_0$ 与 V 中每个向量都正交.

设 $\boldsymbol{A}=(\boldsymbol{\alpha}_1,\boldsymbol{\alpha}_2,\cdots,\boldsymbol{\alpha}_n)$. 由于$V$就是由 $\boldsymbol{A}$ 的列向量组, 即$\boldsymbol{\alpha}_1$, $\boldsymbol{\alpha}_2$, $\cdots$, $\boldsymbol{\alpha}_n$生成的向量空间. 容易证明, 一个向量与V中每个向量都正交当且仅当这个向量与$\boldsymbol{\alpha}_1$, $\boldsymbol{\alpha}_2$, $\cdots$, $\boldsymbol{\alpha}_n$中每个向量都正交. 因此, 要求$\boldsymbol{Ax}=\boldsymbol{b}$ 的最佳近似解 $\boldsymbol{x}_0$, 只要求 $\boldsymbol{x}_0$ 使得 $\boldsymbol{b}-\boldsymbol{\xi}_0=\boldsymbol{b}-\boldsymbol{Ax}_0$与$\boldsymbol{\alpha}_1$, $\boldsymbol{\alpha}_2$, $\cdots$, $\boldsymbol{\alpha}_n$中每个向量都正交即可, 即只要求 $\boldsymbol{x}_0$ 满足

$$\langle\boldsymbol{\alpha}_i,\boldsymbol{b}-\boldsymbol{Ax}_0\rangle=\boldsymbol{\alpha}_i^{\mathrm{T}}(\boldsymbol{b}-\boldsymbol{Ax}_0)=\boldsymbol{0},\quad i=1,2,\cdots,n.$$

用矩阵形式表示就是

$$\begin{pmatrix}\boldsymbol{\alpha}_1^{\mathrm{T}}\\\boldsymbol{\alpha}_2^{\mathrm{T}}\\\vdots\\\boldsymbol{\alpha}_n^{\mathrm{T}}\end{pmatrix}(\boldsymbol{b}-\boldsymbol{Ax}_0)=\begin{pmatrix}0\\0\\\vdots\\0\end{pmatrix},$$

或

$$\boldsymbol{A}^{\mathrm{T}}(\boldsymbol{b}-\boldsymbol{Ax}_0)=\boldsymbol{0},$$

即

$$\boldsymbol{A}^{\mathrm{T}}\boldsymbol{Ax}_0=\boldsymbol{A}^{\mathrm{T}}\boldsymbol{b}.$$

因此, 线性方程组$\boldsymbol{Ax}=\boldsymbol{b}$的最佳近似解就是线性方程组$\boldsymbol{A}^{\mathrm{T}}\boldsymbol{Ax}_0=\boldsymbol{A}^{\mathrm{T}}\boldsymbol{b}$ 的解 (在精确意义下的解). 由本章练习题 26 知, 形如$\boldsymbol{A}^{\mathrm{T}}\boldsymbol{Ax}_0=\boldsymbol{A}^{\mathrm{T}}\boldsymbol{b}$的任意线性方程组都是有解的. 因此, 我们总可以根据$\boldsymbol{A}^{\mathrm{T}}\boldsymbol{Ax}_0=\boldsymbol{A}^{\mathrm{T}}\boldsymbol{b}$求得线性方程组$\boldsymbol{Ax}=\boldsymbol{b}$的最佳近似解, 我们也称用这种方式求得的解为线性方程组$\boldsymbol{Ax}=\boldsymbol{b}$的**最小二乘解**, 长度最小的最小二乘解称为**极小最小二乘解**.

例 3.15　求线性方程组 $\begin{cases}x_1-2x_2-x_3=1,\\-x_1+x_2\qquad\quad=1,\\x_1\qquad\quad+x_3=1,\\\qquad-x_2-\ x_3=1\end{cases}$ 的最小二乘解和极小最小二乘解.

解　该线性方程组的系数矩阵及常数项构成的列向量为

$$\boldsymbol{A}=\begin{pmatrix}1&-2&-1\\-1&1&0\\1&0&1\\0&-1&-1\end{pmatrix},\quad\boldsymbol{b}=\begin{pmatrix}1\\1\\1\\1\end{pmatrix}.$$

对 $\boldsymbol{A}^{\mathrm{T}}\boldsymbol{A}\boldsymbol{x}=\boldsymbol{A}^{\mathrm{T}}\boldsymbol{b}$ 的增广矩阵作初等行变换, 得

$$(\boldsymbol{A}^{\mathrm{T}}\boldsymbol{A},\boldsymbol{A}^{\mathrm{T}}\boldsymbol{b})=\begin{pmatrix}3&-3&0&1\\-3&6&3&-2\\0&3&3&-1\end{pmatrix}\longrightarrow\begin{pmatrix}1&0&1&0\\0&1&1&-\dfrac{1}{3}\\0&0&0&0\end{pmatrix},$$

即 $x_1+x_3=0,\ x_2+x_3=-\dfrac{1}{3}$. 令 $x_3=c$, 则 $\boldsymbol{x}=\begin{pmatrix}-c\\-\dfrac{1}{3}-c\\c\end{pmatrix}$ 为 $\boldsymbol{A}\boldsymbol{x}=\boldsymbol{b}$ 的最小二乘解. 由于 $||\boldsymbol{x}||^2=c^2+c^2+\left(\dfrac{1}{3}+c\right)^2=3c^2+\dfrac{2}{3}c+\dfrac{1}{9}=3(c+\dfrac{1}{9})^2+\dfrac{2}{27}$. 若 $||\boldsymbol{x}||$ 最小, 则 $c=-\dfrac{1}{9}$, 此时 $\boldsymbol{x}^*=\dfrac{1}{9}\begin{pmatrix}1\\-2\\-1\end{pmatrix}$ 为 $\boldsymbol{A}\boldsymbol{x}=\boldsymbol{b}$ 的极小最小二乘解. □

线性方程组的最小二乘解

最后顺便指出, 实际问题中的线性方程组的系数和常数项往往都带有误差. 我们自然希望当方程组的系数或常数项作一微小的变动后, 它们的解不会有太大的改变. 然而, 下面的例子告诉我们, 许多情形往往不是这样的.

例 3.16　设矩阵 $\boldsymbol{A}$ 为 6 阶希尔伯特 (Hilbert) 矩阵

$$\begin{pmatrix}1&\dfrac{1}{2}&\dfrac{1}{3}&\dfrac{1}{4}&\dfrac{1}{5}&\dfrac{1}{6}\\\dfrac{1}{2}&\dfrac{1}{3}&\dfrac{1}{4}&\dfrac{1}{5}&\dfrac{1}{6}&\dfrac{1}{7}\\\dfrac{1}{3}&\dfrac{1}{4}&\dfrac{1}{5}&\dfrac{1}{6}&\dfrac{1}{7}&\dfrac{1}{8}\\\dfrac{1}{4}&\dfrac{1}{5}&\dfrac{1}{6}&\dfrac{1}{7}&\dfrac{1}{8}&\dfrac{1}{9}\\\dfrac{1}{5}&\dfrac{1}{6}&\dfrac{1}{7}&\dfrac{1}{8}&\dfrac{1}{9}&\dfrac{1}{10}\\\dfrac{1}{6}&\dfrac{1}{7}&\dfrac{1}{8}&\dfrac{1}{9}&\dfrac{1}{10}&\dfrac{1}{11}\end{pmatrix}.$$

即其第 i 行第 j 列的元素为 $\dfrac{1}{i+j-1}$. 设列向量

$$\boldsymbol{b}=\begin{pmatrix}1\\2\\1\\1.414\\1\\2\end{pmatrix},\quad \Delta\boldsymbol{b}=\begin{pmatrix}0\\0\\0\\0.0001\\0\\0\end{pmatrix}.$$

利用 MATLAB 可以分别求得线性方程组 $\boldsymbol{Ax}=\boldsymbol{b}$ 及 $\boldsymbol{Ax}=\boldsymbol{b}+\Delta\boldsymbol{b}$ 的解为

$$\boldsymbol{x}_1=\begin{pmatrix}-6538\\195706\\-1256237\\3271363\\-3216326\\1427163\end{pmatrix},\quad \boldsymbol{x}_2=\begin{pmatrix}-6539\\185747\\-1256519\\3272089\\-3217120\\1427447\end{pmatrix}.$$

我们注意到, 虽然 $\Delta\boldsymbol{b}$ 的各个分量都很小, 但这两个线性方程组的解相差很大, 特别是 $\boldsymbol{x}_1$, $\boldsymbol{x}_2$ 的第 2 个分量竟相差将近 10000. 这种方程组称为病态方程组.

下面我们考察产生这一现象的原因. 由于 $\boldsymbol{Ax}_2-\boldsymbol{Ax}_1=\Delta\boldsymbol{b}$, 即 $\boldsymbol{x}_2-\boldsymbol{x}_1=\boldsymbol{A}^{-1}\Delta\boldsymbol{b}$, 因此, 上述现象应是由矩阵 $\boldsymbol{A}$ 的逆矩阵造成的. 事实上, 利用 MATLAB 可以求得

$$\boldsymbol{A}^{-1}=\begin{pmatrix}36&-630&3360&-7560&7560&-2772\\-630&14700&-88200&211680&-220500&83160\\3360&-88200&564480&-1411200&1512000&-582120\\-7560&211680&-1411200&3628800&-3969000&1552320\\7560&-220500&1512000&-3969000&4410000&-1746320\\-2772&83160&-582120&1552320&-1746360&698544\end{pmatrix}.$$

由于 $\boldsymbol{A}^{-1}$ 元素的绝对值均很大, 因此, 即使 $\Delta\boldsymbol{b}$ 的各个分量都很小, 但它们的乘积 $\boldsymbol{A}^{-1}\Delta\boldsymbol{b}$ 的元素仍然相当大.

这个例子告诉我们, 在实际问题中采用近似方法求解线性方程组时, 对方程组或矩阵作适当的理论分析是必须的. 因此, 仅仅满足于会用消元法求线性方程组的解是不够的. 线性代数的理论可以为我们做这样的分析提供相应的代数基础.

本 章 小 结

本章介绍了线性方程组的基本概念以及高斯消元法，进而建立齐次线性方程组和非齐次线性方程组的解的理论，最后介绍了线性方程组的最小二乘解．本章在全书当中起着承上启下的作用，一方面综合运用了前两章介绍的矩阵和向量的知识，另一方面为后面两章奠定了基础．本章的难点体现在两类问题上：一是针对线性方程组中的参数讨论方程组的解，比如讨论齐次线性方程组何时有非零解或讨论非齐次线性方程组何时有无穷多解；二是抽象的证明题．对于第一类问题，关键在于熟练掌握矩阵的初等行变换和线性方程组解的基本理论，当方程个数与未知数的个数相等时，还可以先讨论系数矩阵的行列式是否为零，结合克拉默法则来解题．对于抽象的证明题，一方面要准确理解题目的条件与结论，另一方面要熟悉关于矩阵、行列式、向量组、线性方程组的一些结论并善于利用矩阵、行列式、向量组、线性方程组之间的联系进行转换．

线性方程组

欲解线性方程组，　需知初等行变换．
矩阵化至最简形，　字里行间有答案．
西称高斯消元法，　东方古著见九章．
代数文章日月异，　真理妙谛永流传．

第3章知识汇总表

第3章自我测评

习 题 3

自测题

一、填空题

1. 已知向量 $\begin{pmatrix}1\\-1\\p\end{pmatrix}$, $\begin{pmatrix}0\\1\\-1\end{pmatrix}$ 都是线性方程组 $\begin{cases}x_1+x_2-x_3=2,\\3x_1+qx_2+x_3=r\end{cases}$ 的解，则 $(p,q,r)=$ __________.

2. 齐次线性方程组 $\begin{cases}x_1+x_2+x_3=0,\\ax_1+bx_2+cx_3=0,\\a^2x_1+b^2x_2+c^2x_3=0\end{cases}$ 有非零解的充分必要条件是参数 a, b, c 满足__________.

3. 设 $\boldsymbol{A}$ 为 n 维非零行向量, 则齐次线性方程组 $\boldsymbol{Ax}=\boldsymbol{0}$ 的基础解系中向量的个数为______.

4. 设 n 阶矩阵 $\boldsymbol{A}$ 的各行 n 个元素之和均为零 $(n \geqslant 2)$, 且 $\boldsymbol{A}$ 的伴随矩阵 $\boldsymbol{A}^* \neq \boldsymbol{O}$, 则齐次线性方程组 $\boldsymbol{Ax}=\boldsymbol{0}$ 的一组基础解系是__________.

5. 设 $\boldsymbol{A}=(\boldsymbol{\alpha}_1, \boldsymbol{\alpha}_2, \boldsymbol{\alpha}_3)$ 为 3 阶矩阵, 若 $\boldsymbol{\alpha}_1, \boldsymbol{\alpha}_2$ 线性无关, 且 $\boldsymbol{\alpha}_3=-\boldsymbol{\alpha}_1+\boldsymbol{\alpha}_2$, 则线性方程组 $\boldsymbol{Ax}=\boldsymbol{0}$ 的通解为__________.

6. 设 a, b, c 互不相等, 线性方程组 $\begin{cases} x_1 + x_2 = 1, \\ ax_1 + bx_2 = c, \\ a^2x_1 + b^2x_2 = c^2 \end{cases}$ 是否有解? __________.

7. 若线性方程组 $\begin{cases} \lambda x_1 + x_2 + x_3 = 1, \\ x_1 + \lambda x_2 + x_3 = 1, \\ x_1 + x_2 + \lambda x_3 = 1 \end{cases}$ 有两个不同的解, 则参数 λ 满足条件__________.

8. 若线性方程组 $\begin{cases} bx_1 + cx_3 = a, \\ ax_1 + cx_2 = b, \\ bx_2 + ax_3 = 0 \end{cases}$ 有唯一解, 则参数 a, b, c 满足条件__________.

9. 已知 4 阶矩阵 $\boldsymbol{A}$ 的秩为 3, $\boldsymbol{\eta}_1, \boldsymbol{\eta}_2, \boldsymbol{\eta}_3$ 是线性方程组 $\boldsymbol{Ax}=\boldsymbol{b}$ 的解, 且

$$\boldsymbol{\eta}_1+\boldsymbol{\eta}_2=\begin{pmatrix}2\\4\\6\\8\end{pmatrix}, \quad 3\boldsymbol{\eta}_2-2\boldsymbol{\eta}_3=\begin{pmatrix}1\\3\\5\\7\end{pmatrix},$$

则 $\boldsymbol{Ax}=\boldsymbol{b}$ 的通解为__________.

线性方程组通解的间接求法

10. 设 $\boldsymbol{A}$ 为 n 阶矩阵, 若对任意 n 维列向量 $\boldsymbol{b}$, 线性方程组 $\boldsymbol{Ax}=\boldsymbol{b}$ 均有解, 则矩阵 $\boldsymbol{A}$ 的秩为__________.

11. 已知矩阵 $\boldsymbol{A}=\begin{pmatrix}1&0&-1\\1&1&-1\\0&1&a^2-1\end{pmatrix}$, $\boldsymbol{\beta}=\begin{pmatrix}0\\1\\a\end{pmatrix}$, 若方程组 $\boldsymbol{Ax}=\boldsymbol{\beta}$ 有无穷多解, 则 $a=$__________.

12. 已知线性方程组

$$\begin{cases} ax_1 + \qquad\quad x_3 = 1, \\ x_1 + ax_2 + \ x_3 = 0, \\ x_1 + 2x_2 + ax_3 = 0, \\ ax_1 + bx_2 \qquad\ = 2 \end{cases}$$

有解, 其中 a, b 为常数, 若 $\begin{vmatrix} a & 0 & 1 \\ 1 & a & 1 \\ 1 & 2 & a \end{vmatrix} = 4$, 则 $\begin{vmatrix} 1 & a & 1 \\ 1 & 2 & a \\ a & b & 0 \end{vmatrix} =$ ________.

二、选择题

1. 设 $\boldsymbol{A}$ 为 $s \times n$ 矩阵, 则齐次线性方程组 $\boldsymbol{Ax} = \boldsymbol{0}$ 有非零解的充分必要条件是 ( ).

(A) $\boldsymbol{A}$ 的行向量组线性无关;
(B) $\boldsymbol{A}$ 的列向量组线性无关;
(C) $\boldsymbol{A}$ 的行向量组线性相关;
(D) $\boldsymbol{A}$ 的列向量组线性相关.

2. 设 $\boldsymbol{A}$ 为 n 阶矩阵 $(n \geqslant 2)$, 若 $|\boldsymbol{A}| = 0$, 但 $\boldsymbol{A}$ 的伴随矩阵 $\boldsymbol{A}^* \neq \boldsymbol{O}$, 则齐次线性方程组 $\boldsymbol{Ax} = \boldsymbol{0}$ 的基础解系中的向量个数为 ( ).

(A) n; (B) $n-1$; (C) 1; (D) 0.

3. 设 $\boldsymbol{A}$ 为 $s \times n$ 矩阵, 齐次线性方程组 $\boldsymbol{Ax} = \boldsymbol{0}$ 的基础解系中有 t 个解向量, 则齐次线性方程组 $\boldsymbol{A}^{\mathrm{T}}\boldsymbol{y} = \boldsymbol{0}$ 的基础解系中向量的个数为 ( ).

(A) $s+n-t$; (B) $s+n+t$; (C) $s-n+t$; (D) $s-n-t$.

4. 设 $\boldsymbol{A}, \boldsymbol{B}$ 都是 n 阶矩阵, 且 $\boldsymbol{Ax} = \boldsymbol{0}, \boldsymbol{Bx} = \boldsymbol{0}$ 均以 $\boldsymbol{\alpha}_1, \boldsymbol{\alpha}_2, \boldsymbol{\alpha}_3$ 为基础解系, 则 $\boldsymbol{\alpha}_1, \boldsymbol{\alpha}_2, \boldsymbol{\alpha}_3$ 一定是 ( ) 的基础解系.

(A) $(\boldsymbol{A}+\boldsymbol{B})\boldsymbol{x} = \boldsymbol{0}$;
(B) $(\boldsymbol{A}-\boldsymbol{B})\boldsymbol{x} = \boldsymbol{0}$;
(C) $\boldsymbol{ABx} = \boldsymbol{0}$;
(D) $\begin{pmatrix} \boldsymbol{A} \\ \boldsymbol{B} \end{pmatrix} \boldsymbol{x} = \boldsymbol{0}$.

5. 设 $\boldsymbol{A}$ 为 4 阶矩阵, 若线性方程组 $\boldsymbol{Ax} = \boldsymbol{0}$ 的基础解系中只有 2 个向量, 则伴随矩阵 $\boldsymbol{A}^*$ 的秩是 ( ).

(A) 0; (B) 1; (C) 2; (D) 3.

6. 设 4 阶矩阵 $\boldsymbol{A} = (a_{ij})$ 不可逆, a_{12} 的代数余子式 $A_{12} \neq 0$, $\boldsymbol{\alpha}_1, \boldsymbol{\alpha}_2, \boldsymbol{\alpha}_3, \boldsymbol{\alpha}_4$ 为 $\boldsymbol{A}$ 的列向量组, 则方程组 $\boldsymbol{A}^*\boldsymbol{x} = \boldsymbol{0}$ 的通解为 ( ).

(A) $\boldsymbol{x} = k_1\boldsymbol{\alpha}_1 + k_2\boldsymbol{\alpha}_2 + k_3\boldsymbol{\alpha}_3$, 其中 k_1, k_2, k_3 为任意常数;
(B) $\boldsymbol{x} = k_1\boldsymbol{\alpha}_1 + k_2\boldsymbol{\alpha}_2 + k_3\boldsymbol{\alpha}_4$, 其中 k_1, k_2, k_3 为任意常数;
(C) $\boldsymbol{x} = k_1\boldsymbol{\alpha}_1 + k_2\boldsymbol{\alpha}_3 + k_3\boldsymbol{\alpha}_4$, 其中 k_1, k_2, k_3 为任意常数;
(D) $\boldsymbol{x} = k_1\boldsymbol{\alpha}_2 + k_2\boldsymbol{\alpha}_3 + k_3\boldsymbol{\alpha}_4$, 其中 k_1, k_2, k_3 为任意常数.

7. 若矩阵 $\boldsymbol{A}$ 经初等列变换化成 $\boldsymbol{B}$, 则 ( ).

(A) 存在矩阵 $\boldsymbol{P}$ 使得 $\boldsymbol{PA} = \boldsymbol{B}$;
(B) 存在矩阵 $\boldsymbol{P}$ 使得 $\boldsymbol{BP} = \boldsymbol{A}$;
(C) 存在矩阵 $\boldsymbol{P}$ 使得 $\boldsymbol{PB} = \boldsymbol{A}$;
(D) 方程组 $\boldsymbol{Ax} = \boldsymbol{0}$ 与 $\boldsymbol{Bx} = \boldsymbol{0}$ 同解.

8. 设3阶矩阵 $\boldsymbol{A}=(\boldsymbol{\alpha}_1,\boldsymbol{\alpha}_2,\boldsymbol{\alpha}_3),\boldsymbol{B}=(\boldsymbol{\beta}_1,\boldsymbol{\beta}_2,\boldsymbol{\beta}_3)$, 若向量组 $\boldsymbol{\alpha}_1,\boldsymbol{\alpha}_2,\boldsymbol{\alpha}_3$ 可以由向量组 $\boldsymbol{\beta}_1$, $\boldsymbol{\beta}_2$, $\boldsymbol{\beta}_3$ 线性表示, 则 ( ).

(A) $\boldsymbol{Ax}=\boldsymbol{0}$ 的解均为 $\boldsymbol{Bx}=\boldsymbol{0}$ 的解; (B) $\boldsymbol{A}^{\mathrm{T}}\boldsymbol{x}=\boldsymbol{0}$ 的解均为 $\boldsymbol{B}^{\mathrm{T}}\boldsymbol{x}=\boldsymbol{0}$ 的解;
(C) $\boldsymbol{Bx}=\boldsymbol{0}$ 的解均为 $\boldsymbol{Ax}=\boldsymbol{0}$ 的解; (D) $\boldsymbol{B}^{\mathrm{T}}\boldsymbol{x}=\boldsymbol{0}$ 的解均为 $\boldsymbol{A}^{\mathrm{T}}\boldsymbol{x}=\boldsymbol{0}$ 的解.

9. 已知矩阵 $\boldsymbol{Q}=\begin{pmatrix}1&2&3\\2&4&t\\3&6&9\end{pmatrix}$, $\boldsymbol{P}$ 为3阶非零矩阵, 且满足 $\boldsymbol{PQ}=\boldsymbol{O}$, 则 ( ).

(A) 当 $t=6$ 时, $\boldsymbol{P}$ 的秩为1; (B) 当 $t=6$ 时, $\boldsymbol{P}$ 的秩为2;
(C) 当 $t\neq 6$ 时, $\boldsymbol{P}$ 的秩为1; (D) 当 $t\neq 6$ 时, $\boldsymbol{P}$ 的秩为2.

10. 设 $\boldsymbol{A}$ 为 n 阶矩阵, 以下选项中错误的结论为 ( ).

(A) 当线性方程组 $\boldsymbol{Ax}=\boldsymbol{b}$ 没有解时, $|\boldsymbol{A}|=0$;
(B) 当线性方程组 $\boldsymbol{Ax}=\boldsymbol{b}$ 有无穷多组解时, $|\boldsymbol{A}|=0$;
(C) 当 $|\boldsymbol{A}|=0$ 时, 线性方程组 $\boldsymbol{Ax}=\boldsymbol{b}$ 没有解;
(D) 当线性方程组 $\boldsymbol{Ax}=\boldsymbol{b}$ 有唯一解时, $|\boldsymbol{A}|\neq 0$.

11. 已知 n 阶矩阵 $\boldsymbol{A}=(a_{ij})_{n\times n}$ 是可逆的, 则下面的线性方程组 ( ).

$$\begin{cases}a_{11}x_1+a_{12}x_2+\cdots+a_{1n-1}x_{n-1}=a_{1n},\\a_{21}x_1+a_{22}x_2+\cdots+a_{2n-1}x_{n-1}=a_{2n},\\\qquad\qquad\cdots\cdots\\a_{n1}x_1+a_{n2}x_2+\cdots+a_{nn-1}x_{n-1}=a_{nn}.\end{cases}$$

(A) 有唯一解; (B) 有无穷多解; (C) 没有解; (D) 仅有零解.

12. 设 $\boldsymbol{A}=(\boldsymbol{\alpha}_1,\boldsymbol{\alpha}_2,\cdots,\boldsymbol{\alpha}_n)$ 是 $s\times n$ 矩阵, $\boldsymbol{b}$ 是 s 维列向量, 则以下选项中错误的结论为 ( ).

(A) 线性方程组 $\boldsymbol{Ax}=\boldsymbol{b}$ 有解当且仅当 $\boldsymbol{b}$ 可以由向量组 $\boldsymbol{\alpha}_1$, $\boldsymbol{\alpha}_2$, $\cdots$, $\boldsymbol{\alpha}_n$ 线性表示;
(B) 线性方程组 $\boldsymbol{Ax}=\boldsymbol{b}$ 有解当且仅当向量组 $\boldsymbol{\alpha}_1$, $\boldsymbol{\alpha}_2$, $\cdots$, $\boldsymbol{\alpha}_n$ 与 $\boldsymbol{\alpha}_1$, $\boldsymbol{\alpha}_2$, $\cdots$, $\boldsymbol{\alpha}_n$, $\boldsymbol{b}$ 等价;
(C) 线性方程组 $\boldsymbol{Ax}=\boldsymbol{b}$ 有解当且仅当矩阵方程 $\boldsymbol{AX}=(\boldsymbol{A},\boldsymbol{b})$ 有解;
(D) 线性方程组 $\boldsymbol{Ax}=\boldsymbol{b}$ 有解当且仅当向量组 $\boldsymbol{\alpha}_1$, $\boldsymbol{\alpha}_2$, $\cdots$, $\boldsymbol{\alpha}_n$, $\boldsymbol{b}$ 线性相关.

13. 已知线性方程组 $\begin{pmatrix}1&1&\lambda\\1&\lambda&1\\\lambda&1&1\end{pmatrix}\begin{pmatrix}x_1\\x_2\\x_3\end{pmatrix}=\begin{pmatrix}1\\0\\-1\end{pmatrix}$ 有两个不同的解, 则关于参数 λ, 以下选项中正确的结论为 ( ).

(A) $\lambda\neq 1$ 且 $\lambda\neq -2$; (B) $\lambda=1$ 或 $\lambda=-2$;
(C) $\lambda=1$; (D) $\lambda=-2$.

14. 设 γ_1, γ_2 为非齐次线性方程组 $\boldsymbol{Ax}=\boldsymbol{b}$ 的两个不同的解, $\boldsymbol{\eta}_1$, $\boldsymbol{\eta}_2$ 是相应的齐次线性方程组 $\boldsymbol{Ax}=\boldsymbol{0}$ 的基础解系, 则 $\boldsymbol{Ax}=\boldsymbol{b}$ 的通解为 ( ).

(A) $k_1\boldsymbol{\eta}_1+k_2(\boldsymbol{\gamma}_1-\boldsymbol{\gamma}_2)+\dfrac{1}{2}(\boldsymbol{\gamma}_1-\boldsymbol{\gamma}_2)$;

(B) $k_1\boldsymbol{\eta}_1+k_2(\boldsymbol{\eta}_1-\boldsymbol{\eta}_2)+\dfrac{1}{2}(\boldsymbol{\gamma}_1+\boldsymbol{\gamma}_2)$;

(C) $k_1\boldsymbol{\eta}_1+k_2(\boldsymbol{\eta}_1+\boldsymbol{\eta}_2)+\dfrac{1}{2}(\boldsymbol{\gamma}_1-\boldsymbol{\gamma}_2)$;

(D) $k_1\boldsymbol{\eta}_1+k_2(\boldsymbol{\gamma}_1-\boldsymbol{\gamma}_2)+\dfrac{1}{2}(\boldsymbol{\gamma}_1+\boldsymbol{\gamma}_2)$.

15. 设 $\boldsymbol{A}=\begin{pmatrix}1&1&1\\1&2&a\\1&4&a^2\end{pmatrix}$, $\boldsymbol{\beta}=\begin{pmatrix}1\\d\\d^2\end{pmatrix}$, 集合 $\Omega=\{1,2\}$, 则线性方程组 $\boldsymbol{Ax}=\boldsymbol{\beta}$ 有无穷多解的充分必要条件为(　　).

(A) $a\notin\Omega$, $d\in\Omega$;　(B) $a\notin\Omega$, $d\notin\Omega$;　(C) $a\in\Omega$, $d\notin\Omega$;　(D) $a\in\Omega$, $d\in\Omega$.

16. 设 $\boldsymbol{A}=\begin{pmatrix}1&1&1\\1&a&a^2\\1&b&b^2\end{pmatrix}$, $\boldsymbol{\beta}=\begin{pmatrix}1\\2\\4\end{pmatrix}$, 则线性方程组 $\boldsymbol{Ax}=\boldsymbol{\beta}$ 解的情况为(　　).

(A) 无解;　(B) 有解;　(C) 有无穷多解或无解;　(D) 有唯一解或无解.

17. 设 $\boldsymbol{A}=(\boldsymbol{\alpha}_1,\boldsymbol{\alpha}_2,\boldsymbol{\alpha}_3,\boldsymbol{\alpha}_4)$ 为 4 阶正交矩阵, 若矩阵 $\boldsymbol{B}=\begin{pmatrix}\boldsymbol{\alpha}_1^{\mathrm{T}}\\\boldsymbol{\alpha}_2^{\mathrm{T}}\\\boldsymbol{\alpha}_3^{\mathrm{T}}\end{pmatrix}$, $\boldsymbol{\beta}=\begin{pmatrix}1\\1\\1\end{pmatrix}$, k 表示任意常数, 则线性方程组 $\boldsymbol{Bx}=\boldsymbol{\beta}$ 的通解 $\boldsymbol{x}=$(　　).

(A) $\boldsymbol{\alpha}_2+\boldsymbol{\alpha}_3+\boldsymbol{\alpha}_4+k\boldsymbol{\alpha}_1$;　(B) $\boldsymbol{\alpha}_1+\boldsymbol{\alpha}_3+\boldsymbol{\alpha}_4+k\boldsymbol{\alpha}_2$;

(C) $\boldsymbol{\alpha}_1+\boldsymbol{\alpha}_2+\boldsymbol{\alpha}_4+k\boldsymbol{\alpha}_3$;　(D) $\boldsymbol{\alpha}_1+\boldsymbol{\alpha}_2+\boldsymbol{\alpha}_3+k\boldsymbol{\alpha}_4$.

18. 设 $\boldsymbol{A}$ 为 $m\times n$ 矩阵, $m<n$, $\mathrm{r}(\boldsymbol{A})=m$, 以下选项中错误的是(　　).

(A) 存在 n 阶可逆矩阵 $\boldsymbol{Q}$, 使得 $\boldsymbol{AQ}=(\boldsymbol{E}_m,\boldsymbol{O})$;

(B) 存在 m 阶可逆矩阵 $\boldsymbol{P}$, 使得 $\boldsymbol{PA}=(\boldsymbol{E}_m,\boldsymbol{O})$;

(C) 齐次线性方程组 $\boldsymbol{Ax}=\boldsymbol{0}$ 有非零解;

(D) 非齐次线性方程组 $\boldsymbol{Ax}=\boldsymbol{b}$ 有无穷多解.

19. 有 3 张平面两两相交, 交线相互平行, 它们的方程 $a_{i1}x+a_{i2}y+a_{i3}z=d_i$ $(i=1,2,3)$ 组成的线性方程组的系数矩阵和增广矩阵分别记为 $\boldsymbol{A}$ 和 $\overline{\boldsymbol{A}}$, 则(　　).

(A) $\mathrm{r}(\boldsymbol{A})=2,\mathrm{r}(\overline{\boldsymbol{A}})=3$;　(B) $\mathrm{r}(\boldsymbol{A})=2,\mathrm{r}(\overline{\boldsymbol{A}})=2$;

(C) $\mathrm{r}(\boldsymbol{A})=1,\mathrm{r}(\overline{\boldsymbol{A}})=2$;　(D) $\mathrm{r}(\boldsymbol{A})=1,\mathrm{r}(\overline{\boldsymbol{A}})=1$.

第3章自测题
参考答案

练习题

1. 用高斯消元法求下列线性方程组的解:

(1) $\begin{cases} x_1+2x_2+3x_3-4x_4=1, \\ x_1+3x_2+5x_3-5x_4=2, \\ 2x_1+5x_2+8x_3-9x_4=3, \\ x_1+2x_2+\ \ x_3-3x_4=0; \end{cases}$

(2) $\begin{cases} 3x_1+5x_2+2x_3+4x_4=2, \\ 2x_1+3x_2+3x_3+x_4=1, \\ x_1+2x_2-x_3+3x_4=1, \\ x_1+x_2+4x_3-2x_4=0; \end{cases}$

(3) $\begin{cases} 2x_1+x_2-x_3+x_4=0, \\ \qquad 2x_2+2x_3+x_4=0, \\ 2x_1+3x_2+x_3+2x_4=0, \\ 4x_1+4x_2+\qquad+3x_4=0; \end{cases}$

(4) $\begin{cases} x_1+x_2-x_3+2x_4=1, \\ 2x_1+3x_2+5x_3-x_4=3, \\ 3x_1+4x_2+4x_3+x_4=2, \\ 4x_1+5x_2+3x_3+3x_4=1. \end{cases}$

2. 把向量 $\boldsymbol{\beta}$ 表示为向量组 $\boldsymbol{\alpha}_1, \boldsymbol{\alpha}_2, \boldsymbol{\alpha}_3, \boldsymbol{\alpha}_4$ 的线性组合:

(1) $\boldsymbol{\beta}=\begin{pmatrix}1\\2\\-1\\3\end{pmatrix}, \boldsymbol{\alpha}_1=\begin{pmatrix}1\\1\\1\\1\end{pmatrix}, \boldsymbol{\alpha}_2=\begin{pmatrix}3\\3\\1\\1\end{pmatrix}, \boldsymbol{\alpha}_3=\begin{pmatrix}2\\1\\1\\0\end{pmatrix}, \boldsymbol{\alpha}_4=\begin{pmatrix}3\\1\\1\\3\end{pmatrix};$

(2) $\boldsymbol{\beta}=\begin{pmatrix}1\\0\\0\\0\end{pmatrix}, \boldsymbol{\alpha}_1=\begin{pmatrix}1\\0\\1\\1\end{pmatrix}, \boldsymbol{\alpha}_2=\begin{pmatrix}1\\3\\1\\2\end{pmatrix}, \boldsymbol{\alpha}_3=\begin{pmatrix}0\\0\\1\\1\end{pmatrix}, \boldsymbol{\alpha}_4=\begin{pmatrix}-1\\-1\\1\\0\end{pmatrix}.$

3. 求下列齐次线性方程组的基础解系, 并给出其结构式通解.

(1) $2x_1+3x_2-x_3-5x_4=0$;

(2) $\begin{cases}2x_1+x_2-3x_3+2x_4=0,\\3x_1+2x_2+x_3-2x_4=0,\\x_1+x_2+4x_3-4x_4=0;\end{cases}$

(3) $\begin{cases}x_1+2x_2+7x_4-4x_5=0,\\x_1-x_2+3x_3-2x_4-x_5=0,\\2x_1+4x_3+2x_4-4x_5=0,\\x_1+x_2+x_3+4x_4-3x_5=0;\end{cases}$

(4) $\begin{cases}x_1+2x_2-3x_3=0,\\2x_1+x_2+2x_3=0,\\x_1-x_2+3x_3=0.\end{cases}$

4. 问齐次线性方程组 $\begin{cases}x_1+x_2+x_3+x_4=0,\\x_1+\lambda x_2+x_3-x_4=0,\\2x_1+x_2+2x_3-\lambda x_4=0,\\x_2-x_3+x_4=0\end{cases}$ 何时有非零解? 当方程组有非零解时, 求基础解系.

5. 设 $s\times n$ 矩阵 $\boldsymbol{A}$ 的秩为 $r<n$, 证明 $\boldsymbol{Ax}=\mathbf{0}$ 的任意 $n-r$ 个线性无关的解都是其基础解系.

6. 问齐次线性方程组 $\begin{cases}(1+a)x_1+x_2+\cdots+x_n=0,\\2x_1+(2+a)x_2+\cdots+2x_n=0,\\\cdots\cdots\\nx_1+nx_2+\cdots+(n+a)x_n=0\end{cases}$ 何时有非零解? 当方程组有非零解时, 求基础解系.

7. 已知 $\boldsymbol{A}, \boldsymbol{B}$ 分别是 $s\times n$ 和 $n\times t$ 矩阵. 证明 $\mathrm{r}(\boldsymbol{AB})=\mathrm{r}(\boldsymbol{B})$ 当且仅当齐次线性方程组 $\boldsymbol{ABx}=\mathbf{0}$ 和 $\boldsymbol{Bx}=\mathbf{0}$ 同解.

8. 证明与齐次线性方程组 $\boldsymbol{Ax}=\mathbf{0}$ 的一个基础解系等价的线性无关的向量组都是其基础解系.

9. 设 $\boldsymbol{\eta}_1, \boldsymbol{\eta}_2, \boldsymbol{\eta}_3$ 为齐次线性方程组 $\boldsymbol{Ax}=\mathbf{0}$ 的一个基础解系, 证明向量组 $\boldsymbol{\eta}_1+\boldsymbol{\eta}_2, \boldsymbol{\eta}_2+\boldsymbol{\eta}_3, \boldsymbol{\eta}_3+\boldsymbol{\eta}_1$ 也是 $\boldsymbol{Ax}=\mathbf{0}$ 的一个基础解系.

10. 设 $\boldsymbol{\eta}_1, \boldsymbol{\eta}_2, \cdots, \boldsymbol{\eta}_t$ 为齐次线性方程组 $\boldsymbol{Ax}=\mathbf{0}$ 的一组线性无关的解, $\boldsymbol{\xi}$ 不是 $\boldsymbol{Ax}=\mathbf{0}$ 的解. 证明 $\boldsymbol{\xi}, \boldsymbol{\xi}+\boldsymbol{\eta}_1, \boldsymbol{\xi}+\boldsymbol{\eta}_2, \cdots, \boldsymbol{\xi}+\boldsymbol{\eta}_t$ 线性无关.

11. 设 $\boldsymbol{A}$ 为 $s\times n$ 矩阵, $\boldsymbol{A}$ 的秩为 r, $\boldsymbol{b}$ 是 s 维非零列向量. 已知线性方程组 $\boldsymbol{Ax}=\boldsymbol{b}$ 有解. 证明 $\boldsymbol{Ax}=\boldsymbol{b}$ 有 $n-r+1$ 个线性无关的解向量.

12. 设 $\boldsymbol{A}$ 为 n 阶矩阵, $\boldsymbol{b}$ 是 n 维非零列向量, γ_1, γ_2 是非齐次线性方程组 $\boldsymbol{Ax}=\boldsymbol{b}$ 的解, $\boldsymbol{\eta}$ 是齐次线性方程组 $\boldsymbol{Ax}=\mathbf{0}$ 的解.

(1) 若 $\gamma_1\neq\gamma_2$, 证明 γ_1, γ_2 线性无关;

(2) 若 $\boldsymbol{A}$ 的秩为 $n-1$, 证明 $\boldsymbol{\eta}, \gamma_1, \gamma_2$ 线性相关.

13. 判断下列非齐次线性方程组是否有解, 有解时, 求其结构式通解.

(1) $2x_1+3x_2-x_3=5$;

(2) $\begin{cases}2x_1+3x_2-2x_3=1,\\ x_1-x_2+3x_3=1,\\ 5x_1+3x_2-x_3=3;\end{cases}$

(3) $\begin{cases}2x_1+3x_2-2x_3=1,\\ 3x_1+2x_2+x_3=2,\\ 5x_1+5x_2-x_3=1;\end{cases}$

(4) $\begin{cases}3x_1+x_2+4x_3-3x_4=2,\\ 2x_1-3x_2+x_3-5x_4=1,\\ 5x_1+10x_2+2x_3-x_4=21;\end{cases}$

(5) $\begin{cases}x_1+4x_2-2x_3-x_4=3,\\ -x_1+x_2+2x_3+x_4=3,\\ x_1+9x_2-2x_3-x_4=9,\\ -x_1+6x_2+2x_3+x_4=9.\end{cases}$

14. 问线性方程组 $\begin{cases}\lambda x_1+x_2+x_3=1,\\ x_1+\lambda x_2+x_3=\lambda,\\ x_1+x_2+\lambda x_3=\lambda^2\end{cases}$ 何时有唯一解？何时有无穷多解？何时没有解？有解时求其结构式通解.

15. 设向量 $\boldsymbol{\alpha}_1=\begin{pmatrix}a\\2\\10\end{pmatrix}$, $\boldsymbol{\alpha}_2=\begin{pmatrix}-2\\1\\5\end{pmatrix}$, $\boldsymbol{\alpha}_3=\begin{pmatrix}-1\\2\\4\end{pmatrix}$, $\boldsymbol{\beta}=\begin{pmatrix}1\\b\\c\end{pmatrix}$. 问: 当参数 a, b, c 满足什么条件时,

(1) $\boldsymbol{\beta}$ 能用 $\boldsymbol{\alpha}_1$, $\boldsymbol{\alpha}_2$, $\boldsymbol{\alpha}_3$ 唯一线性表示?

(2) $\boldsymbol{\beta}$ 不能用 $\boldsymbol{\alpha}_1$, $\boldsymbol{\alpha}_2$, $\boldsymbol{\alpha}_3$ 线性表示?

(3) $\boldsymbol{\beta}$ 能用 $\boldsymbol{\alpha}_1$, $\boldsymbol{\alpha}_2$, $\boldsymbol{\alpha}_3$ 线性表示, 但表示法不唯一? 求这时 $\boldsymbol{\beta}$ 用 $\boldsymbol{\alpha}_1$, $\boldsymbol{\alpha}_2$, $\boldsymbol{\alpha}_3$ 线性表示的一般表达式.

16. 设 $\boldsymbol{A}=(\boldsymbol{\alpha}_1,\boldsymbol{\alpha}_2,\boldsymbol{\alpha}_3)$ 为 3 阶矩阵, $\boldsymbol{\alpha}_1$, $\boldsymbol{\alpha}_2$ 线性无关, $\boldsymbol{\alpha}_1+\boldsymbol{\alpha}_2-\boldsymbol{\alpha}_3=\mathbf{0}$, $\boldsymbol{\beta}=2\boldsymbol{\alpha}_1+\boldsymbol{\alpha}_2+\boldsymbol{\alpha}_3$. 求 $\boldsymbol{A}\boldsymbol{x}=\boldsymbol{\beta}$ 的通解.

17. 设 $\boldsymbol{A}$ 为 $s\times n$ 矩阵. 证明 $\boldsymbol{A}$ 的秩等于 s 的充分必要条件是对任意 s 维列向量 $\boldsymbol{b}$, 线性方程组 $\boldsymbol{A}\boldsymbol{x}=\boldsymbol{b}$ 有解.

18. 设 $\boldsymbol{A}=\begin{pmatrix}2&2\\2&a\end{pmatrix}$, $\boldsymbol{B}=\begin{pmatrix}4&b\\3&1\end{pmatrix}$, 证明矩阵方程 $\boldsymbol{A}\boldsymbol{X}=\boldsymbol{B}$ 有解但 $\boldsymbol{B}\boldsymbol{Y}=\boldsymbol{A}$ 无解的充分必要条件为 $a\neq 2$, $b=\dfrac{4}{3}$.

19. 设两个非齐次线性方程组的通解分别为

$$\boldsymbol{\gamma}+c_1\boldsymbol{\eta}_1+c_2\boldsymbol{\eta}_2;\quad \boldsymbol{\delta}+k_1\boldsymbol{\xi}_1+k_2\boldsymbol{\xi}_2,$$

其中$\boldsymbol{\gamma}=\begin{pmatrix}5\\-3\\0\\0\end{pmatrix}$, $\boldsymbol{\eta}_1=\begin{pmatrix}-6\\5\\1\\0\end{pmatrix}$, $\boldsymbol{\eta}_2=\begin{pmatrix}-5\\4\\0\\1\end{pmatrix}$; $\boldsymbol{\delta}=\begin{pmatrix}-11\\3\\0\\0\end{pmatrix}$, $\boldsymbol{\xi}_1=\begin{pmatrix}8\\-1\\1\\0\end{pmatrix}$, $\boldsymbol{\xi}_2=\begin{pmatrix}10\\-2\\0\\1\end{pmatrix}$. 求这两个方程组的公共解.

20. 设线性方程组$\begin{cases}x_1+x_2+x_3=0,\\x_1+2x_2+ax_3=0,\\x_1+4x_2+a^2x_3=0\end{cases}$与方程$x_1+2x_2+x_3=a-1$有公共解, 求$a$的值及所有公共解.

21. 求向量组$\boldsymbol{\alpha}_1=\begin{pmatrix}1\\1\\2\\1\end{pmatrix}$, $\boldsymbol{\alpha}_2=\begin{pmatrix}2\\2\\4\\2\end{pmatrix}$, $\boldsymbol{\alpha}_3=\begin{pmatrix}1\\2\\3\\2\end{pmatrix}$, $\boldsymbol{\alpha}_4=\begin{pmatrix}0\\1\\1\\1\end{pmatrix}$, $\boldsymbol{\alpha}_5=\begin{pmatrix}1\\0\\1\\0\end{pmatrix}$的一个极大无关组, 并将其余的向量表成所得的极大线性无关组的线性组合.

22. 已知向量$\boldsymbol{\alpha}_1=\begin{pmatrix}1\\2\\1\end{pmatrix}$, $\boldsymbol{\alpha}_2=\begin{pmatrix}-1\\1\\2\end{pmatrix}$, $\boldsymbol{\alpha}_3=\begin{pmatrix}1\\1\\a\end{pmatrix}$, $\boldsymbol{\beta}_1=\begin{pmatrix}1\\0\\b\end{pmatrix}$, $\boldsymbol{\beta}_2=\begin{pmatrix}0\\1\\c\end{pmatrix}$. 若向量组$\boldsymbol{\alpha}_1, \boldsymbol{\alpha}_2, \boldsymbol{\alpha}_3$与向量组$\boldsymbol{\beta}_1, \boldsymbol{\beta}_2$ 等价.

(1) 求参数a, b, c的值;

(2) 求向量组$\boldsymbol{\alpha}_1, \boldsymbol{\alpha}_2, \boldsymbol{\alpha}_3$的秩及其一个极大线性无关组;

(3) 令矩阵$\boldsymbol{A}=(\boldsymbol{\alpha}_1,\boldsymbol{\alpha}_2,\boldsymbol{\alpha}_3)$, $\boldsymbol{B}=(\boldsymbol{\beta}_1,\boldsymbol{\beta}_2)$, 求满足$\boldsymbol{BX}=\boldsymbol{A}$的矩阵$\boldsymbol{X}$.

23. 设矩阵$\boldsymbol{A}=\begin{pmatrix}1&2&1&0&-1\\2&-2&3&1&4\\3&0&4&1&3\\1&-4&3&1&5\end{pmatrix}$. 分别求$\boldsymbol{A}$的行向量组生成的向量空间、列向量组生成的向量空间和$\boldsymbol{Ax}=\boldsymbol{0}$的解空间的基与维数.

24. 设$\boldsymbol{A}$为$s\times n$实矩阵. 证明:

(1) $\mathrm{r}(\boldsymbol{A}^{\mathrm{T}}\boldsymbol{A})=\mathrm{r}(\boldsymbol{A})$;

(2) 对任意s维列向量$\boldsymbol{b}$, 线性方程组$\boldsymbol{A}^{\mathrm{T}}\boldsymbol{Ax}=\boldsymbol{A}^{\mathrm{T}}\boldsymbol{b}$ 总有解;

(3) $\mathrm{r}(\boldsymbol{A})=n$当且仅当$\boldsymbol{A}^{\mathrm{T}}\boldsymbol{A}$为可逆矩阵.

25*. 求线性方程组$\begin{cases}x_1+2x_2-x_3=1,\\x_1+x_2-2x_3=1,\\2x_1+3x_2+x_3=1,\\3x_1+5x_2=0\end{cases}$的最小二乘解.

26*. 设矩阵 $\boldsymbol{A}=\begin{pmatrix}1&1&1-a\\1&0&a\\a+1&1&a+1\end{pmatrix}$, $\boldsymbol{\beta}=\begin{pmatrix}0\\1\\2a-2\end{pmatrix}$, 且方程组 $\boldsymbol{Ax}=\boldsymbol{\beta}$ 无解.

(1) 求 a 的值;

(2) 求 $\boldsymbol{Ax}=\boldsymbol{\beta}$ 的最小二乘解.

第3章练习题
参考答案

补充题

1. 设 $\boldsymbol{A}$ 是 $m\times n$ 矩阵, $\boldsymbol{B}$ 是 $n\times k$ 矩阵, 证明:

(1) $\mathrm{r}(\boldsymbol{AB})=\mathrm{r}(\boldsymbol{B})$ 的充分必要条件是 $\boldsymbol{ABx}=\boldsymbol{0}$ 与 $\boldsymbol{Bx}=\boldsymbol{0}$ 同解;

(2) 若 $\mathrm{r}(\boldsymbol{AB})=\mathrm{r}(\boldsymbol{B})$, 则对任意的 $k\times l$ 矩阵 $\boldsymbol{C}$, 有 $\mathrm{r}(\boldsymbol{ABC})=\mathrm{r}(\boldsymbol{BC})$.

2. 设 $\boldsymbol{A}$ 为 3×4 矩阵, $\boldsymbol{Ax}=\boldsymbol{0}$ 的基础解系为 $\boldsymbol{\eta}=\begin{pmatrix}2\\3\\1\\0\end{pmatrix}$.

(1) 求 $\boldsymbol{A}$ 的秩;

(2) 求 $\boldsymbol{A}$ 的行最简形;

(3) 对任意 $\boldsymbol{\beta}$, $\boldsymbol{Ax}=\boldsymbol{\beta}$ 是否有解?

3. 设 $\boldsymbol{A}$ 是 $m\times n$ 矩阵, 证明 $\boldsymbol{A}$ 的行最简形是唯一的.

4. 设 $\boldsymbol{A}=(a_{ij})$ 为 n 阶矩阵, 满足

$$|a_{ii}|>\sum_{j\neq i}|a_{ij}|,\quad i=1,2,\cdots,n.$$

证明 $\boldsymbol{A}$ 是可逆矩阵.

5. 证明线性方程组 $\boldsymbol{Ax}=\boldsymbol{b}$ 有解的充分必要条件是线性方程组 $\begin{pmatrix}\boldsymbol{A}^{\mathrm{T}}\\\boldsymbol{b}^{\mathrm{T}}\end{pmatrix}\boldsymbol{y}=\begin{pmatrix}\boldsymbol{0}\\1\end{pmatrix}$ 无解.

6. 线性方程组 $\boldsymbol{Ax}=\boldsymbol{b}$ 和 $\boldsymbol{Bx}=\boldsymbol{c}$ 均有解. 证明这两个线性方程组同解的充分必要条件是矩阵 $(\boldsymbol{A},\boldsymbol{b})$ 与 $(\boldsymbol{B},\boldsymbol{c})$ 的行向量组等价.

两个线性方
程组同解的
充分必要条件

7. 设 $\boldsymbol{A}$ 是 n 阶整数矩阵, 试证: 对任意 n 维整数列向量 $\boldsymbol{\beta}$, 线性方程组 $\boldsymbol{Ax} = \boldsymbol{\beta}$ 都有整数解的充要条件为 $|\boldsymbol{A}| = \pm 1$.

8. 求直角坐标系中三个平面: $a_i x + b_i y + c_i z + d_i = 0$ $(i = 1, 2, 3)$ 通过一直线但不重合的充分必要条件.

9. 求平面上通过 5 个点 $M_i(x_i, y_i)$ $(i = 1, 2, 3, 4, 5)$ 的二次曲线的方程.

第3章补充题
参考答案

第 4 章　矩阵的特征值和特征向量

在工程技术领域, 有许多问题, 诸如振动问题、稳定性问题、弹性力学问题等常常归结为求矩阵的特征值和特征向量. 在数学上, 解微分方程及简化矩阵计算等等也要用到特征值理论. 本章介绍特征值、特征向量和矩阵相似的概念及性质, 讨论矩阵相似于对角矩阵的条件以及矩阵的若尔当标准形, 证明实对称矩阵一定相似于对角阵, 并介绍把实对称矩阵正交相似对角化的方法.

4.1　相 似 矩 阵

我们先来看一个实例.

设数列 $\{x_n\}$, $\{y_n\}$ 满足 $\begin{cases} x_n = 3x_{n-1} - y_{n-1}, \\ y_n = -x_{n-1} + 3y_{n-1}, \end{cases}$ 其中 $x_0 = y_0 = 1$. 我们来求 x_n, y_n. 将上述公式转化成矩阵形式

$$\begin{pmatrix} x_n \\ y_n \end{pmatrix} = \boldsymbol{A} \begin{pmatrix} x_{n-1} \\ y_{n-1} \end{pmatrix},$$

其中 $\boldsymbol{A} = \begin{pmatrix} 3 & -1 \\ -1 & 3 \end{pmatrix}$. 利用此递推公式得

$$\begin{pmatrix} x_n \\ y_n \end{pmatrix} = \boldsymbol{A}^n \begin{pmatrix} x_0 \\ y_0 \end{pmatrix} = \boldsymbol{A}^n \begin{pmatrix} 1 \\ 1 \end{pmatrix},$$

因此, 求 $\boldsymbol{A}^n$ 就是解决问题的关键. 如果存在可逆矩阵 $\boldsymbol{P}$, 使得 $\boldsymbol{P}^{-1}\boldsymbol{A}\boldsymbol{P} = \boldsymbol{D}$. 并且 $\boldsymbol{D}^n$ 容易计算, 那么

$$\boldsymbol{A}^n = (\boldsymbol{P}\boldsymbol{D}\boldsymbol{P}^{-1})^n = (\boldsymbol{P}\boldsymbol{D}\boldsymbol{P}^{-1})\cdots(\boldsymbol{P}\boldsymbol{D}\boldsymbol{P}^{-1}) = \boldsymbol{P}\boldsymbol{D}^n\boldsymbol{P}^{-1},$$

于是 $\boldsymbol{A}^n$ 就容易计算了. 为此我们引出下述概念.

利用对角矩阵求方阵的幂

定义 4.1 设 $\boldsymbol{A}, \boldsymbol{B}$ 为 n 阶矩阵, 若存在可逆矩阵 $\boldsymbol{P}$, 使得 $\boldsymbol{P}^{-1}\boldsymbol{AP}=\boldsymbol{B}$, 则称 $\boldsymbol{A}$ 与 $\boldsymbol{B}$ 是相似的, 记作 $\boldsymbol{A}\sim\boldsymbol{B}$.

例 4.1 设矩阵 $\boldsymbol{A}=\begin{pmatrix}\lambda_1 & a\\ 0 & \lambda_2\end{pmatrix}$, $\boldsymbol{B}=\begin{pmatrix}\lambda_2 & 0\\ a & \lambda_1\end{pmatrix}$. 证明 $\boldsymbol{A}$ 与 $\boldsymbol{B}$ 相似. 特别地, $\begin{pmatrix}\lambda & 1\\ 0 & \lambda\end{pmatrix}$ 与 $\begin{pmatrix}\lambda & 0\\ 1 & \lambda\end{pmatrix}$ 相似.

证明 比较 $\boldsymbol{A}, \boldsymbol{B}$ 可知, $\boldsymbol{A}$ 可以经过初等变换化成 $\boldsymbol{B}$,

$$\boldsymbol{A}=\begin{pmatrix}\lambda_1 & a\\ 0 & \lambda_2\end{pmatrix}\xrightarrow{\mathrm{r}_1\leftrightarrow\mathrm{r}_2}\begin{pmatrix}0 & \lambda_2\\ \lambda_1 & a\end{pmatrix}\xrightarrow{\mathrm{c}_1\leftrightarrow\mathrm{c}_2}\begin{pmatrix}\lambda_2 & 0\\ a & \lambda_1\end{pmatrix}=\boldsymbol{B},$$

记 $\boldsymbol{P}=\begin{pmatrix}0 & 1\\ 1 & 0\end{pmatrix}$, 那么 $\boldsymbol{B}=\boldsymbol{PAP}=\boldsymbol{P}^{-1}\boldsymbol{AP}$. 故 $\boldsymbol{A}$ 与 $\boldsymbol{B}$ 相似. □

容易看到, 矩阵的相似关系具有如下性质.

性质 4.1 设 $\boldsymbol{A}, \boldsymbol{B}, \boldsymbol{C}$ 均为 n 阶矩阵.

(1) 反身性: $\boldsymbol{A}\sim\boldsymbol{A}$.

(2) 对称性: 如果 $\boldsymbol{A}\sim\boldsymbol{B}$, 那么 $\boldsymbol{B}\sim\boldsymbol{A}$.

(3) 传递性: 如果 $\boldsymbol{A}\sim\boldsymbol{B}$, $\boldsymbol{B}\sim\boldsymbol{C}$, 那么 $\boldsymbol{A}\sim\boldsymbol{C}$.

可见, 矩阵的相似关系是一种等价关系. 相似的矩阵还具有如下性质.

性质 4.2 设 $\boldsymbol{A}$ 与 $\boldsymbol{B}$ 相似, $f(x)$ 是一个多项式, 那么 $f(\boldsymbol{A})$ 与 $f(\boldsymbol{B})$ 相似.

证明 设 $f(x)=a_nx^n+\cdots+a_1x+a_0$, 那么 $f(\boldsymbol{A})=a_n\boldsymbol{A}^n+\cdots+a_1\boldsymbol{A}+a_0\boldsymbol{E}$. 由于 $\boldsymbol{A}$ 与 $\boldsymbol{B}$ 相似, 即存在可逆矩阵 $\boldsymbol{P}$, 使得 $\boldsymbol{P}^{-1}\boldsymbol{AP}=\boldsymbol{B}$, 于是 $\boldsymbol{P}^{-1}\boldsymbol{A}^s\boldsymbol{P}=\boldsymbol{B}^s$. 故

$$f(\boldsymbol{B})=\sum_{s=0}^n a_s\boldsymbol{B}^s=\sum_{s=0}^n a_s(\boldsymbol{P}^{-1}\boldsymbol{A}^s\boldsymbol{P})=\boldsymbol{P}^{-1}\left(\sum_{s=0}^n a_s\boldsymbol{A}^s\right)\boldsymbol{P}=\boldsymbol{P}^{-1}f(\boldsymbol{A})\boldsymbol{P}.$$

可见, $f(\boldsymbol{A})\sim f(\boldsymbol{B})$. □

性质 4.3 相似矩阵的行列式相等.

证明 设 $\boldsymbol{A}\sim\boldsymbol{B}$, 则存在可逆矩阵 $\boldsymbol{P}$, 使得 $\boldsymbol{P}^{-1}\boldsymbol{AP}=\boldsymbol{B}$. 从而

$$|\boldsymbol{B}|=|\boldsymbol{P}^{-1}\boldsymbol{AP}|=|\boldsymbol{P}^{-1}||\boldsymbol{A}||\boldsymbol{P}|=|\boldsymbol{P}|^{-1}|\boldsymbol{A}||\boldsymbol{P}|=|\boldsymbol{A}|.$$ □

性质 4.4 相似的矩阵有相同的秩.

证明 设 $\boldsymbol{A}\sim\boldsymbol{B}$, 则存在可逆矩阵 $\boldsymbol{P}$, 使得 $\boldsymbol{P}^{-1}\boldsymbol{AP}=\boldsymbol{B}$. 从而 $\boldsymbol{A}$ 与 $\boldsymbol{B}$ 等价. 因此 $\mathrm{r}(\boldsymbol{A})=\mathrm{r}(\boldsymbol{B})$. □

n 阶矩阵 $\boldsymbol{A}=(a_{ij})_{n\times n}$ 的主对角线上元素之和称为 $\boldsymbol{A}$ 的迹, 记为 $\operatorname{tr}(\boldsymbol{A})$, 即 $\operatorname{tr}(\boldsymbol{A})=a_{11}+a_{22}+\cdots+a_{nn}$.

矩阵的迹有如下性质.

性质 4.5　设 $\boldsymbol{A}, \boldsymbol{B}$ 均为 n 阶矩阵, k 为任意数, 则

(1) $\operatorname{tr}(\boldsymbol{A}+\boldsymbol{B})=\operatorname{tr}(\boldsymbol{A})+\operatorname{tr}(\boldsymbol{B})$;

(2) $\operatorname{tr}(k\boldsymbol{A})=k\operatorname{tr}(\boldsymbol{A})$;

(3) $\operatorname{tr}(\boldsymbol{AB})=\operatorname{tr}(\boldsymbol{BA})$.

证明　(1) 和 (2) 容易证明. 这里只证 (3). 记

$$\boldsymbol{A}=(a_{ij})_{n\times n},\quad \boldsymbol{B}=(b_{ij})_{n\times n},\quad \boldsymbol{AB}=(c_{ij})_{n\times n},\quad \boldsymbol{BA}=(d_{ij})_{n\times n},$$

则

$$\operatorname{tr}(\boldsymbol{AB})=\sum_{i=1}^{n}c_{ii}=\sum_{i=1}^{n}\sum_{k=1}^{n}a_{ik}b_{ki}=\sum_{k=1}^{n}\sum_{i=1}^{n}b_{ki}a_{ik}=\sum_{k=1}^{n}d_{kk}=\operatorname{tr}(\boldsymbol{BA}).\qquad\square$$

性质 4.6　相似的矩阵有相同的迹.

证明　设 $\boldsymbol{A}\sim\boldsymbol{B}$, 则存在可逆矩阵 $\boldsymbol{P}$, 使得 $\boldsymbol{P}^{-1}\boldsymbol{AP}=\boldsymbol{B}$. 于是

$$\operatorname{tr}(\boldsymbol{B})=\operatorname{tr}(\boldsymbol{P}^{-1}\boldsymbol{AP})=\operatorname{tr}(\boldsymbol{P}^{-1}(\boldsymbol{AP}))=\operatorname{tr}((\boldsymbol{AP})\boldsymbol{P}^{-1})=\operatorname{tr}(\boldsymbol{A}).\qquad\square$$

注意到对角矩阵的幂很容易计算. 事实上,

$$\begin{pmatrix}\lambda_1 & & \\ & \ddots & \\ & & \lambda_n\end{pmatrix}^m=\begin{pmatrix}\lambda_1^m & & \\ & \ddots & \\ & & \lambda_n^m\end{pmatrix}.$$

因此, 若 $\boldsymbol{A}$ 相似于对角阵, 我们就很容易计算 $\boldsymbol{A}^m$. 一个自然的问题是: 每个 n 阶矩阵均相似于对角阵吗? 我们有如下定理.

定理 4.1　n 阶矩阵 $\boldsymbol{A}$ 相似于对角阵的充分必要条件是存在 n 个线性无关的列向量 $\boldsymbol{\xi}_1,\cdots,\boldsymbol{\xi}_n$ 和 n 个数 $\lambda_1,\cdots,\lambda_n$ 使得 $\boldsymbol{A\xi}_i=\lambda_i\boldsymbol{\xi}_i\ (i=1,\cdots,n)$. 此时, 若令 $\boldsymbol{P}=(\boldsymbol{\xi}_1,\cdots,\boldsymbol{\xi}_n)$, $\boldsymbol{\varLambda}=\begin{pmatrix}\lambda_1 & & \\ & \ddots & \\ & & \lambda_n\end{pmatrix}$, 则 $\boldsymbol{P}^{-1}\boldsymbol{AP}=\boldsymbol{\varLambda}$.

证明　(必要性) 若 $\boldsymbol{A}$ 相似于对角阵 $\boldsymbol{\varLambda}=\begin{pmatrix}\lambda_1 & & \\ & \ddots & \\ & & \lambda_n\end{pmatrix}$, 即存在可逆矩

阵 $\boldsymbol{P}$, 使得 $\boldsymbol{P}^{-1}\boldsymbol{AP}=\boldsymbol{\Lambda}$, 即 $\boldsymbol{AP}=\boldsymbol{P\Lambda}$. 令 $\boldsymbol{P}=(\boldsymbol{\xi}_1,\cdots,\boldsymbol{\xi}_n)$, 则

$$\boldsymbol{A}(\boldsymbol{\xi}_1,\cdots,\boldsymbol{\xi}_n)=(\boldsymbol{\xi}_1,\cdots,\boldsymbol{\xi}_n)\begin{pmatrix}\lambda_1 & & \\ & \ddots & \\ & & \lambda_n\end{pmatrix},$$

即

$$(\boldsymbol{A\xi}_1,\cdots,\boldsymbol{A\xi}_n)=(\lambda_1\boldsymbol{\xi}_1,\cdots,\lambda_n\boldsymbol{\xi}_n).$$

于是 $\boldsymbol{A\xi}_i=\lambda_i\boldsymbol{\xi}_i,\ i=1,\cdots,n$. 因为 $\boldsymbol{P}$ 为可逆矩阵, 故 $\boldsymbol{\xi}_1,\cdots,\boldsymbol{\xi}_n$ 线性无关.

(充分性) 若存在 n 个线性无关的列向量 $\boldsymbol{\xi}_1,\cdots,\boldsymbol{\xi}_n$ 满足

$$\boldsymbol{A\xi}_i=\lambda_i\boldsymbol{\xi}_i,\quad i=1,\cdots,n.$$

令 $\boldsymbol{P}=(\boldsymbol{\xi}_1,\cdots,\boldsymbol{\xi}_n)$, 则 $\boldsymbol{P}$ 为可逆矩阵, 且

$$\boldsymbol{AP}=(\boldsymbol{A\xi}_1,\cdots,\boldsymbol{A\xi}_n)=(\lambda_1\boldsymbol{\xi}_1,\cdots,\lambda_n\boldsymbol{\xi}_n)=\boldsymbol{P\Lambda}.$$

由此可得

$$\boldsymbol{P}^{-1}\boldsymbol{AP}=\begin{pmatrix}\lambda_1 & & \\ & \ddots & \\ & & \lambda_n\end{pmatrix},$$

即 $\boldsymbol{A}$ 相似于对角阵. □

定义 4.2 若 $\boldsymbol{A}$ 相似于对角阵, 则称 $\boldsymbol{A}$ 可相似对角化.

应当注意的是, 并不是每个矩阵都可相似对角化. 请见 4.2 节的例子.

4.2 特征值与特征向量

4.1 节证明了 n 阶矩阵 $\boldsymbol{A}$ 相似于对角阵的充分必要条件是存在 n 个线性无关的列向量 $\boldsymbol{\xi}_1,\cdots,\boldsymbol{\xi}_n$ 和 n 个数 $\lambda_1,\cdots,\lambda_n$ 使得

$$\boldsymbol{A\xi}_i=\lambda_i\boldsymbol{\xi}_i,\quad i=1,\cdots,n.$$

因此, 矩阵的相似对角化问题转化为寻求满足 $\boldsymbol{A\xi}=\lambda\boldsymbol{\xi}$ 的 $\boldsymbol{\xi}$ 和 λ. 尽管 $\boldsymbol{\xi}=\boldsymbol{0}$ 一定满足 $\boldsymbol{A\xi}=\lambda\boldsymbol{\xi}$, 但由于我们最终还要用这些向量来构造可逆矩阵, 所以我们考虑是否存在非零向量 $\boldsymbol{\xi}$ 满足 $\boldsymbol{A\xi}=\lambda\boldsymbol{\xi}$.

特征值特征向量以及相似矩阵的历史

市值250亿美元的特征向量

定义 4.3　设 $\boldsymbol{A}$ 为 n 阶矩阵, 若存在数 λ 和非零向量 $\boldsymbol{\xi}$, 满足 $\boldsymbol{A\xi}=\lambda\boldsymbol{\xi}$, 则称 λ 为 $\boldsymbol{A}$ 的一个特征值, 称 $\boldsymbol{\xi}$ 为 $\boldsymbol{A}$ 的属于特征值 λ 的特征向量.

例如, 设 $\boldsymbol{A}=\begin{pmatrix}1&1\\1&1\end{pmatrix}$, $\boldsymbol{\xi}=\begin{pmatrix}1\\1\end{pmatrix}$, 则 $\boldsymbol{A\xi}=2\boldsymbol{\xi}$. 可见, 2 是 $\boldsymbol{A}$ 的一个特征值, $\boldsymbol{\xi}$ 是属于特征值 2 的一个特征向量.

如果 $\boldsymbol{A\xi}=\lambda\boldsymbol{\xi}$, $\boldsymbol{\xi}\neq\boldsymbol{0}$ 那么对任意 k, 有

$$\boldsymbol{A}(k\boldsymbol{\xi})=k(\boldsymbol{A\xi})=k(\lambda\boldsymbol{\xi})=\lambda(k\boldsymbol{\xi}).$$

因此, 当 $k\neq 0$ 时, $k\boldsymbol{\xi}$ 也是 $\boldsymbol{A}$ 的属于特征值 λ 的特征向量, 所以属于特征值 λ 的特征向量是不唯一的.

如何求 $\boldsymbol{A}$ 的全部特征值与特征向量呢? 下面讨论这一问题.

设 λ_0 为 $\boldsymbol{A}$ 的一个特征值, $\boldsymbol{\xi}$ 为属于特征值 λ_0 的一个特征向量, 即 $\boldsymbol{A\xi}=\lambda_0\boldsymbol{\xi}$, 于是 $(\lambda_0\boldsymbol{E}-\boldsymbol{A})\boldsymbol{\xi}=\boldsymbol{0}$, $\boldsymbol{\xi}\neq\boldsymbol{0}$. 换句话说, $\boldsymbol{\xi}$ 为 $(\lambda_0\boldsymbol{E}-\boldsymbol{A})\boldsymbol{x}=\boldsymbol{0}$ 的一个非零解, 由推论 3.2 可知, $|\lambda_0\boldsymbol{E}-\boldsymbol{A}|=0$.

定义 4.4　设 $\boldsymbol{A}=(a_{ij})$ 为 n 阶矩阵, 则 $\lambda\boldsymbol{E}-\boldsymbol{A}$ 称为 $\boldsymbol{A}$ 的特征矩阵,

$$|\lambda\boldsymbol{E}-\boldsymbol{A}|=\begin{vmatrix}\lambda-a_{11}&-a_{12}&\cdots&-a_{1n}\\-a_{21}&\lambda-a_{22}&\cdots&-a_{2n}\\\vdots&\vdots&&\vdots\\-a_{n1}&-a_{n2}&\cdots&\lambda-a_{nn}\end{vmatrix}$$

称为 $\boldsymbol{A}$ 的特征多项式, $|\lambda\boldsymbol{E}-\boldsymbol{A}|=0$ 称为 $\boldsymbol{A}$ 的特征方程.

根据前面的讨论不难得到下面的定理.

定理 4.2　设 $\boldsymbol{A}$ 为 n 阶矩阵, 则

(1) λ_0 为 $\boldsymbol{A}$ 的特征值当且仅当 λ_0 是 $\boldsymbol{A}$ 的特征方程的一个根;

(2) $\boldsymbol{\xi}$ 为 $\boldsymbol{A}$ 的属于特征值 λ_0 的一个特征向量当且仅当 $\boldsymbol{\xi}$ 是齐次线性方程组 $(\lambda_0\boldsymbol{E}-\boldsymbol{A})\boldsymbol{x}=\boldsymbol{0}$ 的非零解.

在前文中曾经约定, 除非特别申明, 我们讨论的范围限定于实数集. 但由于实系数的多项式方程在实数范围内未必有根, 因此, 为了方便起见, 在这一章, 我

们将讨论所涉及的数的范围扩大为整个复数集, 定义 4.3 中的矩阵可以是复矩阵. 当然, 特征值可以是复数, 特征向量也可以是复向量.

复数初步

由定理 4.2 可知, 求矩阵 $\boldsymbol{A}$ 的特征值与特征向量的步骤如下:

第一步, 计算 $\boldsymbol{A}$ 的特征多项式 $|\lambda\boldsymbol{E}-\boldsymbol{A}|$;

第二步, 计算 $|\lambda\boldsymbol{E}-\boldsymbol{A}|=0$ 的全部根, 这些根就是 $\boldsymbol{A}$ 的全部特征值;

第三步, 对每一个特征值 $\lambda_i, i=1,2,\cdots,n$, 求齐次线性方程组 $(\lambda_i\boldsymbol{E}-\boldsymbol{A})\boldsymbol{x}=\boldsymbol{0}$ 的一个基础解系 $\boldsymbol{\eta}_1,\cdots,\boldsymbol{\eta}_t$, 于是 $\boldsymbol{A}$ 的属于 λ_i 的全部特征向量为 $k_1\boldsymbol{\eta}_1+\cdots+k_t\boldsymbol{\eta}_t$, 其中 $k_1,\cdots,k_t$ 为任意不全为零的数.

这里, 我们强调两点: 其一是零向量不是特征向量; 其二是实矩阵未必有实的特征值.

设矩阵 $\boldsymbol{A}=\begin{pmatrix}\dfrac{\sqrt{2}}{2} & -\dfrac{\sqrt{2}}{2}\\ \dfrac{\sqrt{2}}{2} & \dfrac{\sqrt{2}}{2}\end{pmatrix}$, 那么从几何意义上来看, $\boldsymbol{A}\boldsymbol{\xi}$ 表示平面上把 $\boldsymbol{\xi}$ 绕坐标原点按逆时针方向旋转 $\dfrac{\pi}{4}$ 得到的向量. 因此, 当 $\boldsymbol{\xi}\neq\boldsymbol{0}$ 时, $\boldsymbol{A}\boldsymbol{\xi}$ 与 $\boldsymbol{\xi}$ 肯定不共线. 换言之, 不存在实数 λ 使得 $\boldsymbol{A}\boldsymbol{\xi}=\lambda\boldsymbol{\xi}$. 所以 $\boldsymbol{A}$ 没有实特征值. 事实上, 我们也可以从 $\boldsymbol{A}$ 的特征多项式 $|\lambda\boldsymbol{E}-\boldsymbol{A}|=\lambda^2-\sqrt{2}\lambda+1$ 看出, $|\lambda\boldsymbol{E}-\boldsymbol{A}|=0$ 没有实根.

例 4.2 求矩阵 $\boldsymbol{A}=\begin{pmatrix}1&2&2\\2&1&2\\2&2&1\end{pmatrix}$ 的特征值与特征向量.

解 直接计算得 $\boldsymbol{A}$ 的特征多项式

$$|\lambda\boldsymbol{E}-\boldsymbol{A}|=\begin{vmatrix}\lambda-1&-2&-2\\-2&\lambda-1&-2\\-2&-2&\lambda-1\end{vmatrix}=(\lambda-5)(\lambda+1)^2.$$

令 $|\lambda\boldsymbol{E}-\boldsymbol{A}|=0$, 求出 $\boldsymbol{A}$ 的特征值 $\lambda_1=\lambda_2=-1, \lambda_3=5$.

对于特征值 $\lambda_1=\lambda_2=-1$, 对 $\lambda_1\boldsymbol{E}-\boldsymbol{A}$ 作初等行变换

$$\lambda_1\boldsymbol{E}-\boldsymbol{A}=\begin{pmatrix}-2&-2&-2\\-2&-2&-2\\-2&-2&-2\end{pmatrix}\to\begin{pmatrix}1&1&1\\0&0&0\\0&0&0\end{pmatrix},$$

由此得 $(\lambda_1\boldsymbol{E}-\boldsymbol{A})\boldsymbol{x}=\boldsymbol{0}$ 的基础解系

$$\boldsymbol{\xi}_1=(-1,1,0)^{\mathrm{T}},\quad \boldsymbol{\xi}_2=(-1,0,1)^{\mathrm{T}}.$$

于是, $k_1\boldsymbol{\xi}_1+k_2\boldsymbol{\xi}_2$ (k_1, k_2 不全为零) 为 $\boldsymbol{A}$ 的属于 $\lambda_1=\lambda_2=-1$ 的全部特征向量.

对于特征值 $\lambda_3=5$, 对特征矩阵 $\lambda_3\boldsymbol{E}-\boldsymbol{A}$ 作初等行变换

$$\lambda_3\boldsymbol{E}-\boldsymbol{A}=\begin{pmatrix}4&-2&-2\\-2&4&-2\\-2&-2&4\end{pmatrix}\to\begin{pmatrix}1&0&-1\\0&1&-1\\0&0&0\end{pmatrix},$$

由此得 $(\lambda_3\boldsymbol{E}-\boldsymbol{A})\boldsymbol{x}=\boldsymbol{0}$ 的基础解系

$$\boldsymbol{\xi}_3=(1,1,1)^{\mathrm{T}},$$

于是, $k_3\boldsymbol{\xi}_3$ ($k_3\neq 0$) 为 $\boldsymbol{A}$ 的属于 $\lambda_3=5$ 的全部特征向量. □

例 4.3　求矩阵 $\boldsymbol{A}=\begin{pmatrix}1&1&0\\0&1&0\\0&0&2\end{pmatrix}$ 的特征值与特征向量.

解　矩阵 $\boldsymbol{A}$ 的特征多项式

$$|\lambda\boldsymbol{E}-\boldsymbol{A}|=\begin{vmatrix}\lambda-1&-1&0\\0&\lambda-1&0\\0&0&\lambda-2\end{vmatrix}=(\lambda-1)^2(\lambda-2).$$

令 $|\lambda\boldsymbol{E}-\boldsymbol{A}|=0$, 得 $\boldsymbol{A}$ 的特征值 $\lambda_1=\lambda_2=1$, $\lambda_3=2$.

对于 $\lambda_1=\lambda_2=1$, 求得 $(\boldsymbol{E}-\boldsymbol{A})\boldsymbol{x}=\boldsymbol{0}$ 的基础解系

$$\boldsymbol{\xi}_1=(1,0,0)^{\mathrm{T}},$$

于是, $k_1\boldsymbol{\xi}_1$ ($k_1\neq 0$) 为 $\boldsymbol{A}$ 的属于 $\lambda_1=\lambda_2=1$ 的全部特征向量.

对于特征值 $\lambda_3=2$, 求得 $(2\boldsymbol{E}-\boldsymbol{A})\boldsymbol{x}=\boldsymbol{0}$ 的基础解系

$$\boldsymbol{\xi}_3=(0,0,1)^{\mathrm{T}},$$

于是, $k_3\boldsymbol{\xi}_3$ ($k_3\neq 0$) 为 $\boldsymbol{A}$ 的属于 $\lambda_3=2$ 的全部特征向量. □

例 4.4　设 λ 为 n 阶矩阵 $\boldsymbol{A}$ 的一个特征值, $\boldsymbol{\xi}$ 为相应的特征向量. 若 $\boldsymbol{P}$ 为 n 阶可逆矩阵, 求 $\boldsymbol{P}^{-1}\boldsymbol{A}\boldsymbol{P}$ 的一个特征向量及相应的特征值.

解 由假设知, $\boldsymbol{A}\boldsymbol{\xi}=\lambda\boldsymbol{\xi}$, 那么, 两边左乘 $\boldsymbol{P}^{-1}$ 得

$$\boldsymbol{P}^{-1}\boldsymbol{A}\boldsymbol{\xi}=\boldsymbol{P}^{-1}(\lambda\boldsymbol{\xi})=\lambda\boldsymbol{P}^{-1}\boldsymbol{\xi},$$

于是,

$$\boldsymbol{P}^{-1}\boldsymbol{A}\boldsymbol{P}(\boldsymbol{P}^{-1}\boldsymbol{\xi})=\boldsymbol{P}^{-1}(\boldsymbol{A}\boldsymbol{\xi})=\lambda(\boldsymbol{P}^{-1}\boldsymbol{\xi}).$$

由此可见, λ 为 $\boldsymbol{P}^{-1}\boldsymbol{A}\boldsymbol{P}$ 的一个特征值, $\boldsymbol{P}^{-1}\boldsymbol{\xi}$ 为相应的特征向量. □

例 4.5 设 $\varphi(\lambda)$ 是关于 λ 的多项式, λ_0 为矩阵 $\boldsymbol{A}$ 的特征值, 证明 $\varphi(\lambda_0)$ 为 $\varphi(\boldsymbol{A})$ 的特征值.

证明 设 $\varphi(\lambda)=a_m\lambda^m+\cdots+a_1\lambda+a_0$, $\boldsymbol{\xi}$ 是 $\boldsymbol{A}$ 的属于特征值 λ_0 的特征向量, 即 $\boldsymbol{\xi}\neq\boldsymbol{0}$ 而且

$$\boldsymbol{A}\boldsymbol{\xi}=\lambda_0\boldsymbol{\xi}.$$

由此可得

$$\boldsymbol{A}^s\boldsymbol{\xi}=\boldsymbol{A}^{s-1}(\boldsymbol{A}\boldsymbol{\xi})=\boldsymbol{A}^{s-1}(\lambda_0\boldsymbol{\xi})=\lambda_0\boldsymbol{A}^{s-1}\boldsymbol{\xi}=\cdots=\lambda_0^s\boldsymbol{\xi},$$

故

$$\begin{aligned}\varphi(\boldsymbol{A})\boldsymbol{\xi}&=(a_m\boldsymbol{A}^m+\cdots+a_1\boldsymbol{A}+a_0\boldsymbol{E})\boldsymbol{\xi}\\&=a_m\boldsymbol{A}^m\boldsymbol{\xi}+\cdots+a_1\boldsymbol{A}\boldsymbol{\xi}+a_0\boldsymbol{E}\boldsymbol{\xi}\\&=a_m\lambda_0^m\boldsymbol{\xi}+\cdots+a_1\lambda_0\boldsymbol{\xi}+a_0\boldsymbol{\xi}\\&=(a_m\lambda_0^m+\cdots+a_1\lambda_0+a_0)\boldsymbol{\xi}\\&=\varphi(\lambda_0)\boldsymbol{\xi}.\end{aligned}$$

可见, $\varphi(\lambda_0)$ 是 $\varphi(\boldsymbol{A})$ 的特征值, $\boldsymbol{\xi}$ 是 $\varphi(\boldsymbol{A})$ 的属于特征值 $\varphi(\lambda_0)$ 的特征向量. □

下面我们来看矩阵特征值的一些性质.

性质 4.7 相似的矩阵有相同的特征多项式, 因此有相同的特征值.

证明 设矩阵 $\boldsymbol{A}, \boldsymbol{B}$ 相似, 即存在可逆矩阵 $\boldsymbol{P}$, 使得 $\boldsymbol{B}=\boldsymbol{P}^{-1}\boldsymbol{A}\boldsymbol{P}$. 因而有

$$\begin{aligned}|\lambda\boldsymbol{E}-\boldsymbol{B}|&=|\lambda\boldsymbol{E}-\boldsymbol{P}^{-1}\boldsymbol{A}\boldsymbol{P}|=|\boldsymbol{P}^{-1}(\lambda\boldsymbol{E}-\boldsymbol{A})\boldsymbol{P}|\\&=|\boldsymbol{P}^{-1}||\lambda\boldsymbol{E}-\boldsymbol{A}||\boldsymbol{P}|\\&=|\boldsymbol{P}|^{-1}|\lambda\boldsymbol{E}-\boldsymbol{A}||\boldsymbol{P}|\\&=|\lambda\boldsymbol{E}-\boldsymbol{A}|,\end{aligned}$$

故 $\boldsymbol{A}, \boldsymbol{B}$ 的特征多项式相同, 从而 $\boldsymbol{A}, \boldsymbol{B}$ 的特征值相同. □

值得注意的是, 特征多项式相同的矩阵未必相似. 例如

$$\boldsymbol{A}=\begin{pmatrix}1&1\\0&1\end{pmatrix},\quad \boldsymbol{E}=\begin{pmatrix}1&0\\0&1\end{pmatrix},$$

则 $\boldsymbol{A}$ 与 $\boldsymbol{E}$ 的特征多项式都是 $(\lambda-1)^2$, 但是 $\boldsymbol{A}$ 与 $\boldsymbol{E}$ 不相似. 事实上, 若 $\boldsymbol{A}$ 与 $\boldsymbol{E}$ 相似, 即存在可逆矩阵 $\boldsymbol{P}$ 使得 $\boldsymbol{P}^{-1}\boldsymbol{AP}=\boldsymbol{E}$. 由此可得 $\boldsymbol{A}=\boldsymbol{PEP}^{-1}=\boldsymbol{PP}^{-1}=\boldsymbol{E}$. 但是上面的 $\boldsymbol{A}$ 与 $\boldsymbol{E}$ 并不相等. 此矛盾表明 $\boldsymbol{A}$ 与 $\boldsymbol{E}$ 不相似. 从上述推导过程还可以看出, 与单位矩阵 $\boldsymbol{E}$ 相似的矩阵只有 $\boldsymbol{E}$ 本身.

性质 4.8　n 阶矩阵 $\boldsymbol{A}=(a_{ij})_{n\times n}$ 的特征多项式是一个 n 次多项式, 因而有 n 个特征值 (特征方程的 k 重根按 k 个特征值计). 如果这 n 个特征值为 $\lambda_1,\cdots,\lambda_n$, 则

(1) $\lambda_1+\cdots+\lambda_n=\mathrm{tr}\,(\boldsymbol{A})$;

(2) $\lambda_1\cdots\lambda_n=|\,\boldsymbol{A}\,|$.

证明　一方面, 直接计算行列式可知

$$\begin{aligned}|\,\lambda\boldsymbol{E}-\boldsymbol{A}\,|&=\begin{vmatrix}\lambda-a_{11}&-a_{12}&\cdots&-a_{1n}\\-a_{21}&\lambda-a_{22}&\cdots&-a_{2n}\\\vdots&\vdots&&\vdots\\-a_{n1}&-a_{n2}&\cdots&\lambda-a_{nn}\end{vmatrix}\\&=\lambda^n-(a_{11}+\cdots+a_{nn})\lambda^{n-1}+\cdots+(-1)^n|\,\boldsymbol{A}\,|,\end{aligned}$$

另一方面,

$$\begin{aligned}|\,\lambda\boldsymbol{E}-\boldsymbol{A}\,|&=(\lambda-\lambda_1)\cdots(\lambda-\lambda_n)\\&=\lambda^n-(\lambda_1+\cdots+\lambda_n)\lambda^{n-1}+\cdots+(-1)^n\lambda_1\cdots\lambda_n.\end{aligned}$$

比较 λ^{n-1} 的系数和常数项得

$$\lambda_1+\cdots+\lambda_n=a_{11}+\cdots+a_{nn}=\mathrm{tr}\,(\boldsymbol{A}),\quad \lambda_1\cdots\lambda_n=|\,\boldsymbol{A}\,|.$$ □

特征值与迹和行列式的关系

例 4.6　设 2 阶矩阵 $\boldsymbol{A}$ 的特征值为 2 和 1, 求 $|\,\boldsymbol{A}+2\boldsymbol{E}\,|$.

解 令 $f(x)=x+2$. 因为 2 和 1 是矩阵 $\boldsymbol{A}$ 的特征值, 由例 4.5 可知 $f(2)$ 和 $f(1)$ 是 $f(\boldsymbol{A})$ 的特征值, 即 4 和 3 是 $\boldsymbol{A}+2\boldsymbol{E}$ 的特征值. 而 $\boldsymbol{A}+2\boldsymbol{E}$ 是 2 阶矩阵, 故 4 和 3 是 $\boldsymbol{A}+2\boldsymbol{E}$ 的全部特征值.

由性质 4.8(2) 可知 $|\boldsymbol{A}+2\boldsymbol{E}|=4\times 3=12$. □

根据性质 4.8(2) 还可以得到如下判断一个方阵是否可逆的方法.

推论 4.1 n 阶矩阵 $\boldsymbol{A}$ 可逆的充分必要条件为 $\boldsymbol{A}$ 的每个特征值均非零.

性质 4.9 n 阶矩阵 $\boldsymbol{A}$ 与它的转置矩阵 $\boldsymbol{A}^{\mathrm{T}}$ 有相同的特征值.

证明 由 $|\lambda\boldsymbol{E}-\boldsymbol{A}^{\mathrm{T}}|=|(\lambda\boldsymbol{E}-\boldsymbol{A})^{\mathrm{T}}|=|\lambda\boldsymbol{E}-\boldsymbol{A}|$ 即得. □

4.3 矩阵可相似对角化的条件

利用特征值与特征向量, 矩阵可相似对角化的结论 (定理 4.1) 可叙述为下面的定理.

定理 4.3 n 阶矩阵 $\boldsymbol{A}$ 相似于对角阵的充分必要条件为 $\boldsymbol{A}$ 有 n 个线性无关的特征向量. 如果 $\boldsymbol{\xi}_1,\cdots,\boldsymbol{\xi}_n$ 为 $\boldsymbol{A}$ 的 n 个线性无关的特征向量, 对应的特征值为 $\lambda_1,\cdots,\lambda_n$, 令 $\boldsymbol{P}=(\boldsymbol{\xi}_1,\cdots,\boldsymbol{\xi}_n)$, 那么

$$\boldsymbol{P}^{-1}\boldsymbol{A}\boldsymbol{P}=\begin{pmatrix}\lambda_1 & & \\ & \ddots & \\ & & \lambda_n\end{pmatrix}.$$

现在的问题是如何判断 $\boldsymbol{A}$ 是否有 n 个线性无关的特征向量. 假设 $\boldsymbol{A}$ 的所有不同的特征值是 $\lambda_1,\cdots,\lambda_m$, 对每一特征值 λ_i, 求出 $(\lambda_i\boldsymbol{E}-\boldsymbol{A})\boldsymbol{x}=\boldsymbol{0}$ 的基础解系, 即 $\boldsymbol{A}$ 的属于特征值 λ_i 的线性无关的特征向量. 我们自然要问: 把这 m 组向量合在一起是否线性无关? 下面的定理就来回答这一问题.

定理 4.4 设 $\lambda_1,\cdots,\lambda_m$ 为 $\boldsymbol{A}$ 的不同特征值, $\boldsymbol{\alpha}_{j1},\cdots,\boldsymbol{\alpha}_{jr_j}$ 为 $\boldsymbol{A}$ 的属于特征值 λ_j 的线性无关的特征向量, $j=1,2,\cdots,m$, 则向量组

$$\boldsymbol{\alpha}_{11},\cdots,\boldsymbol{\alpha}_{1r_1},\cdots,\boldsymbol{\alpha}_{m1},\cdots,\boldsymbol{\alpha}_{mr_m}$$

是线性无关的.

证明 为节省篇幅, 只对 $m=2$ 的情形给出证明. 对于一般情形, 可以对 m 用归纳法证明.

设

$$k_{11}\boldsymbol{\alpha}_{11}+\cdots+k_{1r_1}\boldsymbol{\alpha}_{1r_1}+k_{21}\boldsymbol{\alpha}_{21}+\cdots+k_{2r_2}\boldsymbol{\alpha}_{2r_2}=\boldsymbol{0}. \tag{4.3.1}$$

两边左乘以 $\boldsymbol{A}$ 得

$$k_{11}\boldsymbol{A}\boldsymbol{\alpha}_{11}+\cdots+k_{1r_1}\boldsymbol{A}\boldsymbol{\alpha}_{1r_1}+k_{21}\boldsymbol{A}\boldsymbol{\alpha}_{21}+\cdots+k_{2r_2}\boldsymbol{A}\boldsymbol{\alpha}_{2r_2}=\boldsymbol{0},$$

即

$$\lambda_1(k_{11}\boldsymbol{\alpha}_{11}+\cdots+k_{1r_1}\boldsymbol{\alpha}_{1r_1})+\lambda_2(k_{21}\boldsymbol{\alpha}_{21}+\cdots+k_{2r_2}\boldsymbol{\alpha}_{2r_2})=\boldsymbol{0}. \tag{4.3.2}$$

在 (4.3.1) 式两边乘 λ_2, 得

$$\lambda_2(k_{11}\boldsymbol{\alpha}_{11}+\cdots+k_{1r_1}\boldsymbol{\alpha}_{1r_1})+\lambda_2(k_{21}\boldsymbol{\alpha}_{21}+\cdots+k_{2r_2}\boldsymbol{\alpha}_{2r_2})=\boldsymbol{0}. \tag{4.3.3}$$

用 (4.3.2) 式减去 (4.3.3) 式, 得

$$(\lambda_1-\lambda_2)(k_{11}\boldsymbol{\alpha}_{11}+\cdots+k_{1r_1}\boldsymbol{\alpha}_{1r_1})=\boldsymbol{0}.$$

由于 $\lambda_1\neq\lambda_2$, 故由上式可得

$$k_{11}\boldsymbol{\alpha}_{11}+\cdots+k_{1r_1}\boldsymbol{\alpha}_{1r_1}=\boldsymbol{0}.$$

又因为 $\boldsymbol{\alpha}_{11},\cdots,\boldsymbol{\alpha}_{1r_1}$ 线性无关, 所以 $k_{11}=\cdots=k_{1r_1}=0$. 代入 (4.3.1) 式得

$$k_{21}\boldsymbol{\alpha}_{21}+\cdots+k_{2r_2}\boldsymbol{\alpha}_{2r_2}=\boldsymbol{0}.$$

再由 $\boldsymbol{\alpha}_{21},\cdots,\boldsymbol{\alpha}_{2r_2}$ 线性无关得到 $k_{21}=\cdots=k_{2r_2}=0$.

这就证明了 $\boldsymbol{\alpha}_{11},\cdots,\boldsymbol{\alpha}_{1r_1},\boldsymbol{\alpha}_{21},\cdots,\boldsymbol{\alpha}_{2r_2}$ 线性无关. □

推论 4.2　若 $\lambda_1,\lambda_2,\cdots,\lambda_s$ 为 $\boldsymbol{A}$ 的互不相同的特征值, $\boldsymbol{\alpha}_1,\boldsymbol{\alpha}_2,\cdots,\boldsymbol{\alpha}_s$ 是相应于这些特征值的特征向量, 则 $\boldsymbol{\alpha}_1,\boldsymbol{\alpha}_2,\cdots,\boldsymbol{\alpha}_s$ 是线性无关的.

从定理 4.4 知, 如果 $\lambda_1,\cdots,\lambda_m$ 为 n 阶矩阵 $\boldsymbol{A}$ 的所有不同特征值, $\boldsymbol{\alpha}_{j1},\cdots,\boldsymbol{\alpha}_{jr_j}$ 为 $(\lambda_j\boldsymbol{E}-\boldsymbol{A})\boldsymbol{x}=\boldsymbol{0}$ 的一个基础解系, $j=1,2,\cdots,m$, 则 $\boldsymbol{A}$ 的特征向量组

$$\boldsymbol{\alpha}_{11},\cdots,\boldsymbol{\alpha}_{1r_1},\cdots,\boldsymbol{\alpha}_{m1},\cdots,\boldsymbol{\alpha}_{mr_m}$$

一定线性无关. 如果 $r_1+\cdots+r_m=n$, 则 $\boldsymbol{A}$ 有 n 个线性无关的特征向量, 从而 $\boldsymbol{A}$ 可相似对角化. 如果 $r_1+\cdots+r_m<n$, 则 $\boldsymbol{A}$ 没有 n 个线性无关的特征向量, 从而 $\boldsymbol{A}$ 不可以相似对角化.

推论 4.3　如果 n 阶矩阵 $\boldsymbol{A}$ 有 n 个互不相同的特征值, 则 $\boldsymbol{A}$ 可相似对角化.

现在我们回过来看一下例 4.2 和例 4.3. 在例 4.2 中, 矩阵

$$\boldsymbol{A}=\begin{pmatrix}1&2&2\\2&1&2\\2&2&1\end{pmatrix}$$

有 3 个线性无关的特征向量

$$\boldsymbol{\xi}_1=(-1,1,0)^{\mathrm{T}},\quad \boldsymbol{\xi}_2=(-1,0,1)^{\mathrm{T}},\quad \boldsymbol{\xi}_3=(1,1,1)^{\mathrm{T}}.$$

因此 $\boldsymbol{A}$ 可相似对角化. 事实上, 令

$$\boldsymbol{P}=(\boldsymbol{\xi}_1,\boldsymbol{\xi}_2,\boldsymbol{\xi}_3)=\begin{pmatrix}-1&-1&1\\1&0&1\\0&1&1\end{pmatrix},$$

则

$$\boldsymbol{P}^{-1}\boldsymbol{A}\boldsymbol{P}=\begin{pmatrix}-1&0&0\\0&-1&0\\0&0&5\end{pmatrix}.$$

而在例 4.3 中, 矩阵

$$\boldsymbol{A}=\begin{pmatrix}1&1&0\\0&1&0\\0&0&2\end{pmatrix}$$

只有 2 个线性无关的特征向量, 因此 $\boldsymbol{A}$ 不能相似于对角阵.

例 4.7 设矩阵 $\boldsymbol{A}=\begin{pmatrix}1&2&-3\\-1&4&-3\\1&a&5\end{pmatrix}$ 的特征方程有一个二重根, 求 a 的值, 并讨论 $\boldsymbol{A}$ 是否可相似对角化.

解 $\boldsymbol{A}$ 的特征多项式为

$$\begin{aligned}|\lambda\boldsymbol{E}-\boldsymbol{A}|&=\begin{vmatrix}\lambda-1&-2&3\\1&\lambda-4&3\\-1&-a&\lambda-5\end{vmatrix}\xlongequal{r_1-r_2}\begin{vmatrix}\lambda-2&2-\lambda&0\\1&\lambda-4&3\\-1&-a&\lambda-5\end{vmatrix}\\&=(\lambda-2)\begin{vmatrix}1&-1&0\\1&\lambda-4&3\\-1&-a&\lambda-5\end{vmatrix}\\&=(\lambda-2)(\lambda^2-8\lambda+18+3a).\end{aligned}$$

若 2 是特征方程 $|\lambda\boldsymbol{E}-\boldsymbol{A}|=0$ 的二重根, 则有 $2^2-16+18+3a=0$, 解得 $a=-2$.

当 $a=-2$ 时, $|\lambda \boldsymbol{E}-\boldsymbol{A}|=(\lambda-2)(\lambda^2-8\lambda+12)$. 由此可得 $\boldsymbol{A}$ 的特征值为 2, 2, 6. 因为矩阵

$$2\boldsymbol{E}-\boldsymbol{A}=\begin{pmatrix}1 & -2 & 3\\ 1 & -2 & 3\\ -1 & 2 & -3\end{pmatrix}$$

的秩为 1, 所以 $\lambda=2$ 对应的线性无关的特征向量有两个, 从而 $\boldsymbol{A}$ 可相似对角化.

若 2 不是特征方程 $|\lambda\boldsymbol{E}-\boldsymbol{A}|=0$ 的二重根, 则 $\lambda^2-8\lambda+18+3a$ 为完全平方, 从而 $18+3a=16$, 解得 $a=-\dfrac{2}{3}$.

当 $a=-\dfrac{2}{3}$ 时, $\boldsymbol{A}$ 的特征值为 2, 4, 4. 矩阵

$$4\boldsymbol{E}-\boldsymbol{A}=\begin{pmatrix}3 & -2 & 3\\ 1 & 0 & 3\\ -1 & \dfrac{2}{3} & -1\end{pmatrix}$$

的秩为 2, 故特征值 4 对应的线性无关的特征向量只有一个, 从而 $\boldsymbol{A}$ 不可相似对角化. □

例 4.8　设 $\boldsymbol{A}$ 为 3 阶矩阵, $\boldsymbol{\alpha}_1$, $\boldsymbol{\alpha}_2$ 分别是 $\boldsymbol{A}$ 的属于特征值 1, -1 的特征向量, $\boldsymbol{\alpha}_3$ 满足 $\boldsymbol{A}\boldsymbol{\alpha}_3=\boldsymbol{\alpha}_1+\boldsymbol{\alpha}_3$.

(1) 证明 $\boldsymbol{\alpha}_1$, $\boldsymbol{\alpha}_2$, $\boldsymbol{\alpha}_3$ 线性无关;

(2) 设 $\boldsymbol{P}=(\boldsymbol{\alpha}_1,\boldsymbol{\alpha}_2,\boldsymbol{\alpha}_3)$, 求 $\boldsymbol{P}^{-1}\boldsymbol{A}\boldsymbol{P}$;

(3) 证明 $\boldsymbol{A}$ 不相似于对角阵.

证明　(1) 由已知条件知, $\boldsymbol{A}\boldsymbol{\alpha}_1=\boldsymbol{\alpha}_1$, $\boldsymbol{A}\boldsymbol{\alpha}_2=-\boldsymbol{\alpha}_2$, $\boldsymbol{A}\boldsymbol{\alpha}_3=\boldsymbol{\alpha}_1+\boldsymbol{\alpha}_3$. 设

$$k_1\boldsymbol{\alpha}_1+k_2\boldsymbol{\alpha}_2+k_3\boldsymbol{\alpha}_3=\boldsymbol{0},$$

两边左乘 $\boldsymbol{A}$ 得

$$k_1\boldsymbol{\alpha}_1-k_2\boldsymbol{\alpha}_2+k_3(\boldsymbol{\alpha}_1+\boldsymbol{\alpha}_3)=\boldsymbol{0},$$

于是可得 $k_3\boldsymbol{\alpha}_1-2k_2\boldsymbol{\alpha}_2=\boldsymbol{0}$.

由 $\boldsymbol{\alpha}_1$, $\boldsymbol{\alpha}_2$ 分别是属于不同特征值的特征向量, $\boldsymbol{\alpha}_1$, $\boldsymbol{\alpha}_2$ 线性无关. 于是 $k_3=-2k_2=0$, 即 $k_2=k_3=0$, 代入 (1) 知 $k_1\boldsymbol{\alpha}_1=\boldsymbol{0}$. 由 $\boldsymbol{\alpha}_1\neq\boldsymbol{0}$ 知 $k_1=0$. 所以, $\boldsymbol{\alpha}_1$, $\boldsymbol{\alpha}_2$, $\boldsymbol{\alpha}_3$ 线性无关.

(2) 由 (1) 知, $\boldsymbol{P}$ 为可逆矩阵.

$$\boldsymbol{A}\boldsymbol{P}=\boldsymbol{A}(\boldsymbol{\alpha}_1,\boldsymbol{\alpha}_2,\boldsymbol{\alpha}_3)=(\boldsymbol{A}\boldsymbol{\alpha}_1,\boldsymbol{A}\boldsymbol{\alpha}_2,\boldsymbol{A}\boldsymbol{\alpha}_3)$$

$$= (\boldsymbol{\alpha}_1, -\boldsymbol{\alpha}_2, \boldsymbol{\alpha}_1 + \boldsymbol{\alpha}_3) = (\boldsymbol{\alpha}_1, \boldsymbol{\alpha}_2, \boldsymbol{\alpha}_3) \begin{pmatrix} 1 & 0 & 1 \\ 0 & -1 & 0 \\ 0 & 0 & 1 \end{pmatrix}$$

$$= \boldsymbol{P} \begin{pmatrix} 1 & 0 & 1 \\ 0 & -1 & 0 \\ 0 & 0 & 1 \end{pmatrix}.$$

于是 $\boldsymbol{P}^{-1}\boldsymbol{AP} = \begin{pmatrix} 1 & 0 & 1 \\ 0 & -1 & 0 \\ 0 & 0 & 1 \end{pmatrix}$.

(3) 设 $\boldsymbol{B} = \begin{pmatrix} 1 & 0 & 1 \\ 0 & -1 & 0 \\ 0 & 0 & 1 \end{pmatrix}$, $|\lambda \boldsymbol{E} - \boldsymbol{B}| = (\lambda - 1)^2(\lambda + 1)$. 令 $|\lambda \boldsymbol{E} - \boldsymbol{B}| = 0$, 求出 $\boldsymbol{B}$ 的特征值 $\lambda_1 = \lambda_2 = 1$, $\lambda_3 = -1$. 由于 $\lambda_1 \boldsymbol{E} - \boldsymbol{B} = \begin{pmatrix} 0 & 0 & -1 \\ 0 & 2 & 0 \\ 0 & 0 & 0 \end{pmatrix}$ 的秩为 2, 所以属于特征值 λ_1 的线性无关特征向量只有一个. 因此 $\boldsymbol{B}$ 不相似于对角阵. 再由 $\boldsymbol{P}^{-1}\boldsymbol{AP} = \boldsymbol{B}$ 知, $\boldsymbol{A}$ 与 $\boldsymbol{B}$ 相似. 于是, $\boldsymbol{A}$ 不相似于对角阵. □

例 4.9 已知矩阵 $\boldsymbol{A} = \begin{pmatrix} 2 & 0 & 0 \\ 0 & 0 & 1 \\ 0 & 1 & x \end{pmatrix}$ 与 $\boldsymbol{B} = \begin{pmatrix} 2 & 0 & 0 \\ 0 & y & 0 \\ 0 & 0 & -1 \end{pmatrix}$ 相似.

(1) 求 x 与 y;

(2) 求可逆矩阵 $\boldsymbol{P}$, 使 $\boldsymbol{P}^{-1}\boldsymbol{AP} = \boldsymbol{B}$.

解 (1) 因为 $\boldsymbol{A}$ 与 $\boldsymbol{B}$ 相似, 故

$$\operatorname{tr}(\boldsymbol{A}) = \operatorname{tr}(\boldsymbol{B}), \quad |\boldsymbol{A}| = |\boldsymbol{B}|,$$

即 $\begin{cases} 2 + x = 2 + y + (-1), \\ -2 = -2y. \end{cases}$ 由此可得 $x = 0$, $y = 1$.

(2) 由 (1) 可知

$$\boldsymbol{A} = \begin{pmatrix} 2 & 0 & 0 \\ 0 & 0 & 1 \\ 0 & 1 & 0 \end{pmatrix}, \quad \boldsymbol{B} = \begin{pmatrix} 2 & 0 & 0 \\ 0 & 1 & 0 \\ 0 & 0 & -1 \end{pmatrix},$$

其中 $\boldsymbol{B}$ 为对角阵, 可见 $\boldsymbol{A}$ 的特征值为 $\lambda_1=2,\lambda_2=1,\lambda_3=-1$. 依次求出它们对应的特征向量

$$\boldsymbol{\xi}_1=\begin{pmatrix}1\\0\\0\end{pmatrix},\quad \boldsymbol{\xi}_2=\begin{pmatrix}0\\1\\1\end{pmatrix},\quad \boldsymbol{\xi}_3=\begin{pmatrix}0\\1\\-1\end{pmatrix}.$$

令

$$\boldsymbol{P}=(\boldsymbol{\xi}_1,\boldsymbol{\xi}_2,\boldsymbol{\xi}_3)=\begin{pmatrix}1&0&0\\0&1&1\\0&1&-1\end{pmatrix},$$

则 $\boldsymbol{P}$ 为可逆矩阵, 且有 $\boldsymbol{P}^{-1}\boldsymbol{A}\boldsymbol{P}=\boldsymbol{B}$. □

例 4.10　设 $\boldsymbol{A}=\begin{pmatrix}3&4\\5&2\end{pmatrix}$, 求 $\boldsymbol{A}^n$.

解　由 $\boldsymbol{A}$ 的特征多项式 $|\lambda\boldsymbol{E}-\boldsymbol{A}|=(\lambda-7)(\lambda+2)$ 知, $\boldsymbol{A}$ 的特征值为 $\lambda_1=7$, $\lambda_2=-2$. 此时, 属于 $\lambda_1=7$ 的线性无关的特征向量为 $\boldsymbol{\xi}_1=\begin{pmatrix}1\\1\end{pmatrix}$,

属于 $\lambda_2=-2$ 的线性无关的特征向量为 $\boldsymbol{\xi}_2=\begin{pmatrix}-4\\5\end{pmatrix}$.

令 $\boldsymbol{P}=(\boldsymbol{\xi}_1,\boldsymbol{\xi}_2)=\begin{pmatrix}1&-4\\1&5\end{pmatrix}$, $\boldsymbol{\Lambda}=\begin{pmatrix}\lambda_1&0\\0&\lambda_2\end{pmatrix}=\begin{pmatrix}7&0\\0&-2\end{pmatrix}$, 则 $\boldsymbol{P}^{-1}\boldsymbol{A}\boldsymbol{P}=\boldsymbol{\Lambda}$. 于是 $\boldsymbol{A}=\boldsymbol{P}\boldsymbol{\Lambda}\boldsymbol{P}^{-1}$, $\boldsymbol{A}^n=\boldsymbol{P}\boldsymbol{\Lambda}^n\boldsymbol{P}^{-1}$.

由 $\boldsymbol{P}^{-1}=\dfrac{1}{9}\begin{pmatrix}5&4\\-1&1\end{pmatrix}$ 可得

$$\begin{aligned}\boldsymbol{A}^n&=\begin{pmatrix}1&-4\\1&5\end{pmatrix}\begin{pmatrix}7^n&0\\0&(-2)^n\end{pmatrix}\frac{1}{9}\begin{pmatrix}5&4\\-1&1\end{pmatrix}\\&=\frac{1}{9}\begin{pmatrix}5\cdot7^n+4(-2)^n&4\cdot7^n-4(-2)^n\\5\cdot7^n-5(-2)^n&4\cdot7^n+5(-2)^n\end{pmatrix}.\end{aligned}$$ □

例 4.11　设3阶矩阵 $\boldsymbol{A}$ 的特征值为 $\lambda_1=1,\lambda_2=2,\lambda_3=3$, 对应的特征向量依次为 $\boldsymbol{\xi}_1=\begin{pmatrix}1\\1\\1\end{pmatrix}$, $\boldsymbol{\xi}_2=\begin{pmatrix}1\\2\\4\end{pmatrix}$, $\boldsymbol{\xi}_3=\begin{pmatrix}1\\3\\9\end{pmatrix}$, 向量 $\boldsymbol{\beta}=\begin{pmatrix}1\\1\\3\end{pmatrix}$.

(1) 将 $\boldsymbol{\beta}$ 用 $\boldsymbol{\xi}_1,\boldsymbol{\xi}_2,\boldsymbol{\xi}_3$ 线性表示;

(2) 求 $\boldsymbol{A}^n\boldsymbol{\beta}$.

解 (1) 设

$$\boldsymbol{\beta}=x_1\boldsymbol{\xi}_1+x_2\boldsymbol{\xi}_2+x_3\boldsymbol{\xi}_3=(\boldsymbol{\xi}_1,\boldsymbol{\xi}_2,\boldsymbol{\xi}_3)\begin{pmatrix}x_1\\x_2\\x_3\end{pmatrix},$$

把此方程组的增广矩阵作初等行变换,

$$(\boldsymbol{\xi}_1,\boldsymbol{\xi}_2,\boldsymbol{\xi}_3,\boldsymbol{\beta})=\begin{pmatrix}1&1&1&1\\1&2&3&1\\1&4&9&3\end{pmatrix}\to\begin{pmatrix}1&0&0&2\\0&1&0&-2\\0&0&1&1\end{pmatrix},$$

得唯一解 $\boldsymbol{x}=(2,-2,1)^{\mathrm{T}}$. 故有 $\boldsymbol{\beta}=2\boldsymbol{\xi}_1-2\boldsymbol{\xi}_2+\boldsymbol{\xi}_3$.

(2) (解法一) 由于 $\boldsymbol{A}\boldsymbol{\xi}_i=\lambda_i\boldsymbol{\xi}_i$, 故 $\boldsymbol{A}^n\boldsymbol{\xi}_i=\lambda_i^n\boldsymbol{\xi}_i$, 因此

$$\boldsymbol{A}^n\boldsymbol{\beta}=\boldsymbol{A}^n(2\boldsymbol{\xi}_1-2\boldsymbol{\xi}_2+\boldsymbol{\xi}_3)=2\lambda_1^n\boldsymbol{\xi}_1-2\lambda_2^n\boldsymbol{\xi}_2+\lambda_3^n\boldsymbol{\xi}_3=\begin{pmatrix}2-2^{n+1}+3^n\\2-2^{n+2}+3^{n+1}\\2-2^{n+3}+3^{n+2}\end{pmatrix}.$$

(解法二) 令 $\boldsymbol{P}=(\boldsymbol{\xi}_1,\boldsymbol{\xi}_2,\boldsymbol{\xi}_3)$, 则 $\boldsymbol{P}^{-1}\boldsymbol{A}\boldsymbol{P}=\begin{pmatrix}1&&\\&2&\\&&3\end{pmatrix}$, 即 $\boldsymbol{A}=\boldsymbol{P}\begin{pmatrix}1&&\\&2&\\&&3\end{pmatrix}\boldsymbol{P}^{-1}$. 故 $\boldsymbol{A}^n=\boldsymbol{P}\begin{pmatrix}1&&\\&2&\\&&3\end{pmatrix}^n\boldsymbol{P}^{-1}$. 易知 $\boldsymbol{P}^{-1}=\begin{pmatrix}3&-\frac{5}{2}&\frac{1}{2}\\-3&4&-1\\1&-\frac{3}{2}&\frac{1}{2}\end{pmatrix}$,

$$\begin{aligned}\boldsymbol{A}^n\boldsymbol{\beta}&=\boldsymbol{P}\begin{pmatrix}1&&\\&2^n&\\&&3^n\end{pmatrix}\boldsymbol{P}^{-1}\boldsymbol{\beta}\\&=\begin{pmatrix}1&1&1\\1&2&3\\1&4&9\end{pmatrix}\begin{pmatrix}1&&\\&2^n&\\&&3^n\end{pmatrix}\begin{pmatrix}3&-\frac{5}{2}&\frac{1}{2}\\-3&4&-1\\1&-\frac{3}{2}&\frac{1}{2}\end{pmatrix}\begin{pmatrix}1\\1\\3\end{pmatrix}\end{aligned}$$

$$= \begin{pmatrix} 2 - 2^{n+1} + 3^n \\ 2 - 2^{n+2} + 3^{n+1} \\ 2 - 2^{n+3} + 3^{n+2} \end{pmatrix}. \qquad \square$$

4.4 化零多项式 *

我们知道, 如果 $f(\lambda)$ 是多项式, λ_0 是矩阵 $\boldsymbol{A}$ 的特征值, 那么 $f(\lambda_0)$ 是 $f(\boldsymbol{A})$ 的特征值. 因此, 若 $f(\boldsymbol{A}) = \boldsymbol{O}$, 则 $f(\lambda_0) = 0$. 换言之, 如果 $f(\boldsymbol{A}) = \boldsymbol{O}$, 那么 $\boldsymbol{A}$ 的特征值都是多项式方程 $f(\lambda) = 0$ 的根. 一般地, 若 $f(\boldsymbol{A}) = \boldsymbol{O}$, 则称多项式 $f(\lambda)$ 为矩阵 $\boldsymbol{A}$ 的化零多项式.

4.4.1 哈密顿–凯莱定理

是不是每个矩阵都有化零多项式呢? 我们有下面的哈密顿–凯莱 (Hamilton-Cayley) 定理.

定理 4.5 设 n 阶矩阵 $\boldsymbol{A}$ 的特征多项式 $c(\lambda) = |\lambda\boldsymbol{E} - \boldsymbol{A}|$, 则 $c(\boldsymbol{A}) = \boldsymbol{O}$.

证明 设 $c(\lambda) = \lambda^n + a_1\lambda^{n-1} + a_2\lambda^{n-2} + \cdots + a_{n-1}\lambda + a_n$. 考虑含有未定元 λ 的矩阵 $\boldsymbol{B}(\lambda) = \lambda\boldsymbol{E} - \boldsymbol{A}$ 及其伴随矩阵 $\boldsymbol{B}^*(\lambda)$. 一方面, 由

$$\boldsymbol{B}(\lambda)\boldsymbol{B}^*(\lambda) = |\boldsymbol{B}(\lambda)|\boldsymbol{E} = c(\lambda)\boldsymbol{E}$$

知

$$\boldsymbol{B}(\lambda)\boldsymbol{B}^*(\lambda) = \lambda^n\boldsymbol{E} + a_1\lambda^{n-1}\boldsymbol{E} + a_2\lambda^{n-2}\boldsymbol{E} + \cdots + a_{n-1}\lambda\boldsymbol{E} + a_n\boldsymbol{E}; \tag{4.4.1}$$

另一方面, 由伴随矩阵的定义可知, $\boldsymbol{B}^*(\lambda)$ 的每个非零元都可以表示成关于 λ 的次数不超过 $n-1$ 的多项式. 因此, $\boldsymbol{B}^*(\lambda)$ 可以表示成如下形式:

$$\boldsymbol{B}^*(\lambda) = \lambda^{n-1}\boldsymbol{B}_1 + \lambda^{n-2}\boldsymbol{B}_2 + \cdots + \lambda\boldsymbol{B}_{n-1} + \boldsymbol{B}_n,$$

其中, $\boldsymbol{B}_i$ 都是常数矩阵. 因此,

$$\begin{aligned}\boldsymbol{B}(\lambda)\boldsymbol{B}^*(\lambda) &= (\lambda\boldsymbol{E} - \boldsymbol{A})(\lambda^{n-1}\boldsymbol{B}_1 + \lambda^{n-2}\boldsymbol{B}_2 + \cdots + \lambda\boldsymbol{B}_{n-1} + \boldsymbol{B}_n) \\ &= \lambda^n\boldsymbol{B}_1 + \lambda^{n-1}(\boldsymbol{B}_2 - \boldsymbol{A}\boldsymbol{B}_1) + \lambda^{n-2}(\boldsymbol{B}_3 - \boldsymbol{A}\boldsymbol{B}_2) \\ &\quad + \cdots + \lambda(\boldsymbol{B}_n - \boldsymbol{A}\boldsymbol{B}_{n-1}) - \boldsymbol{A}\boldsymbol{B}_n.\end{aligned}$$

比较上式及 (4.4.1) 式中 λ^i 的系数矩阵, 得

$$
\begin{aligned}
\boldsymbol{E} &= \boldsymbol{B}_1, \\
a_1\boldsymbol{E} &= \boldsymbol{B}_2 - \boldsymbol{A}\boldsymbol{B}_1, \\
a_2\boldsymbol{E} &= \boldsymbol{B}_3 - \boldsymbol{A}\boldsymbol{B}_2, \\
&\cdots\cdots \\
a_{n-1}\boldsymbol{E} &= \boldsymbol{B}_n - \boldsymbol{A}\boldsymbol{B}_{n-1}, \\
a_n\boldsymbol{E} &= -\boldsymbol{A}\boldsymbol{B}_n.
\end{aligned}
$$

在上述 $n+1$ 个等式等号两端分别左乘 $\boldsymbol{A}^n, \boldsymbol{A}^{n-1}, \cdots, \boldsymbol{A}, \boldsymbol{E}$, 然后再相加, 由左边得 $c(\boldsymbol{A})$, 而右边各项则相互抵消得零矩阵. 因此 $c(\boldsymbol{A}) = \boldsymbol{O}$. □

哈密顿–凯莱定理在线性代数的许多场合都扮演非常有用的角色.

哈密顿–凯莱定理的证明　　哈密顿–凯莱定理的应用

例 4.12 设矩阵

$$
\boldsymbol{A} = \begin{pmatrix} 3 & 0 & 8 \\ 3 & 1 & 6 \\ -2 & 0 & -5 \end{pmatrix},
$$

求 $\boldsymbol{A}^{100} - 2\boldsymbol{A}^{50}$.

解 $\boldsymbol{A}$ 的特征多项式 $c(\lambda) = |\lambda\boldsymbol{E} - \boldsymbol{A}| = (\lambda-1)(\lambda+1)^2$.

设多项式 $f(\lambda) = \lambda^{100} - 2\lambda^{50}$. 根据多项式的带余除法, 有多项式 $q(\lambda)$, $r(\lambda)$, 使得 $f(\lambda) = c(\lambda)q(\lambda) + r(\lambda)$, 其中 $r(\lambda)$ 或者为零, 或者其次数比 $c(\lambda)$ 的次数更小. 因此, 存在数 a, b, c 使得

$$
f(\lambda) = c(\lambda)q(\lambda) + a\lambda^2 + b\lambda + c. \tag{4.4.2}
$$

于是, 由哈密顿–凯莱定理, $f(\boldsymbol{A}) = a\boldsymbol{A}^2 + b\boldsymbol{A} + c\boldsymbol{E}$. 因此, 欲求 $\boldsymbol{A}^{100} - 2\boldsymbol{A}^{50}$, 只需求得参数 a, b, c 即可.

由于 1 和 -1 都是 $c(\lambda)$ 的根, 用这两个数代入上式, 得

$$
a+b+c=-1, \quad a-b+c=-1.
$$

由于 -1 都是 $c(\lambda)$ 的二重根, 所以, 在对 (4.4.2) 两端求导后再将 -1 代入, 得

$$-2a+b=0.$$

解方程组

$$\begin{cases} a+b+c=-1, \\ a-b+c=-1, \\ -2a+b=0, \end{cases}$$

得 $a=b=0$, $c=-1$. 因此, $\boldsymbol{A}^{100}-2\boldsymbol{A}^{50}=f(\boldsymbol{A})=-\boldsymbol{E}$. □

例 4.13　设 n 阶矩阵 $\boldsymbol{A}$ 可逆, 证明存在 $n-1$ 次多项式 $f(\lambda)$, 使得 $\boldsymbol{A}^{-1}=f(\boldsymbol{A})$.

证明　设 $\boldsymbol{A}$ 的特征多项式 $c(\lambda)=\lambda^n+a_1\lambda^{n-1}+a_2\lambda^{n-2}+\cdots+a_{n-1}\lambda+a_n$. 由哈密顿-凯莱定理,

$$c(\boldsymbol{A})=\boldsymbol{A}^n+a_1\boldsymbol{A}^{n-1}+a_2\boldsymbol{A}^{n-2}+\cdots+a_{n-1}\boldsymbol{A}+a_n\boldsymbol{E}=\boldsymbol{O}.$$

由于 $\boldsymbol{A}$ 可逆, 所以 $a_n=(-1)^n|\boldsymbol{A}|\neq 0$. 由

$$\boldsymbol{A}(\boldsymbol{A}^{n-1}+a_1\boldsymbol{A}^{n-2}+a_2\boldsymbol{A}^{n-3}+\cdots+a_{n-1}\boldsymbol{E})=-a_n\boldsymbol{E}$$

知

$$\boldsymbol{A}^{-1}=-\frac{1}{a_n}(\boldsymbol{A}^{n-1}+a_1\boldsymbol{A}^{n-2}+a_2\boldsymbol{A}^{n-3}+\cdots+a_{n-1}\boldsymbol{E}).$$

因此, 若令 $f(\lambda)=-\dfrac{1}{a_n}(\lambda^{n-1}+a_1\lambda^{n-2}+a_2\lambda^{n-3}+\cdots+a_{n-1})$, 则 $\boldsymbol{A}^{-1}=f(\boldsymbol{A})$.

□

4.4.2　最小多项式

由哈密顿–凯莱定理, 矩阵的特征多项式是其化零多项式. 对给定的矩阵, 是否还有次数更低的化零多项式呢? 下面就来讨论这个问题.

最小多项式的基本概念

最小多项式的基本性质

定义 4.5　n 阶矩阵 $\boldsymbol{A}$ 的最高项系数为 1 的次数最低的化零多项式称为 $\boldsymbol{A}$ 的最小多项式.

哈密顿–凯莱定理表明, 每个矩阵的最小多项式必定存在. 而且, 最小多项式有如下性质.

性质 4.10 如果 $\varphi(\lambda)$ 是 n 阶矩阵 $\boldsymbol{A}$ 的化零多项式, $m(\lambda)$ 是 $\boldsymbol{A}$ 的最小多项式, 则 $m(\lambda)$ 能整除 $\varphi(\lambda)$.

证明 用反证法. 若 $m(\lambda)$ 不能整除 $\varphi(\lambda)$, 则必有多项式 $q(\lambda)$, $r(\lambda)$, 使得

$$\varphi(\lambda)=m(\lambda)q(\lambda)+r(\lambda),$$

其中 $r(\lambda)$ 的次数比 $m(\lambda)$ 的次数更小. 由 $\varphi(\boldsymbol{A})=m(\boldsymbol{A})=\boldsymbol{O}$ 知 $r(\boldsymbol{A})=\boldsymbol{O}$. 这样, $r(\lambda)$ 就是 $\boldsymbol{A}$ 的次数比 $m(\lambda)$ 的次数更小的化零多项式. 矛盾. 故 $m(\lambda)$ 整除 $\varphi(\lambda)$.

□

性质 4.11 任意 n 阶矩阵 $\boldsymbol{A}$ 的最小多项式是唯一的.

证明 设 $m_1(\lambda)$, $m_2(\lambda)$ 都是 $\boldsymbol{A}$ 的最小多项式. 由性质 4.10, $m_1(\lambda)$, $m_2(\lambda)$ 可以相互整除. 因此, 存在常数 k 使得 $m_1(\lambda)=km_2(\lambda)$. 又由于最小多项式的最高项系数等于 1, 所以, $k=1$, 即 $m_1(\lambda)=m_2(\lambda)$. 因此, $\boldsymbol{A}$ 的最小多项式是唯一的. □

性质 4.12 设 $c(\lambda)$ 是 n 阶矩阵 $\boldsymbol{A}$ 的特征多项式, $m(\lambda)$ 是 $\boldsymbol{A}$ 的最小多项式, 则 $m(\lambda)$ 能整除 $c(\lambda)$, 且数 λ_0 是 $c(\lambda)$ 的根当且仅当 λ_0 是 $m(\lambda)$ 的根.

证明 由哈密顿–凯莱定理及性质 4.10 可知, $m(\lambda)$ 整除 $c(\lambda)$. 特别地, 如果 λ_0 是 $m(\lambda)$ 的根, 则 λ_0 是 $c(\lambda)$ 的根. 反之, 如果 λ_0 是 $c(\lambda)$ 的根, 即 λ_0 是 $\boldsymbol{A}$ 的特征值, 于是, λ_0 是 $\boldsymbol{A}$ 的任意化零多项式的根, 当然是 $m(\lambda)$ 的根. □

如果 n 阶矩阵 $\boldsymbol{A}$ 的特征多项式 $c(\lambda)=\prod\limits_{i=1}^{s}(\lambda-\lambda_i)^{c_i}$, 由性质 4.12 可知, $\boldsymbol{A}$ 的最小多项式必可表示成 $m(\lambda)=\prod\limits_{i=1}^{s}(\lambda-\lambda_i)^{t_i}$, 其中 $1\leqslant t_i\leqslant c_i$.

最小多项式的计算

例 4.14 求矩阵

$$\boldsymbol{A}=\begin{pmatrix}1&1&0&0\\0&1&0&0\\0&0&2&0\\0&0&0&2\end{pmatrix}$$

的最小多项式.

解　$c(\lambda)=|\lambda\boldsymbol{E}-\boldsymbol{A}|=(\lambda-1)^2(\lambda-2)^2$. 由性质 4.12, $\boldsymbol{A}$ 的最小多项式只可能是下述四个多项式之一:

$$(\lambda-1)(\lambda-2),\quad (\lambda-1)(\lambda-2)^2,\quad (\lambda-1)^2(\lambda-2),\quad (\lambda-1)^2(\lambda-2)^2.$$

经验证,

$$(\boldsymbol{A}-\boldsymbol{E})(\boldsymbol{A}-2\boldsymbol{E})\neq\boldsymbol{O},\quad (\boldsymbol{A}-\boldsymbol{E})(\boldsymbol{A}-2\boldsymbol{E})^2\neq\boldsymbol{O},$$

而

$$(\boldsymbol{A}-\boldsymbol{E})^2(\boldsymbol{A}-2\boldsymbol{E})=\boldsymbol{O},$$

所以, $\boldsymbol{A}$ 的最小多项式 $m(\lambda)=(\lambda-1)^2(\lambda-2)$. □

注意, 矩阵的特征多项式无法完全确定其最小多项式. 例如, 矩阵

$$\begin{pmatrix}0&0&0\\0&0&0\\0&0&0\end{pmatrix},\quad \begin{pmatrix}0&1&0\\0&0&0\\0&0&0\end{pmatrix},\quad \begin{pmatrix}0&1&0\\0&0&1\\0&0&0\end{pmatrix}$$

的特征多项式都是 λ^3, 但经验证可知, 它们的最小多项式分别是 λ, λ^2, λ^3.

性质 4.13　相似的矩阵有相同的最小多项式.

证明　设 n 阶矩阵 $\boldsymbol{A}$, $\boldsymbol{B}$ 相似, $\boldsymbol{P}$ 是可逆矩阵, $\boldsymbol{B}=\boldsymbol{P}^{-1}\boldsymbol{A}\boldsymbol{P}$. 对于任意多项式 $f(\lambda)$, 由于 $f(\boldsymbol{B})=\boldsymbol{P}^{-1}f(\boldsymbol{A})\boldsymbol{P}$, 所以, $f(\boldsymbol{B})=\boldsymbol{O}$ 当且仅当 $f(\boldsymbol{A})=\boldsymbol{O}$, 即 $\boldsymbol{A}$, $\boldsymbol{B}$ 有相同的化零多项式. 由最小多项式的定义, $\boldsymbol{A}$, $\boldsymbol{B}$ 的最小多项式相同. □

最小多项式
的应用

最小多项式概念的一个重要用途是刻画矩阵是否可以相似对角化. 为了给出刻画方法, 先介绍一个引理.

引理 4.1　若 n 阶矩阵 $\boldsymbol{M}_i(i=1,2,\cdots,s)$ 的乘积 $\prod\limits_{i=1}^{s}\boldsymbol{M}_i=\boldsymbol{O}$, 则 $\sum\limits_{i=1}^{s}\mathrm{r}(\boldsymbol{M}_i)\leqslant(s-1)n$.

证明　反复利用性质 1.14, 有

$$\begin{aligned}\mathrm{r}(\boldsymbol{M}_1\boldsymbol{M}_2\cdots\boldsymbol{M}_s)&\geqslant\mathrm{r}(\boldsymbol{M}_1\boldsymbol{M}_2\cdots\boldsymbol{M}_{s-1})+\mathrm{r}(\boldsymbol{M}_s)-n\\&\geqslant\mathrm{r}(\boldsymbol{M}_1\boldsymbol{M}_2\cdots\boldsymbol{M}_{s-2})+\mathrm{r}(\boldsymbol{M}_{s-1})+\mathrm{r}(\boldsymbol{M}_s)-2n\\&\cdots\cdots\\&\geqslant\mathrm{r}(\boldsymbol{M}_1)+\cdots+\mathrm{r}(\boldsymbol{M}_{s-1})+\mathrm{r}(\boldsymbol{M}_s)-(s-1)n.\end{aligned}$$

由于 $\boldsymbol{M}_1\boldsymbol{M}_2\cdots\boldsymbol{M}_s=\boldsymbol{O}$, $\mathrm{r}(\boldsymbol{M}_1\boldsymbol{M}_2\cdots\boldsymbol{M}_s)=0$, 所以, $\sum\limits_{i=1}^{s}\mathrm{r}(\boldsymbol{M}_i)\leqslant(s-1)n$. □

定理 4.6 n 阶矩阵 $\boldsymbol{A}$ 相似于对角阵当且仅当 $\boldsymbol{A}$ 的最小多项式没有重根.

证明 设 $\boldsymbol{A}$ 的特征多项式 $c(\lambda)=\prod\limits_{i=1}^{s}(\lambda-\lambda_i)^{c_i}$.

先证明必要性. 若 $\boldsymbol{A}$ 相似于对角矩阵, 则 $\boldsymbol{A}$ 必相似于矩阵

$$\boldsymbol{B}=\begin{pmatrix}\lambda_1\boldsymbol{E}_{c_1} & & & \\ & \lambda_2\boldsymbol{E}_{c_2} & & \\ & & \ddots & \\ & & & \lambda_s\boldsymbol{E}_{c_s}\end{pmatrix},$$

从而 $\boldsymbol{A},\boldsymbol{B}$ 有相同的最小多项式. 令 $\varphi(\lambda)=\prod\limits_{i=1}^{s}(\lambda-\lambda_i)$, 直接验证可知, $\varphi(\boldsymbol{B})=\boldsymbol{O}$. 因此, $\boldsymbol{B}$ 的最小多项式就是 $\prod\limits_{i=1}^{s}(\lambda-\lambda_i)$. 故 $\boldsymbol{A}$ 的最小多项式没有重根.

现证明充分性. 设 $\boldsymbol{A}$ 的最小多项式没有重根, 记 $\boldsymbol{A}$ 的最小多项式为 $m(\lambda)=\prod\limits_{i=1}^{s}(\lambda-\lambda_i)$. 因此,

$$(\boldsymbol{A}-\lambda_1\boldsymbol{E})(\boldsymbol{A}-\lambda_2\boldsymbol{E})\cdots(\boldsymbol{A}-\lambda_s\boldsymbol{E})=\boldsymbol{O}.$$

由引理 4.1,

$$\mathrm{r}(\boldsymbol{A}-\lambda_1\boldsymbol{E})+\mathrm{r}(\boldsymbol{A}-\lambda_2\boldsymbol{E})+\cdots+\mathrm{r}(\boldsymbol{A}-\lambda_s\boldsymbol{E})\leqslant(s-1)n.$$

对于每个特征值 λ_i, $\boldsymbol{A}$ 有 $n-\mathrm{r}(\boldsymbol{A}-\lambda_i\boldsymbol{E})$ 个线性无关的特征向量, 因此, $\boldsymbol{A}$ 的线性无关的特征向量的总数为

$$\sum_{i=1}^{s}[n-\mathrm{r}(\lambda_i\boldsymbol{E}-\boldsymbol{A})]=sn-\sum_{i=1}^{s}\mathrm{r}(\boldsymbol{A}-\lambda_i\boldsymbol{E})\geqslant sn-(s-1)n=n.$$

根据定理 4.3, $\boldsymbol{A}$ 相似于对角阵. □

例 4.15 若 n 阶矩阵 $\boldsymbol{A}$ 满足 $\boldsymbol{A}^2=\boldsymbol{A}$, 证明 $\boldsymbol{A}$ 相似于矩阵 $\boldsymbol{\varLambda}=\begin{pmatrix}\boldsymbol{E}_r & \boldsymbol{O}\\ \boldsymbol{O} & \boldsymbol{O}\end{pmatrix}$, 其中 r 为矩阵 $\boldsymbol{A}$ 的秩.

证明 令 $f(\lambda)=\lambda^2-\lambda$. 由 $f(\boldsymbol{A})=\boldsymbol{O}$ 可知, $\boldsymbol{A}$ 的特征值是 $f(\lambda)=0$ 的根, 故只能是 1 和 0. 根据性质 4.10, $\boldsymbol{A}$ 的最小多项式 $m(\lambda)$ 能整除 $f(\lambda)$. 由于 $f(\lambda)$ 没有

重根, 所以 $m(\lambda)$ 也没有重根. 因而 $\boldsymbol{A}$ 相似于对角阵 $\boldsymbol{\Lambda}=\begin{pmatrix}\boldsymbol{E}_r & \boldsymbol{O}\\ \boldsymbol{O} & \boldsymbol{O}\end{pmatrix}$. 又因为相似矩阵有相同的秩, 所以 r 为矩阵 $\boldsymbol{A}$ 的秩. □

4.5　若尔当标准形 *

由前面的讨论我们知道, 并不是每个矩阵都与对角阵相似. 人们自然会问: 对一般的矩阵 $\boldsymbol{A}$, 在所有与 $\boldsymbol{A}$ 相似的矩阵中, 最简单的矩阵是什么样的呢? 下面就来讨论这个问题.

若尔当标准形简介

定义 4.6　称形如

$$\begin{pmatrix}\lambda_0 & 1 & & \\ & \lambda_0 & \ddots & \\ & & \ddots & 1\\ & & & \lambda_0\end{pmatrix}$$

的矩阵为若尔当 (**Jordan**) 块. 主对角线上的子矩阵都是若尔当块的分块对角阵称为若尔当形矩阵. 如果矩阵 $\boldsymbol{A}$ 与若尔当形矩阵 $\boldsymbol{J}$ 相似, 则称 $\boldsymbol{J}$ 是 $\boldsymbol{A}$ 的若尔当标准形.

例如,

$$\begin{pmatrix}1&0&0\\0&2&0\\0&0&2\end{pmatrix},\quad \begin{pmatrix}1&0&0\\0&2&1\\0&0&2\end{pmatrix},\quad \begin{pmatrix}2&0&0\\0&0&1\\0&0&0\end{pmatrix},\quad \begin{pmatrix}1&0&0&0\\0&2&1&0\\0&0&2&0\\0&0&0&1\end{pmatrix}$$

都是若尔当形矩阵, 而

$$\begin{pmatrix}1&0&0\\0&0&2\\0&0&0\end{pmatrix},\quad \begin{pmatrix}1&1&0\\0&2&0\\0&0&2\end{pmatrix},\quad \begin{pmatrix}1&1&0\\0&2&1\\0&0&2\end{pmatrix}$$

则都不是若尔当形矩阵.

注意, 在若尔当形矩阵中, 不同若尔当块的主对角元素是可以相等的.

由于若尔当形矩阵是上三角形矩阵, 因此, 主对角元素就是其特征值. 因为相似矩阵有相同的特征值, 所以, 如果 $\boldsymbol{J}$ 是 $\boldsymbol{A}$ 的若尔当标准形, 那么 $\boldsymbol{J}$ 的主对角元素就是 $\boldsymbol{A}$ 的特征值.

因为一阶矩阵是若尔当块, 所以对角阵都是若尔当形矩阵. 因此, 若 $\boldsymbol{A}$ 与对角阵 $\boldsymbol{\Lambda}$ 相似, 则 $\boldsymbol{\Lambda}$ 就是 $\boldsymbol{A}$ 的若尔当标准形.

设

$$\boldsymbol{J}=\begin{pmatrix}\boldsymbol{J}_1 & & & \\ & \boldsymbol{J}_2 & & \\ & & \ddots & \\ & & & \boldsymbol{J}_s\end{pmatrix}$$

是 $\boldsymbol{A}$ 的若尔当标准形, 其中 $\boldsymbol{J}_i$ 是若尔当块. 如果调整 $\boldsymbol{J}$ 中若尔当块的次序, 得到新的若尔当形矩阵

$$\boldsymbol{K}=\begin{pmatrix}\boldsymbol{J}_{i_1} & & & \\ & \boldsymbol{J}_{i_2} & & \\ & & \ddots & \\ & & & \boldsymbol{J}_{i_s}\end{pmatrix}.$$

可以证明, $\boldsymbol{K}$ 仍然与 $\boldsymbol{A}$ 相似, 即 $\boldsymbol{K}$ 也是 $\boldsymbol{A}$ 的若尔当标准形.

上述讨论表明, 一般情况下, 矩阵的若尔当标准形不是唯一的. 问题是: 如果将仅仅相差若尔当块的次序的若尔当形矩阵视作同一个, 给定矩阵的若尔当标准形是不是唯一存在呢? 下面的定理给出了答案.

定理 4.7 在复数范围内, 任意方阵都相似于一个若尔当形矩阵, 即任意矩阵的若尔当标准形均存在. 而且, 如果不考虑若尔当块的次序, 任一矩阵的若尔当标准形是唯一的.

限于篇幅, 我们不打算给出这个定理的证明. 有兴趣的读者可以查阅相关教材 (如由高等教育出版社出版, 北京大学数学力学系编写的《高等代数》).

下面讨论矩阵的若尔当标准形的计算.

由定理 4.7, 如要计算给定矩阵的若尔当标准形, 在所有与之相似的若尔当形矩阵中, 只需给出其中的一个就可以了.

理论上, 通过计算特征值及一些矩阵的秩, 可以得到任意矩阵的若尔当标准形. 事实上, 如果 $\boldsymbol{J}$ 是矩阵 $\boldsymbol{A}$ 的若尔当标准形, $\boldsymbol{P}$ 是可逆矩阵, $\boldsymbol{P}^{-1}\boldsymbol{A}\boldsymbol{P}=\boldsymbol{J}$, 则对

任意数 k 及正整数 t, 都有

$$\boldsymbol{P}^{-1}(k\boldsymbol{E}-\boldsymbol{A})\boldsymbol{P}=k\boldsymbol{E}-\boldsymbol{J},\quad \boldsymbol{P}^{-1}(k\boldsymbol{E}-\boldsymbol{A})^t\boldsymbol{P}=(k\boldsymbol{E}-\boldsymbol{J})^t.$$

特别地,

$$\mathrm{r}(k\boldsymbol{E}-\boldsymbol{A})=\mathrm{r}(k\boldsymbol{E}-\boldsymbol{J}),\quad \mathrm{r}(k\boldsymbol{E}-\boldsymbol{A})^t=\mathrm{r}(k\boldsymbol{E}-\boldsymbol{J})^t.$$

对于若尔当形矩阵 $\boldsymbol{J}$, $\mathrm{r}(k\boldsymbol{E}-\boldsymbol{J})$ 和 $\mathrm{r}(k\boldsymbol{E}-\boldsymbol{J})^t$ 可以通过观察法得到. 为了说明这一方法, 我们先考虑 m 阶若尔当块

$$\boldsymbol{N}=\begin{pmatrix}0 & 1 & & \\ & 0 & \ddots & \\ & & \ddots & 1\\ & & & 0\end{pmatrix}=\begin{pmatrix}\boldsymbol{O} & \boldsymbol{E}_{m-1}\\ \boldsymbol{O} & \boldsymbol{O}\end{pmatrix}.$$

观察 $\boldsymbol{N}$ 的方幂的规律:

$$\boldsymbol{N}^1=\begin{pmatrix}\boldsymbol{O} & \boldsymbol{E}_{m-1}\\ \boldsymbol{O} & \boldsymbol{O}\end{pmatrix},\quad \boldsymbol{N}^2=\begin{pmatrix}\boldsymbol{O} & \boldsymbol{E}_{m-2}\\ \boldsymbol{O} & \boldsymbol{O}\end{pmatrix},\ \cdots,$$

$$\boldsymbol{N}^i=\begin{pmatrix}\boldsymbol{O} & \boldsymbol{E}_{m-i}\\ \boldsymbol{O} & \boldsymbol{O}\end{pmatrix},\ \cdots,\quad \boldsymbol{N}^{m-1}=\begin{pmatrix}\boldsymbol{O} & \boldsymbol{E}_1\\ \boldsymbol{O} & \boldsymbol{O}\end{pmatrix}.$$

当 $t\geqslant m$ 时, $\boldsymbol{N}^t=\boldsymbol{O}$. 显然, 这些矩阵的秩分别为 $m-1$, $m-2$, $\cdots$, $m-i$, $\cdots$, 1 和 0.

设 m 阶矩阵

$$\boldsymbol{J}_0=\begin{pmatrix}\lambda_0 & 1 & & \\ & \lambda_0 & \ddots & \\ & & \ddots & 1\\ & & & \lambda_0\end{pmatrix}.$$

如果 $k=\lambda_0$, 则

$$\mathrm{r}(k\boldsymbol{E}-\boldsymbol{J}_0)^t=\begin{cases}m-t, & t\leqslant m,\\ 0, & t>m.\end{cases}$$

如果 $k\neq\lambda_0$, 则对任意正整数 t, 都有

$$\mathrm{r}(k\boldsymbol{E}-\boldsymbol{J}_0)^t=m.$$

对于数 k 及若尔当形矩阵

$$\boldsymbol{J}=\begin{pmatrix}\boldsymbol{J}_1&&&\\&\boldsymbol{J}_2&&\\&&\ddots&\\&&&\boldsymbol{J}_s\end{pmatrix},$$

其中, $\boldsymbol{J}_i$ 是 c_i 阶若尔当块, 根据上述观察以及

$$(k\boldsymbol{E}-\boldsymbol{J})^t=\begin{pmatrix}(k\boldsymbol{E}_{c_1}-\boldsymbol{J}_1)^t&&&\\&(k\boldsymbol{E}_{c_2}-\boldsymbol{J}_2)^t&&\\&&\ddots&\\&&&(k\boldsymbol{E}_{c_s}-\boldsymbol{J}_s)^t\end{pmatrix},$$

很容易得到矩阵 $(k\boldsymbol{E}-\boldsymbol{J})^t$ 的秩.

例如, 对于矩阵

$$\boldsymbol{J}=\begin{pmatrix}1&0&0&0&0\\0&1&0&0&0\\0&0&2&1&0\\0&0&0&2&1\\0&0&0&0&2\end{pmatrix},$$

显然, $\mathrm{r}(\boldsymbol{E}-\boldsymbol{J})=3$, $\mathrm{r}(2\boldsymbol{E}-\boldsymbol{J})=4$, $\mathrm{r}(2\boldsymbol{E}-\boldsymbol{J})^2=3$, $\mathrm{r}(2\boldsymbol{E}-\boldsymbol{J})^3=2$.

可以证明, 任意矩阵 $\boldsymbol{A}$ 的若尔当标准形可以由 $\mathrm{r}(k\boldsymbol{E}-\boldsymbol{J})$ 和这些 $\mathrm{r}(k\boldsymbol{E}-\boldsymbol{J})^t$ 来确定, 其中 k 是 $\boldsymbol{A}$ 的特征值.

例 4.16　已知矩阵 $\boldsymbol{A}$ 的特征多项式是 $c(\lambda)=(\lambda-1)^2(\lambda-2)^4$, $\mathrm{r}(\boldsymbol{E}-\boldsymbol{A})=5$, $\mathrm{r}(2\boldsymbol{E}-\boldsymbol{A})=4$, $\mathrm{r}(2\boldsymbol{E}-\boldsymbol{A})^2=3$, 给出 $\boldsymbol{A}$ 的若尔当标准形.

解　由条件易知, $\boldsymbol{A}$ 是 6 阶矩阵, 而且特征值是 1 (二重) 和 2 (四重), 这样, 可以写出具有此特点的所有可能的若尔当形矩阵. 在所有这些若尔当形矩阵中, 符合 $\mathrm{r}(\boldsymbol{E}-\boldsymbol{A})=5$ 且 $\mathrm{r}(2\boldsymbol{E}-\boldsymbol{A})=4$ 的只有

$$\boldsymbol{J}=\begin{pmatrix}1&1&0&0&0&0\\0&1&0&0&0&0\\0&0&2&1&0&0\\0&0&0&2&1&0\\0&0&0&0&2&0\\0&0&0&0&0&2\end{pmatrix},\quad \boldsymbol{K}=\begin{pmatrix}1&1&0&0&0&0\\0&1&0&0&0&0\\0&0&2&1&0&0\\0&0&0&2&0&0\\0&0&0&0&2&1\\0&0&0&0&0&2\end{pmatrix}.$$

由于 $\mathrm{r}(2\boldsymbol{E}-\boldsymbol{A})^2=3$, 而

$$\mathrm{r}(2\boldsymbol{E}-\boldsymbol{J})^2=3,\quad \mathrm{r}(2\boldsymbol{E}-\boldsymbol{K})^2=2,$$

所以, $\boldsymbol{A}$ 的若尔当标准形是 $\boldsymbol{J}$. □

例 4.17　求矩阵

$$\boldsymbol{A}=\begin{pmatrix}-1 & -2 & 6\\ -1 & 0 & 3\\ -1 & -1 & 4\end{pmatrix}$$

的若尔当标准形.

解　$\boldsymbol{A}$ 的特征多项式 $|\lambda\boldsymbol{E}-\boldsymbol{A}|=(\lambda-1)^3$. 因此, $\boldsymbol{A}$ 的可能的若尔当标准形是

$$\boldsymbol{E}=\begin{pmatrix}1 & 0 & 0\\ 0 & 1 & 0\\ 0 & 0 & 1\end{pmatrix},\quad \boldsymbol{J}=\begin{pmatrix}1 & 1 & 0\\ 0 & 1 & 0\\ 0 & 0 & 1\end{pmatrix},\quad \boldsymbol{K}=\begin{pmatrix}1 & 1 & 0\\ 0 & 1 & 1\\ 0 & 0 & 1\end{pmatrix}.$$

由于 $\mathrm{r}(\boldsymbol{E}-\boldsymbol{A})=1$, $\mathrm{r}(\boldsymbol{E}-\boldsymbol{E})=0$, $\mathrm{r}(\boldsymbol{E}-\boldsymbol{J})=1$, $\mathrm{r}(\boldsymbol{E}-\boldsymbol{K})=2$, 所以, $\boldsymbol{A}$ 的若尔当标准形是 $\boldsymbol{J}$. □

例 4.18　求矩阵

$$\boldsymbol{A}=\begin{pmatrix}13 & 16 & 16\\ -5 & -7 & -6\\ -6 & -8 & -7\end{pmatrix}$$

的若尔当标准形.

解　$\boldsymbol{A}$ 的特征多项式 $|\lambda\boldsymbol{E}-\boldsymbol{A}|=(\lambda+3)(\lambda-1)^2$. 因此, $\boldsymbol{A}$ 的可能的若尔当标准形是

$$\boldsymbol{J}=\begin{pmatrix}-3 & 0 & 0\\ 0 & 1 & 1\\ 0 & 0 & 1\end{pmatrix},\quad \boldsymbol{K}=\begin{pmatrix}-3 & 0 & 0\\ 0 & 1 & 0\\ 0 & 0 & 1\end{pmatrix}.$$

由于 $\mathrm{r}(\boldsymbol{E}-\boldsymbol{A})=2$, $\mathrm{r}(\boldsymbol{E}-\boldsymbol{J})=2$, $\mathrm{r}(\boldsymbol{E}-\boldsymbol{K})=1$, 所以, $\boldsymbol{A}$ 的若尔当标准形是 $\boldsymbol{J}$. □

关于矩阵的最小多项式与若尔当标准形的关系, 有下面的定理.

定理 4.8　设矩阵 $\boldsymbol{A}$ 的最小多项式是 $m(\lambda)=\prod_{i=1}^{s}(\lambda-\lambda_i)^{t_i}$, 则 $\boldsymbol{A}$ 的若尔当标准形中以 λ_i 为主对角元素的若尔当块的最高阶数是 t_i.

证明留给读者.

根据定理 4.8 知, 例 4.16 中矩阵的最小多项式是 $(\lambda-1)^2(\lambda-2)^3$, 例 4.17 中矩阵 $\boldsymbol{A}$ 的最小多项式是 $(\lambda-1)^2$, 而例 4.18 中矩阵 $\boldsymbol{A}$ 的最小多项式是 $(\lambda+3)(\lambda-1)^2$.

由定理 4.7, 有下述定理.

定理 4.9 矩阵 $\boldsymbol{A}, \boldsymbol{B}$ 相似的充分必要条件是 $\boldsymbol{A}, \boldsymbol{B}$ 有相同的若尔当标准形.

证明 (必要性) 若矩阵 $\boldsymbol{A}, \boldsymbol{B}$ 相似, $\boldsymbol{J}$ 是 $\boldsymbol{B}$ 的若尔当标准形. 由于 $\boldsymbol{A}$ 与 $\boldsymbol{B}$ 相似, 且 $\boldsymbol{B}$ 与 $\boldsymbol{J}$ 相似, 所以, $\boldsymbol{A}$ 与 $\boldsymbol{J}$ 相似. 因此, $\boldsymbol{J}$ 也是 $\boldsymbol{A}$ 的若尔当标准形.

(充分性) 设 $\boldsymbol{A}, \boldsymbol{B}$ 有相同的若尔当标准形, $\boldsymbol{J}$ 既是 $\boldsymbol{A}$ 的也是 $\boldsymbol{B}$ 的若尔当标准形, 则 $\boldsymbol{A}$ 与 $\boldsymbol{J}$ 相似, 且 $\boldsymbol{B}$ 与 $\boldsymbol{J}$ 也相似. 由相似关系的对称性和传递性, 矩阵 $\boldsymbol{A}$, $\boldsymbol{B}$ 相似. □

例 4.19 设矩阵

$$\boldsymbol{A}=\begin{pmatrix}1 & a & b\\ 0 & c & d\\ 0 & 0 & 1\end{pmatrix},\quad \boldsymbol{B}=\begin{pmatrix}a & 0 & 0\\ 1 & b & 0\\ x & 1 & 2\end{pmatrix}.$$

问: 当参数 a, b, c, d, x 满足什么条件时, 矩阵 $\boldsymbol{A}$ 与 $\boldsymbol{B}$ 是相似的.

解 由于 $\boldsymbol{A}, \boldsymbol{B}$ 都是三角阵, 所以, 它们的特征值就是其主对角线元素, 即 $\boldsymbol{A}$ 的特征值是 $1, 1, c$, $\boldsymbol{B}$ 的特征值是 $a, b, 2$.

如果 $\boldsymbol{A}$ 与 $\boldsymbol{B}$ 相似, 则它们有相同的特征值, 故 $a=b=1, c=2$.

当 $a=b=1, c=2$ 时, 由于

$$\boldsymbol{E}-\boldsymbol{A}=\begin{pmatrix}0 & -1 & -1\\ 0 & -1 & -d\\ 0 & 0 & 0\end{pmatrix},$$

所以, 若 $d=1$, 则 $\mathrm{r}(\boldsymbol{E}-\boldsymbol{A})=1$, 从而 $\boldsymbol{A}$ 的若尔当标准形是

$$\begin{pmatrix}1 & 0 & 0\\ 0 & 1 & 0\\ 0 & 0 & 2\end{pmatrix};$$

若 $d\neq 1$, 则 $\mathrm{r}(\boldsymbol{E}-\boldsymbol{A})=2$, 从而 $\boldsymbol{A}$ 的若尔当标准形是

$$\begin{pmatrix}1 & 1 & 0\\ 0 & 1 & 0\\ 0 & 0 & 2\end{pmatrix}.$$

由于

$$\boldsymbol{E}-\boldsymbol{B}=\begin{pmatrix}0&0&0\\-1&0&0\\-x&-1&-1\end{pmatrix},$$

所以, 不论 x 取何值, $\mathrm{r}(\boldsymbol{E}-\boldsymbol{B})=2$, 即 $\boldsymbol{B}$ 的若尔当标准形都是

$$\begin{pmatrix}1&1&0\\0&1&0\\0&0&2\end{pmatrix}.$$

综上所述, 矩阵 $\boldsymbol{A}$, $\boldsymbol{B}$ 相似的充分必要条件是 $a=b=1$, $c=2$, $d\neq 1$, 而 x 可以取任意值. □

4.6　实对称矩阵的相似对角化

在这一节, 我们将证明实对称矩阵的特征值为实数, 而且它一定正交相似于对角阵, 即存在正交矩阵 $\boldsymbol{Q}$, 使 $\boldsymbol{Q}^{-1}\boldsymbol{A}\boldsymbol{Q}$ 为对角阵. 为此, 先看一下实对称矩阵的特征值与特征向量.

定理 4.10　实对称矩阵的特征值为实数.

证明　设 $\boldsymbol{A}$ 为 n 阶实对称矩阵, λ_0 为 $\boldsymbol{A}$ 的一个特征值, 即为 $|\lambda\boldsymbol{E}-\boldsymbol{A}|=0$ 的解. 如果 $\boldsymbol{\xi}$ 为 $\boldsymbol{A}$ 的属于 λ_0 的特征向量, 记 $\boldsymbol{\xi}=(a_1,a_2,\cdots,a_n)^{\mathrm{T}}$, 那么 a_i 为复数. 现对任一矩阵 $\boldsymbol{B}=(b_{ij})_{n\times n}$, 定义 $\overline{\boldsymbol{B}}=(\overline{b_{ij}})_{n\times n}$, 这里 $\overline{b_{ij}}$ 为 b_{ij} 的共轭复数. 因为 $\boldsymbol{A}$ 是实对称矩阵, 因此, $\boldsymbol{A}^{\mathrm{T}}=\boldsymbol{A}=\overline{\boldsymbol{A}}$. 对 $\boldsymbol{A}\boldsymbol{\xi}=\lambda_0\boldsymbol{\xi}$, 取共轭后可得

$$\boldsymbol{A}\overline{\boldsymbol{\xi}}=\overline{\boldsymbol{A}}\ \overline{\boldsymbol{\xi}}=\overline{\boldsymbol{A}\boldsymbol{\xi}}=\overline{\lambda_0\boldsymbol{\xi}}=\overline{\lambda}_0\ \overline{\boldsymbol{\xi}}.$$

在上式两边取转置

$$\overline{\boldsymbol{\xi}}^{\mathrm{T}}\boldsymbol{A}=\overline{\boldsymbol{\xi}}^{\mathrm{T}}\boldsymbol{A}^{\mathrm{T}}=(\boldsymbol{A}\overline{\boldsymbol{\xi}})^{\mathrm{T}}=\overline{\lambda_0}\ \overline{\boldsymbol{\xi}}^{\mathrm{T}},$$

上式两边右乘以 $\boldsymbol{\xi}$, 得

$$\overline{\lambda}_0\ \overline{\boldsymbol{\xi}}^{\mathrm{T}}\boldsymbol{\xi}=\overline{\boldsymbol{\xi}}^{\mathrm{T}}\boldsymbol{A}\boldsymbol{\xi}=\overline{\boldsymbol{\xi}}^{\mathrm{T}}\lambda_0\boldsymbol{\xi}=\lambda_0\overline{\boldsymbol{\xi}}^{\mathrm{T}}\boldsymbol{\xi}.$$

故

$$(\lambda_0-\overline{\lambda}_0)\overline{\boldsymbol{\xi}}^{\mathrm{T}}\boldsymbol{\xi}=0.$$

由于 $\boldsymbol{\xi}\neq\mathbf{0}$, 因而 $\overline{\boldsymbol{\xi}}^{\mathrm{T}}\boldsymbol{\xi}=\overline{a}_1a_1+\cdots+\overline{a}_na_n\neq 0$. 于是可得 $\lambda_0=\overline{\lambda}_0$, 即 λ_0 为实数.□

既然实对称矩阵的特征值都是实数, 因此, 对于每个特征值, 实对称矩阵一定有实特征向量. 在接下来的讨论中, 但凡谈论实对称矩阵的特征向量, 我们都约定这是实向量.

定理 4.11 实对称矩阵 $\boldsymbol{A}$ 的属于不同特征值的特征向量是正交的.

证明 设 λ_1, λ_2 为 $\boldsymbol{A}$ 的两个不同特征值, 对应的特征向量分别为 $\boldsymbol{\xi}_1$, $\boldsymbol{\xi}_2$, 即

$$\boldsymbol{A}\boldsymbol{\xi}_1=\lambda_1\boldsymbol{\xi}_1,\quad \boldsymbol{A}\boldsymbol{\xi}_2=\lambda_2\boldsymbol{\xi}_2.$$

由于

$$\begin{aligned}\lambda_1\langle\boldsymbol{\xi}_1,\boldsymbol{\xi}_2\rangle&=\langle\lambda_1\boldsymbol{\xi}_1,\boldsymbol{\xi}_2\rangle=\langle\boldsymbol{A}\boldsymbol{\xi}_1,\boldsymbol{\xi}_2\rangle=\boldsymbol{\xi}_2^{\mathrm{T}}\boldsymbol{A}\boldsymbol{\xi}_1\\&=\boldsymbol{\xi}_2^{\mathrm{T}}\boldsymbol{A}^{\mathrm{T}}\boldsymbol{\xi}_1=(\boldsymbol{A}\boldsymbol{\xi}_2)^{\mathrm{T}}\boldsymbol{\xi}_1=\langle\boldsymbol{\xi}_1,\boldsymbol{A}\boldsymbol{\xi}_2\rangle\\&=\langle\boldsymbol{\xi}_1,\lambda_2\boldsymbol{\xi}_2\rangle=\lambda_2\langle\boldsymbol{\xi}_1,\boldsymbol{\xi}_2\rangle,\end{aligned}$$

故 $(\lambda_1-\lambda_2)\langle\boldsymbol{\xi}_1,\boldsymbol{\xi}_2\rangle=0$. 又因为 $\lambda_1\neq\lambda_2$, 所以 $\langle\boldsymbol{\xi}_1,\boldsymbol{\xi}_2\rangle=0$, 即 $\boldsymbol{\xi}_1$ 与 $\boldsymbol{\xi}_2$ 正交. □

定理 4.12 设 $\boldsymbol{A}$ 为 n 阶实对称矩阵, 则存在正交矩阵 $\boldsymbol{Q}$ 使得

$$\boldsymbol{Q}^{-1}\boldsymbol{A}\boldsymbol{Q}=\boldsymbol{Q}^{\mathrm{T}}\boldsymbol{A}\boldsymbol{Q}=\begin{pmatrix}\lambda_1&&\\&\ddots&\\&&\lambda_n\end{pmatrix},$$

其中 $\lambda_1,\cdots,\lambda_n$ 是 $\boldsymbol{A}$ 的特征值, $\boldsymbol{Q}$ 的列向量组 $\boldsymbol{q}_1,\cdots,\boldsymbol{q}_n$ 是 $\boldsymbol{A}$ 的分别对应于 $\lambda_1,\cdots,\lambda_n$ 的标准正交的特征向量组. 此时, $\boldsymbol{A}=\lambda_1\boldsymbol{q}_1\boldsymbol{q}_1^{\mathrm{T}}+\lambda_2\boldsymbol{q}_2\boldsymbol{q}_2^{\mathrm{T}}+\cdots+\lambda_n\boldsymbol{q}_n\boldsymbol{q}_n^{\mathrm{T}}$ (此分解称为 $\boldsymbol{A}$ 的谱分解).

实对称阵均可正交相似对角化

单纯矩阵的谱分解

实对称阵的正交相似对角化——例子与点评

这里给出求 $\boldsymbol{Q}$ 的具体方法.

第一步, 求 $\boldsymbol{A}$ 的全部不同的特征值 $\lambda_1,\cdots,\lambda_m$, 即 $|\lambda\boldsymbol{E}-\boldsymbol{A}|=0$ 的全部不同的根.

第二步, 对于每一个特征值 λ_j, 求出齐次线性方程组 $(\lambda_j\boldsymbol{E}-\boldsymbol{A})\boldsymbol{x}=\boldsymbol{0}$ 的一个基础解系 $\boldsymbol{\xi}_{j1},\cdots,\boldsymbol{\xi}_{jr_j}$. 然后把 $\boldsymbol{\xi}_{j1},\cdots,\boldsymbol{\xi}_{jr_j}$ 进行 Schmidt 正交化和单位化, 得 $\boldsymbol{q}_{j1},\cdots,\boldsymbol{q}_{jr_j}$, 它们与 $\boldsymbol{\xi}_{j1},\cdots,\boldsymbol{\xi}_{jr_j}$ 等价, 因此它们也是 $\boldsymbol{A}$ 的属于 λ_j 的特征向量, 并且它们是标准正交向量组.

第三步, 令 $\boldsymbol{Q}=(\boldsymbol{q}_{11},\cdots,\boldsymbol{q}_{1r_1},\cdots,\boldsymbol{q}_{m1},\cdots,\boldsymbol{q}_{mr_m})$. 由于 $\boldsymbol{A}$ 可相似对角化, 因此 $r_1+\cdots+r_m=n$. 由定理 4.8 知, $\boldsymbol{Q}$ 的列向量组为标准正交向量组, 从而 $\boldsymbol{Q}$ 为正交矩阵. 由于 $\boldsymbol{Q}$ 的列向量都是 $\boldsymbol{A}$ 的特征向量, 因此

$$
Q^{-1}AQ = \left(\begin{array}{ccc|c|ccc}
\lambda_1 & & & & & & \\
& \ddots & & & & & \\
& & \lambda_1 & & & & \\
\hline
& & & \ddots & & & \\
\hline
& & & & \lambda_m & & \\
& & & & & \ddots & \\
& & & & & & \lambda_m
\end{array}\right)
\begin{array}{l}
\left.\begin{array}{l} \\ \\ \\ \end{array}\right\} r_1\text{行} \\
\\
\left.\begin{array}{l} \\ \\ \\ \end{array}\right\} r_m\text{行}
\end{array} .
$$

第四步, 由 $Q^{\mathrm{T}}AQ = \begin{pmatrix} \lambda_1 & & & \\ & \lambda_2 & & \\ & & \ddots & \\ & & & \lambda_n \end{pmatrix}$ 知,

$$
\begin{aligned}
A &= Q \begin{pmatrix} \lambda_1 & & & \\ & \lambda_2 & & \\ & & \ddots & \\ & & & \lambda_n \end{pmatrix} Q^{\mathrm{T}} \\
&= (q_1, q_2, \cdots, q_n) \begin{pmatrix} \lambda_1 & & & \\ & \lambda_2 & & \\ & & \ddots & \\ & & & \lambda_n \end{pmatrix} \begin{pmatrix} q_1^{\mathrm{T}} \\ q_2^{\mathrm{T}} \\ \vdots \\ q_n^{\mathrm{T}} \end{pmatrix} \\
&= \lambda_1 q_1 q_1^{\mathrm{T}} + \lambda_2 q_2 q_2^{\mathrm{T}} + \cdots + \lambda_n q_n q_n^{\mathrm{T}}.
\end{aligned}
$$

例 4.20　设 $A = \begin{pmatrix} 1 & 2 & 2 \\ 2 & 1 & 2 \\ 2 & 2 & 1 \end{pmatrix}$, 求正交矩阵 Q, 使得 $Q^{-1}AQ$ 为对角阵.

解　由例 4.2 知, A 的特征值 $\lambda_1 = \lambda_2 = -1$, $\lambda_3 = 5$. 属于特征值 λ_1 的线性无关的特征向量为

$$\xi_1 = (-1, 1, 0)^{\mathrm{T}}, \quad \xi_2 = (-1, 0, 1)^{\mathrm{T}}.$$

属于特征值 λ_3 的线性无关的特征向量为

$$\xi_3 = (1, 1, 1)^{\mathrm{T}}.$$

将 $\boldsymbol{\xi}_1, \boldsymbol{\xi}_2$ 正交化得

$$\begin{aligned}\boldsymbol{\beta}_1 &= \boldsymbol{\xi}_1,\\ \boldsymbol{\beta}_2 &= \boldsymbol{\xi}_2 - \frac{\langle \boldsymbol{\xi}_2, \boldsymbol{\beta}_1\rangle}{\langle \boldsymbol{\beta}_1, \boldsymbol{\beta}_1\rangle}\boldsymbol{\beta}_1 = (-1, 0, 1)^{\mathrm{T}} - \frac{1}{2}(-1, 1, 0)^{\mathrm{T}}\\ &= \frac{1}{2}(-1, -1, 2)^{\mathrm{T}}.\end{aligned}$$

再单位化得

$$\begin{aligned}\boldsymbol{q}_1 &= \frac{1}{\|\boldsymbol{\beta}_1\|}\boldsymbol{\beta}_1 = \frac{1}{\sqrt{2}}(-1, 1, 0)^{\mathrm{T}},\\ \boldsymbol{q}_2 &= \frac{1}{\|\boldsymbol{\beta}_2\|}\boldsymbol{\beta}_2 = \frac{1}{\sqrt{6}}(-1, -1, 2)^{\mathrm{T}}.\end{aligned}$$

对 $\boldsymbol{\xi}_3$ 单位化得

$$\boldsymbol{q}_3 = \frac{1}{\|\boldsymbol{\xi}_3\|}\boldsymbol{\xi}_3 = \frac{1}{\sqrt{3}}(1, 1, 1)^{\mathrm{T}}.$$

令 $\boldsymbol{Q} = (\boldsymbol{q}_1, \boldsymbol{q}_2, \boldsymbol{q}_3)$, 即

$$\boldsymbol{Q} = \begin{pmatrix} -\frac{1}{\sqrt{2}} & -\frac{1}{\sqrt{6}} & \frac{1}{\sqrt{3}} \\ \frac{1}{\sqrt{2}} & -\frac{1}{\sqrt{6}} & \frac{1}{\sqrt{3}} \\ 0 & \frac{2}{\sqrt{6}} & \frac{1}{\sqrt{3}} \end{pmatrix},$$

则 $\boldsymbol{Q}$ 为正交阵, 且 $\boldsymbol{Q}^{-1}\boldsymbol{A}\boldsymbol{Q} = \begin{pmatrix} -1 & 0 & 0 \\ 0 & -1 & 0 \\ 0 & 0 & 5 \end{pmatrix}$. □

例 4.21 设 $\boldsymbol{A}, \boldsymbol{B}$ 为 n 阶实对称矩阵, 则 $\boldsymbol{A}, \boldsymbol{B}$ 相似的充分必要条件为 $\boldsymbol{A}, \boldsymbol{B}$ 有相同的特征多项式. 如果 $\boldsymbol{A}, \boldsymbol{B}$ 的特征多项式相同, 则必存在正交矩阵 $\boldsymbol{Q}$, 使 $\boldsymbol{Q}^{-1}\boldsymbol{A}\boldsymbol{Q} = \boldsymbol{B}$.

证明 (必要性) 如果 $\boldsymbol{A}, \boldsymbol{B}$ 相似, 那么由性质 4.7 知, $\boldsymbol{A}, \boldsymbol{B}$ 的特征多项式相同.

(充分性) 若 $\boldsymbol{A}, \boldsymbol{B}$ 的特征多项式相同, 则它们有相同的特征值 $\lambda_1, \cdots, \lambda_n$. 由

定理 4.9 知存在正交阵 $\boldsymbol{Q}_1$ 和 $\boldsymbol{Q}_2$, 使得

$$\boldsymbol{Q}_1^{-1}\boldsymbol{A}\boldsymbol{Q}_1 = \begin{pmatrix} \lambda_1 & & \\ & \ddots & \\ & & \lambda_n \end{pmatrix} = \boldsymbol{Q}_2^{-1}\boldsymbol{B}\boldsymbol{Q}_2,$$

于是 $(\boldsymbol{Q}_1\boldsymbol{Q}_2^{-1})^{-1}\boldsymbol{A}\boldsymbol{Q}_1\boldsymbol{Q}_2^{-1} = \boldsymbol{B}$. 记 $\boldsymbol{Q} = \boldsymbol{Q}_1\boldsymbol{Q}_2^{-1}$, 则 $\boldsymbol{Q}$ 为正交阵且 $\boldsymbol{Q}^{-1}\boldsymbol{A}\boldsymbol{Q} = \boldsymbol{B}$. □

例 4.22　设 3 阶实对称矩阵 $\boldsymbol{A}$ 的特征值为 $\lambda_1 = -1$, $\lambda_2 = \lambda_3 = 1$, 对应于 λ_1 的特征向量为 $\boldsymbol{\xi}_1 = (0,\ 1,\ 1)^{\mathrm{T}}$.

(1) 证明 $\boldsymbol{\xi}$ 为属于特征值 λ_2 的特征向量的充分必要条件为 $\boldsymbol{\xi} \neq 0$, 且 $\boldsymbol{\xi}$ 与 $\boldsymbol{\xi}_1$ 正交;

(2) 求 $\boldsymbol{A}$.

解　(1) (必要性) 因为 $\boldsymbol{\xi}$, $\boldsymbol{\xi}_1$ 为属于不同特征值的特征向量, 那么 $\boldsymbol{\xi}$ 与 $\boldsymbol{\xi}_1$ 正交. 又因为 $\boldsymbol{\xi}$ 是特征向量, 所以 $\boldsymbol{\xi} \neq 0$.

(充分性) 由 $\boldsymbol{A}$ 为实对称矩阵可知, 一定存在 $\boldsymbol{\xi}_2$, $\boldsymbol{\xi}_3$ 为属于 $\lambda_2 = \lambda_3 = 1$ 的线性无关的特征向量. 因此, $\boldsymbol{\xi}_1$, $\boldsymbol{\xi}_2$, $\boldsymbol{\xi}_3$ 为 $\mathbb{R}^3$ 的基. 故

$$\boldsymbol{\xi} = k_1\boldsymbol{\xi}_1 + k_2\boldsymbol{\xi}_2 + k_3\boldsymbol{\xi}_3.$$

由 $\langle\boldsymbol{\xi},\ \boldsymbol{\xi}_1\rangle = 0$, $\langle\boldsymbol{\xi}_i,\ \boldsymbol{\xi}_1\rangle = 0$, $i = 2,\ 3$, 可知

$$0 = \langle\boldsymbol{\xi},\ \boldsymbol{\xi}_1\rangle = k_1\langle\boldsymbol{\xi}_1,\ \boldsymbol{\xi}_1\rangle,$$

于是 $k_1 = 0$, 因而 $\boldsymbol{\xi} = k_2\boldsymbol{\xi}_2 + k_3\boldsymbol{\xi}_3$ 为 $\boldsymbol{A}$ 的属于特征值 λ_2 的特征向量.

(2) 由 (1) 知, $\boldsymbol{A}$ 的属于特征值 λ_2 的特征向量就是满足 $\boldsymbol{\xi}_1^{\mathrm{T}}\boldsymbol{\xi} = 0$ 的非零向量 $\boldsymbol{\xi}$. 令 $\boldsymbol{\xi} = (x_1,\ x_2,\ x_3)^{\mathrm{T}}$, 则 $\boldsymbol{\xi}_1^{\mathrm{T}}\boldsymbol{\xi} = x_2 + x_3 = 0$. 分别取 $(x_1,\ x_2) = (1,\ 0)$ 和 $(x_1,\ x_2) = (0,\ 1)$ 得

$$\boldsymbol{\xi}_2 = (1,\ 0,\ 0)^{\mathrm{T}}, \quad \boldsymbol{\xi}_3 = (0,\ 1,\ -1)^{\mathrm{T}}.$$

由于 $\boldsymbol{\xi}_2$ 与 $\boldsymbol{\xi}_3$ 已正交, 故只需将 $\boldsymbol{\xi}_1$, $\boldsymbol{\xi}_2$, $\boldsymbol{\xi}_3$ 单位化, 得

$$\boldsymbol{q}_1 = \frac{\boldsymbol{\xi}_1}{\|\boldsymbol{\xi}_1\|} = \frac{1}{\sqrt{2}}\begin{pmatrix}0\\1\\1\end{pmatrix}, \quad \boldsymbol{q}_2 = \frac{\boldsymbol{\xi}_2}{\|\boldsymbol{\xi}_2\|} = \begin{pmatrix}1\\0\\0\end{pmatrix}, \quad \boldsymbol{q}_3 = \frac{\boldsymbol{\xi}_3}{\|\boldsymbol{\xi}_3\|} = \frac{1}{\sqrt{2}}\begin{pmatrix}0\\1\\-1\end{pmatrix}.$$

取 $\boldsymbol{Q}=(\boldsymbol{q}_1,\boldsymbol{q}_2,\boldsymbol{q}_3)=\begin{pmatrix}0&1&0\\ \dfrac{1}{\sqrt{2}}&0&\dfrac{1}{\sqrt{2}}\\ \dfrac{1}{\sqrt{2}}&0&-\dfrac{1}{\sqrt{2}}\end{pmatrix}$, 则 $\boldsymbol{Q}^{-1}=\boldsymbol{Q}^{\mathrm{T}}$ 而且

$$\boldsymbol{Q}^{-1}\boldsymbol{A}\boldsymbol{Q}=\begin{pmatrix}-1&0&0\\0&1&0\\0&0&1\end{pmatrix}.$$

故

$$\begin{aligned}\boldsymbol{A}&=\boldsymbol{Q}\begin{pmatrix}-1&0&0\\0&1&0\\0&0&1\end{pmatrix}\boldsymbol{Q}^{-1}=\boldsymbol{Q}\begin{pmatrix}-1&0&0\\0&1&0\\0&0&1\end{pmatrix}\boldsymbol{Q}^{\mathrm{T}}\\&=\begin{pmatrix}0&1&0\\ \dfrac{1}{\sqrt{2}}&0&\dfrac{1}{\sqrt{2}}\\ \dfrac{1}{\sqrt{2}}&0&-\dfrac{1}{\sqrt{2}}\end{pmatrix}\begin{pmatrix}-1&0&0\\0&1&0\\0&0&1\end{pmatrix}\begin{pmatrix}0&\dfrac{1}{\sqrt{2}}&\dfrac{1}{\sqrt{2}}\\ 1&0&0\\ 0&\dfrac{1}{\sqrt{2}}&-\dfrac{1}{\sqrt{2}}\end{pmatrix}.\\&=\begin{pmatrix}1&0&0\\0&0&-1\\0&-1&0\end{pmatrix}\end{aligned}$$

□

例 4.23 证明 n 阶矩阵 $\boldsymbol{A}=\begin{pmatrix}1&1&\cdots&1\\1&1&\cdots&1\\ \vdots&\vdots&&\vdots\\1&1&\cdots&1\end{pmatrix}$ 与 $\boldsymbol{B}=\begin{pmatrix}0&\cdots&0&1\\0&\cdots&0&2\\ \vdots&&\vdots&\vdots\\0&\cdots&0&n\end{pmatrix}$ 相似.

证明 因为

$$|\lambda\boldsymbol{E}-\boldsymbol{A}|=\begin{vmatrix}\lambda-1&-1&\cdots&-1\\-1&\lambda-1&\cdots&-1\\ \vdots&\vdots&&\vdots\\-1&-1&\cdots&\lambda-1\end{vmatrix}=(\lambda-n)\,\lambda^{n-1},$$

$$|\lambda \boldsymbol{E}-\boldsymbol{B}|=\begin{vmatrix}\lambda & 0 & \cdots & -1\\ 0 & \lambda & \cdots & -2\\ \vdots & \vdots & & \vdots\\ 0 & 0 & \cdots & \lambda-n\end{vmatrix}=(\lambda-n)\,\lambda^{n-1},$$

所以 $\boldsymbol{A}$, $\boldsymbol{B}$ 有相同的特征值 $\lambda_1=n$, $\lambda_2=0$ ($n-1$ 重).

由于 $\boldsymbol{A}$ 为实对称矩阵, 所以 $\boldsymbol{A}$ 相似于对角阵 $\boldsymbol{\Lambda}=\begin{pmatrix}n & & & \\ & 0 & & \\ & & \ddots & \\ & & & 0\end{pmatrix}$.

又因为 $\mathrm{r}\,(\lambda_2\boldsymbol{E}-\boldsymbol{B})=\mathrm{r}\,(\boldsymbol{B})=1$, 所以 $\boldsymbol{B}$ 的属于特征值 $\lambda_2=0$ 的特征向量有 $n-1$ 个是线性无关的, 于是 $\boldsymbol{B}$ 也相似于 $\boldsymbol{\Lambda}$. 故 $\boldsymbol{A}$ 与 $\boldsymbol{B}$ 相似. □

本 章 小 结

本章介绍了矩阵的相似关系、矩阵的特征值和特征向量, 研究了矩阵可相似对角化问题, 介绍了哈密顿-凯莱定理、最小多项式的同时, 还利用矩阵的若尔当标准形, 给出了两个矩阵相似的充分必要条件. 最后证明实对称矩阵一定可以正交相似对角化. 本章综合运用了前三章的内容, 从而将矩阵、行列式、向量和线性方程组这几个方面的知识有机地联系起来. 仔细体会这些知识点之间的联系, 不仅可以加深对前三章所学内容的理解, 而且有助于下一章的学习.

特征值和特征向量

矩阵相似必等价，　常问可否对角化.
一般方阵难求幂，　对角化后事好办.
为此先求特征值，　解罢方程得向量.
特征向量如不足，　标准形归若尔当.

第4章知识汇总表

第4章自我测评

求矩阵的特征多项式与特征值

习　题　4

自测题

一、填空题

1. 设 $\boldsymbol{A}$ 相似于 $\begin{pmatrix}1&0&0\\0&-1&0\\0&0&1\end{pmatrix}$, 则 $\boldsymbol{A}^2=$____________.

2. 设 n 阶矩阵 $\boldsymbol{A}$ 的元素全为 1, 则 $\boldsymbol{A}$ 的 n 个特征值是____________.

3. 设 $\boldsymbol{\alpha}=\begin{pmatrix}1\\1\end{pmatrix}$ 是 $\boldsymbol{A}=\begin{pmatrix}a&2\\0&b\end{pmatrix}$ 的属于 $\lambda=3$ 的特征向量, 则 $(a,b)=$ ____________.

4. 设 3 为矩阵 $\boldsymbol{A}=\begin{pmatrix}0&1&0&0\\1&0&0&0\\0&0&y&1\\0&0&1&2\end{pmatrix}$ 的一个特征值, 则 $y=$____________.

5. 设矩阵 $\boldsymbol{A}=\begin{pmatrix}4&1&-2\\1&2&a\\3&1&-1\end{pmatrix}$ 的一个特征向量为 $\begin{pmatrix}1\\1\\2\end{pmatrix}$, 则 $a=$ ____________.

6. 设 $\boldsymbol{A}$ 为 n 阶可逆矩阵, $n\geqslant 2$, 若 $\boldsymbol{A}$ 有特征值 λ, 则 $(\boldsymbol{A}^*)^2+\boldsymbol{E}$ 必有特征值____________.

7. 设 3 阶矩阵 $\boldsymbol{A}$ 的特征值为 1, -1, 2, 则 $\boldsymbol{A}+3\boldsymbol{E}$ 的特征值是____________, $|\boldsymbol{A}+3\boldsymbol{E}|=$ ____________.

8. 若 4 阶矩阵 $\boldsymbol{A}$ 与 $\boldsymbol{B}$ 相似, $\boldsymbol{A}$ 的特征值为 $\frac{1}{2},\frac{1}{3},\frac{1}{4},\frac{1}{5}$, 则行列式 $|\boldsymbol{B}^{-1}-\boldsymbol{E}|=$__________.

9. 设 $\begin{pmatrix}\lambda_0&a\\0&\lambda_0\end{pmatrix}$ 相似于对角阵, 则 $a=$ ____________.

10. 设 $\boldsymbol{A}$ 为 2 阶矩阵, $\boldsymbol{\alpha}_1$, $\boldsymbol{\alpha}_2$ 为线性无关的 2 维列向量, $\boldsymbol{A}\boldsymbol{\alpha}_1=\boldsymbol{0}$, $\boldsymbol{A}\boldsymbol{\alpha}_2=2\boldsymbol{\alpha}_1+\boldsymbol{\alpha}_2$, 则 $\boldsymbol{A}$ 的非零特征值为____________.

11. 设 $\boldsymbol{A}$ 为 3 阶矩阵, $\boldsymbol{\alpha}_1,\boldsymbol{\alpha}_2,\boldsymbol{\alpha}_3$ 为线性无关的向量组. 若 $\boldsymbol{A}\boldsymbol{\alpha}_1=2\boldsymbol{\alpha}_1+\boldsymbol{\alpha}_2+\boldsymbol{\alpha}_3$, $\boldsymbol{A}\boldsymbol{\alpha}_2=\boldsymbol{\alpha}_2+2\boldsymbol{\alpha}_3$, $\boldsymbol{A}\boldsymbol{\alpha}_3=-\boldsymbol{\alpha}_2+\boldsymbol{\alpha}_3$, 则 $\boldsymbol{A}$ 的实特征值为 ____________.

12. 设 2 阶矩阵 $\boldsymbol{A}$ 有两个不同的特征值, $\boldsymbol{\alpha}_1$, $\boldsymbol{\alpha}_2$ 是 $\boldsymbol{A}$ 的线性无关的特征向量, $\boldsymbol{A}^2(\boldsymbol{\alpha}_1+\boldsymbol{\alpha}_2)=\boldsymbol{\alpha}_1+\boldsymbol{\alpha}_2$, 则 $|\boldsymbol{A}|=$ ____________.

13. 若 3 维列向量 $\boldsymbol{\alpha}$, $\boldsymbol{\beta}$ 满足 $\boldsymbol{\alpha}^{\mathrm{T}}\boldsymbol{\beta}=2$, 则 $\boldsymbol{\beta}\boldsymbol{\alpha}^{\mathrm{T}}$ 的非零特征值为____________.

求 $\boldsymbol{\alpha}\boldsymbol{\alpha}^{\mathrm{T}}$ 的特征值与特征向量

14. 设 3 阶矩阵 $\boldsymbol{A}$ 的特征值互不相同, 若 $|\boldsymbol{A}|=0$, 则 $\boldsymbol{A}$ 的秩为____________.

15. 设 $\boldsymbol{\alpha}=(1,\ 1,\ 1)^{\mathrm{T}}$, $\boldsymbol{\beta}=(1,\ 0,\ k)^{\mathrm{T}}$, 若 $\boldsymbol{\alpha}\boldsymbol{\beta}^{\mathrm{T}}$ 相似于 $\begin{pmatrix}3&0&0\\0&0&0\\0&0&0\end{pmatrix}$, 则 $k=$__________.

16. 设 $\boldsymbol{\alpha}$ 为3维单位列向量, 则矩阵 $\boldsymbol{E}-\boldsymbol{\alpha}\boldsymbol{\alpha}^{\mathrm{T}}$ 的秩为__________.

17. 设 $\boldsymbol{A}=\begin{pmatrix}0&0&1\\a&1&0\\1&0&0\end{pmatrix}$ 不相似于对角矩阵, 则 $a=$ __________.

18. 设 $\boldsymbol{A}=\begin{pmatrix}6&-10\\2&-3\end{pmatrix}$, 则 $\mathrm{tr}\boldsymbol{A}^{100}=$ __________.

19*. 设 $\boldsymbol{A}$ 的特征多项式为 $\lambda^2-2\lambda+1$, 数 a,b 满足 $\boldsymbol{A}^{1921}=a\boldsymbol{A}+b\boldsymbol{E}$, 则 $(a,b)=$ __________.

20*. 设 $\boldsymbol{A}=\begin{pmatrix}\boldsymbol{A}_1&\boldsymbol{O}\\\boldsymbol{O}&\boldsymbol{A}_2\end{pmatrix}$, 且 $\boldsymbol{A}_1$, $\boldsymbol{A}_2$ 的最小多项式分别为 $(\lambda-1)^2$, $(\lambda-1)(\lambda+2)$, 则 $\boldsymbol{A}$ 的最小多项式 $=$ __________.

21*. 设6阶矩阵 $\boldsymbol{A}$ 的最小多项式为 $m(\lambda)=\lambda^2(\lambda-1)^2$, 则 $\boldsymbol{A}$ 的所有可能的(互不相似的)若尔当标准形有 __________ 个.

22*. 矩阵 $\boldsymbol{A}=\begin{pmatrix}0&0&1&0\\0&0&0&1\\1&0&0&0\\0&1&0&0\end{pmatrix}$ 的若尔当标准形为__________.

二、选择题

1. 设 $\boldsymbol{A}$, $\boldsymbol{B}$ 均为可逆矩阵, 且 $\boldsymbol{A}$ 与 $\boldsymbol{B}$ 相似, 则下列结论错误的是 (　　).

(A) $\boldsymbol{A}^{\mathrm{T}}$ 与 $\boldsymbol{B}^{\mathrm{T}}$ 相似;　　(B) $\boldsymbol{A}^{-1}$ 与 $\boldsymbol{B}^{-1}$ 相似;

(C) $\boldsymbol{A}+\boldsymbol{A}^{\mathrm{T}}$ 与 $\boldsymbol{B}+\boldsymbol{B}^{\mathrm{T}}$ 相似;　　(D) $\boldsymbol{A}+\boldsymbol{A}^{-1}$ 与 $\boldsymbol{B}+\boldsymbol{B}^{-1}$ 相似.

2. 已知3阶矩阵 $\boldsymbol{A}$ 的特征值为 $\lambda_1=0$, $\lambda_2=1$, $\lambda_3=-1$, 其对应的特征向量分别是 $\boldsymbol{\xi}_1$, $\boldsymbol{\xi}_2$, $\boldsymbol{\xi}_3$. 取 $\boldsymbol{P}=(\boldsymbol{\xi}_3,\ \boldsymbol{\xi}_2,\ \boldsymbol{\xi}_1)$, 则 $\boldsymbol{P}^{-1}\boldsymbol{A}\boldsymbol{P}=$ (　　).

(A) $\begin{pmatrix}-1&0&0\\0&1&0\\0&0&0\end{pmatrix}$; (B) $\begin{pmatrix}1&0&0\\0&0&0\\0&0&-1\end{pmatrix}$; (C) $\begin{pmatrix}1&0&0\\0&-1&0\\0&0&0\end{pmatrix}$; (D) $\begin{pmatrix}0&0&0\\0&-1&0\\0&0&1\end{pmatrix}$.

3. 设 $\boldsymbol{A}$ 为3阶矩阵, $\boldsymbol{P}$ 为3阶可逆矩阵, 且 $\boldsymbol{P}^{-1}\boldsymbol{A}\boldsymbol{P}=\begin{pmatrix}1&0&0\\0&1&0\\0&0&2\end{pmatrix}$. 若 $\boldsymbol{P}=(\boldsymbol{\alpha}_1,\ \boldsymbol{\alpha}_2,\ \boldsymbol{\alpha}_3)$, $\boldsymbol{Q}=(\boldsymbol{\alpha}_1+\boldsymbol{\alpha}_2,\boldsymbol{\alpha}_2,\boldsymbol{\alpha}_3)$, 则 $\boldsymbol{Q}^{-1}\boldsymbol{A}\boldsymbol{Q}=$ (　　).

(A) $\begin{pmatrix}1&0&0\\0&2&0\\0&0&1\end{pmatrix}$; (B) $\begin{pmatrix}1&0&0\\0&1&0\\0&0&2\end{pmatrix}$; (C) $\begin{pmatrix}2&0&0\\0&1&0\\0&0&2\end{pmatrix}$; (D) $\begin{pmatrix}2&0&0\\0&2&0\\0&0&1\end{pmatrix}$.

4. 设 $\boldsymbol{A}$ 为3阶矩阵, $\boldsymbol{P}=(\boldsymbol{\alpha}_1,\boldsymbol{\alpha}_2,\boldsymbol{\alpha}_3)$ 为可逆矩阵, 使得 $\boldsymbol{P}^{-1}\boldsymbol{A}\boldsymbol{P}=\begin{pmatrix}0&0&0\\0&1&0\\0&0&2\end{pmatrix}$, 则 $\boldsymbol{A}(\boldsymbol{\alpha}_1+\boldsymbol{\alpha}_2+\boldsymbol{\alpha}_3)=($ $)$.

(A) $\boldsymbol{\alpha}_1+\boldsymbol{\alpha}_2$; (B) $\boldsymbol{\alpha}_2+2\boldsymbol{\alpha}_3$; (C) $\boldsymbol{\alpha}_2+\boldsymbol{\alpha}_3$; (D) $\boldsymbol{\alpha}_1+2\boldsymbol{\alpha}_2$.

5. 设 $\boldsymbol{A}$ 为3阶矩阵, $\boldsymbol{\alpha}_1,\boldsymbol{\alpha}_2$ 为 $\boldsymbol{A}$ 的属于特征值1 的线性无关的特征向量, $\boldsymbol{\alpha}_3$ 为 $\boldsymbol{A}$ 的属于特征值 -1 的特征向量, 则满足 $\boldsymbol{P}^{-1}\boldsymbol{A}\boldsymbol{P}=\begin{pmatrix}1&0&0\\0&-1&0\\0&0&1\end{pmatrix}$ 的可逆矩阵 $\boldsymbol{P}$ 可为 ( ).

(A) $(\boldsymbol{\alpha}_1+\boldsymbol{\alpha}_3,\boldsymbol{\alpha}_2,-\boldsymbol{\alpha}_3)$; (B) $(\boldsymbol{\alpha}_1+\boldsymbol{\alpha}_2,\boldsymbol{\alpha}_2,-\boldsymbol{\alpha}_3)$;

(C) $(\boldsymbol{\alpha}_1+\boldsymbol{\alpha}_3,-\boldsymbol{\alpha}_3,\boldsymbol{\alpha}_2)$; (D) $(\boldsymbol{\alpha}_1+\boldsymbol{\alpha}_2,-\boldsymbol{\alpha}_3,\boldsymbol{\alpha}_2)$.

6. 设 $\lambda=2$ 为可逆矩阵 $\boldsymbol{A}$ 的一个特征值, 则矩阵 $\left(\dfrac{1}{3}\boldsymbol{A}^2\right)^{-1}$ 有一个特征值等于 ( ).

(A) $\dfrac{4}{3}$; (B) $\dfrac{3}{4}$; (C) $\dfrac{1}{2}$; (D) $\dfrac{1}{4}$.

7. 设 $\boldsymbol{A}$ 为 n 阶可逆矩阵, $n\geqslant 2$, λ 是 $\boldsymbol{A}$ 的一个特征值, 则 $\boldsymbol{A}$ 的伴随矩阵 $\boldsymbol{A}^*$ 的一个特征值为 ( ).

(A) $\lambda^{-1}|\boldsymbol{A}|^n$; (B) $\lambda^{-1}|\boldsymbol{A}|$; (C) $\lambda|\boldsymbol{A}|$; (D) $\lambda|\boldsymbol{A}|^n$.

8. 设3阶矩阵 $\boldsymbol{A}$ 有特征值1, -1, 2, 则下列矩阵中可逆矩阵是 ( ).

(A) $\boldsymbol{E}-\boldsymbol{A}$; (B) $\boldsymbol{E}+\boldsymbol{A}$; (C) $2\boldsymbol{E}-\boldsymbol{A}$; (D) $2\boldsymbol{E}+\boldsymbol{A}$.

9. 设 $\boldsymbol{\alpha}$ 为 n 维单位列向量, $\boldsymbol{E}$ 为 n 阶单位矩阵, 则 ( ).

(A) $\boldsymbol{E}-\boldsymbol{\alpha}\boldsymbol{\alpha}^{\mathrm{T}}$ 不可逆; (B) $\boldsymbol{E}+\boldsymbol{\alpha}\boldsymbol{\alpha}^{\mathrm{T}}$ 不可逆;

(C) $\boldsymbol{E}+2\boldsymbol{\alpha}\boldsymbol{\alpha}^{\mathrm{T}}$ 不可逆; (D) $\boldsymbol{E}-2\boldsymbol{\alpha}\boldsymbol{\alpha}^{\mathrm{T}}$ 不可逆.

10. n 阶矩阵 $\boldsymbol{A}$ 具有 n 个不同的特征值是 $\boldsymbol{A}$ 与对角矩阵相似的 ( ).

(A) 充分必要条件; (B) 充分而非必要条件;

(C) 必要而非充分条件; (D) 既非充分也非必要条件.

11. 设 $\boldsymbol{A}$, $\boldsymbol{B}$ 为 n 阶矩阵, 且 $\boldsymbol{A}$ 与 $\boldsymbol{B}$ 相似, 则 ( ).

(A) $\lambda\boldsymbol{E}-\boldsymbol{A}=\lambda\boldsymbol{E}-\boldsymbol{B}$; (B) $\boldsymbol{A}$ 与 $\boldsymbol{B}$ 有相同的特征值和特征向量;

(C) $\boldsymbol{A}$ 与 $\boldsymbol{B}$ 都相似于一个对角矩阵; (D) 对任意常数 t, $t\boldsymbol{E}-\boldsymbol{A}$ 与 $t\boldsymbol{E}-\boldsymbol{B}$ 相似.

12. 设 $\boldsymbol{A}$ 为 n 阶实对称矩阵, $\boldsymbol{P}$ 是 n 阶可逆矩阵. 已知 n 维列向量 $\boldsymbol{\alpha}$ 是 $\boldsymbol{A}$ 的属于特征值 λ 的特征向量, 则矩阵 $(\boldsymbol{P}^{-1}\boldsymbol{A}\boldsymbol{P})^{\mathrm{T}}$ 的属于特征值 λ 的特征向量是 ( ).

(A) $\boldsymbol{P}^{-1}\boldsymbol{\alpha}$; (B) $\boldsymbol{P}^{\mathrm{T}}\boldsymbol{\alpha}$; (C) $\boldsymbol{P}\boldsymbol{\alpha}$; (D) $(\boldsymbol{P}^{-1})^{\mathrm{T}}\boldsymbol{\alpha}$.

13. 设 λ_1, λ_2 为矩阵 $\boldsymbol{A}$ 的两个不同的特征值, 对应的特征向量为 $\boldsymbol{\alpha}_1$, $\boldsymbol{\alpha}_2$, 则 $\boldsymbol{\alpha}_1$, $\boldsymbol{A}(\boldsymbol{\alpha}_1+\boldsymbol{\alpha}_2)$ 线性无关的充分必要条件是 ( ).

(A) $\lambda_1\neq 0$; (B) $\lambda_2\neq 0$; (C) $\lambda_1=0$; (D) $\lambda_2=0$.

14. 在下列矩阵中, 与矩阵 $\boldsymbol{A}=\begin{pmatrix}1&0&0\\0&1&0\\0&0&2\end{pmatrix}$ 相似的矩阵为 ( ).

(A) $\begin{pmatrix}1&0&0\\0&2&0\\0&0&1\end{pmatrix}$; (B) $\begin{pmatrix}1&1&0\\0&1&0\\0&0&2\end{pmatrix}$; (C) $\begin{pmatrix}2&0&0\\0&1&1\\0&0&1\end{pmatrix}$; (D) $\begin{pmatrix}1&0&1\\0&2&0\\0&0&1\end{pmatrix}$.

15. 在下列矩阵中, 与 $\begin{pmatrix}-10&-4\\26&11\end{pmatrix}$ 相似的矩阵是 (　　).

(A) $\begin{pmatrix}-3&0\\1&2\end{pmatrix}$; (B) $\begin{pmatrix}-2&1\\0&3\end{pmatrix}$; (C) $\begin{pmatrix}-3&0\\1&4\end{pmatrix}$; (D) $\begin{pmatrix}-4&1\\0&3\end{pmatrix}$.

16*. 设矩阵 $\boldsymbol{A}=\begin{pmatrix}1&0&0\\0&1&0\\0&0&2\end{pmatrix}$, $\boldsymbol{B}=\begin{pmatrix}1&0&0\\0&1&1\\0&0&2\end{pmatrix}$, $\boldsymbol{C}=\begin{pmatrix}1&1&0\\0&1&0\\0&0&2\end{pmatrix}$, 则 (　　).

(A) $\boldsymbol{A}$ 与 $\boldsymbol{B}$ 相似;　　(B) $\boldsymbol{B}$ 与 $\boldsymbol{C}$ 相似;
(C) $\boldsymbol{A}$ 与 $\boldsymbol{C}$ 相似;　　(D) $\boldsymbol{A}$, $\boldsymbol{B}$, $\boldsymbol{C}$ 两两相似.

17*. 已知矩阵 $\boldsymbol{A}=\begin{pmatrix}2&0&0\\0&2&1\\0&0&1\end{pmatrix}$, $\boldsymbol{B}=\begin{pmatrix}2&1&0\\0&2&0\\0&0&1\end{pmatrix}$, $\boldsymbol{C}=\begin{pmatrix}1&0&0\\0&2&0\\0&0&2\end{pmatrix}$, 则 (　　).

(A) $\boldsymbol{A}$ 与 $\boldsymbol{C}$ 相似, $\boldsymbol{B}$ 与 $\boldsymbol{C}$ 相似;　　(B) $\boldsymbol{A}$ 与 $\boldsymbol{C}$ 相似, $\boldsymbol{B}$ 与 $\boldsymbol{C}$ 不相似;
(C) $\boldsymbol{A}$ 与 $\boldsymbol{C}$ 不相似, $\boldsymbol{B}$ 与 $\boldsymbol{C}$ 相似;　　(D) $\boldsymbol{A}$ 与 $\boldsymbol{C}$ 不相似, $\boldsymbol{B}$ 与 $\boldsymbol{C}$ 不相似.

18*. 在下列矩阵中, 与矩阵 $\begin{pmatrix}1&1&0\\0&1&1\\0&0&1\end{pmatrix}$ 相似的为 (　　).

(A) $\begin{pmatrix}1&1&-1\\0&1&1\\0&0&1\end{pmatrix}$; (B) $\begin{pmatrix}1&0&-1\\0&1&1\\0&0&1\end{pmatrix}$; (C) $\begin{pmatrix}1&1&-1\\0&1&0\\0&0&1\end{pmatrix}$; (D) $\begin{pmatrix}1&0&-1\\0&1&0\\0&0&1\end{pmatrix}$.

19. 矩阵 $\begin{pmatrix}1&a&1\\a&b&a\\1&a&1\end{pmatrix}$ 与 $\begin{pmatrix}2&0&0\\0&b&0\\0&0&0\end{pmatrix}$ 相似的充分必要条件为 (　　).

(A) $a=0, b=2$;　　(B) $a=0$, b 为任意常数;
(C) $a=2, b=0$;　　(D) $a=2$, b 为任意常数.

20*. 在下列矩阵中, 不能相似于对角矩阵的是 (　　).

(A) $\begin{pmatrix}1&1&a\\0&2&2\\0&0&3\end{pmatrix}$; (B) $\begin{pmatrix}1&1&a\\1&2&0\\a&0&3\end{pmatrix}$; (C) $\begin{pmatrix}1&1&a\\0&2&0\\0&0&2\end{pmatrix}$; (D) $\begin{pmatrix}1&1&a\\0&2&2\\0&0&2\end{pmatrix}$.

21*. 在下列矩阵中, 不是若尔当标准形的矩阵为 (　　).

(A) $\begin{pmatrix}1&0&0\\0&2&0\\0&0&2\end{pmatrix}$; (B) $\begin{pmatrix}2&0&0\\0&1&0\\0&0&2\end{pmatrix}$; (C) $\begin{pmatrix}1&1&0\\0&2&1\\0&0&2\end{pmatrix}$; (D) $\begin{pmatrix}1&0&0\\0&2&1\\0&0&2\end{pmatrix}$.

22*. 设5阶矩阵 $\boldsymbol{A}$ 的特征多项式 $c(\lambda)=\lambda^2(\lambda-1)^2(\lambda-2)$, 则 $\boldsymbol{A}$ 可能的(互不相似的)若尔当标准形有 (　　) 个.

(A) 1;　　(B) 2;　　(C) 3;　　(D) 4.

23. 设矩阵 $\boldsymbol{A}=\begin{pmatrix}1&1\\1&1\end{pmatrix}$, $\boldsymbol{Q}$ 为2阶正交矩阵, 且 $\boldsymbol{Q}^{\mathrm{T}}\boldsymbol{A}\boldsymbol{Q}=\begin{pmatrix}0&0\\0&2\end{pmatrix}$, 则 $\boldsymbol{Q}=$(　　).

(A) $\frac{1}{2}\begin{pmatrix}1&1\\-1&1\end{pmatrix}$; (B) $\frac{1}{\sqrt{2}}\begin{pmatrix}1&1\\-1&1\end{pmatrix}$; (C) $\frac{1}{\sqrt{2}}\begin{pmatrix}1&-1\\1&1\end{pmatrix}$; (D) $\frac{1}{2}\begin{pmatrix}1&-1\\1&1\end{pmatrix}$.

第4章自测题
参考答案

练习题

1. 设 $\boldsymbol{A}, \boldsymbol{B}$ 均为 n 阶矩阵, $\boldsymbol{A}$ 为可逆矩阵, 证明 $\boldsymbol{AB}$ 与 $\boldsymbol{BA}$ 相似.

2. 如果 $\boldsymbol{A}_1$ 与 $\boldsymbol{B}_1$ 相似, $\boldsymbol{A}_2$ 与 $\boldsymbol{B}_2$ 相似, 证明 $\begin{pmatrix}\boldsymbol{A}_1&\boldsymbol{O}\\\boldsymbol{O}&\boldsymbol{A}_2\end{pmatrix}$ 与 $\begin{pmatrix}\boldsymbol{B}_1&\boldsymbol{O}\\\boldsymbol{O}&\boldsymbol{B}_2\end{pmatrix}$ 相似.

3. 设 $\boldsymbol{A}$ 为 n 阶矩阵, 将 $\boldsymbol{A}$ 的第 i 行与第 j 行对换, 再将第 i 列和第 j 列对换得到矩阵 $\boldsymbol{B}$, 证明 $\boldsymbol{A}$ 与 $\boldsymbol{B}$ 相似.

4. 如果 $\boldsymbol{A}$ 与 $\boldsymbol{B}$ 可交换且 $\boldsymbol{P}$ 为可逆矩阵, 证明 $\boldsymbol{P}^{-1}\boldsymbol{AP}$ 与 $\boldsymbol{P}^{-1}\boldsymbol{BP}$ 可交换.

5. 证明与幂等矩阵相似的矩阵仍是幂等矩阵.

6. 已知 $\boldsymbol{\alpha}=\begin{pmatrix}1\\1\\1\end{pmatrix}$ 是 $\boldsymbol{A}=\begin{pmatrix}a&1&1\\2&0&1\\-1&2&2\end{pmatrix}$ 的属于特征值 λ 的特征向量, 求 a, λ.

7. 设 n 阶矩阵 $\boldsymbol{A}$ 的任一行中 n 个元素之和都是 λ_0, 证明 λ_0 是 $\boldsymbol{A}$ 的一个特征值, 并求出其对应的一个特征向量.

8. 求下列矩阵的特征值和特征向量.

(1) $\begin{pmatrix}3&-1\\-1&3\end{pmatrix}$;　(2) $\begin{pmatrix}-1&1&0\\-4&3&0\\1&0&2\end{pmatrix}$;　(3) $\begin{pmatrix}1&2&3\\2&1&3\\3&3&6\end{pmatrix}$;

(4) $\begin{pmatrix}0&0&0&1\\0&0&1&0\\0&1&0&0\\1&0&0&0\end{pmatrix}$;　(5) $\begin{pmatrix}2&2&-2\\2&5&-4\\-2&-4&5\end{pmatrix}$;

(6) $\begin{pmatrix}a&a&\cdots&a\\\vdots&\vdots&&\vdots\\a&a&\cdots&a\end{pmatrix}_{n\times n}$, 其中 $a\neq 0$.

9. 设 $\boldsymbol{A}$ 为 3 阶矩阵, 如果 $\boldsymbol{E}-\boldsymbol{A}$, $3\boldsymbol{E}-\boldsymbol{A}$, $\boldsymbol{E}+\boldsymbol{A}$ 均不可逆, 求 $\boldsymbol{A}$ 的所有特征值.

10. 设 3 阶矩阵 $\boldsymbol{A}$ 的特征值为 1, −1, 2.

(1) 求 $\boldsymbol{B}=\boldsymbol{A}^2-5\boldsymbol{A}+2\boldsymbol{E}$ 的特征值;

(2) 求 $|\boldsymbol{B}|$;

(3) 求 $|\boldsymbol{A}-5\boldsymbol{E}|$.

11. 设 3 阶矩阵 $\boldsymbol{A}$ 的特征值为 1, 2, −3, 求 $|\boldsymbol{A}^*+3\boldsymbol{A}+2\boldsymbol{E}|$.

12. 设矩阵 $\boldsymbol{A}$ 满足 $\boldsymbol{A}^2-3\boldsymbol{A}+2\boldsymbol{E}=\boldsymbol{O}$, 证明 $\boldsymbol{A}$ 的特征值只能取 1 或 2, 并举例说明 1 或 2 未必一定为 $\boldsymbol{A}$ 的特征值.

13. 设 $\boldsymbol{A}$ 为 n 阶矩阵, 且 $\boldsymbol{A}^2=\boldsymbol{E}$.

(1) 证明 $\boldsymbol{A}$ 的特征值是 1 或 −1;

(2) 若 −1 不是 $\boldsymbol{A}$ 的特征值, 则 $\boldsymbol{A}=\boldsymbol{E}$.

14. 设 $\boldsymbol{\xi}_1, \boldsymbol{\xi}_2$ 为矩阵 $\boldsymbol{A}$ 的属于不同特征值 λ_1, λ_2 的特征向量, 如果 $k_1k_2\neq 0$, 证明 $k_1\boldsymbol{\xi}_1+k_2\boldsymbol{\xi}_2$ 不是 $\boldsymbol{A}$ 的特征向量.

15. 求下列矩阵的特征值与特征向量, 并问 $\boldsymbol{A}$ 是否可以相似对角化. 若可以, 则求出对角阵 $\boldsymbol{\Lambda}$ 及可逆矩阵 $\boldsymbol{P}$, 使 $\boldsymbol{P}^{-1}\boldsymbol{A}\boldsymbol{P}=\boldsymbol{\Lambda}$.

(1) $\begin{pmatrix}-1&0&0\\4&-3&0\\-5&-2&2\end{pmatrix}$;　(2) $\begin{pmatrix}2&3&2\\1&4&2\\1&-3&1\end{pmatrix}$;　(3) $\begin{pmatrix}-2&1&1\\0&2&0\\-4&1&3\end{pmatrix}$.

16. 设 $\boldsymbol{A}=\begin{pmatrix}1&a&b\\0&1&c\\0&0&2\end{pmatrix}$, 证明 $\boldsymbol{A}$ 可相似于对角阵的充分必要条件为 $a=0$.

17. 设 $\boldsymbol{A}$ 为 2 阶实矩阵, 且 $|\boldsymbol{A}|<0$, 证明 $\boldsymbol{A}$ 相似于对角矩阵.

18. 设 $\boldsymbol{A}=\begin{pmatrix}2&-1\\-1&2\end{pmatrix}$, 求 $\boldsymbol{A}^n$.

19. 设 $\boldsymbol{A}=\begin{pmatrix}1&4&2\\0&-3&4\\0&4&3\end{pmatrix}$, 求 $\boldsymbol{A}^{100}$.

20. 设 3 阶矩阵 $\boldsymbol{A}$ 的特征值为 $\lambda_1=2$, $\lambda_2=-2$, $\lambda_3=1$, 对应的特征向量依次为

$$\boldsymbol{p}_1=\begin{pmatrix}0\\1\\1\end{pmatrix},\quad \boldsymbol{p}_2=\begin{pmatrix}1\\1\\1\end{pmatrix},\quad \boldsymbol{p}_3=\begin{pmatrix}1\\1\\0\end{pmatrix},$$

求 $\boldsymbol{A}$.

21. 设矩阵 $\boldsymbol{A}$ 与 $\boldsymbol{B}$ 相似, 其中

$$\boldsymbol{A}=\begin{pmatrix}-2&0&0\\2&x&2\\3&1&1\end{pmatrix},\quad \boldsymbol{B}=\begin{pmatrix}-1&0&0\\0&2&0\\0&0&y\end{pmatrix},$$

(1) 求 x 和 y 的值;

(2) 求可逆矩阵 $\boldsymbol{P}$, 使 $\boldsymbol{P}^{-1}\boldsymbol{AP}=\boldsymbol{B}$.

22. 已知矩阵 $\boldsymbol{A}=\begin{pmatrix}-2&-2&1\\2&x&-2\\0&0&-2\end{pmatrix}$ 与 $\boldsymbol{B}=\begin{pmatrix}2&1&0\\0&-1&0\\0&0&y\end{pmatrix}$ 相似.

(1) 求 x,y;

(2) 求可逆矩阵 $\boldsymbol{P}$ 使得 $\boldsymbol{P}^{-1}\boldsymbol{AP}=\boldsymbol{B}$.

23. 设矩阵 $\boldsymbol{A}=\begin{pmatrix}2&1&0\\1&2&0\\1&a&b\end{pmatrix}$ 仅有两个不同的特征值, 若 $\boldsymbol{A}$ 相似于对角矩阵, 求 a,b 的值, 并求可逆矩阵 $\boldsymbol{P}$ 使 $\boldsymbol{P}^{-1}\boldsymbol{AP}$ 为对角矩阵.

24. 设 3 阶矩阵 $\boldsymbol{A}=(\boldsymbol{\alpha}_1,\boldsymbol{\alpha}_2,\boldsymbol{\alpha}_3)$ 有 3 个不同的特征值, 且 $\boldsymbol{\alpha}_3=\boldsymbol{\alpha}_1+2\boldsymbol{\alpha}_2$.

(1) 证明 $\mathrm{r}(\boldsymbol{A})=2$;

(2) 若 $\boldsymbol{\beta}=\boldsymbol{\alpha}_1+\boldsymbol{\alpha}_2+\boldsymbol{\alpha}_3$, 求方程组 $\boldsymbol{Ax}=\boldsymbol{\beta}$ 的通解.

25. 设矩阵 $\boldsymbol{A}$ 满足对任意 x_1,x_2,x_3 均有

$$\boldsymbol{A}\begin{pmatrix}x_1\\x_2\\x_3\end{pmatrix}=\begin{pmatrix}x_1+x_2+x_3\\2x_1-x_2+x_3\\x_2-x_3\end{pmatrix}.$$

(1) 求 $\boldsymbol{A}$;

(2) 求可逆矩阵 $\boldsymbol{P}$ 与对角阵 $\boldsymbol{\Lambda}$, 使得 $\boldsymbol{P}^{-1}\boldsymbol{AP}=\boldsymbol{\Lambda}$.

26. 设 $\boldsymbol{A}=\begin{pmatrix}3&2&-2\\-1&-1&1\\4&2&-3\end{pmatrix}$, 求 $\boldsymbol{A}^{100}-3\boldsymbol{A}^{50}$.

27*. 求下列矩阵的最小多项式.

(1) $\begin{pmatrix}2&1&0&0\\0&2&0&0\\0&0&1&0\\0&0&0&2\end{pmatrix}$; (2) $\begin{pmatrix}3&1&0\\-4&-1&0\\4&-8&-2\end{pmatrix}$; (3) $\begin{pmatrix}a&1&2\\0&a&1\\0&0&a\end{pmatrix}$; (4) $\begin{pmatrix}1&1&0\\0&2&1\\0&0&2\end{pmatrix}$.

28*. 求下列矩阵的若尔当标准形.

(1) $\begin{pmatrix}2&2&0\\0&3&0\\-2&-2&0\end{pmatrix}$; (2) $\begin{pmatrix}2&1&-1\\-3&-2&3\\-2&-2&3\end{pmatrix}$;

(3) $\begin{pmatrix}4&0&8\\3&0&6\\-2&0&-4\end{pmatrix}$; (4) $\begin{pmatrix}4&5&-2\\-2&-2&1\\-1&-1&1\end{pmatrix}$.

29*. 求下列矩阵的若尔当标准形.

(1) $\begin{pmatrix} a & 1 & 2 \\ 0 & a & 1 \\ 0 & 0 & a \end{pmatrix}$; (2) $\begin{pmatrix} 1 & 1 & a \\ 0 & 2 & 2 \\ 0 & 0 & 2 \end{pmatrix}$; (3) $\begin{pmatrix} 3 & 1 & 0 \\ -4 & -1 & 0 \\ 4 & -8 & -2 \end{pmatrix}$; (4) $\begin{pmatrix} 1-a & a & 0 \\ -a & 1+a & b \\ 0 & 0 & 1 \end{pmatrix}$.

30*. 设 $\boldsymbol{A}=\begin{pmatrix} 2 & 2 \\ 2 & a \end{pmatrix}$, $\boldsymbol{B}=\begin{pmatrix} 4 & b \\ 3 & 1 \end{pmatrix}$, 证明 $\boldsymbol{A}$ 相似于 $\boldsymbol{B}$ 的充分必要条件为 $a=3, b=\dfrac{2}{3}$.

31*. 问以下矩阵是否相似?

(1) $\boldsymbol{A}=\begin{pmatrix} 0 & 1 & 1 \\ 0 & 0 & 1 \\ 0 & 0 & 0 \end{pmatrix}$, $\boldsymbol{B}=\begin{pmatrix} 0 & 2 & 0 \\ 0 & 0 & 2 \\ 0 & 0 & 0 \end{pmatrix}$, $\boldsymbol{C}=\begin{pmatrix} 0 & 1 & 0 \\ 0 & 0 & 1 \\ 0 & 0 & 0 \end{pmatrix}$;

(2) $\boldsymbol{A}=\begin{pmatrix} 1 & 1 & 1 \\ 0 & 1 & 1 \\ 0 & 0 & 1 \end{pmatrix}$, $\boldsymbol{B}=\begin{pmatrix} 1 & 0 & 0 \\ 1 & 1 & 0 \\ 1 & 1 & 1 \end{pmatrix}$, $\boldsymbol{C}=\begin{pmatrix} 1 & 0 & 1 \\ 0 & 1 & 0 \\ 0 & 0 & 1 \end{pmatrix}$;

(3) $\boldsymbol{A}=\begin{pmatrix} 1 & 1 & 0 \\ -1 & 2 & 1 \\ 3 & -6 & 6 \end{pmatrix}$, $\boldsymbol{B}=\begin{pmatrix} 1 & 1 & 0 \\ -4 & 5 & 0 \\ -6 & 3 & 3 \end{pmatrix}$.

32*. 已知矩阵 $\boldsymbol{A}=\begin{pmatrix} 1 & 2 & 3 \\ 0 & a & 4 \\ 0 & 0 & 1 \end{pmatrix}$, $\boldsymbol{B}=\begin{pmatrix} 1 & 0 & 0 \\ 5 & 2 & 0 \\ 6 & c & b \end{pmatrix}$ 相似. 问参数 a, b, c 应满足什么条件?

33*. 设 $\boldsymbol{A}$ 的特征多项式和最小多项式分别是

$$c(\lambda)=(\lambda-2)^3(\lambda+7)^2, \quad m(\lambda)=(\lambda-2)^2(\lambda+7).$$

求 $\boldsymbol{A}$ 的若尔当标准形.

34*. 已知矩阵 $\boldsymbol{A}$ 的特征多项式为 $(\lambda-1)^2(\lambda-2)^4$, 并且 $\mathrm{r}(\boldsymbol{A}-\boldsymbol{E})=5$, $\mathrm{r}(\boldsymbol{A}-2\boldsymbol{E})=4$, $\mathrm{r}((\boldsymbol{A}-2\boldsymbol{E})^2)=3$, 求 $\boldsymbol{A}$ 的若尔当标准形.

35*. 设 $\boldsymbol{A}=\begin{pmatrix} 2 & 0 & 0 \\ a & 2 & 0 \\ b & c & 1 \end{pmatrix}$, 求 $\boldsymbol{A}$ 可能的若尔当标准形, 并且给出 $\boldsymbol{A}$ 可相似对角化的充要条件.

36*. 已知 $\boldsymbol{\xi}=\begin{pmatrix} 1 \\ 1 \\ -1 \end{pmatrix}$ 是矩阵 $\boldsymbol{A}=\begin{pmatrix} 2 & -1 & 2 \\ 5 & a & 3 \\ -1 & b & -2 \end{pmatrix}$ 的一个特征向量,

(1) 求参数 a, b 及特征向量 $\boldsymbol{\xi}$ 所对应的特征值;

(2) 求 $\boldsymbol{A}$ 的若尔当标准形.

37*. 已知 n 阶矩阵 $\boldsymbol{A}$ 满足 $\boldsymbol{A}^2=\boldsymbol{E}$. 若 $\mathrm{r}(\boldsymbol{A}+\boldsymbol{E})=r$, 求行列式 $|\boldsymbol{A}+3\boldsymbol{E}|$ 的值.

38*. 已知矩阵 $\boldsymbol{A}=\begin{pmatrix} 1 & 0 & 1 \\ 0 & a & b \\ 1 & 0 & 1 \end{pmatrix}$ 有一个二重特征值, 且 $\boldsymbol{\eta}=\begin{pmatrix} 1 \\ 1 \\ 1 \end{pmatrix}$ 是 $\boldsymbol{A}$ 的特征向量. 根据

参数 a, b 的值, 求 $\boldsymbol{A}$ 的若尔当标准形, 并给出 $\boldsymbol{A}$ 的相应的最小多项式.

39*. 设 $\boldsymbol{A}$ 为 n 阶矩阵, 证明存在可逆矩阵 $\boldsymbol{P}$, 使得

$$\boldsymbol{P}^{-1}\boldsymbol{A}\boldsymbol{P}=\begin{pmatrix}\boldsymbol{D} & \boldsymbol{O}\\ \boldsymbol{O} & \boldsymbol{N}\end{pmatrix},$$

其中 $\boldsymbol{D}$ 为可逆矩阵, $\boldsymbol{N}$ 为幂零矩阵 ($\boldsymbol{D}$ 或 $\boldsymbol{N}$ 可能不出现).

40. 试求正交矩阵 $\boldsymbol{Q}$ 及对角阵 $\boldsymbol{\Lambda}$ 使 $\boldsymbol{Q}^{-1}\boldsymbol{A}\boldsymbol{Q}=\boldsymbol{\Lambda}$, 其中 $\boldsymbol{A}$ 为

(1) $\begin{pmatrix}3 & 2 & 4\\ 2 & 0 & 2\\ 4 & 2 & 3\end{pmatrix}$; (2) $\begin{pmatrix}0 & -1 & 1\\ -1 & 0 & 1\\ 1 & 1 & 0\end{pmatrix}$;

(3) $\begin{pmatrix}1 & -2 & -4\\ -2 & 4 & -2\\ -4 & -2 & 1\end{pmatrix}$; (4) $\begin{pmatrix}1 & -2 & 2\\ -2 & -2 & 4\\ 2 & 4 & -2\end{pmatrix}$.

41. 设 $\boldsymbol{A}=\begin{pmatrix}1 & a & 1\\ a & 1 & b\\ 1 & b & 1\end{pmatrix}$, $\boldsymbol{\Lambda}=\begin{pmatrix}0 & 0 & 0\\ 0 & 1 & 0\\ 0 & 0 & 2\end{pmatrix}$. 如果 $\boldsymbol{A}$ 与 $\boldsymbol{\Lambda}$ 相似, 求 a, b 及正交矩阵 $\boldsymbol{Q}$, 使 $\boldsymbol{Q}^{-1}\boldsymbol{A}\boldsymbol{Q}=\boldsymbol{\Lambda}$.

42. 设 $\boldsymbol{A}$ 为 n 阶矩阵, 若存在正交矩阵 $\boldsymbol{Q}$, 使 $\boldsymbol{Q}^{-1}\boldsymbol{A}\boldsymbol{Q}$ 为对角矩阵, 证明 $\boldsymbol{A}$ 是对称矩阵.

能相似对角化的矩阵未必能正交相似对角化

43. 设 $\boldsymbol{A}$ 为实对称矩阵, 证明 $\mathrm{r}(\boldsymbol{A})=\mathrm{r}(\boldsymbol{A}^2)$.

44. 设 3 阶实对称矩阵 $\boldsymbol{A}$ 的特征值为 $\lambda_1=1$, $\lambda_2=-1$, $\lambda_3=0$; 对应 λ_1, λ_2 的特征向量依次为 $\boldsymbol{p}_1=(1,2,2)^{\mathrm{T}}$, $\boldsymbol{p}_2=(2,1,-2)^{\mathrm{T}}$. 求 $\boldsymbol{A}$.

45. 设 1, 1, -1 为 3 阶实对称矩阵 $\boldsymbol{A}$ 的 3 个特征值, $\boldsymbol{\alpha}_1=(1,1,1)^{\mathrm{T}}$, $\boldsymbol{\alpha}_2=(2,2,1)^{\mathrm{T}}$ 是 $\boldsymbol{A}$ 的属于特征值 1 的特征向量. 求 $\boldsymbol{A}$ 的属于特征值 -1 的特征向量, 并求 $\boldsymbol{A}$.

第4章练习题参考答案

补充题

(一) 相似矩阵

1. 证明不为零的幂零矩阵不能相似对角化.

2. 设 n 阶矩阵 $\boldsymbol{A}$ 与 $\boldsymbol{B}$ 相似, 且 $\boldsymbol{A}$ 为可逆矩阵, $n \geqslant 2$. 证明 $\boldsymbol{A}^*$ 与 $\boldsymbol{B}^*$ 相似.

3. 设 $\boldsymbol{A}$ 为 n 阶矩阵, $\boldsymbol{A}_1$, $\boldsymbol{A}_2$ 均为 m 阶矩阵, 若 $\begin{pmatrix} \boldsymbol{A} & \boldsymbol{O} \\ \boldsymbol{O} & \boldsymbol{A}_1 \end{pmatrix}$ 与 $\begin{pmatrix} \boldsymbol{A} & \boldsymbol{O} \\ \boldsymbol{O} & \boldsymbol{A}_2 \end{pmatrix}$ 相似, 证明 $\boldsymbol{A}_1$ 与 $\boldsymbol{A}_2$ 相似.

相似的分块对角矩阵

4. 设 $\boldsymbol{A}$ 为 n 阶矩阵, $\boldsymbol{A}^2 = \boldsymbol{O}$, $\mathrm{r}(\boldsymbol{A}) = r$. 证明存在可逆矩阵 $\boldsymbol{P}$, $\boldsymbol{P}^{-1}\boldsymbol{A}\boldsymbol{P} = \begin{pmatrix} \boldsymbol{O}_r & \boldsymbol{E}_r & \boldsymbol{O}_{n-2r} \\ \boldsymbol{O} & \boldsymbol{O} & \boldsymbol{O} \end{pmatrix}$.

5. 设 $\boldsymbol{A}_1, \boldsymbol{A}_2, \boldsymbol{B}_1, \boldsymbol{B}_2$ 均为 n 阶矩阵, 其中 $\boldsymbol{A}_2, \boldsymbol{B}_2$ 可逆, 证明存在可逆矩阵 $\boldsymbol{P}, \boldsymbol{Q}$ 使得 $\boldsymbol{P}\boldsymbol{A}_i\boldsymbol{Q} = \boldsymbol{B}_i\,(i = 1, 2)$ 成立的充分必要条件为 $\boldsymbol{A}_1\boldsymbol{A}_2^{-1}$ 和 $\boldsymbol{B}_1\boldsymbol{B}_2^{-1}$ 相似.

6. 设 $\boldsymbol{A}$ 为 n 阶矩阵, 证明 $\boldsymbol{A}$ 与 $\boldsymbol{A}^{\mathrm{T}}$ 相似, 并问是否存在正交矩阵 $\boldsymbol{Q}$, 使得 $\boldsymbol{Q}^{-1}\boldsymbol{A}\boldsymbol{Q} = \boldsymbol{A}^{\mathrm{T}}$?

7. 设 n 阶矩阵 $\boldsymbol{A}$ 的特征值都为 1, 试证 $\boldsymbol{A}$ 和 $\boldsymbol{A}$ 的任意方幂都相似.

8. 设 $\boldsymbol{A}, \boldsymbol{B}$ 均为 n 阶矩阵, 是否有 $\boldsymbol{A}\boldsymbol{B}$ 与 $\boldsymbol{B}\boldsymbol{A}$ 相似?

(二) 特征值 (向量)

1. 设 $\boldsymbol{A}$ 为 n 阶矩阵, 证明: 如果任意 n 维非零列向量都是 $\boldsymbol{A}$ 的特征向量, 那么 $\boldsymbol{A}$ 一定是数量矩阵.

2. 已知向量 $\boldsymbol{\alpha} = \begin{pmatrix} 1 \\ k \\ 1 \end{pmatrix}$ 是矩阵 $\boldsymbol{A} = \begin{pmatrix} 2 & 1 & 1 \\ 1 & 2 & 1 \\ 1 & 1 & 2 \end{pmatrix}$ 的逆矩阵 $\boldsymbol{A}^{-1}$ 的特征向量, 求常数 k 的值.

3. 设向量 $\boldsymbol{\alpha} = (a_1, \cdots, a_n)^{\mathrm{T}}$, $\boldsymbol{\beta} = (b_1, \cdots, b_n)^{\mathrm{T}}$ 都是非零向量, 且满足条件 $\boldsymbol{\alpha}^{\mathrm{T}}\boldsymbol{\beta} = 0$, 记矩阵 $\boldsymbol{A} = \boldsymbol{\alpha}\boldsymbol{\beta}^{\mathrm{T}}$, 求:

(1) $\boldsymbol{A}^2$;

(2) $\boldsymbol{A}$ 的特征值与特征向量.

4. 设数列 $\{x_n\}$, $\{y_n\}$ 满足

$$\begin{cases} x_n = 3x_{n-1} + 4y_{n-1}, \\ y_n = 5x_{n-1} + 2y_{n-1}, \end{cases}$$

$x_0 = 7$, $y_0 = -2$, 求通项 x_n, y_n.

5. 已知矩阵 $\boldsymbol{A} = \begin{pmatrix} 0 & -1 & 1 \\ 2 & -3 & 0 \\ 0 & 0 & 0 \end{pmatrix}$.

(1) 求 $\boldsymbol{A}^{99}$;

(2) 设 3 阶矩阵 $\boldsymbol{B} = (\boldsymbol{\alpha}_1, \boldsymbol{\alpha}_2, \boldsymbol{\alpha}_3)$ 满足 $\boldsymbol{B}^2 = \boldsymbol{B}\boldsymbol{A}$, 记 $\boldsymbol{B}^{100} = (\boldsymbol{\beta}_1, \boldsymbol{\beta}_2, \boldsymbol{\beta}_3)$, 将 $\boldsymbol{\beta}_1, \boldsymbol{\beta}_2, \boldsymbol{\beta}_3$ 分别表示为 $\boldsymbol{\alpha}_1, \boldsymbol{\alpha}_2, \boldsymbol{\alpha}_3$ 的线性组合.

6. 设 $\boldsymbol{A}=\begin{pmatrix}52 & 26 & -77\\ -16 & -8 & 25\\ 30 & 15 & -44\end{pmatrix}$, 不通过详细计算求 $\boldsymbol{A}$ 的特征值, 并求 $\boldsymbol{A}^{2023}$.

7. 设 n 阶矩阵 $\boldsymbol{A}$ 的特征多项式为 $c(\lambda)=(\lambda-\lambda_1)(\lambda-\lambda_2)\cdots(\lambda-\lambda_n)$, $p(x)$ 为一个多项式, 证明 $p(\boldsymbol{A})$ 的特征多项式为 $c(\lambda)=(\lambda-p(\lambda_1))(\lambda-p(\lambda_2))\cdots(\lambda-p(\lambda_n))$.

8. 设 $\lambda_1,\lambda_2,\cdots,\lambda_n$ 为 $\boldsymbol{A}=(a_{ij})_{n\times n}$ 的 n 个特征值, 证明 $\sum\limits_{i=1}^{n}\lambda_i^2=\sum\limits_{i=1}^{n}\sum\limits_{j=1}^{n}a_{ij}a_{ji}$.

9. 设 $\boldsymbol{A}$ 和 $\boldsymbol{B}$ 分别是 n 阶和 m 阶矩阵, $\boldsymbol{X}$ 为 $n\times m$ 矩阵, 矩阵方程 $\boldsymbol{AX}=\boldsymbol{XB}$ 何时有非零解?

10. 设 $\boldsymbol{A}$ 为 $m\times n$ 矩阵, $\boldsymbol{B}$ 为 $n\times m$ 矩阵, 证明:

(1) $\boldsymbol{AB}$ 与 $\boldsymbol{BA}$ 有相同的非零特征值, 并且重数相同;

(2) $\mathrm{tr}(\boldsymbol{AB})=\mathrm{tr}(\boldsymbol{BA})$.

11. 设 $\boldsymbol{A}, \boldsymbol{B}$ 均为 n 阶矩阵, λ_1 和 λ_2 分别为 $\boldsymbol{A}$ 和 $\boldsymbol{B}$ 的特征值, 问 $\lambda_1\lambda_2$ 是否为 $\boldsymbol{AB}$ 的特征值? $\lambda_1+\lambda_2$ 是否为 $\boldsymbol{A}+\boldsymbol{B}$ 的特征值?

(三) 相似对角化

1. 设 n 阶矩阵

$$\boldsymbol{A}=\begin{pmatrix}1 & b & \cdots & b\\ b & 1 & \cdots & b\\ \vdots & \vdots & & \vdots\\ b & b & \cdots & 1\end{pmatrix}.$$

(1) 求 $\boldsymbol{A}$ 的特征值和特征向量;

(2) 求可逆矩阵 $\boldsymbol{P}$, 使得 $\boldsymbol{P}^{-1}\boldsymbol{AP}$ 为对角矩阵.

2. 设 $\boldsymbol{\alpha}, \boldsymbol{\beta}$ 为 3 维单位列向量, $\boldsymbol{A}=\boldsymbol{\alpha}\boldsymbol{\alpha}^{\mathrm{T}}+\boldsymbol{\beta}\boldsymbol{\beta}^{\mathrm{T}}$, 其中 $\boldsymbol{\alpha}^{\mathrm{T}}\boldsymbol{\beta}=\mathbf{0}$. 证明:

(1) 存在非零向量 $\boldsymbol{\xi}$, 使得 $\boldsymbol{A\xi}=\mathbf{0}$;

(2) $\boldsymbol{A}$ 相似于 $\begin{pmatrix}1 & 0 & 0\\ 0 & 1 & 0\\ 0 & 0 & 0\end{pmatrix}$.

3. 设 $\boldsymbol{A}$ 为 2 阶矩阵, $\boldsymbol{P}=(\boldsymbol{\alpha}, \boldsymbol{A\alpha})$, 其中 $\boldsymbol{\alpha}$ 是非零向量且不是 $\boldsymbol{A}$ 的特征向量.

(1) 证明 $\boldsymbol{P}$ 为可逆矩阵;

(2) 若 $\boldsymbol{A}^2\boldsymbol{\alpha}+\boldsymbol{A\alpha}-6\boldsymbol{\alpha}=0$, 求 $\boldsymbol{P}^{-1}\boldsymbol{AP}$, 并判断 $\boldsymbol{A}$ 是否相似于对角阵.

4. 设 $\boldsymbol{A}$ 为 n 阶矩阵, 证明以下条件等价:

(1) $\boldsymbol{A}^2=\boldsymbol{A}$;

(2) $\mathrm{r}(\boldsymbol{A})+\mathrm{r}(\boldsymbol{E}-\boldsymbol{A})=n$;

(3) $\boldsymbol{A}$ 相似于 $\begin{pmatrix}\boldsymbol{E} & \boldsymbol{O}\\ \boldsymbol{O} & \boldsymbol{O}\end{pmatrix}$.

5. 设 $\boldsymbol{A}$ 是秩为 1 的 n 阶矩阵. 试证 $\boldsymbol{A}$ 相似于对角阵的充分必要条件为 $\mathrm{tr}\boldsymbol{A}\neq 0$.

6. 设 $\boldsymbol{A}, \boldsymbol{B}$ 均相似于对角矩阵, $\boldsymbol{AB}=\boldsymbol{BA}$. 证明存在可逆矩阵 $\boldsymbol{T}$, 使得 $\boldsymbol{T}^{-1}\boldsymbol{AT}$, $\boldsymbol{T}^{-1}\boldsymbol{BT}$ 均为对角矩阵.

7. 设 n 阶矩阵

$$\boldsymbol{A}=\begin{pmatrix} a_1 & 1 & 0 & \cdots & 0 \\ a_2 & 0 & 1 & \cdots & 0 \\ \vdots & \vdots & \vdots & & \vdots \\ a_{n-1} & 0 & 0 & \cdots & 1 \\ a_n & 0 & 0 & \cdots & 0 \end{pmatrix}.$$

(1) 证明存在 n 维列向量 $\boldsymbol{\alpha}$, 使得 $\boldsymbol{\alpha}, \boldsymbol{A\alpha}, \cdots, \boldsymbol{A}^{n-1}\boldsymbol{\alpha}$ 线性无关;

(2) 如果 $\boldsymbol{A}$ 相似于对角阵, 证明 $\boldsymbol{A}$ 的特征值两两互异.

8. 设 $\boldsymbol{A}$ 和 $\boldsymbol{B}$ 分别是 m 阶和 n 阶矩阵. 证明 $\begin{pmatrix} \boldsymbol{A} & \boldsymbol{O} \\ \boldsymbol{O} & \boldsymbol{B} \end{pmatrix}$ 可相似对角化的充要条件为 $\boldsymbol{A}$ 和 $\boldsymbol{B}$ 均可相似对角化.

9. (1) 设 n 阶矩阵 $\boldsymbol{C}=\begin{pmatrix} 0 & 1 & & \\ & 0 & \ddots & \\ & & \ddots & 1 \\ 1 & & & 0 \end{pmatrix}$, 证明 $\boldsymbol{C}$ 相似于对角阵.

(2) 设 $\boldsymbol{A}=\begin{pmatrix} a_1 & a_2 & \cdots & a_n \\ a_n & a_1 & \cdots & a_{n-1} \\ \vdots & \vdots & & \vdots \\ a_2 & a_3 & \cdots & a_1 \end{pmatrix}$, 证明 $\boldsymbol{A}$ 相似于对角阵, 并求 $|\boldsymbol{A}|$.

(四) 若尔当标准形

1. 设 $\boldsymbol{A}$ 为 n 阶矩阵 $(n>1)$, $\mathrm{r}(\boldsymbol{A})=1$.

(1) 证明 $\boldsymbol{A}$ 的最小多项式为 $\lambda^2-\mathrm{tr}(\boldsymbol{A})\lambda$;

(2) 求 $\boldsymbol{A}$ 的若尔当标准形.

2. 证明 $\boldsymbol{A}$ 是幂零矩阵的充要条件为 $\boldsymbol{A}$ 的特征值全为零.

3. 求 n 阶矩阵 $\boldsymbol{A}=\begin{pmatrix} 1 & 0 & 1 & & & & \\ & 1 & 0 & 1 & & & \\ & & 1 & 0 & 1 & & \\ & & & \ddots & \ddots & \ddots & \\ & & & & 1 & 0 & 1 \\ & & & & & 1 & 0 \\ & & & & & & 1 \end{pmatrix}$ 的若尔当标准形.

4. 找 n 阶矩阵 $\boldsymbol{A}$ 和 $\boldsymbol{B}$, 使得 $\boldsymbol{AB}$ 和 $\boldsymbol{BA}$ 的特征多项式相同, 但是最小多项式不相同.

(五) 实对称矩阵

1. 设 $\boldsymbol{A}$ 为 3 阶实对称矩阵, $\boldsymbol{A}$ 的秩为 2, 且

$$A\begin{pmatrix}1 & 1\\0 & 0\\-1 & 1\end{pmatrix}=\begin{pmatrix}-1 & 1\\0 & 0\\1 & 1\end{pmatrix}.$$

(1) 求 $\boldsymbol{A}$ 的所有特征值和特征向量;

(2) 求矩阵 $\boldsymbol{A}$.

2. 设3阶实对称矩阵 $\boldsymbol{A}$ 的各行元素之和均为3, 向量 $\boldsymbol{\alpha}_1=(-1, 2, -1)^{\mathrm{T}}, \boldsymbol{\alpha}_2=(0, -1, 1)^{\mathrm{T}}$ 是线性方程组 $\boldsymbol{Ax}=\boldsymbol{0}$ 的两个解.

(1) 求 $\boldsymbol{A}$ 的特征值和特征向量;

(2) 求正交矩阵 $\boldsymbol{Q}$ 和对角矩阵 $\boldsymbol{\Lambda}$, 使得 $\boldsymbol{Q}^{\mathrm{T}}\boldsymbol{AQ}=\boldsymbol{\Lambda}$;

(3) 求 $\boldsymbol{A}$ 及 $\left(\boldsymbol{A}-\dfrac{3}{2}\boldsymbol{E}\right)^6$.

3. 设 $\boldsymbol{A}$ 为 n 阶实对称矩阵, 其特征值 $\lambda_1\leqslant\lambda_2\leqslant\cdots\leqslant\lambda_n$. 证明

$$\lambda_1=\min_{\|\boldsymbol{x}\|=1}\boldsymbol{x}^{\mathrm{T}}\boldsymbol{Ax};\quad \lambda_n=\max_{\|\boldsymbol{x}\|=1}\boldsymbol{x}^{\mathrm{T}}\boldsymbol{Ax}.$$

4. 设 $\boldsymbol{A}$ 为 n 阶实矩阵满足 $\boldsymbol{A}^2=\boldsymbol{A}=\boldsymbol{A}^{\mathrm{T}}$, 则 $\boldsymbol{A}$ 称为投影矩阵.

(1) 若 $\boldsymbol{P}_1, \boldsymbol{P}_2$ 均为投影矩阵, 证明 $\boldsymbol{P}_1\boldsymbol{P}_2$ 仍为投影矩阵的充要条件为 $\boldsymbol{P}_1\boldsymbol{P}_2=\boldsymbol{P}_2\boldsymbol{P}_1$;

(2) 证明 $\boldsymbol{A}$ 为投影矩阵的充要条件为存在正交矩阵 $\boldsymbol{Q}$, 使得 $\boldsymbol{A}=\boldsymbol{Q}^{\mathrm{T}}\begin{pmatrix}\boldsymbol{E}_r & \boldsymbol{O}\\\boldsymbol{O} & \boldsymbol{O}\end{pmatrix}\boldsymbol{Q}$.

(六) 矩阵分解

1. (若尔当-谢瓦莱 (Jordan-Chevalley) 分解) 设 $\boldsymbol{A}$ 为 n 阶复矩阵, 证明存在矩阵 $\boldsymbol{S}, \boldsymbol{N}$ 使得 $\boldsymbol{A}=\boldsymbol{S}+\boldsymbol{N}, \boldsymbol{SN}=\boldsymbol{NS}$, 其中 $\boldsymbol{S}$ 相似于对角矩阵, $\boldsymbol{N}$ 为幂零矩阵.

2. 设 $\boldsymbol{A}$ 为 n 阶复矩阵, 证明存在对称矩阵 $\boldsymbol{S}, \boldsymbol{T}$ 使得 $\boldsymbol{A}=\boldsymbol{ST}$.

3. 设 $\boldsymbol{A}$ 为 n 阶复矩阵, 证明存在幂等矩阵 $\boldsymbol{F}$ 和可逆矩阵 $\boldsymbol{U}$ 使得 $\boldsymbol{A}=\boldsymbol{F}+\boldsymbol{U}$, 且 $\boldsymbol{FU}=\boldsymbol{UF}$.

4. 给定 n 阶矩阵 $\boldsymbol{A}$, 是否存在 n 阶矩阵 $\boldsymbol{B}$, 使得 $\boldsymbol{A}=\boldsymbol{B}^2$. 并问当 $\boldsymbol{A}=\begin{pmatrix}0 & 1 & 0\\0 & 0 & 0\\0 & 0 & 0\end{pmatrix}$, 是否有矩阵 $\boldsymbol{B}$, 使得 $\boldsymbol{B}^2=\boldsymbol{A}$, 如有 $\boldsymbol{B}$, 求出所有 $\boldsymbol{B}$.

5. 设 $\boldsymbol{A}=\begin{pmatrix}0 & 1 & 2\\0 & 0 & 3\\0 & 0 & 0\end{pmatrix}$, 证明 $\boldsymbol{X}^2=\boldsymbol{A}$ 无解.

第4章补充题
参考答案

第 5 章　二　次　型

二次型可用于解析几何中化二次曲线与二次曲面的方程为标准形式, 它的理论已广泛应用到自然科学与工程技术之中.

本章首先揭示将二次型化成标准形等同于求与之对应的实对称矩阵的合同标准形, 然后介绍用正交变换和一般可逆线性变换化二次型为标准形, 再在惯性定理的基础上, 讨论二次型与实对称矩阵的正定性, 最后, 作为应用讨论了二次曲面的方程的标准化.

5.1　二次型及其矩阵表示

5.1.1　二次型的定义

在解析几何中, 以平面直角坐标原点为中心的有心二次曲线的一般方程是

$$ax^2 + 2bxy + cy^2 = d. \tag{5.1.1}$$

选择适当的坐标旋转变换

$$\begin{cases} x = x'\cos\theta - y'\sin\theta, \\ y = x'\sin\theta + y'\cos\theta, \end{cases}$$

便可将 (5.1.1) 式化为标准形式

$$a'x'^2 + c'y'^2 = d. \tag{5.1.2}$$

由标准形 (5.1.2) 就可以很方便地识别曲线的类型, 研究曲线的性质等. 这种方法也适用于二次曲面的讨论.

化平面二次曲线的一般方程为标准方程

我们注意到 (5.1.1) 式左边是一个二次齐次多项式, 称为二元二次型. 上述问题表明, 需要研究二次型

$$f(x,y)=ax^2+2bxy+cy^2$$

经过变换

$$\begin{pmatrix} x \\ y \end{pmatrix}=\boldsymbol{Q}\begin{pmatrix} x' \\ y' \end{pmatrix} \quad (\text{其中 } \boldsymbol{Q} \text{ 为正交矩阵})$$

化为只含平方项的二次型 $a'x'^2+c'y'^2$. 本章将对一般的二次型研究这样的问题.

二次型的历史简介

定义 5.1 关于 n 个变量 $x_1,\cdots,x_n$ 的二次实齐次多项式

$$\begin{aligned} f(x_1,\cdots,x_n)=&a_{11}x_1^2+2a_{12}x_1x_2+2a_{13}x_1x_3+\cdots+2a_{1n}x_1x_n \\ &+a_{22}x_2^2+2a_{23}x_2x_3+\cdots+2a_{2n}x_2x_n \\ &+\cdots \\ &+a_{nn}x_n^2 \end{aligned}$$

称为一个 n 元二次型.

如果令 $a_{ij}=a_{ji}\ (1\leqslant j<i\leqslant n)$, 那么上述二次型 $f(x_1,\cdots,x_n)$ 可以改写成

$$\begin{aligned} f(x_1,\cdots,x_n)=&a_{11}x_1^2+a_{12}x_1x_2+a_{13}x_1x_3+\cdots+a_{1n}x_1x_n \\ &+a_{21}x_2x_1+a_{22}x_2^2+a_{23}x_2x_3+\cdots+a_{2n}x_2x_n \\ &+\cdots \\ &+a_{n1}x_nx_1+a_{n2}x_nx_2+a_{n3}x_nx_3+\cdots+a_{nn}x_n^2. \end{aligned}$$

将 $f(x_1,\cdots,x_n)$ 的系数排成的矩阵

$$\boldsymbol{A}=\begin{pmatrix} a_{11} & a_{12} & \cdots & a_{1n} \\ a_{21} & a_{22} & \cdots & a_{2n} \\ \vdots & \vdots & & \vdots \\ a_{n1} & a_{n2} & \cdots & a_{nn} \end{pmatrix}$$

称为二次型 $f(x_1,\cdots,x_n)$ 的矩阵. 它是实对称矩阵. 显然, 二次型 $f(x_1,\cdots,x_n)$ 的矩阵是唯一的, 它的主对角元依次是 $x_1^2,\cdots,x_n^2$ 的系数, 它的 (i,j) 元是 x_ix_j 的系数的一半 $(i\neq j)$. 令

$$\boldsymbol{x}=(x_1,\cdots,x_n)^{\mathrm{T}},$$

那么二次型 $f(x_1,\cdots,x_n)$ 可以写成

$$f(x_1,\cdots,x_n)=\boldsymbol{x}^{\mathrm{T}}\boldsymbol{A}\boldsymbol{x}.$$

由此可知, 二次型与实对称矩阵是一一对应的. 例如二次型

$$f(x_1,x_2,x_3)=x_1^2+4x_2^2+x_3^2-4x_1x_2-4x_1x_3-4x_2x_3$$

对应的矩阵为

$$\boldsymbol{A}=\begin{pmatrix}1&-2&-2\\-2&4&-2\\-2&-2&1\end{pmatrix}.$$

矩阵 $\boldsymbol{A}=\begin{pmatrix}1&-1\\-1&2\end{pmatrix}$ 对应的二次型为 $f(x_1,x_2)=x_1^2+2x_2^2-2x_1x_2$.

设 $f(x_1,x_2,x_3)$ 为一个二次型. 在几何上, 方程 $f(x_1,x_2,x_3)=a$ 代表二次曲面. 同样地, 如果 $f(x_1,x_2)$ 为二次型, 那么方程 $f(x_1,x_2)=a$ 代表二次曲线.

观察二次曲线与二次曲面

只含平方项, 不含交叉项的二次型称为标准形式的二次型, 简称为标准形. 很显然 $\boldsymbol{x}^{\mathrm{T}}\boldsymbol{A}\boldsymbol{x}$ 为标准形当且仅当 $\boldsymbol{A}$ 为对角阵.

就像几何上二次曲面 (线) 在一个变换下化成标准形一样, 研究二次型的目的之一就是找一个变换把它化成标准形.

令 $\boldsymbol{y}=(y_1,\cdots,y_n)^{\mathrm{T}}$, 如果 $\boldsymbol{P}$ 为 n 阶可逆矩阵, 则 $\boldsymbol{x}=\boldsymbol{P}\boldsymbol{y}$ 称为一个可逆线性变换.

设 n 元二次型

$$f(x_1,\cdots,x_n)=\boldsymbol{x}^{\mathrm{T}}\boldsymbol{A}\boldsymbol{x}$$

经过可逆线性变换 $\boldsymbol{x}=\boldsymbol{P}\boldsymbol{y}$ 变成

$$g(y_1,\cdots,y_n)=(\boldsymbol{P}\boldsymbol{y})^{\mathrm{T}}\boldsymbol{A}(\boldsymbol{P}\boldsymbol{y})=\boldsymbol{y}^{\mathrm{T}}(\boldsymbol{P}^{\mathrm{T}}\boldsymbol{A}\boldsymbol{P})\boldsymbol{y}.$$

记 $\boldsymbol{B}=\boldsymbol{P}^{\mathrm{T}}\boldsymbol{A}\boldsymbol{P}$, 则

$$g(y_1,\cdots,y_n)=\boldsymbol{y}^{\mathrm{T}}\boldsymbol{B}\boldsymbol{y},$$

这是一个变量为 $y_1,\cdots,y_n$ 的二次型. 由于

$$\boldsymbol{B}^{\mathrm{T}}=(\boldsymbol{P}^{\mathrm{T}}\boldsymbol{A}\boldsymbol{P})^{\mathrm{T}}=\boldsymbol{P}^{\mathrm{T}}\boldsymbol{A}^{\mathrm{T}}\boldsymbol{P}=\boldsymbol{P}^{\mathrm{T}}\boldsymbol{A}\boldsymbol{P}=\boldsymbol{B},$$

因此 $\boldsymbol{B}$ 也是对称矩阵, 于是二次型 $g(y_1,\cdots,y_n)$ 的矩阵为 $\boldsymbol{B}$.

如果二次型

$$f(x_1,\cdots,x_n)=\boldsymbol{x}^{\mathrm{T}}\boldsymbol{A}\boldsymbol{x}$$

经过可逆线性变换 $\boldsymbol{x}=\boldsymbol{P}\boldsymbol{y}$ 化成标准形 $d_1y_1^2+\cdots+d_ny_n^2$, 则此时

$$\boldsymbol{P}^{\mathrm{T}}\boldsymbol{A}\boldsymbol{P}=\begin{pmatrix}d_1 & & \\ & \ddots & \\ & & d_n\end{pmatrix}.$$

因此, 二次型 $f(x_1,\cdots,x_n)$ 经过可逆线性变换化成标准形等价于对实对称矩阵 $\boldsymbol{A}$, 找一个可逆矩阵 $\boldsymbol{P}$, 使 $\boldsymbol{P}^{\mathrm{T}}\boldsymbol{A}\boldsymbol{P}$ 为对角阵.

5.1.2 矩阵的合同

定义 5.2 设 $\boldsymbol{A},\boldsymbol{B}$ 为 n 阶矩阵, 如果存在 n 阶可逆矩阵 $\boldsymbol{P}$, 使 $\boldsymbol{P}^{\mathrm{T}}\boldsymbol{A}\boldsymbol{P}=\boldsymbol{B}$, 那么称矩阵 $\boldsymbol{A}$ 与 $\boldsymbol{B}$ **合同**, 记成 $\boldsymbol{A}\simeq\boldsymbol{B}$.

容易验证, 矩阵的合同关系具有如下性质.

性质 5.1 设 $\boldsymbol{A},\boldsymbol{B},\boldsymbol{C}$ 均为 n 阶矩阵.

(1) 反身性: $\boldsymbol{A}\simeq\boldsymbol{A}$.

(2) 对称性: 若 $\boldsymbol{A}\simeq\boldsymbol{B}$, 那么 $\boldsymbol{B}\simeq\boldsymbol{A}$.

(3) 传递性: 若 $\boldsymbol{A}\simeq\boldsymbol{B}$, $\boldsymbol{B}\simeq\boldsymbol{C}$, 那么 $\boldsymbol{A}\simeq\boldsymbol{C}$.

可见, 矩阵的合同关系也是一种等价关系.

神奇的置换矩阵

例 5.1 证明 $\begin{pmatrix}d_1 & 0 & 0\\ 0 & d_2 & 0\\ 0 & 0 & d_3\end{pmatrix}$ 与 $\begin{pmatrix}d_1 & 0 & 0\\ 0 & d_3 & 0\\ 0 & 0 & d_2\end{pmatrix}$ 合同.

证明　取 $\boldsymbol{P}=\begin{pmatrix}1&0&0\\0&0&1\\0&1&0\end{pmatrix}$, 则 $\boldsymbol{P}$ 为可逆矩阵, 且

$$\boldsymbol{P}^{\mathrm{T}}\begin{pmatrix}d_1&0&0\\0&d_2&0\\0&0&d_3\end{pmatrix}\boldsymbol{P}=\begin{pmatrix}1&0&0\\0&0&1\\0&1&0\end{pmatrix}\begin{pmatrix}d_1&0&0\\0&d_2&0\\0&0&d_3\end{pmatrix}\begin{pmatrix}1&0&0\\0&0&1\\0&1&0\end{pmatrix}$$
$$=\begin{pmatrix}d_1&0&0\\0&d_3&0\\0&0&d_2\end{pmatrix},$$

由此可见, $\begin{pmatrix}d_1&0&0\\0&d_2&0\\0&0&d_3\end{pmatrix}$ 与 $\begin{pmatrix}d_1&0&0\\0&d_3&0\\0&0&d_2\end{pmatrix}$ 合同. □

一般地, 如果 $i_1, i_2, \cdots, i_n$ 为 $1, 2, \cdots, n$ 的一个排列, 那么可以验证

$$\begin{pmatrix}d_1&&\\&\ddots&\\&&d_n\end{pmatrix}\simeq\begin{pmatrix}d_{i_1}&&\\&\ddots&\\&&d_{i_n}\end{pmatrix}.$$

定理 5.1　设 $\boldsymbol{A}$ 为实对称矩阵, 则 $\boldsymbol{A}$ 合同于对角阵.

证明　由定理 4.12 知, 存在正交矩阵 $\boldsymbol{Q}$, 使得

$$\boldsymbol{Q}^{-1}\boldsymbol{A}\boldsymbol{Q}=\begin{pmatrix}\lambda_1&&\\&\ddots&\\&&\lambda_n\end{pmatrix}\xlongequal{\text{记为}}\boldsymbol{\Lambda},$$

故 $\boldsymbol{Q}^{\mathrm{T}}\boldsymbol{A}\boldsymbol{Q}=\boldsymbol{Q}^{-1}\boldsymbol{A}\boldsymbol{Q}=\boldsymbol{\Lambda}$. 由此可见 $\boldsymbol{A}\simeq\boldsymbol{\Lambda}$. □

5.2　化二次型为标准形

5.2.1　用正交变换化二次型为标准形

本节我们用一个特殊的可逆线性变换——正交变换, 把二次型化成标准形. 设 $\boldsymbol{Q}$ 为正交矩阵, 那么 $\boldsymbol{x}=\boldsymbol{Q}\boldsymbol{y}$ 称为一个正交变换. 正交变换在几何上的一个

重要作用是它能保持向量的长度. 事实上,

$$\|\boldsymbol{x}\| = \sqrt{\langle \boldsymbol{x}, \boldsymbol{x}\rangle} = \sqrt{\langle \boldsymbol{Q}\boldsymbol{y}, \boldsymbol{Q}\boldsymbol{y}\rangle} = \sqrt{(\boldsymbol{Q}\boldsymbol{y})^{\mathrm{T}}\boldsymbol{Q}\boldsymbol{y}}$$
$$= \sqrt{\boldsymbol{y}^{\mathrm{T}}\boldsymbol{Q}^{\mathrm{T}}\boldsymbol{Q}\boldsymbol{y}} = \sqrt{\boldsymbol{y}^{\mathrm{T}}\boldsymbol{y}} = \sqrt{\langle \boldsymbol{y}, \boldsymbol{y}\rangle} = \|\boldsymbol{y}\|.$$

用正交变换化二次型为标准形的一个几何应用

定理 5.2 (主轴定理) 二次型 $f(x_1, \cdots, x_n) = \boldsymbol{x}^{\mathrm{T}}\boldsymbol{A}\boldsymbol{x}$ 可经正交变换 $\boldsymbol{x} = \boldsymbol{Q}\boldsymbol{y}$ 化成标准形 $\lambda_1 y_1^2 + \cdots + \lambda_n y_n^2$, 其中 $\lambda_1, \cdots, \lambda_n$ 为 $\boldsymbol{A}$ 的特征值.

证明 由定理 4.12 知, 存在正交矩阵 $\boldsymbol{Q}$, 使

$$\boldsymbol{Q}^{-1}\boldsymbol{A}\boldsymbol{Q} = \boldsymbol{Q}^{\mathrm{T}}\boldsymbol{A}\boldsymbol{Q} = \begin{pmatrix} \lambda_1 & & \\ & \ddots & \\ & & \lambda_n \end{pmatrix},$$

其中 $\lambda_1, \cdots, \lambda_n$ 为 $\boldsymbol{A}$ 的特征值. 令 $\boldsymbol{x} = \boldsymbol{Q}\boldsymbol{y}$, 则

$$f(x_1, \cdots, x_n) = \boldsymbol{x}^{\mathrm{T}}\boldsymbol{A}\boldsymbol{x} = \boldsymbol{y}^{\mathrm{T}}(\boldsymbol{Q}^{\mathrm{T}}\boldsymbol{A}\boldsymbol{Q})\boldsymbol{y} = \lambda_1 y_1^2 + \cdots + \lambda_n y_n^2.$$ □

例 5.2 求正交变换 $\boldsymbol{x} = \boldsymbol{Q}\boldsymbol{y}$ 把二次型

$$f(x_1, x_2, x_3) = x_1^2 + x_2^2 + x_3^2 + 4x_1x_2 + 4x_1x_3 + 4x_2x_3$$

化为标准形.

解 二次型 $f(x_1, x_2, x_3)$ 的矩阵为 $\boldsymbol{A} = \begin{pmatrix} 1 & 2 & 2 \\ 2 & 1 & 2 \\ 2 & 2 & 1 \end{pmatrix}$. 由例 4.20 知, 令

$$\boldsymbol{Q} = \begin{pmatrix} -\frac{1}{\sqrt{2}} & -\frac{1}{\sqrt{6}} & \frac{1}{\sqrt{3}} \\ \frac{1}{\sqrt{2}} & -\frac{1}{\sqrt{6}} & \frac{1}{\sqrt{3}} \\ 0 & \frac{2}{\sqrt{6}} & \frac{1}{\sqrt{3}} \end{pmatrix}, \quad \boldsymbol{\varLambda} = \begin{pmatrix} -1 & 0 & 0 \\ 0 & -1 & 0 \\ 0 & 0 & 5 \end{pmatrix},$$

则 $\boldsymbol{Q}$ 为正交矩阵, 且 $\boldsymbol{Q}^{-1}\boldsymbol{A}\boldsymbol{Q} = \boldsymbol{Q}^{\mathrm{T}}\boldsymbol{A}\boldsymbol{Q} = \boldsymbol{\varLambda}$. 于是, 作 $\boldsymbol{x} = \boldsymbol{Q}\boldsymbol{y}$, 则

$$f(x_1, x_2, x_3) = -y_1^2 - y_2^2 + 5y_3^2.$$ □

例 5.3 设二次型

$$f(x_1, x_2, x_3) = x_1^2 + ax_2^2 + x_3^2 + 2bx_1x_2 + 2x_1x_3 + 2x_2x_3$$

经过正交变换 $\boldsymbol{x} = \boldsymbol{Q}\boldsymbol{y}$ 化成 $y_2^2 + 4y_3^2$, 求 a, b 的值及正交矩阵 $\boldsymbol{Q}$.

解 二次型 $f(x_1, x_2, x_3)$ 和 $y_2^2 + 4y_3^2$ 对应的矩阵分别为

$$\boldsymbol{A} = \begin{pmatrix} 1 & b & 1 \\ b & a & 1 \\ 1 & 1 & 1 \end{pmatrix} \quad \text{和} \quad \boldsymbol{\Lambda} = \begin{pmatrix} 0 & 0 & 0 \\ 0 & 1 & 0 \\ 0 & 0 & 4 \end{pmatrix}.$$

由已知条件可得

$$\boldsymbol{Q}^{-1}\boldsymbol{A}\boldsymbol{Q} = \boldsymbol{Q}^{\mathrm{T}}\boldsymbol{A}\boldsymbol{Q} = \boldsymbol{\Lambda},$$

所以 $\boldsymbol{A}$ 与 $\boldsymbol{\Lambda}$ 相似, 故 $\boldsymbol{A}$ 的特征值为 $\lambda_1 = 0$, $\lambda_2 = 1$, $\lambda_3 = 4$, 进而有

$$\operatorname{tr}(\boldsymbol{A}) = \lambda_1 + \lambda_2 + \lambda_3 = 5, \quad |\boldsymbol{A}| = \lambda_1\lambda_2\lambda_3 = 0,$$

由此两式解出 $a = 3$, $b = 1$.

容易求得

$$\boldsymbol{q}_1 = \begin{pmatrix} \frac{1}{\sqrt{2}} \\ 0 \\ -\frac{1}{\sqrt{2}} \end{pmatrix}, \quad \boldsymbol{q}_2 = \begin{pmatrix} \frac{1}{\sqrt{3}} \\ -\frac{1}{\sqrt{3}} \\ \frac{1}{\sqrt{3}} \end{pmatrix}, \quad \boldsymbol{q}_3 = \begin{pmatrix} \frac{1}{\sqrt{6}} \\ \frac{2}{\sqrt{6}} \\ \frac{1}{\sqrt{6}} \end{pmatrix}$$

分别为 $\boldsymbol{A}$ 的对应于特征值 $\lambda_1 = 0$, $\lambda_2 = 1$ 和 $\lambda_3 = 4$ 的单位特征向量. 则

$$\boldsymbol{Q} = (\boldsymbol{q}_1, \boldsymbol{q}_2, \boldsymbol{q}_3) = \begin{pmatrix} \frac{1}{\sqrt{2}} & \frac{1}{\sqrt{3}} & \frac{1}{\sqrt{6}} \\ 0 & -\frac{1}{\sqrt{3}} & \frac{2}{\sqrt{6}} \\ -\frac{1}{\sqrt{2}} & \frac{1}{\sqrt{3}} & \frac{1}{\sqrt{6}} \end{pmatrix},$$

即为所求的正交矩阵. □

5.2.2 用配方法化二次型为标准形

上面介绍了用正交变换化二次型为标准形. 正交变换是一类特殊的可逆线性变换, 在许多场合寻求一般的可逆线性变换化简二次型已能满足应用要求. 下面通过两个例题介绍由拉格朗日 (Lagrange) 建立的配方法, 这是一种常见的简便方法.

例 5.4 化二次型

$$f(x_1, x_2, x_3) = x_1^2 - 3x_2^2 - 2x_1x_2 + 2x_1x_3 - 6x_2x_3$$

为标准形, 并写出所用的可逆线性变换.

解 因为 $f(x_1, x_2, x_3)$ 中含有 x_1 的平方项, 所以先集中含 x_1 的项, 再配方, 即得

$$\begin{aligned} f(x_1, x_2, x_3) &= [x_1^2 - 2x_1(x_2 - x_3) + (x_2 - x_3)^2] \\ &\quad -(x_2 - x_3)^2 - 3x_2^2 - 6x_2x_3 \\ &= (x_1 - x_2 + x_3)^2 - (2x_2 + x_3)^2 = y_1^2 - y_2^2, \end{aligned}$$

其中

$$\begin{cases} y_1 = x_1 - x_2 + x_3, \\ y_2 = \qquad 2x_2 + x_3, \\ y_3 = \qquad\qquad x_3, \end{cases}$$

从中解出 $\boldsymbol{x}$, 得到

$$\boldsymbol{x} = \begin{pmatrix} 1 & \dfrac{1}{2} & -\dfrac{3}{2} \\ 0 & \dfrac{1}{2} & -\dfrac{1}{2} \\ 0 & 0 & 1 \end{pmatrix} \boldsymbol{y},$$

其中 $\boldsymbol{x} = (x_1, x_2, x_3)^{\mathrm{T}}$, $\boldsymbol{y} = (y_1, y_2, y_3)^{\mathrm{T}}$. 此为所求的可逆线性变换, 在这个变换下二次型的标准形为 $f(x_1, x_2, x_3) = y_1^2 - y_2^2$. □

例 5.5 化二次型

$$f(x_1, x_2, x_3) = x_1x_2 + x_1x_3 - 3x_2x_3$$

为标准形, 并求出所用的可逆线性变换.

解 这个二次型不含平方项, 不能直接配方, 可先作可逆线性变换使其出现平方项. 因为这个二次型含有交叉项 x_1x_2, 利用平方差公式, 令

$$\begin{cases} x_1 = y_1 + y_2, \\ x_2 = y_1 - y_2, \\ x_3 = y_3, \end{cases}$$

即 $\boldsymbol{x}=\boldsymbol{P}_1\boldsymbol{y}$, 其中 $\boldsymbol{P}_1=\begin{pmatrix}1&1&0\\1&-1&0\\0&0&1\end{pmatrix}$, 得

$$f(x_1, x_2, x_3)=y_1^2-2y_1y_3-y_2^2+4y_2y_3,$$

把所有含 y_1 的项集中配方, 再把含 y_2 的项集中配方, 即得

$$\begin{aligned}f(x_1, x_2, x_3)&=(y_1^2-2y_1y_3+y_3^2)-y_2^2+4y_2y_3-y_3^2\\&=(y_1-y_3)^2-(y_2-2y_3)^2+3y_3^2.\end{aligned}$$

令

$$\begin{cases}z_1=y_1-y_3,\\z_2=y_2-2y_3,\\z_3=y_3,\end{cases}$$

即 $\boldsymbol{z}=\boldsymbol{P}_2\boldsymbol{y}$, 其中 $\boldsymbol{P}_2=\begin{pmatrix}1&0&-1\\0&1&-2\\0&0&1\end{pmatrix}$. 由 $\boldsymbol{z}=\boldsymbol{P}_2\boldsymbol{y}$, 解出 $\boldsymbol{y}=\boldsymbol{P}_2^{-1}\boldsymbol{z}$, 代入 $\boldsymbol{x}=\boldsymbol{P}_1\boldsymbol{y}$ 得

$$\boldsymbol{x}=\boldsymbol{P}_1\boldsymbol{P}_2^{-1}\boldsymbol{z}=\begin{pmatrix}1&1&0\\1&-1&0\\0&0&1\end{pmatrix}\begin{pmatrix}1&0&1\\0&1&2\\0&0&1\end{pmatrix}\boldsymbol{z}=\begin{pmatrix}1&1&3\\1&-1&-1\\0&0&1\end{pmatrix}\boldsymbol{z}.$$

此时把 $f(x_1, x_2, x_3)$ 化成标准形

$$f(x_1, x_2, x_3)=z_1^2-z_2^2+3z_3^2.$$

进一步, 如果令 $\begin{cases}z_1=w_1,\\z_2=w_3,\\z_3=\dfrac{1}{\sqrt{3}}w_2,\end{cases}$ 即 $\boldsymbol{z}=\begin{pmatrix}1&0&0\\0&0&1\\0&\frac{1}{\sqrt{3}}&0\end{pmatrix}\boldsymbol{w}$, 此时

$$f(x_1, x_2, x_3)=w_1^2+w_2^2-w_3^2.$$ □

可以证明, 任何一个二次型都可以像例 5.4 和例 5.5 那样用配方法化为标准形.

用初等变换化二次型为标准形

初等变换的十个应用

5.3 惯性定理和规范形

5.3.1 惯性定理

5.2 节我们分别用正交变换和一般可逆线性变换把二次型化成了不同的标准形, 那么, 不同的标准形之间有什么共性呢?

首先, 我们把实对称矩阵 $\boldsymbol{A}$ 的秩称为二次型 $f(x_1,\cdots,x_n)=\boldsymbol{x}^{\mathrm{T}}\boldsymbol{A}\boldsymbol{x}$ 的**秩**, 记为 $\mathrm{r}(f)$. 由第 1 章的推论 1.6 知, 如果 $\boldsymbol{P}$ 为可逆矩阵, 那么 $\mathrm{r}(\boldsymbol{A})=\mathrm{r}(\boldsymbol{P}^{\mathrm{T}}\boldsymbol{A}\boldsymbol{P})$. 因此二次型的秩在可逆线性变换之下是不变量. 而标准形的秩就是标准形中非零项数. 因此, 同一个二次型的不同标准形中非零项数是相同的. 更进一步地, 我们有下面的定理.

定理 5.3 (惯性定理) 设 $\boldsymbol{A}$ 为 n 阶实对称矩阵, 则二次型 $f(x_1,\cdots,x_n)=\boldsymbol{x}^{\mathrm{T}}\boldsymbol{A}\boldsymbol{x}$ 可经可逆线性变换化为标准形

$$f(x_1,\cdots,x_n)=k_1y_1^2+\cdots+k_ny_n^2,$$

其中 $k_1,\cdots,k_n$ 中非零的个数 $r=\mathrm{r}(f)$, 并且正项个数 p 与负项个数 q $(p+q=r)$ 是确定的, 与所用的可逆线性变换无关.

证明 由定理 5.2 可知二次型 $f(x_1,\cdots,x_n)$ 一定可以经过可逆线性变换化为标准形. 设二次型 $f(x_1,\cdots,x_n)$ 在可逆线性变换 $\boldsymbol{x}=\boldsymbol{B}\boldsymbol{y}$ 和 $\boldsymbol{x}=\boldsymbol{C}\boldsymbol{z}$ 下分别化为标准形:

$$c_1y_1^2+\cdots+c_py_p^2-c_{p+1}y_{p+1}^2-\cdots-c_ry_r^2,$$

$$d_1z_1^2+\cdots+d_qz_q^2-d_{q+1}z_{q+1}^2-\cdots-d_rz_r^2,$$

其中 $c_i>0,d_i>0$. 下面用反证法证明 $p=q$. 设 $p\neq q$. 不妨设 $p>q$. 根据假定, 当 $\boldsymbol{z}=\boldsymbol{C}^{-1}\boldsymbol{B}\boldsymbol{y}$ 时有

$$c_1y_1^2+\cdots+c_py_p^2-c_{p+1}y_{p+1}^2-\cdots-c_ry_r^2=d_1z_1^2+\cdots+d_qz_q^2-d_{q+1}z_{q+1}^2-\cdots-d_rz_r^2. \tag{5.3.1}$$

令

$$\boldsymbol{C}^{-1}\boldsymbol{B}=\begin{pmatrix} c_{11} & c_{12} & \cdots & c_{1n} \\ c_{21} & c_{22} & \cdots & c_{2n} \\ \vdots & \vdots & & \vdots \\ c_{n1} & c_{n2} & \cdots & c_{nn} \end{pmatrix},$$

则

$$\begin{cases} z_1 = c_{11}y_1 + c_{12}y_2 + \cdots + c_{1n}y_n, \\ z_2 = c_{21}y_1 + c_{22}y_2 + \cdots + c_{2n}y_n, \\ \quad\cdots\cdots \\ z_n = c_{n1}y_1 + c_{n2}y_2 + \cdots + c_{nn}y_n. \end{cases} \tag{5.3.2}$$

因为 $p > q$, 齐次线性方程组

$$\begin{cases} c_{11}y_1 + c_{12}y_2 + \cdots + c_{1n}y_n = 0, \\ \quad\cdots\cdots \\ c_{q1}y_1 + c_{q2}y_2 + \cdots + c_{qn}y_n = 0, \\ y_{p+1} = 0, \\ \quad\cdots\cdots \\ y_n = 0 \end{cases}$$

必定有非零解. 设一个非零解为

$$y_1 = a_1, y_2 = a_2, \cdots, y_p = a_p, y_{p+1} = \cdots = y_n = 0. \tag{5.3.3}$$

把这组解代入 (5.3.1) 等号左边得到

$$c_1a_1^2 + \cdots + c_pa_p^2 > 0.$$

将 (5.3.3) 代入 (5.3.2) 则得 $z_1 = \cdots = z_q = 0$. 故此时 (5.3.1) 等号右边小于或等于零. 由此得出矛盾. 因此 $p = q$. □

二次型 $f(x_1, \cdots, x_n)$ 的标准形中系数大于零的平方项的个数 p 称为 f 的正惯性指数, 系数小于零的平方项的个数 $r-p$ 称为 f 的负惯性指数, 正惯性指数减去负惯性指数所得的差 $2p-r$ 称为 f 的符号差.

二次型 $f(x_1, \cdots, x_n) = \boldsymbol{x}^{\mathrm{T}}\boldsymbol{A}\boldsymbol{x}$ 的正 (负) 惯性指数也称为 $\boldsymbol{A}$ 的正 (负) 惯性指数.

例 5.6 设 $f(x_1, x_2, x_3) = x_1^2 - x_2^2 + 2ax_1x_3 + 4x_2x_3$ 的负惯性指数为 1, 求 a 的取值范围.

解 由于二次型的负惯性指数为 f 的标准形中系数为负数的项的个数, 因此先用配方法把 f 化为标准形,

$$\begin{aligned} f &= x_1^2 - x_2^2 + 2ax_1x_3 + 4x_2x_3 \\ &= (x_1 + ax_3)^2 - x_2^2 - a^2x_3^2 + 4x_2x_3 \\ &= (x_1 + ax_3)^2 - (x_2 - 2x_3)^2 + (4 - a^2)x_3^2 \\ &= y_1^2 - y_2^2 + (4 - a^2)y_3^2, \end{aligned}$$

其中,

$$\begin{cases} y_1 = x_1 + a x_3, \\ y_2 = x_2 - 2x_3, \\ y_3 = x_3. \end{cases}$$

因为 f 的负惯性指数为 1, 所以 $4 - a^2 \geqslant 0$, 即 $-2 \leqslant a \leqslant 2$. □

5.3.2 规范形

不难看出, 如果二次型 $f(x_1, \cdots, x_n)$ 的正、负惯性指数分别是 p, q, 则 f 必可经过可逆线性变换化为形如

$$y_1^2 + \cdots + y_p^2 - y_{p+1}^2 - \cdots - y_{p+q}^2$$

的标准形. 显然, 这里 $p+q$ 为 f 的秩. 这种形式的标准形称为二次型 $f(x_1, \cdots, x_n)$ 的**规范形**.

推论 5.1 若 n 阶实对称矩阵 $\boldsymbol{A}$ 的正、负惯性指数分别为 p, q, 则存在可逆矩阵 $\boldsymbol{P}$, 使

$$\boldsymbol{P}^{\mathrm{T}}\boldsymbol{A}\boldsymbol{P} = \begin{pmatrix} \boldsymbol{E}_p & & \\ & -\boldsymbol{E}_q & \\ & & \boldsymbol{O} \end{pmatrix}.$$

推论中的对角阵也称为实对称矩阵 $\boldsymbol{A}$ 在合同变换下的规范形.

推论 5.2 设 $\boldsymbol{A}, \boldsymbol{B}$ 为实对称矩阵, 则 $\boldsymbol{A}$ 与 $\boldsymbol{B}$ 合同的充分必要条件为 $\boldsymbol{A}, \boldsymbol{B}$ 的秩和正惯性指数相同.

证明　先证明必要性. 如果 $\boldsymbol{A}$, $\boldsymbol{B}$ 合同, 则存在可逆矩阵 $\boldsymbol{P}$, 使 $\boldsymbol{B}=\boldsymbol{P}^{\mathrm{T}}\boldsymbol{A}\boldsymbol{P}$. 于是二次型

$$f(x_1,\cdots,x_n)=\boldsymbol{x}^{\mathrm{T}}\boldsymbol{A}\boldsymbol{x}$$

经过可逆线性变换 $\boldsymbol{x}=\boldsymbol{P}\boldsymbol{y}$ 化成

$$g(y_1,\cdots,y_n)=\boldsymbol{y}^{\mathrm{T}}\boldsymbol{B}\boldsymbol{y}.$$

由惯性定理知, $\boldsymbol{A}$, $\boldsymbol{B}$ 的秩和正惯性指数相同.

再证明充分性. 如果 $\boldsymbol{A}$, $\boldsymbol{B}$ 的秩和正惯性指数相同, 那么 $\boldsymbol{A}$, $\boldsymbol{B}$ 均与

$$\begin{pmatrix} \boldsymbol{E}_p & & \\ & -\boldsymbol{E}_q & \\ & & \boldsymbol{O} \end{pmatrix}$$

合同, 其中 p 为 $\boldsymbol{A}$, $\boldsymbol{B}$ 的正惯性指数, $p+q=\mathrm{r}(\boldsymbol{A})=\mathrm{r}(\boldsymbol{B})$, 故 $\boldsymbol{A}$ 与 $\boldsymbol{B}$ 合同. □

由定理 5.2 知, f 可经正交变换化成 $\lambda_1 y_1^2+\cdots+\lambda_n y_n^2$, 于是 f 的正 (负) 惯性指数为 $\lambda_1,\cdots,\lambda_n$ 中的正项 (负项) 的个数. 故由推论 5.2 知, 若 $\boldsymbol{A}$, $\boldsymbol{B}$ 为实对称矩阵, 则 $\boldsymbol{A}$ 与 $\boldsymbol{B}$ 合同的充分必要条件为 $\boldsymbol{A}$, $\boldsymbol{B}$ 的特征值中正、负特征值个数相同.

例 5.7　设 $\boldsymbol{A}=\begin{pmatrix}1&1\\1&1\end{pmatrix}$, $\boldsymbol{B}=\begin{pmatrix}1&1\\2&2\end{pmatrix}$, $\boldsymbol{C}=\begin{pmatrix}3&0\\0&0\end{pmatrix}$, $\boldsymbol{D}=\begin{pmatrix}2&0\\0&0\end{pmatrix}$, 问哪些是等价的矩阵, 相似的矩阵, 合同的矩阵?

解　由于两个矩阵 $\boldsymbol{M}$ 和 $\boldsymbol{N}$ 等价的充分必要条件是 $\mathrm{r}(\boldsymbol{M})=\mathrm{r}(\boldsymbol{N})$, 而 $\boldsymbol{A}$, $\boldsymbol{B}$, $\boldsymbol{C}$, $\boldsymbol{D}$ 的秩均为 1, 于是它们均等价.

因为 $\boldsymbol{A},\boldsymbol{D}$ 均为实对称矩阵, 且特征值均为 2, 0, 由例 4.21 可知 $\boldsymbol{A}$ 与 $\boldsymbol{D}$ 相似.

由于 $\boldsymbol{B}$ 的特征值为 3, 0, 它的两个特征值互不相同, 故 $\boldsymbol{B}$ 相似于对角阵 $\boldsymbol{C}$, 再由 $\boldsymbol{A}$, $\boldsymbol{B}$ 的特征值不同可知 $\boldsymbol{A}$, $\boldsymbol{B}$ 不相似.

注意到 $\boldsymbol{A}$, $\boldsymbol{C}$, $\boldsymbol{D}$ 均为实对称矩阵, 且特征值中正数的个数和负数的个数分别相同, 于是 $\boldsymbol{A}$, $\boldsymbol{C}$, $\boldsymbol{D}$ 互相合同.

由合同的定义知, 与对称矩阵合同的矩阵一定为对称矩阵, 因此 $\boldsymbol{A}$, $\boldsymbol{B}$ 不合同. □

5.4　正定二次型

定义 5.3　若对任意非零实向量 $\boldsymbol{x}=(x_1,\cdots,x_n)^{\mathrm{T}}$, 总有 $f(x_1,\cdots,x_n)=\boldsymbol{x}^{\mathrm{T}}\boldsymbol{A}\boldsymbol{x}>0\ (<0)$, 则称 $f(x_1,\cdots,x_n)$ 为正定 (负定) 二次型, 它所对应的矩阵称为正定 (负定) 矩阵.

例如 $f(x_1, x_2, x_3) = x_1^2 + x_2^2 + x_3^2$ 是正定二次型, 而

$$g(x_1, x_2, x_3) = x_1^2 + x_2^2 - x_3^2, \quad h(x_1, x_2, x_3) = x_1^2 + x_2^2$$

不是正定的. 事实上, $g(0, 0, 1) = -1 < 0$, $h(0, 0, 1) = 0$.

如何来判断二次型是否是正定二次型呢? 先看下面的命题.

命题 5.1 二次型

$$f(x_1, \cdots, x_n) = d_1x_1^2 + \cdots + d_nx_n^2$$

是正定的充分必要条件为 d_i $(i = 1, \cdots, n)$ 均大于零.

证明 (必要性) 若 $f(x_1, \cdots, x_n)$ 正定, 则取 $\boldsymbol{x} = \boldsymbol{e}_i = (0, \cdots, 1, \cdots, 0)^{\mathrm{T}}$ 可得

$$d_i = f(x_1, \cdots, x_n) > 0,$$

这里 $\boldsymbol{e}_i$ 的第 i 个分量为 1, 其余分量均为 0, $i = 1, 2, \cdots, n$.

(充分性) 若 $d_i > 0$ $(i = 1, \cdots, n)$, 则对任意非零向量 $(x_1, \cdots, x_n)^{\mathrm{T}}$,

$$f(x_1, \cdots, x_n) = d_1x_1^2 + \cdots + d_nx_n^2 > 0.$$

因此 $f(x_1, \cdots, x_n)$ 是正定的. □

可见, 若二次型为标准形, 其正定性很容易判别. 若二次型 $f(x_1, \cdots, x_n)$ 不是标准形, 我们很自然地会想到通过可逆线性变换将 $f(x_1, \cdots, x_n)$ 化成标准形. 然而通过 $f(x_1, \cdots, x_n)$ 的标准形来判定 $f(x_1, \cdots, x_n)$ 的正定性这种方法可行吗? 事实上, 我们有下面命题.

命题 5.2 可逆线性变换不改变二次型的正定性.

证明 设二次型 $f(x_1, \cdots, x_n) = \boldsymbol{x}^{\mathrm{T}}\boldsymbol{A}\boldsymbol{x}$ 是正定的, 而且经过可逆线性变换 $\boldsymbol{x} = \boldsymbol{P}\boldsymbol{y}$, 化成二次型 $g(y_1, \cdots, y_n) = \boldsymbol{y}^{\mathrm{T}}\boldsymbol{B}\boldsymbol{y}$, 其中 $\boldsymbol{B} = \boldsymbol{P}^{\mathrm{T}}\boldsymbol{A}\boldsymbol{P}$.

于是, 对于任意的 $\boldsymbol{y} \neq \boldsymbol{0}$, 由 $\boldsymbol{P}$ 为可逆矩阵知 $\boldsymbol{x} = \boldsymbol{P}\boldsymbol{y} \neq \boldsymbol{0}$, 因而

$$f(x_1, \cdots, x_n) = \boldsymbol{x}^{\mathrm{T}}\boldsymbol{A}\boldsymbol{x} > 0,$$

又因为

$$\boldsymbol{y}^{\mathrm{T}}\boldsymbol{B}\boldsymbol{y} = \boldsymbol{y}^{\mathrm{T}}(\boldsymbol{P}^{\mathrm{T}}\boldsymbol{A}\boldsymbol{P})\boldsymbol{y} = (\boldsymbol{P}\boldsymbol{y})^{\mathrm{T}}\boldsymbol{A}(\boldsymbol{P}\boldsymbol{y}) = \boldsymbol{x}^{\mathrm{T}}\boldsymbol{A}\boldsymbol{x},$$

所以

$$g(y_1, \cdots, y_n) = \boldsymbol{y}^{\mathrm{T}}\boldsymbol{B}\boldsymbol{y} > 0.$$

由此可见 $g(y_1, \cdots, y_n)$ 是正定的. □

由命题 5.1 和 5.2, 根据标准形或规范形可得到判断二次型为正定的方法.

定理 5.4 设 $\boldsymbol{A}$ 为 n 阶实对称矩阵, 则以下条件是等价的:

(1) $\boldsymbol{A}$ 是正定矩阵;

(2) $\boldsymbol{A}$ 的正惯性指数为 n;

(3) $\boldsymbol{A}$ 的特征值均大于零;

(4) $\boldsymbol{A}$ 与 $\boldsymbol{E}$ 合同;

(5) 存在可逆矩阵 $\boldsymbol{P}$, 使 $\boldsymbol{A}=\boldsymbol{P}^{\mathrm{T}}\boldsymbol{P}$.

证明 (1)⇒(2). 设 $f(x_1,\cdots,x_n)=\boldsymbol{x}^{\mathrm{T}}\boldsymbol{A}\boldsymbol{x}$ 经可逆线性变换 $\boldsymbol{x}=\boldsymbol{P}\boldsymbol{y}$ 化为标准形

$$d_1y_1^2+\cdots+d_ny_n^2.$$

由命题 5.1 和命题 5.2 知, $d_i>0\ (i=1,\cdots,n)$, 即 $\boldsymbol{A}$ 的正惯性指数为 n.

(2)⇒(3). 由主轴定理 (定理 5.2), 存在正交变换 $\boldsymbol{x}=\boldsymbol{Q}\boldsymbol{y}$, 使

$$f(x_1,\cdots,x_n)=\lambda_1y_1^2+\cdots+\lambda_ny_n^2,$$

其中 λ_i 为 $\boldsymbol{A}$ 的特征值 $(i=1,\cdots,n)$. 由 (2) 知, $\lambda_i>0\ (i=1,\cdots,n)$.

(3)⇒(4). 由于 $\boldsymbol{A}$ 的特征值大于零, 由主轴定理与惯性定理知, $\boldsymbol{A}$ 的正惯性指数为 n, 于是由推论 5.1 知, 存在可逆矩阵 $\boldsymbol{P}$, 使 $\boldsymbol{P}^{\mathrm{T}}\boldsymbol{A}\boldsymbol{P}=\boldsymbol{E}$, 即 $\boldsymbol{A}$ 与 $\boldsymbol{E}$ 合同.

(4)⇒(5). 因为 $\boldsymbol{A}$ 与 $\boldsymbol{E}$ 合同, 即存在可逆矩阵 $\boldsymbol{Q}$, 使得 $\boldsymbol{Q}^{\mathrm{T}}\boldsymbol{A}\boldsymbol{Q}=\boldsymbol{E}$, 故

$$\boldsymbol{A}=(\boldsymbol{Q}^{\mathrm{T}})^{-1}\boldsymbol{E}\boldsymbol{Q}^{-1}=(\boldsymbol{Q}^{-1})^{\mathrm{T}}\boldsymbol{Q}^{-1}.$$

令 $\boldsymbol{P}=\boldsymbol{Q}^{-1}$, 则 $\boldsymbol{A}=\boldsymbol{P}^{\mathrm{T}}\boldsymbol{P}$ 且 $\boldsymbol{P}$ 为可逆矩阵.

(5)⇒(1). 任取 $\boldsymbol{x}\neq\boldsymbol{0}$, 因为 $\boldsymbol{P}$ 为可逆矩阵, 所以 $\boldsymbol{P}\boldsymbol{x}\neq\boldsymbol{0}$, 于是

$$\boldsymbol{x}^{\mathrm{T}}\boldsymbol{A}\boldsymbol{x}=\boldsymbol{x}^{\mathrm{T}}\boldsymbol{P}^{\mathrm{T}}\boldsymbol{P}\boldsymbol{x}=(\boldsymbol{P}\boldsymbol{x})^{\mathrm{T}}\boldsymbol{P}\boldsymbol{x}>0.$$

由此可见 $\boldsymbol{A}$ 为正定矩阵. □

我们还可以用行列式来判断二次型是否正定.

定理 5.5 (西尔维斯特 (Sylvester) 定理) 二次型 $f(x_1,\cdots,x_n)=\boldsymbol{x}^{\mathrm{T}}\boldsymbol{A}\boldsymbol{x}$ 是正定的充分必要条件是其矩阵 $\boldsymbol{A}=(a_{ij})_{n\times n}$ 的各阶顺序主子式

$$\Delta_1=a_{11},\ \Delta_2=\begin{vmatrix}a_{11}&a_{12}\\a_{21}&a_{22}\end{vmatrix},\ \cdots,\ \Delta_n=\begin{vmatrix}a_{11}&\cdots&a_{1n}\\\vdots&&\vdots\\a_{n1}&\cdots&a_{nn}\end{vmatrix}$$

均大于零.

西尔维斯特定理的证明

可逆矩阵的二十个等价刻画

例 5.8 判断二次型

$$f(x_1, x_2, x_3) = 2x_1^2 + 4x_2^2 + 5x_3^2 - 4x_1x_3$$

的正定性.

解 (解法一) $f(x_1, x_2, x_3)$ 对应的矩阵为 $\boldsymbol{A} = \begin{pmatrix} 2 & 0 & -2 \\ 0 & 4 & 0 \\ -2 & 0 & 5 \end{pmatrix}$. 现求 $\boldsymbol{A}$ 的特征值. 由于

$$|\lambda\boldsymbol{E} - \boldsymbol{A}| = \begin{vmatrix} \lambda-2 & 0 & 2 \\ 0 & \lambda-4 & 0 \\ 2 & 0 & \lambda-5 \end{vmatrix} = (\lambda-1)(\lambda-4)(\lambda-6),$$

所以 $\boldsymbol{A}$ 的特征值 $\lambda_1 = 1, \lambda_2 = 4, \lambda_3 = 6$ 均大于零. 因此 $f(x_1, x_2, x_3)$ 是正定二次型.

(解法二) $\boldsymbol{A}$ 的顺序主子式为

$$\Delta_1 = 2 > 0, \quad \Delta_2 = \begin{vmatrix} 2 & 0 \\ 0 & 4 \end{vmatrix} = 8 > 0, \quad \Delta_3 = |\boldsymbol{A}| = 24 > 0,$$

因此 $f(x_1, x_2, x_3)$ 是正定二次型. □

例 5.9 问 a 为何值时, 二次型

$$f(x_1, x_2, x_3) = x_1^2 + x_2^2 + 5x_3^2 + 2ax_1x_2 - 2x_1x_3 + 4x_2x_3$$

为正定二次型.

解 $f(x_1, x_2, x_3)$ 对应的矩阵为 $\boldsymbol{A} = \begin{pmatrix} 1 & a & -1 \\ a & 1 & 2 \\ -1 & 2 & 5 \end{pmatrix}$, 其顺序主子式

$$\Delta_1 = 1 > 0, \quad \Delta_2 = \begin{vmatrix} 1 & a \\ a & 1 \end{vmatrix} = 1 - a^2, \quad \Delta_3 = |\boldsymbol{A}| = -a(5a+4).$$

由定理 5.5 知, 二次型 $f(x_1, x_2, x_3)$ 为正定的充分必要条件为 $\Delta_1, \Delta_2, \Delta_3$ 全大于零, 即

$$\begin{cases} 1-a^2>0, \\ -a(5a+4)>0, \end{cases}$$

也就是 $-\dfrac{4}{5}<a<0$. □

例 5.10　设 $\boldsymbol{A}, \boldsymbol{B}$ 均为 n 阶正定矩阵, 证明 $\boldsymbol{A}+\boldsymbol{B}$ 也是正定矩阵.

证明　首先, $(\boldsymbol{A}+\boldsymbol{B})^{\mathrm{T}}=\boldsymbol{A}^{\mathrm{T}}+\boldsymbol{B}^{\mathrm{T}}=\boldsymbol{A}+\boldsymbol{B}$, 所以 $\boldsymbol{A}+\boldsymbol{B}$ 是实对称矩阵.

其次, 任取 $\boldsymbol{x} \neq \mathbf{0}$, 因为 $\boldsymbol{A}, \boldsymbol{B}$ 正定, 根据定义有 $\boldsymbol{x}^{\mathrm{T}}\boldsymbol{A}\boldsymbol{x}>0$, $\boldsymbol{x}^{\mathrm{T}}\boldsymbol{B}\boldsymbol{x}>0$, 于是

$$\boldsymbol{x}^{\mathrm{T}}(\boldsymbol{A}+\boldsymbol{B})\boldsymbol{x}=\boldsymbol{x}^{\mathrm{T}}\boldsymbol{A}\boldsymbol{x}+\boldsymbol{x}^{\mathrm{T}}\boldsymbol{B}\boldsymbol{x}>0.$$

所以 $\boldsymbol{A}+\boldsymbol{B}$ 是正定矩阵. □

例 5.11　设 $\boldsymbol{A}$ 为正定矩阵. 证明 $\boldsymbol{A}^{-1}$ 也是正定矩阵.

证明　由 $\boldsymbol{A}$ 为正定矩阵知, $\boldsymbol{A}$ 为对称矩阵. $(\boldsymbol{A}^{-1})^{\mathrm{T}}=(\boldsymbol{A}^{\mathrm{T}})^{-1}=\boldsymbol{A}^{-1}$. 故 $\boldsymbol{A}^{-1}$ 也是对称矩阵.

(证法一) 设 λ 为 $\boldsymbol{A}^{-1}$ 的特征值, 相应特征向量为 $\boldsymbol{\xi}$, $\boldsymbol{A}^{-1}\boldsymbol{\xi}=\lambda\boldsymbol{\xi}$. 故 $\boldsymbol{\xi}=\boldsymbol{A}(\lambda\boldsymbol{\xi})=\lambda\boldsymbol{A}\boldsymbol{\xi}$, $\boldsymbol{A}\boldsymbol{\xi}=\dfrac{1}{\lambda}\boldsymbol{\xi}$, 即 $\dfrac{1}{\lambda}$ 为 $\boldsymbol{A}$ 的特征值. 由 $\boldsymbol{A}$ 为正定知, $\dfrac{1}{\lambda}>0$, 即 $\lambda>0$. 故 $\boldsymbol{A}^{-1}$ 也是正定矩阵.

(证法二) 由 $\boldsymbol{A}$ 为正定矩阵知, 存在可逆矩阵 $\boldsymbol{P}$ 使得 $\boldsymbol{A}=\boldsymbol{P}^{\mathrm{T}}\boldsymbol{P}$, 故 $\boldsymbol{A}^{-1}=\boldsymbol{P}^{-1}(\boldsymbol{P}^{\mathrm{T}})^{-1}=((\boldsymbol{P}^{-1})^{\mathrm{T}})^{\mathrm{T}}(\boldsymbol{P}^{-1})^{\mathrm{T}}$. 由于 $(\boldsymbol{P}^{-1})^{\mathrm{T}}$ 是可逆矩阵, 根据定理 5.4 可知 $\boldsymbol{A}^{-1}$ 也是正定矩阵.

(证法三) 由于 $(\boldsymbol{A}^{-1})^{\mathrm{T}}\boldsymbol{A}\boldsymbol{A}^{-1}=(\boldsymbol{A}^{\mathrm{T}})^{-1}=\boldsymbol{A}^{-1}$, 所以 $\boldsymbol{A}$ 与 $\boldsymbol{A}^{-1}$ 合同, 由于 $\boldsymbol{A}$ 为正定矩阵, 故 $\boldsymbol{A}^{-1}$ 也是正定矩阵. □

例 5.12　已知实对称矩阵 $\boldsymbol{A}$ 满足 $\boldsymbol{A}^2-3\boldsymbol{A}+2\boldsymbol{E}=\boldsymbol{O}$, 证明 $\boldsymbol{A}$ 是正定矩阵.

证明　设 λ 为 $\boldsymbol{A}$ 的特征值, 那么 $\lambda^2-3\lambda+2$ 为 $\boldsymbol{A}^2-3\boldsymbol{A}+2\boldsymbol{E}=\boldsymbol{O}$ 的特征值, 故 $\lambda^2-3\lambda+2=0$. 由此可得 $\lambda=1$ 或 $\lambda=2$, 可见 $\boldsymbol{A}$ 的一切可能特征值均大于零, 因此 $\boldsymbol{A}$ 是正定矩阵. □

例 5.13　设 $\boldsymbol{A}$ 为 n 阶正定矩阵, 证明 $|\boldsymbol{A}+\boldsymbol{E}|>1$.

证明　由于 $\boldsymbol{A}$ 是正定矩阵, 那么 $\boldsymbol{A}$ 的特征值 $\lambda_i>0\ (i=1,\cdots,n)$. 由主轴定理 (定理 5.2), 存在正交矩阵 $\boldsymbol{Q}$,

$$\boldsymbol{Q}^{-1}\boldsymbol{A}\boldsymbol{Q}=\begin{pmatrix}\lambda_1 & & \\ & \ddots & \\ & & \lambda_n\end{pmatrix},$$

因此

$$Q^{-1}(A+E)Q = Q^{-1}AQ + E = \begin{pmatrix} \lambda_1+1 & & \\ & \ddots & \\ & & \lambda_n+1 \end{pmatrix}.$$

上式两边取行列式得

$$|Q^{-1}(A+E)Q| = (\lambda_1+1)\cdots(\lambda_n+1) > 1.$$

另一方面,

$$|Q^{-1}(A+E)Q| = |Q^{-1}||A+E||Q| = |Q|^{-1}|A+E||Q| = |A+E|,$$

所以 $|A+E|>1$. □

例 5.14　设 A 为正定矩阵且为正交矩阵, 证明 $A=E$.

证明　(证法一) 因为 A 是正定矩阵, 所以 $A^{\mathrm{T}}=A$. 又因为 A 是正交矩阵, 所以 $A^2=A^{\mathrm{T}}A=E$, 因而 A 的特征值 λ 必满足 $\lambda^2=1$, 即 $\lambda=1$ 或 -1. 再由 A 为正定矩阵, 它的特征值必大于零, 于是 A 的所有特征值为 1. 由于 A 为实对称矩阵, 故存在正交矩阵 Q, 使得 $Q^{\mathrm{T}}AQ=Q^{-1}AQ=E$. 因而 $A=QEQ^{-1}=E$.

(证法二) 由上面的证法知, $A^2=E$, 于是 $(A+E)(A-E)=O$. 由 A 和 E 的正定性可得 $A+E$ 是正定的, 因而 $A+E$ 可逆, 于是由 $(A+E)(A-E)=O$ 可得 $A-E=O$, 即 $A=E$. □

在许多问题的讨论中, 常常还会遇到条件比正 (负) 定性稍弱的一类二次型 (或矩阵).

定义 5.4*　若对任意非零实向量 $x=(x_1,\cdots,x_n)^{\mathrm{T}}$, 总有 $f(x_1,\cdots,x_n)=x^{\mathrm{T}}Ax\geqslant 0\,(\leqslant 0)$, 则称 $f(x_1,\cdots,x_n)$ 为半正定 (半负定) 二次型, 它所对应的矩阵称为半正定 (半负定) 矩阵.

半正定实二次型的概念与基本性质　　半正定性的判别方法I　　半正定性的判别方法II　　几个关于半正定性的例题

类似于正定性, 我们有下述定理.

定理 5.6*　设 A 为 n 阶实对称矩阵, 则以下条件是等价的:

(1) A 是半正定矩阵;

(2) A 的正惯性指数等于 A 的秩;

(3) $\boldsymbol{A}$ 的特征值均大于或等于零;

(4) $\boldsymbol{A}$ 与形如 $\begin{pmatrix} \boldsymbol{E}_r & \boldsymbol{O} \\ \boldsymbol{O} & \boldsymbol{O} \end{pmatrix}$ 的矩阵合同;

(5) 存在实矩阵 $\boldsymbol{P}$, 使得 $\boldsymbol{A} = \boldsymbol{P}^{\mathrm{T}}\boldsymbol{P}$.

定理的证明与正定性的判别定理的证明完全类似, 读者可以自行完成.

应当注意, 仅有顺序主子式大于或等于零不足以保证实对称矩阵的半正定性. 例如, 矩阵

$$\boldsymbol{A} = \begin{pmatrix} 0 & 0 \\ 0 & -1 \end{pmatrix}$$

的每个顺序主子式都是非负的, 但 $\boldsymbol{A}$ 不是半正定的. 我们可以建立用主子式判断实对称矩阵是否半正定的方法, 但限于篇幅, 在此不作介绍, 有兴趣的读者可以参见相关文献.

利用矩阵的半正定性可以得到许多有意义的结果. 下面, 我们利用这一概念, 不加证明地给出矩阵的一个非常有用的分解——奇异值分解:

设 $\boldsymbol{A}$ 是秩为 r 的 $s\times n$ 实矩阵, 则 $\boldsymbol{A}^{\mathrm{T}}\boldsymbol{A}$ 是秩为 r 的半正定矩阵. 因此, $\boldsymbol{A}^{\mathrm{T}}\boldsymbol{A}$ 的特征值都是非负的, 并且恰有 r 个正特征值. 设 $\lambda_1 \geqslant \lambda_2 \geqslant \cdots \geqslant \lambda_r$ 是 $\boldsymbol{A}^{\mathrm{T}}\boldsymbol{A}$ 的所有正特征值. 令 $\boldsymbol{D}$ 是 r 阶对角阵 $\mathrm{diag}(\sqrt{\lambda_1}, \sqrt{\lambda_2}, \cdots, \sqrt{\lambda_{\mathrm{r}}})$, 则必存在 s 阶正交阵 $\boldsymbol{U}$ 及 n 阶正交阵 $\boldsymbol{V}$ 使得

$$\boldsymbol{A} = \boldsymbol{U}^{\mathrm{T}}\begin{pmatrix} \boldsymbol{D} & \boldsymbol{O} \\ \boldsymbol{O} & \boldsymbol{O} \end{pmatrix}\boldsymbol{V}.$$

这里的 $\sqrt{\lambda_1}, \sqrt{\lambda_2}, \cdots, \sqrt{\lambda_r}$ 称为矩阵 $\boldsymbol{A}$ 的奇异值, 上述分解称为 $\boldsymbol{A}$ 的奇异值分解. 矩阵的奇异值分解在诸如矩阵的数值计算、计算机图像处理等场合都有重要应用.

奇异值分解
与图像压缩

5.5　二 次 曲 面 *

本节介绍二次曲面方程的化简与曲面的分类问题. 由于正交变换保持向量的长度不变, 即保持几何图形不变, 因此用正交变换化二次型为标准形的问题可应用到几何中二次曲面的分类问题.

设空间中一般二次曲面的方程为

$$\begin{aligned}&a_{11}x_1^2+a_{22}x_2^2+a_{33}x_3^2+2\,a_{12}x_1x_2+2\,a_{13}x_1x_3+2\,a_{23}x_2x_3\\&+b_1x_1+b_2x_2+b_3x_3+c\\=&\,0,\end{aligned}$$

其中 x_1, x_2, x_3 分别表示空间中一点的横标、纵标、立标.

利用矩阵运算, 上述方程可写成

$$\boldsymbol{x}^{\mathrm{T}}\boldsymbol{A}\boldsymbol{x}+\boldsymbol{B}^{\mathrm{T}}\boldsymbol{x}+c=0,$$

其中 $\boldsymbol{x}=(x_1, x_2, x_3)^{\mathrm{T}}$, $\boldsymbol{B}=(b_1, b_2, b_3)^{\mathrm{T}}$, $\boldsymbol{A}=\begin{pmatrix}a_{11}&a_{12}&a_{13}\\a_{21}&a_{22}&a_{23}\\a_{31}&a_{32}&a_{33}\end{pmatrix}$, 这里 $a_{ij}=a_{ji}$ $(i,j=1, 2, 3)$. 再利用主轴定理, 作正交变换 $\boldsymbol{x}=\boldsymbol{Q}\boldsymbol{y}$, 使得

$$\boldsymbol{Q}^{\mathrm{T}}\boldsymbol{A}\boldsymbol{Q}=\begin{pmatrix}\lambda_1&0&0\\0&\lambda_2&0\\0&0&\lambda_3\end{pmatrix},$$

$$\boldsymbol{x}^{\mathrm{T}}\boldsymbol{A}\boldsymbol{x}=\lambda_1y_1^2+\lambda_2y_2^2+\lambda_3y_3^2.$$

相应地,

$$\boldsymbol{B}^{\mathrm{T}}\boldsymbol{x}=\boldsymbol{B}^{\mathrm{T}}\boldsymbol{Q}\boldsymbol{y}=b_1'y_1+b_2'y_2+b_3'y_3.$$

这样, 二次曲面的方程化成

$$\lambda_1y_1^2+\lambda_2y_2^2+\lambda_3y_3^2+b_1'y_1+b_2'y_2+b_3'y_3+c=0.$$

再对上式进行适当的平移便可以得到二次曲面的标准形式. 根据 λ_1, λ_2, λ_3 的不同取值, 可得到二次曲面的 17 种标准方程.

(1) $\dfrac{x^2}{a^2}+\dfrac{y^2}{b^2}+\dfrac{z^2}{c^2}=1.$ (椭球面)

(2) $\dfrac{x^2}{a^2}+\dfrac{y^2}{b^2}+\dfrac{z^2}{c^2}=-1.$ (虚椭球面)

(3) $\dfrac{x^2}{a^2}+\dfrac{y^2}{b^2}+\dfrac{z^2}{c^2}=0.$ (点)

(4) $\dfrac{x^2}{a^2}+\dfrac{y^2}{b^2}-\dfrac{z^2}{c^2}=1.$ (单叶双曲面)

(5) $-\dfrac{x^2}{a^2}-\dfrac{y^2}{b^2}+\dfrac{z^2}{c^2}=1.$ (双叶双曲面)

(6) $\dfrac{x^2}{a^2}+\dfrac{y^2}{b^2}-\dfrac{z^2}{c^2}=0.$　　(二次锥面)

(7) $\dfrac{x^2}{a^2}+\dfrac{y^2}{b^2}=z.$　　(椭圆抛物面)

(8) $\dfrac{x^2}{a^2}-\dfrac{y^2}{b^2}=z.$　　(双曲抛物面)

(9) $\dfrac{x^2}{a^2}+\dfrac{y^2}{b^2}=1.$　　(椭圆柱面)

(10) $\dfrac{x^2}{a^2}+\dfrac{y^2}{b^2}=-1.$　　(虚椭圆柱面)

(11) $\dfrac{x^2}{a^2}+\dfrac{y^2}{b^2}=0.$　　(直线 z 轴)

(12) $\dfrac{x^2}{a^2}-\dfrac{y^2}{b^2}=1.$　　(双曲柱面)

(13) $\dfrac{x^2}{a^2}-\dfrac{y^2}{b^2}=0.$　　(一对相交平面)

(14) $x^2=a^2.$　　(一对平行平面)

(15) $x^2=-a^2.$　　(一对虚平行平面)

(16) $x^2=0.$　　(一对重合平面)

(17) $x^2=2py.$　　(抛物柱面)

二次曲面的标准方程

用二次型研究二次曲面的类型(原理)

用二次型研究二次曲面的类型(例题)

例 5.15　已知二次曲面的方程

$$x_1^2+3x_2^2+x_3^2+2ax_1x_2+2x_1x_3+2x_2x_3=4$$

的图形为柱面, 求此柱面的母线的方向向量, 并说出此柱面的名称.

解　把所给方程左端的二次型记作

$$f(x_1,x_2,x_3)=\boldsymbol{x}^{\mathrm{T}}\boldsymbol{A}\boldsymbol{x},$$

其中

$$\boldsymbol{A}=\begin{pmatrix}1&a&1\\a&3&1\\1&1&1\end{pmatrix}.$$

设正交变换 $\boldsymbol{x}=\boldsymbol{Q}\boldsymbol{y}$ 把 $f(x_1, x_2, x_3)$ 化成标准形

$$f(x_1, x_2, x_3)=\lambda_1 y_1^2+\lambda_2 y_2^2+\lambda_3 y_3^2.$$

因为 $f(x_1, x_2, x_3)=4$ 代表柱面, 故 $\lambda_1, \lambda_2, \lambda_3$ 中至少有一个为零, 即 $\lambda=0$ 为 $\boldsymbol{A}$ 的特征值, 因此 $|\boldsymbol{A}|=0$. 而 $|\boldsymbol{A}|=-(a-1)^2$, 由此可得 $a=1$.

当 $a=1$ 时,

$$|\lambda\boldsymbol{E}-\boldsymbol{A}|=\begin{vmatrix}\lambda-1 & -1 & -1\\ -1 & \lambda-3 & -1\\ -1 & -1 & \lambda-1\end{vmatrix}=\lambda(\lambda-1)(\lambda-4),$$

故 $\boldsymbol{A}$ 的特征值为 $\lambda_1=0, \lambda_2=1, \lambda_3=4$. 于是二次曲面的标准方程为

$$y_2^2+4y_3^2=4.$$

可见它是一个椭圆柱面.

下面求柱面母线的方向. 从柱面的标准方程知柱面母线平行于 y_1 轴, 故柱面母线的方向向量在 $O\text{-}y_1y_2y_3$ 坐标系中的坐标为 $(1, 0, 0)^{\mathrm{T}}$. 因而在 $O\text{-}x_1x_2x_3$ 坐标系中的坐标为 $\boldsymbol{Q}\begin{pmatrix}1\\0\\0\end{pmatrix}=(\boldsymbol{q}_1, \boldsymbol{q}_2, \boldsymbol{q}_3)\begin{pmatrix}1\\0\\0\end{pmatrix}=\boldsymbol{q}_1$. 这就是说, 柱面母线的方向向量就是属于特征值 $\lambda_1=0$ 的特征向量 $\boldsymbol{q}_1$.

对 $\boldsymbol{A}$ 施以初等行变换得

$$\boldsymbol{A}=\begin{pmatrix}1 & 1 & 1\\ 1 & 3 & 1\\ 1 & 1 & 1\end{pmatrix}\to\begin{pmatrix}1 & 0 & 1\\ 0 & 1 & 0\\ 0 & 0 & 0\end{pmatrix}.$$

故 $\boldsymbol{q}_1$ 可取为 $\dfrac{1}{\sqrt{2}}(1, 0, -1)^{\mathrm{T}}$. □

例 5.16 问二次曲面

$$x_1^2+x_2^2+x_3^2+4x_1x_2+4x_1x_3+4x_2x_3=0$$

代表何种曲面.

解 由例 5.2 知, 二次型

$$f(x_1, x_2, x_3)=x_1^2+x_2^2+x_3^2+4x_1x_2+4x_1x_3+4x_2x_3$$

经过正交变换 $\boldsymbol{x}=\boldsymbol{Q}\boldsymbol{y}$ 化成

$$f(x_1,x_2,x_3)=-y_1^2-y_2^2+5y_3^2.$$

此时二次曲面方程变成

$$-y_1^2-y_2^2+5y_3^2=0,$$

即

$$5y_3^2=y_1^2+y_2^2.$$

由此可见, 该曲面方程代表锥面. □

例 5.17 求 k 的值, 使二次曲面

$$2x_1^2+x_2^2+x_3^2+2x_1x_2+kx_2x_3=1$$

表示椭球面.

解 令

$$f(x_1,x_2,x_3)=2x_1^2+x_2^2+x_3^2+2x_1x_2+kx_2x_3,$$

此二次型的矩阵是

$$\boldsymbol{A}=\begin{pmatrix}2&1&0\\1&1&\dfrac{k}{2}\\0&\dfrac{k}{2}&1\end{pmatrix}.$$

因为 $f(x_1,x_2,x_3)$ 经过正交变换 $\boldsymbol{x}=\boldsymbol{Q}\boldsymbol{y}$ 化成 $\lambda_1y_1^2+\lambda_2y_2^2+\lambda_3y_3^2$, 所以当且仅当 $f(x_1,x_2,x_3)$ 正定 (即特征值 $\lambda_i>0,\ i=1,2,3$) 时, $f(x_1,x_2,x_3)=1$ 表示椭球面. 此时 $\boldsymbol{A}$ 的顺序主子式大于零. 而

$$\Delta_1=2>0,\quad \Delta_2=\begin{vmatrix}2&1\\1&1\end{vmatrix}=1>0,$$

$$\Delta_3=|\boldsymbol{A}|=\begin{vmatrix}2&1&0\\1&1&\dfrac{k}{2}\\0&\dfrac{k}{2}&1\end{vmatrix}=1-\frac{k^2}{2}>0,$$

解得 $-\sqrt{2}<k<\sqrt{2}$.

因此, 当 $-\sqrt{2}<k<\sqrt{2}$ 时, $f(x_1,x_2,x_3)=1$ 表示椭球面. □

本章小结

本章首先介绍二次型及其矩阵表示, 然后讨论如何化二次型为标准形, 最后介绍正定二次型并给出其等价刻画. 二次曲线与二次曲面为二次型理论提供了几何背景, 实对称矩阵是研究二次型的重要工具. 学习本章可以采用两个方面的策略: 一是用几何的直观来化解代数的抽象, 二是打通本章内容与前四章所学知识之间的联系.

二 次 型

对称矩阵二次型, 相关理论总对应.
是否合同有标准, 惯性指数定分明.
线面多姿无穷尽, 分门别类看方程.
坐标变换寻常事, 斗转星移扭乾坤.

第5章知识汇总表

第5章自我测评

习 题 5

自测题

一、填空题

1. 矩阵 $\boldsymbol{A}=\begin{pmatrix}1&-1&2\\-1&1&1\\2&1&2\end{pmatrix}$ 所对应的二次型为________.

2. 二次型 $f(x_1,x_2,x_3)=(x_1,x_2,x_3)\begin{pmatrix}1&2&3\\0&1&2\\1&0&3\end{pmatrix}\begin{pmatrix}x_1\\x_2\\x_3\end{pmatrix}$ 对应的矩阵是________.

3. 二次型 $f(x_1,x_2,x_3)=(a_1x_1+a_2x_2+a_3x_3)^2$ 对应的矩阵是________.

4. 二次型 $f(x_1,x_2,x_3)=(x_1+x_2)^2+(x_2-x_3)^2+(x_3+x_1)^2$ 的秩为________.

5. 二次型 $f(x_1,x_2,x_3)=x_1^2-3x_2^2-2x_1x_2+2x_1x_3-6x_2x_3$ 的秩为________, 正惯性指数是________.

6. 设二次型 $f(x_1,x_2,x_3,x_4)$ 的秩为3, 负惯性指数为1, 则 $f(x_1,x_2,x_3,x_4)$ 的规范形为________.

7. 已知二次型 $f(x_1,x_2,x_3)=a(x_1^2+x_2^2+x_3^2)+4x_1x_2+4x_1x_3+4x_2x_3$ 经正交变换 $\boldsymbol{x}=\boldsymbol{Q}\boldsymbol{y}$ 可化成标准形 $f(x_1,x_2,x_3)=6y_1^2$, 则 $a=$________.

8. 若二次型 $f(x_1, x_2, x_3) = 2x_1^2 + x_2^2 + x_3^2 + 2x_1x_2 + tx_2x_3$ 是正定的, 则 t 的取值范围是__________.

9. 设二次型 $f(x_1, x_2, x_3) = \boldsymbol{x}^{\mathrm{T}}\boldsymbol{A}\boldsymbol{x}$ 的秩为 1, 其中 $\boldsymbol{A}$ 为实对称矩阵而且 $\boldsymbol{A}$ 的各行元素之和为 3, 则 f 在正交变换 $\boldsymbol{x} = \boldsymbol{Q}\boldsymbol{y}$ 下的标准形为__________.

10. 设 $\boldsymbol{A}$ 是实对称矩阵, 且 $\boldsymbol{A}$ 与 $-\boldsymbol{A}$ 合同, 则 $\boldsymbol{A}$ 的符号差为 __________.

11. n 阶实对称矩阵全体按合同关系分类, 共有__________类; n 阶可逆的实对称矩阵按合同关系分类, 共有 __________ 类.

二、选择题

1. 二次型 $f(x_1, x_2, x_3) = (x_1 + x_2)^2$ 的矩阵为(　　).

(A) $\begin{pmatrix} 1 & 2 \\ 0 & 1 \end{pmatrix}$; (B) $\begin{pmatrix} 1 & 2 & 0 \\ 0 & 1 & 0 \\ 0 & 0 & 0 \end{pmatrix}$; (C) $\begin{pmatrix} 1 & 0 & 0 \\ 0 & 0 & 0 \\ 0 & 0 & 0 \end{pmatrix}$; (D) $\begin{pmatrix} 1 & 1 & 0 \\ 1 & 1 & 0 \\ 0 & 0 & 0 \end{pmatrix}$.

2. 与矩阵 $\boldsymbol{A} = \begin{pmatrix} 1 & 2 & 0 \\ 2 & 1 & 0 \\ 0 & 0 & 1 \end{pmatrix}$ 合同的矩阵为(　　).

(A) $\begin{pmatrix} 1 & 0 & 0 \\ 0 & 1 & 0 \\ 0 & 0 & 1 \end{pmatrix}$; (B) $\begin{pmatrix} 1 & 0 & 0 \\ 0 & 1 & 0 \\ 0 & 0 & -1 \end{pmatrix}$;

(C) $\begin{pmatrix} 1 & 0 & 0 \\ 0 & -1 & 0 \\ 0 & 0 & -1 \end{pmatrix}$; (D) $\begin{pmatrix} -1 & 0 & 0 \\ 0 & -1 & 0 \\ 0 & 0 & -1 \end{pmatrix}$.

3. 设 $\boldsymbol{A} = \begin{pmatrix} 1 & 1 & 1 & 1 \\ 1 & 1 & 1 & 1 \\ 1 & 1 & 1 & 1 \\ 1 & 1 & 1 & 1 \end{pmatrix}$, $\boldsymbol{B} = \begin{pmatrix} 4 & 0 & 0 & 0 \\ 0 & 0 & 0 & 0 \\ 0 & 0 & 0 & 0 \\ 0 & 0 & 0 & 0 \end{pmatrix}$, 则 $\boldsymbol{A}$ 与 $\boldsymbol{B}$(　　).

(A) 合同且相似; (B) 合同但不相似;

(C) 不合同但相似; (D) 不合同且不相似.

4. 设 $\boldsymbol{A} = \begin{pmatrix} 1 & 2 \\ 2 & 1 \end{pmatrix}$, 则下列矩阵中与 $\boldsymbol{A}$ 合同的矩阵为(　　).

(A) $\begin{pmatrix} -2 & 1 \\ 1 & -2 \end{pmatrix}$; (B) $\begin{pmatrix} 2 & -1 \\ -1 & 2 \end{pmatrix}$; (C) $\begin{pmatrix} 2 & 1 \\ 1 & 2 \end{pmatrix}$; (D) $\begin{pmatrix} 1 & -2 \\ -2 & 1 \end{pmatrix}$.

5. 设 $\boldsymbol{A}$ 是 n 阶矩阵, 将 $\boldsymbol{A}$ 的第 i 行和第 j 行对换得到 $\boldsymbol{B}$, 再将 $\boldsymbol{B}$ 的第 i 列和第 j 列对换得到 $\boldsymbol{C}$, 则 $\boldsymbol{A}$ 与 $\boldsymbol{C}$(　　).

(A) 等价但不相似; (B) 相似但不合同;

(C) 合同但不相似; (D) 相似且合同.

6. 设二次型 $f(x_1, x_2, x_3)$ 在正交变换 $\boldsymbol{x} = \boldsymbol{P}\boldsymbol{y}$ 下的标准形为 $2y_1^2 + y_2^2 - y_3^2$, 其中 $\boldsymbol{P} = (\boldsymbol{p}_1, \boldsymbol{p}_2, \boldsymbol{p}_3)$, 若 $\boldsymbol{Q} = (\boldsymbol{p}_1, -\boldsymbol{p}_3, \boldsymbol{p}_2)$, 则 $f(x_1, x_2, x_3)$ 在正交变换 $\boldsymbol{x} = \boldsymbol{Q}\boldsymbol{y}$ 下的标准形为(　　).

(A) $2y_1^2-y_2^2+y_3^2$;　(B) $2y_1^2+y_2^2-y_3^2$;　(C) $2y_1^2-y_2^2-y_3^2$;　(D) $2y_1^2+y_2^2+y_3^2$.

7. 设二次型 $f(x_1, x_2, x_3)=a(x_1^2+x_2^2+x_3^2)+2x_1x_2+2x_2x_3+2x_1x_3$ 的正、负惯性指数分别为 1, 2, 则(　　).

(A) $a>1$;　(B) $a<-2$;　(C) $-2<a<1$;　(D) $a=1$ 或 $a=-2$.

8. 二次型 $f(x_1,x_2,x_3)=(x_1+x_2)^2+(x_2+x_3)^2-(x_3-x_1)^2$ 的正惯性指数和负惯性指数依次为(　　).

(A) 2, 0;　(B) 1, 1;　(C) 2, 1;　(D) 1, 2.

9. 二次型 $f(x_1,x_2,x_3)=(x_1+x_2)^2+(x_1+x_3)^2-4(x_2-x_3)^2$ 的规范形为(　　).

(A) $y_1^2+y_2^2$;　(B) $y_1^2-y_2^2$;

(C) $y_1^2+y_2^2-4y_3^2$;　(D) $y_1^2+y_2^2-y_3^2$.

10. 设 $\boldsymbol{A}$ 是 3 阶实对称矩阵, 若 $\boldsymbol{A}^2+\boldsymbol{A}=2\boldsymbol{E}$, 且 $|\boldsymbol{A}|=4$, 则二次型 $\boldsymbol{x}^{\mathrm{T}}\boldsymbol{A}\boldsymbol{x}$ 的规范形为(　　).

(A) $y_1^2+y_2^2+y_3^2$;　(B) $y_1^2+y_2^2-y_3^2$;　(C) $y_1^2-y_2^2-y_3^2$;　(D) $-y_1^2-y_2^2-y_3^2$.

11. 设 3 阶实对称矩阵 $\boldsymbol{A}$ 的特征值为 2, −1, 1, 则二次型 $f(x_1, x_2, x_3)=\boldsymbol{x}^{\mathrm{T}}\boldsymbol{A}\boldsymbol{x}$ 的规范形为(　　).

(A) $2y_1^2-y_2^2+y_3^2$;　(B) $y_1^2-y_2^2+y_3^2$;　(C) $y_1^2+y_2^2-y_3^2$;　(D) $2y_1^2+y_2^2-y_3^2$.

12. 二次型 $f(x_1, \cdots, x_n)=\boldsymbol{x}^{\mathrm{T}}\boldsymbol{A}\boldsymbol{x}$ 的矩阵 $\boldsymbol{A}$ 的所有对角元为正是 $f(x_1, \cdots, x_n)$ 为正定的(　　).

(A) 充分条件但非必要条件;　(B) 必要条件但非充分条件;

(C) 充分必要条件;　(D) 既不充分也不必要条件.

13. 设 $\boldsymbol{A}$ 为 3×2 实矩阵, $\mathrm{r}(\boldsymbol{A})=2$, 则以下矩阵中不是正定矩阵的为(　　).

(A) $\boldsymbol{A}^{\mathrm{T}}\boldsymbol{A}$;　(B) $\boldsymbol{A}\boldsymbol{A}^{\mathrm{T}}$;　(C) $\boldsymbol{E}+\boldsymbol{A}^{\mathrm{T}}\boldsymbol{A}$;　(D) $\boldsymbol{E}+\boldsymbol{A}\boldsymbol{A}^{\mathrm{T}}$.

14. 二次曲面 $f(x_1, x_2, x_3)=2x_1^2+2x_2^2+x_3^2+2x_1x_2+4x_1x_3+4x_2x_3=1$ 表示(　　).

(A) 椭球面;　(B) 单叶双曲面;　(C) 双叶双曲面;　(D) 柱面.

第5章自测题参考答案

练习题

1. 写出下列二次型对应的矩阵.

(1) $f(x_1, x_2, x_3)=x_1^2+4x_1x_2+4x_2^2+2x_1x_3+x_3^2+4x_2x_3$;

(2) $f(x, y, z)=x^2+y^2-7z^2-2xy-4xz-4yz$;

(3) $f(x_1, x_2, x_3)=\boldsymbol{x}^{\mathrm{T}}\begin{pmatrix}1&2&3\\4&5&6\\7&8&9\end{pmatrix}\boldsymbol{x}$, 其中 $\boldsymbol{x}=(x_1, x_2, x_3)^{\mathrm{T}}$;

(4) $f(x_1, \cdots, x_n) = \sum\limits_{i=1}^{n-1}(x_i - x_{i+1})^2$.

2. 设矩阵 $\boldsymbol{A}$ 与 $\boldsymbol{B}$ 合同, 矩阵 $\boldsymbol{C}$ 与 $\boldsymbol{D}$ 合同, 证明 $\begin{pmatrix} \boldsymbol{A} & \boldsymbol{O} \\ \boldsymbol{O} & \boldsymbol{C} \end{pmatrix}$ 与 $\begin{pmatrix} \boldsymbol{B} & \boldsymbol{O} \\ \boldsymbol{O} & \boldsymbol{D} \end{pmatrix}$ 合同.

3. 设 $\boldsymbol{A}$, $\boldsymbol{B}$ 均为 n 阶可逆矩阵, 如果 $\boldsymbol{A}$ 与 $\boldsymbol{B}$ 合同, 证明 $\boldsymbol{A}^{-1}$ 与 $\boldsymbol{B}^{-1}$ 也合同.

4. 设 $\boldsymbol{A}$ 为可逆的实对称矩阵, 证明 $\boldsymbol{A}$ 与 $\boldsymbol{A}^{-1}$ 合同.

5. 将 $\boldsymbol{A}$ 的第 j 行的 k 倍加到第 i 行得 $\boldsymbol{B}$, 再将 $\boldsymbol{B}$ 的第 j 列的 k 倍加到第 i 列得 $\boldsymbol{C}$, 证明 $\boldsymbol{A}$ 与 $\boldsymbol{C}$ 合同.

6. 用正交变换化下列二次型为标准形, 并写出所用的正交变换.

(1) $f(x_1, x_2, x_3) = 2x_1^2 + 3x_2^2 + x_3^2 + 4x_1x_2 - 4x_1x_3$;

(2) $f(x_1, x_2, x_3, x_4) = 2x_1x_2 - 2x_3x_4$;

(3) $f(x_1, x_2, x_3, x_4) = 2x_1x_2 + 2x_1x_3 - 2x_1x_4 - 2x_2x_3 + 2x_2x_4 + 2x_3x_4$.

7. 已知二次型

$$f(x_1, x_2, x_3) = 2x_1^2 + 3x_2^2 + 3x_3^2 + 2ax_2x_3 \quad (a > 0)$$

通过正交变换化为标准形 $f(x_1, x_2, x_3) = y_1^2 + 2y_2^2 + 5y_3^2$, 求参数 a 以及所用的正交变换矩阵.

8. 设二次型 $f(x_1, x_2, x_3) = 2x_1^2 - x_2^2 + ax_3^2 + 2x_1x_2 - 8x_1x_3 + 2x_2x_3$ 在正交变换 $\boldsymbol{x} = \boldsymbol{Q}\boldsymbol{y}$ 下的标准形为 $\lambda_1 y_1^2 + \lambda_2 y_2^2$. 求 a 的值及一个正交矩阵 $\boldsymbol{Q}$.

9. 设二次型 $f(x_1, x_2, x_3) = \sum\limits_{i=1}^{3}\sum\limits_{j=1}^{3} ijx_ix_j$.

(1) 求二次型的矩阵;

(2) 求正交变换 $\boldsymbol{x} = \boldsymbol{Q}\boldsymbol{y}$ 化二次型 f 为标准形;

(3) 求 $f(x_1, x_2, x_3) = 0$ 的解.

10. 已知二次型 $f(x_1, x_2, x_3) = 3x_1^2 + 4x_2^2 + 3x_3^2 + 2x_1x_3$.

(1) 求正交变换 $\boldsymbol{x} = \boldsymbol{Q}\boldsymbol{y}$ 化二次型 f 为标准形;

(2) 证明 $\min\limits_{\boldsymbol{x} \neq \boldsymbol{0}} \dfrac{f(\boldsymbol{x})}{\boldsymbol{x}^{\mathrm{T}}\boldsymbol{x}} = 2$.

11. 已知二次型

$$f(x, y, z) = 3x^2 + 2y^2 + 2z^2 + 2xy + 2xz,$$

(1) 用正交变换把二次型 $f(x, y, z)$ 化成标准形, 并写出正交矩阵;

(2) 求函数 $f(x, y, z)$ 在单位球面 $x^2 + y^2 + z^2 = 1$ 上的最大值与最小值.

12. 设二次型 $f(x_1, x_2) = x_1^2 - 4x_1x_2 + 4x_2^2$ 经正交变换 $\begin{pmatrix} x_1 \\ x_2 \end{pmatrix} = \boldsymbol{Q}\begin{pmatrix} y_1 \\ y_2 \end{pmatrix}$ 化为二次型

$$g(y_1, y_2) = ay_1^2 + 4y_1y_2 + by_2^2, \text{ 其中 } a \geqslant b.$$

(1) 求 a, b 的值;

(2) 求正交矩阵 $\boldsymbol{Q}$.

13. 用配方法化下列二次型为标准形, 并写出所用的可逆线性变换.

(1) $f(x_1, x_2, x_3) = x_1^2 - x_3^2 + 2x_1x_2 + 2x_2x_3$;

(2) $f(x_1, x_2, x_3) = x_1x_2 + x_1x_3 + x_2x_3$;

(3) $f(x_1, x_2, x_3) = 2x_1^2 + x_2^2 + 4x_3^2 + 2x_1x_2 - 2x_2x_3$.

14. 设 $\boldsymbol{\alpha} = (a_1, \cdots, a_n)^{\mathrm{T}} \neq \mathbf{0}$, $\boldsymbol{A} = \boldsymbol{\alpha}\boldsymbol{\alpha}^{\mathrm{T}}$, 证明存在可逆线性变换 $\boldsymbol{x} = \boldsymbol{P}\boldsymbol{y}$ 使

$$f(x_1, \cdots, x_n) = \boldsymbol{x}^{\mathrm{T}}\boldsymbol{A}\boldsymbol{x} = y_1^2.$$

15. 设二次型 $f(x_1,x_2,x_3) = x_1^2 + x_2^2 + x_3^2 + 2ax_1x_2 + 2ax_1x_3 + 2ax_2x_3$ 经可逆线性变换 $\boldsymbol{x} = \boldsymbol{P}\boldsymbol{y}$ 化为二次型 $g(y_1,y_2,y_3) = y_1^2 + y_2^2 + 4y_3^2 + 2y_1y_2$.

(1) 求 a 的值;

(2) 求可逆矩阵 $\boldsymbol{P}$.

16. 设实二次型 $f(x_1,x_2,x_3) = (x_1 - x_2 + x_3)^2 + (x_2 + x_3)^2 + (x_1 + ax_3)^2$, 其中 a 是参数.

(1) 求 $f(x_1,x_2,x_3) = 0$ 的解;

(2) 求 $f(x_1,x_2,x_3)$ 的规范形.

17. 已知 $f(x_1,x_2,x_3) = x_1^2+2x_2^2+2x_3^2+2x_1x_2-2x_1x_3$, $g(y_1,y_2,y_3) = y_1^2+y_2^2+y_3^2+2y_2y_3$.

(1) 求可逆线性变换 $\boldsymbol{x} = \boldsymbol{P}\boldsymbol{y}$, 将 $f(x_1,x_2,x_3)$ 化为 $g(y_1,y_2,y_3)$;

(2) 是否存在正交变换 $\boldsymbol{x} = \boldsymbol{Q}\boldsymbol{y}$, 将 $f(x_1,x_2,x_3)$ 化为 $g(y_1,y_2,y_3)$.

18. 问下列哪些矩阵是等价的, 相似的, 合同的?

(1) $\begin{pmatrix} 1 & 1 \\ 1 & 1 \end{pmatrix}$; (2) $\begin{pmatrix} 1 & 0 \\ 0 & 1 \end{pmatrix}$; (3) $\begin{pmatrix} 1 & 0 \\ 0 & -1 \end{pmatrix}$; (4) $\begin{pmatrix} 1 & 0 \\ 0 & 0 \end{pmatrix}$; (5) $\begin{pmatrix} 0 & 0 \\ 0 & 2 \end{pmatrix}$; (6) $\begin{pmatrix} 1 & 1 \\ 0 & 1 \end{pmatrix}$.

19. 设 $\boldsymbol{A} = \begin{pmatrix} 2 & 2 \\ 2 & a \end{pmatrix}$, $\boldsymbol{B} = \begin{pmatrix} 4 & b \\ 3 & 1 \end{pmatrix}$. 证明 $\boldsymbol{A}$ 合同于 $\boldsymbol{B}$ 的充分必要条件是 $a < 2$, $b = 3$.

20. 设 $\boldsymbol{A}$, $\boldsymbol{B}$ 为正定矩阵, 证明 $\begin{pmatrix} \boldsymbol{A} & \boldsymbol{O} \\ \boldsymbol{O} & \boldsymbol{B} \end{pmatrix}$ 为正定矩阵.

21. 设 $\boldsymbol{A}$ 为正定矩阵, 证明 $\boldsymbol{A}^*$ 为正定矩阵.

22. 设 $\boldsymbol{A}$ 为 $m \times n$ 矩阵, 证明 $\boldsymbol{A}^{\mathrm{T}}\boldsymbol{A}$ 为正定矩阵的充分必要条件为 $\mathrm{r}(\boldsymbol{A}) = n$.

23. 设实对称矩阵 $\boldsymbol{A}$ 满足 $\boldsymbol{A}^3 - 4\boldsymbol{A}^2 + 5\boldsymbol{A} - 2\boldsymbol{E} = \boldsymbol{O}$, 证明 $\boldsymbol{A}$ 为正定矩阵.

24. 设 $\boldsymbol{A}$ 为 $m \times n$ 矩阵, 已知矩阵 $\boldsymbol{B} = \lambda\boldsymbol{E} + \boldsymbol{A}^{\mathrm{T}}\boldsymbol{A}$, 证明当 $\lambda > 0$ 时, 矩阵 $\boldsymbol{B}$ 为正定矩阵.

25. 设二次型

$$f(x_1, x_2, x_3) = x_1^2 + 4x_2^2 + 4x_3^2 + 2\lambda x_1x_2 - 2x_1x_3 + 4x_2x_3,$$

问 λ 为何值时, $f(x_1, x_2, x_3)$ 为正定二次型?

26. 判别下列二次型是否正定.

(1) $f(x_1, x_2, x_3) = 5x_1^2 + 6x_2^2 + 4x_3^2 - 4x_1x_2 - 4x_2x_3$;

(2) $f(x_1, \cdots, x_n) = x_1x_2 + x_2x_3 + \cdots + x_{n-1}x_n$;

(3) $f(x_1, x_2, x_3) = 3x_1^2 + 4x_2^2 + 5x_3^2 + 4x_1x_2 - 4x_2x_3$.

27. 设 $\boldsymbol{A} = (a_{ij})_{n\times n}$ 为正定矩阵, b_i 为非零常数, $i = 1, 2, \cdots, n$, 证明 $\boldsymbol{B} = (a_{ij}b_ib_j)_{n\times n}$ 也是正定矩阵.

28. 设矩阵 $\boldsymbol{A}=\begin{pmatrix}1&0&1\\0&2&0\\1&0&1\end{pmatrix}$, $\boldsymbol{B}=(k\boldsymbol{E}+\boldsymbol{A})^2$, 求对角阵 $\boldsymbol{\Lambda}$, 使 $\boldsymbol{B}$ 与 $\boldsymbol{\Lambda}$ 相似, 并确定 k 为何值时, $\boldsymbol{B}$ 为正定矩阵.

29. 设 $\boldsymbol{A}$ 是 n 阶实对称矩阵, $\Delta_1,\Delta_2,\cdots,\Delta_n$ 是 $\boldsymbol{A}$ 的 n 个顺序主子式. 证明 $\boldsymbol{A}$ 是负定的充要条件为 $-\Delta_1>0,\Delta_2>0,\cdots,(-1)^k\Delta_k>0,\cdots,(-1)^n\Delta_n>0$.

30. 设 $\boldsymbol{A}$ 是 n 阶实对称矩阵, 证明 $\boldsymbol{A}$ 是半正定的充要条件是对任意正实数 a, $\boldsymbol{A}+a\boldsymbol{E}$ 是正定的.

第5章练习题
参考答案

补充题

(一) 正交变换化二次型为标准形

1. 证明二次型 $f(x_1,\cdots,x_n)=\boldsymbol{x}^{\mathrm{T}}\boldsymbol{A}\boldsymbol{x}$ 在 $\|\boldsymbol{x}\|=1$ 时的最大值, 最小值分别为 $\boldsymbol{A}$ 的最大,最小特征值.

2. 设 $\boldsymbol{A}$ 为 n 阶实对称矩阵, $\mathrm{r}(\boldsymbol{A})=r$, 且 $\boldsymbol{A}^2=\boldsymbol{A}$. 求 $|\boldsymbol{E}+\boldsymbol{A}+\cdots+\boldsymbol{A}^k|$.

3. 设二次型

$$f(x_1,x_2,x_3)=ax_1^2+2x_2^2-2x_3^2+2bx_1x_3\quad(b>0)$$

对应矩阵 $\boldsymbol{A}$ 的特征值之和为 1, 特征值之积为 -12.

(1) 求 a, b 的值;

(2) 利用正交变换将二次型 $f(x_1,x_2,x_3)$ 化成标准形, 并写出正交变换.

4. 已知二次型

$$f(x_1,x_2,x_3)=5x_1^2+5x_2^2+ax_3^2-2x_1x_2+6x_1x_3-6x_2x_3$$

的秩为 2,

(1) 求参数 a 以及此二次型对应矩阵的特征值;

(2) 指出 $f(x_1,x_2,x_3)=1$ 表示何种曲面.

5. 求 k 的值, 使

$$f(x_1,x_2,x_3)=2x_1^2+x_2^2+x_3^2+2x_1x_2+kx_2x_3=1$$

表示单叶双曲面.

6. 设二次型

$$f(x_1,x_2,x_3)=2(a_1x_1+a_2x_2+a_3x_3)^2+(b_1x_1+b_2x_2+b_3x_3)^2,$$

记 $\boldsymbol{\alpha}=\begin{pmatrix}a_1\\a_2\\a_3\end{pmatrix}$, $\boldsymbol{\beta}=\begin{pmatrix}b_1\\b_2\\b_3\end{pmatrix}$.

(1) 证明 f 对应的矩阵为 $2\boldsymbol{\alpha}\boldsymbol{\alpha}^{\mathrm{T}}+\boldsymbol{\beta}\boldsymbol{\beta}^{\mathrm{T}}$;

(2) 若 $\boldsymbol{\alpha}$, $\boldsymbol{\beta}$ 正交且均为单位向量, 证明 f 在正交变换下的标准形为 $2y_1^2+y_2^2$.

7. 已知 $\boldsymbol{A}=\begin{pmatrix}1&0&1\\0&1&1\\-1&0&a\\0&a&-1\end{pmatrix}$, 二次型 $f(x_1,x_2,x_3)=\boldsymbol{x}^{\mathrm{T}}(\boldsymbol{A}^{\mathrm{T}}\boldsymbol{A})\boldsymbol{x}$ 的秩为 2,

(1) 求实数 a 的值;

(2) 求正交变换 $\boldsymbol{x}=\boldsymbol{Q}\boldsymbol{y}$ 将 f 化为标准形.

8. 设 $\boldsymbol{A}$ 为 n 阶实对称矩阵, 证明存在 n 阶实对称矩阵 $\boldsymbol{S}$, 使得 $\boldsymbol{A}=\boldsymbol{S}^3$, $\boldsymbol{S}$ 是唯一的吗?

(二) 可逆变换化二次型为标准形

1. 设矩阵 $\boldsymbol{A}=\begin{pmatrix}0&1&0&0\\1&0&0&0\\0&0&y&1\\0&0&1&2\end{pmatrix}$ 的一个特征值为 3.

(1) 求 y;

(2) 求可逆矩阵 $\boldsymbol{P}$, 使 $(\boldsymbol{AP})^{\mathrm{T}}\boldsymbol{AP}$ 为对角矩阵.

2. 设二次型

$$f(x_1,x_2,x_3)=ax_1^2+ax_2^2+(a-1)x_3^2+2x_1x_3-2x_2x_3,$$

(1) 求 f 的矩阵的所有特征值;

(2) 若 f 的规范形为 $y_1^2+y_2^2$, 求 a 的值.

3. 已知二次型 $f(x_1,x_2,\cdots,x_n)=\sum\limits_{i=1}^{n}\left(x_i-\dfrac{x_1+\cdots+x_n}{n}\right)^2$,

(1) 求 f 对应的对称矩阵;

(2) 求 f 的秩;

(3) 求 f 的规范形.

4. 证明实二次型可分解为两个实系数的一次齐次多项式之积的充要条件是二次型的秩等于 1, 或者二次型的秩等于 2 且符号差为 0.

5. (华罗庚) 设 $\boldsymbol{A}$ 和 $\boldsymbol{A}-\boldsymbol{\alpha}\boldsymbol{\alpha}^{\mathrm{T}}$ 都是 n 阶可逆的实对称矩阵, 其中 $\boldsymbol{\alpha}$ 是 n 维列向量, 试证符号差

$$\delta(\boldsymbol{A})=\begin{cases}\delta(\boldsymbol{A}-\boldsymbol{\alpha}\boldsymbol{\alpha}^{\mathrm{T}})+2, & \text{当 } \boldsymbol{\alpha}^{\mathrm{T}}\boldsymbol{A}^{-1}\boldsymbol{\alpha}>1 \text{ 时},\\ \delta(\boldsymbol{A}-\boldsymbol{\alpha}\boldsymbol{\alpha}^{\mathrm{T}}), & \text{当 } \boldsymbol{\alpha}^{\mathrm{T}}\boldsymbol{A}^{-1}\boldsymbol{\alpha}<1 \text{ 时}.\end{cases}$$

6. (维特 (Witt) 引理) 设分块对角矩阵 $\begin{pmatrix}\boldsymbol{A}&\boldsymbol{O}\\\boldsymbol{O}&\boldsymbol{A}_1\end{pmatrix}$ 与 $\begin{pmatrix}\boldsymbol{A}&\boldsymbol{O}\\\boldsymbol{O}&\boldsymbol{A}_2\end{pmatrix}$ 合同, 其中 $\boldsymbol{A}$ 为可逆的 n 阶实对称矩阵, $\boldsymbol{A}_1$ 与 $\boldsymbol{A}_2$ 为可逆的 m 阶实对称矩阵, 证明 $\boldsymbol{A}_1$ 与 $\boldsymbol{A}_2$ 合同.

7. (万哲先) 设分块对角矩阵 $\begin{pmatrix} \boldsymbol{A} & \boldsymbol{O} \\ \boldsymbol{O} & \boldsymbol{A}_1 \end{pmatrix}$ 与 $\begin{pmatrix} \boldsymbol{A} & \boldsymbol{O} \\ \boldsymbol{O} & \boldsymbol{A}_2 \end{pmatrix}$ 合同, 其中 $\boldsymbol{A}$ 为 n 阶实对称矩阵, $\boldsymbol{A}_1$ 与 $\boldsymbol{A}_2$ 为 m 阶实对称矩阵, 证明 $\boldsymbol{A}_1$ 与 $\boldsymbol{A}_2$ 合同.

Witt定理的推广

8. 设 $\boldsymbol{A} = (a_{ij})_{n\times n}$ 是可逆的对称矩阵, 证明二次型

$$f(x_1, x_2, \cdots, x_n) = \begin{vmatrix} 0 & x_1 & x_2 & \cdots & x_n \\ -x_1 & a_{11} & a_{12} & \cdots & a_{1n} \\ -x_2 & a_{21} & a_{22} & \cdots & a_{2n} \\ \vdots & \vdots & \vdots & & \vdots \\ -x_n & a_{n1} & a_{n2} & \cdots & a_{nn} \end{vmatrix}$$

的矩阵为 $\boldsymbol{A}^*$.

9. 证明实二次型 $f(x_1, x_2, \cdots, x_n) = \sum\limits_{i=1}^{n}\sum\limits_{j=1}^{n}(\lambda ij + i + j)x_i x_j$ 的秩和符号差与 λ 无关.

(三) 正定与半正定

1. 设 $\boldsymbol{\alpha}$ 为 n 维单位列向量, k 为实数, $\boldsymbol{H} = \boldsymbol{E} - k\boldsymbol{\alpha}\boldsymbol{\alpha}^{\mathrm{T}}$,

(1) 证明 $\boldsymbol{H}$ 为实对称矩阵;

(2) 证明 $\boldsymbol{\alpha}$ 为 $\boldsymbol{H}$ 的特征向量, 并求相应特征值;

(3) k 为何值时, $\boldsymbol{H}$ 为正交矩阵;

(4) k 为何值时, $\boldsymbol{H}$ 为可逆矩阵;

(5) k 为何值时, $\boldsymbol{H}$ 为正定矩阵.

2. 若 $\boldsymbol{A}$ 为 n 阶实对称矩阵, $\boldsymbol{B}$ 为 n 阶实矩阵, 且 $\boldsymbol{A}$ 与 $\boldsymbol{A}-\boldsymbol{B}^{\mathrm{T}}\boldsymbol{A}\boldsymbol{B}$ 均为正定矩阵, λ 是 $\boldsymbol{B}$ 的一个实特征值, 证明 $|\lambda| < 1$.

3. 设 $\boldsymbol{A}$ 为 3 阶实对称矩阵, $\boldsymbol{A}$ 的秩 $\mathrm{r}(\boldsymbol{A}) = 2$, 且满足条件 $\boldsymbol{A}^3 + 2\boldsymbol{A}^2 = \boldsymbol{O}$.

(1) 求 $\boldsymbol{A}$ 的全部特征值;

(2) 当 k 为何值时, $\boldsymbol{A} + k\boldsymbol{E}$ 为正定矩阵.

4. 设 $\boldsymbol{A}$ 和 $\boldsymbol{B}$ 是两个 n 阶实对称矩阵, 且 $\boldsymbol{A}$ 为正定矩阵, 证明存在可逆矩阵 $\boldsymbol{P}$, 使 $\boldsymbol{P}^{\mathrm{T}}\boldsymbol{A}\boldsymbol{P}$ 与 $\boldsymbol{P}^{\mathrm{T}}\boldsymbol{B}\boldsymbol{P}$ 均为对角矩阵.

5. 设二次型

$$f(x_1, \cdots, x_n) = (x_1 + a_1x_2)^2 + (x_2 + a_2x_3)^2 + \cdots + (x_{n-1} + a_{n-1}x_n)^2 + (x_n + a_nx_1)^2,$$

其中 $a_i\ (i = 1, \cdots, n)$ 为实数. 试问: 当 $a_1, \cdots, a_n$ 满足何种条件时, 二次型 $f(x_1, \cdots, x_n)$ 为正定二次型?

6. 已知二次型 $f(x_1, x_2, x_3) = \boldsymbol{x}^{\mathrm{T}}\boldsymbol{A}\boldsymbol{x}$ 在正交变换 $\boldsymbol{x} = \boldsymbol{Q}\boldsymbol{y}$ 下的标准形为 $y_1^2 + y_2^2$, 且 $\boldsymbol{Q}$ 的第 3 列为 $\left(\dfrac{\sqrt{2}}{2}, 0, \dfrac{\sqrt{2}}{2}\right)^{\mathrm{T}}$.

(1) 求矩阵 $\boldsymbol{A}$;

(2) 证明 $\boldsymbol{A} + \boldsymbol{E}$ 为正定矩阵.

7. 设 $\boldsymbol{A} = \begin{pmatrix} a & 1 & -1 \\ 1 & a & -1 \\ -1 & -1 & a \end{pmatrix}$.

(1) 求正交矩阵 $\boldsymbol{Q}$, 使 $\boldsymbol{Q}^{\mathrm{T}}\boldsymbol{A}\boldsymbol{Q}$ 为对角矩阵;

(2) 求正定矩阵 $\boldsymbol{C}$, 使 $\boldsymbol{C}^2 = (a+3)\boldsymbol{E} - \boldsymbol{A}$.

8. 设 $\boldsymbol{A}$ 为正定矩阵, 证明存在唯一正定矩阵 $\boldsymbol{B}$, 使得 $\boldsymbol{A} = \boldsymbol{B}^2$. 此时 $\boldsymbol{B}$ 也记作 $\boldsymbol{A}^{1/2}$.

9. 设 $\boldsymbol{A}, \boldsymbol{B}$ 均是 n 阶正定矩阵. 证明

(1) $\boldsymbol{A}\boldsymbol{B}$ 的特征值大于零;

(2) $\boldsymbol{A}\boldsymbol{B}$ 是正定矩阵的充分必要条件为 $\boldsymbol{A}\boldsymbol{B} = \boldsymbol{B}\boldsymbol{A}$.

10. 如果二次型 $f(x_1, x_2, \cdots, x_n)$ 等于零的充分必要条件为 $\boldsymbol{x} = \boldsymbol{0}$, 证明 $f(x_1, x_2, \cdots, x_n)$ 是正定的或者负定的.

11. (极分解) 设 $\boldsymbol{A}$ 为可逆矩阵, 则存在正交矩阵 $\boldsymbol{Q}$ 和正定矩阵 $\boldsymbol{S}_1$ 和 $\boldsymbol{S}_2$, 使得 $\boldsymbol{A} = \boldsymbol{S}_1\boldsymbol{Q} = \boldsymbol{Q}\boldsymbol{S}_2$ 且分解是唯一的.

12. 设 $\boldsymbol{A}$ 为 $m \times n$ 阶实矩阵, 试找出 $\boldsymbol{A}^{\mathrm{T}}\boldsymbol{A}$ 与 $\boldsymbol{A}\boldsymbol{A}^{\mathrm{T}}$ 为正定矩阵的条件, 并给出证明.

13. 设 $\boldsymbol{A} = (a_{ij})_{n\times n}$, 其中 $a_{ij} = \min\{i, j\}, 1 \leqslant i, j \leqslant n$. 证明 $\boldsymbol{A}$ 是正定矩阵.

14. 设 $\boldsymbol{A}$ 为 n 阶幂等矩阵.

(1) 证明存在实对称矩阵 $\boldsymbol{B}$ 和正定矩阵 $\boldsymbol{C}$, 使得 $\boldsymbol{A} = \boldsymbol{B}\boldsymbol{C}$;

(2) 问 (1) 中 $\boldsymbol{B}, \boldsymbol{C}$ 是否唯一? 若唯一, 则证明之; 否则, 请举反例.

15. 设 $\boldsymbol{A} = (a_{ij})_{n\times n}$ 为正定矩阵, 则 $\boldsymbol{A}$ 的元素的绝对值最大者必是主对角元, 且 $a_{ii} > 0$, $i = 1, 2, \cdots, n$, $a_{ij}^2 < a_{ii}a_{jj}$, $(i \neq j)$.

16. 设 $\boldsymbol{A}, \boldsymbol{B}$ 均是 n 阶正定矩阵 $(n \geqslant 2)$. 证明 $|\boldsymbol{A} + \boldsymbol{B}| > |\boldsymbol{A}| + |\boldsymbol{B}|$.

17. (华罗庚不等式) 设 $\boldsymbol{A}, \boldsymbol{B}$ 均是 n 阶实矩阵, $\boldsymbol{E} - \boldsymbol{A}\boldsymbol{A}^{\mathrm{T}}$ 与 $\boldsymbol{E} - \boldsymbol{B}\boldsymbol{B}^{\mathrm{T}}$ 为正定矩阵. 证明 $|\boldsymbol{E} - \boldsymbol{A}\boldsymbol{B}^{\mathrm{T}}|^2 \geqslant |\boldsymbol{E} - \boldsymbol{A}\boldsymbol{A}^{\mathrm{T}}||\boldsymbol{E} - \boldsymbol{B}\boldsymbol{B}^{\mathrm{T}}|$.

18. (华罗庚不等式) 设 $\boldsymbol{A}, \boldsymbol{B}$ 均是 n 阶实矩阵, $\boldsymbol{E} - \boldsymbol{A}\boldsymbol{A}^{\mathrm{T}}$ 与 $\boldsymbol{E} - \boldsymbol{B}\boldsymbol{B}^{\mathrm{T}}$ 为正定矩阵. 证明 $|\boldsymbol{E} - \boldsymbol{A}\boldsymbol{B}^{\mathrm{T}}|^2 \geqslant |\boldsymbol{E} - \boldsymbol{A}\boldsymbol{A}^{\mathrm{T}}||\boldsymbol{E} - \boldsymbol{B}\boldsymbol{B}^{\mathrm{T}}| + |\boldsymbol{B} - \boldsymbol{A}|^2$, 且等式成立的充要条件为 $\boldsymbol{A} = \boldsymbol{B}$ 或 $n = 1$.

关于行列式的华罗庚不等式

19. 设 $\boldsymbol{x} = (x_1, x_2, \cdots, x_n)^{\mathrm{T}} \in \mathbb{R}^n$, 定义 $H(x) = \sum\limits_{i=1}^{n} {x_i}^2 - \sum\limits_{i=1}^{n-1} x_i x_{i+1}, n \geqslant 2$.

(1) 证明 $H(x)$ 正定;

(2) 求 $H(x)$ 满足条件 $x_n = 1$ 的最小值.

20. 设 $\boldsymbol{A}$ 是 n 阶正定矩阵, 证明存在对角线元大于零的上三角矩阵 $\boldsymbol{R}$, 使得 $\boldsymbol{A}=\boldsymbol{R}\boldsymbol{R}^{\mathrm{T}}$.

21. 设 $\boldsymbol{A}$ 为秩为 1 的 n 阶对称矩阵. 证明 $\boldsymbol{A}$ 是半正定矩阵的充分必要条件是存在非零的 n 维列向量 $\boldsymbol{\alpha}$ 使得 $\boldsymbol{A}=\boldsymbol{\alpha}\boldsymbol{\alpha}^{\mathrm{T}}$.

22. 设 $\boldsymbol{A}$ 为半正定矩阵.

(1) 证明存在唯一的半正定矩阵 $\boldsymbol{B}$, 使得 $\boldsymbol{A}=\boldsymbol{B}^2$;

(2) 若 $\boldsymbol{AC}=\boldsymbol{CA}$, 证明上述半正定矩阵 $\boldsymbol{B}$ 满足 $\boldsymbol{BC}=\boldsymbol{CB}$.

23. 设 $\boldsymbol{A}=(a_{ij})_{n\times n}$, $\boldsymbol{B}=(b_{ij})_{n\times n}$ 均为 (半) 正定矩阵, 证明 $\boldsymbol{C}=(a_{ij}b_{ij})_{n\times n}$ 也是 (半) 正定矩阵.

24. 设 $\boldsymbol{A}$ 是 n 阶正定矩阵, $\boldsymbol{B}$ 为 n 阶半正定矩阵. 证明 $|\boldsymbol{A}+\boldsymbol{B}|\geqslant|\boldsymbol{A}|+|\boldsymbol{B}|$, 且等式成立的充要条件是 $\boldsymbol{B}=\boldsymbol{O}$ 或 $n=1$.

第5章补充题
参考答案

参 考 文 献

大学数学编辑部. 2006. 硕士研究生入学考试数学试题精解. 合肥: 合肥工业大学出版社

丁南庆, 刘公祥, 纪庆忠, 郭学军. 2021. 高等代数. 北京: 科学出版社

杜妮, 林亚南, 林鹭, 阮诗佺. 2022. 高等代数. 2 版. 北京: 高等教育出版社

高淑萍, 杨威, 张剑湖, 马建荣. 2020. 线性代数及应用. 2 版. 西安: 西安电子科技大学出版社

郝志峰, 谢国瑞, 汪国强. 2003. 线性代数. 北京: 高等教育出版社

黄廷祝. 2021. 线性代数. 北京: 高等教育出版社

林亚南, 林鹭, 杜妮, 陈清华. 2020. 高等代数学习辅导. 北京: 高等教育出版社

刘建亚, 秦静, 潘建勋. 2003. 线性代数. 北京: 高等教育出版社

齐民友, 蔡德祺, 刘丁酉. 2003. 线性代数. 北京: 高等教育出版社

丘维声. 2002. 高等代数 (上下册). 2 版. 北京: 高等教育出版社

丘维声. 2002. 简明线性代数. 北京: 北京大学出版社

上海交通大学数学科学学院. 2022. 线性代数. 北京: 机械工业出版社

同济大学数学系. 2003. 工程数学: 线性代数. 4 版. 北京: 高等教育出版社

同济大学数学系. 2003. 线性代数附册: 学习辅导与习题选解. 4 版. 北京: 高等教育出版社

王卿文. 2012. 线性代数核心思想及应用. 北京: 科学出版社

王卿文, 杨建生, 张琴. 2022. 线性代数. 2 版. 北京: 高等教育出版社

谢启鸿, 姚慕生, 吴泉水. 2022. 高等代数学. 4 版. 上海: 复旦大学出版社

谢启鸿, 姚慕生. 2022. 高等代数. 4 版. 上海: 复旦大学出版社

许以超. 2008. 线性代数与矩阵论. 北京: 高等教育出版社

姚天行, 宋跃武, 翁连贵, 孔敏. 2013. 线性代数. 杭州: 浙江大学出版社

Halmos P R. 2016. Linear Algebra Problem Book. 北京: 高等教育出版社

Leon S J. 2019. Linear Algebra with Applications. 9th ed. 北京: 机械工业出版社

Strang G. 2019. Introduction to Linear Algebra. 4th ed. 北京: 清华大学出版社

附　录

扫描二维码可以阅读下列内容.

附录 A　数学实验室 MATLAB 简介

附录 B　数学实验

实验 1　矩阵

实验 2　n 维向量

实验 3　线性方程组

实验 4　矩阵的特征值和特征向量

实验 5　二次型

附录 C　综合实践

综合实践 1　图与矩阵

综合实践 2　奇异值分解与图形压缩

附录 D　建模案例

案例 1　交通网络流量分析问题

案例 2　配方问题

案例 3　投入产出问题

案例 4　平板的稳态温度分布问题

案例 5　CT 图像的代数重建问题

案例 6　平衡结构的梁受力计算

案例 7　化学方程式配平问题

案例 8　互付工资问题

案例 9　平衡价格问题

案例 10　电路设计问题

案例 11　平面图形的几何变换

案例 12　太空探测器轨道数据问题

案例 13　应用矩阵编制 Hill 密码

案例 14　显示器色彩制式转换问题

案例 15　网页等级

附录A

附录B

附录C

附录D

案例 16　人员流动问题
案例 17　金融公司支付基金的流动
案例 18　简单的种群增长问题
案例 19　一阶常系数线性齐次微分方程组的求解
案例 20　最值问题

附录 E　综合模拟试题及参考答案

综合模拟试题一
综合模拟试题二
综合模拟试题三
综合模拟试题四
综合模拟试题五
综合模拟试题六

附录E

名 词 索 引

其他